昆山高新区（玉山镇）村志系列丛书

共青村志

GONGQING CUNZHI

昆山高新区（玉山镇）村志系列丛书编纂委员会 编

苏州大学出版社
Soochow University Press

图书在版编目(CIP)数据

共青村志 / 杨学明主编；昆山高新区(玉山镇)村志系列丛书编纂委员会编. — 苏州：苏州大学出版社，2022.12

(昆山高新区(玉山镇)村志系列丛书)

ISBN 978-7-5672-4160-2

Ⅰ.①共… Ⅱ.①杨… ②昆… Ⅲ.①村史-昆山 Ⅳ.①K295.35

中国版本图书馆 CIP 数据核字(2022)第 240861 号

共青村志

编　　者	昆山高新区(玉山镇)村志系列丛书编纂委员会
主　　编	杨学明
责任编辑	杨　柳
装帧设计	刘　俊
出版发行	苏州大学出版社
地　　址	苏州市十梓街 1 号
邮　　编	215006
电　　话	0512-67481020
网　　址	http://www.sudapress.com
邮　　箱	sdcbs@suda.edu.cn
印　　刷	苏州市深广印刷有限公司
开　　本	787 mm×1 092 mm　1/16　插页 16　印张 36(共两册)　字数 611 千
版　　次	2022 年 12 月第 1 版 2022 年 12 月第 1 次印刷
书　　号	ISBN 978-7-5672-4160-2
定　　价	120.00 元(共两册)

版权所有　侵权必究

昆山市地方文献丛书编纂委员会
顾　　问：徐华东　单　杰
主　　任：朱建忠
副 主 任：苏　晔　程　知
成　　员：徐　琳　杨伟娴　何旭倩　谢玉婷

昆山高新区（玉山镇）村志系列丛书编纂委员会
总 顾 问：孙道寻
主　　任：陈青林
副 主 任：孔维华　沈跃新　范洪春　石建刚
委　　员：董文芳　王志刚　龚奕奕　刘清涛
　　　　　毛伟华　陆轶峰

审定单位
昆山高新技术产业开发区管理委员会
昆山市地方志编纂委员会办公室

昆山高新区（玉山镇）村志系列丛书编纂办公室

主　　任：刘清涛

副 主 任：姚　兰　高喜冬　张振华

成　　员：姚　晨　赵赋俊

编纂统筹：苏洪根

编　　务：张国良　金小华　朱小萍　周凤花

《共青村志》编纂委员会

主　　任：杨学明

副 主 任：承云龙

委　　员：马　涛　王　芳　闵雯娟　陈小红　沈　彬
　　　　　季晓芸

《共青村志》编纂组

主　　编：杨学明

副 主 编：承云龙

特聘总纂：陈立雄

撰　　稿：褚永明（主笔）　王伟民　陶志友

编　　务：闵　毅　张雪弟　彭　红　王　清　马　涛
　　　　　朱惠伯　蒋斌章

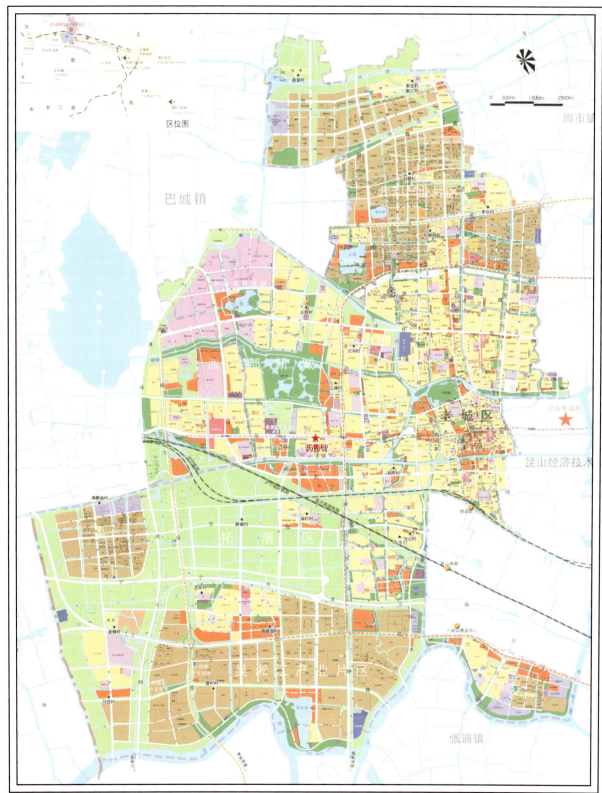

注：①本示意图由昆山高新区规划建设局提供（2020年）
②★表示共青村在昆山高新区（玉山镇）的位置

昆山高新区（玉山镇）区划示意图

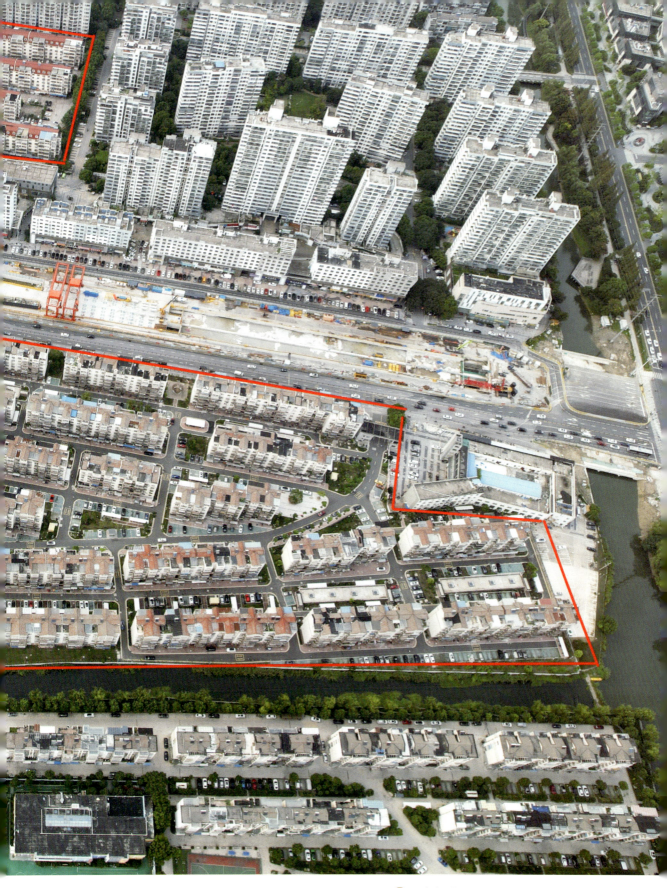

共青村全景图（2020年，罗英摄）

上　共青新村A区（2020年，罗英摄）
下　龙泉山庄（2020年，罗英摄）

上　共青村党群服务中心（2019年，罗英摄）
中　共青村宣传栏（2020年，罗英摄）
下　共青路（2020年，罗英摄）

- 共青新村A区一角（2020年，罗英摄）
- 共青新村B区前进西路共青公交车站（2020年，罗英摄）

春

夏

秋

冬

共青村四季组图（2020年，罗英摄）

2017年4月14日,共青村村民委员会召开重大事项听证会(季晓芸摄)

2017年7月8日,共青村村民委员会召开龙泉山庄道路等改造听证会(季晓芸摄)

2018年1月23日,共青村村民委员会召开决定2018年老年人慰问标准会议(季晓芸摄)

2019年3月20日,共青村召开生态补偿金使用方案听证会(季晓芸摄)

2019年11月15日,共青村村民委员会召开丁泾路厂房补种绿化听证会(季晓芸摄)

2018年5月，共青村党员参观沙家浜红色根据地主题活动（季晓芸摄）

2019年7月，共青村党员参观冯梦龙纪念馆（季晓芸摄）

2020年7月，共青村党总支组织党员学习党史（马涛摄）

2020年8月，共青村党员参观新四军太湖游击队纪念馆（季晓芸摄）

2020年8月，共青村举办红色电影观影活动（陈小红摄）

共青村党员活动

2018年1月,共青村志愿者为小区扫雪(季晓芸摄)

2018年2月,共青村开展迎新春送春联活动(张忠摄)

2018年8月,共青村进行消防演习(陈小红摄)

2018年9月,共青村开展中秋节做月饼活动(马涛摄)

共青村各项活动

2019年2月，共青村举办闹元宵活动（马涛摄）

2019年7月，共青村成立志愿者服务队（陈小红摄）

2019年4月，共青村举办首届插花艺术展（陈小红摄）

2019年6月，共青村儿童参加文艺表演（陈小红摄）

2019年12月，共青村开展义诊活动（季晓芸摄）

共青村各项活动

2020年5月,共青村开展消防知识教育活动(张忠摄)

2020年6月,共青村开展端午慰问活动(陈小红摄)

2020年7月,共青村开展青少年原木画DIY活动(季晓芸摄)

2020年7月,共青村开展"文明共'清'我先行"活动(马涛摄)

共青村各项活动

2020年8月,共青村开展七夕活动(陈小红摄)

2020年,共青村开设共青暑托班(季晓芸摄)

2020年8月,共青村开展老年人手工制作活动(陈小红摄)

2020年9月,共青村开展青少年垃圾分类宣传活动(季晓芸摄)

共青村各项活动

夏日，共青村村民在小区的广场上纳凉（2020年，罗英摄）

村民议事（2020年，罗英摄）

2020年12月，共青村领导探望患病村民（季晓芸摄）

2020年12月，共青村开展青少年小小医生职业体验活动（陈小红摄）

共青村各项活动

共青村村民在共青村党群服务中心内的活动室打乒乓球（2020年，罗英摄）

共青村村民在共青村党群服务中心内的活动室打台球（2020年，罗英摄）

健身场地（2020年，罗英摄）

2020年7月，共青村举办评弹文艺会演（陈小红摄）

共青村各项活动

20世纪70年代的结婚证（闵毅提供，2019年，罗英摄）

1965年全国粮票（闵毅提供，2019年，罗英摄）

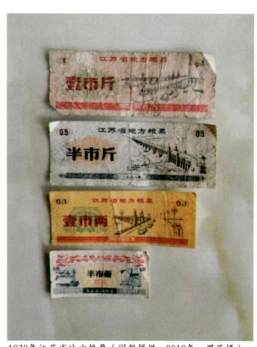

1972年江苏省地方粮票（闵毅提供，2019年，罗英摄）

江苏省文明村
Civilized Village in Jiangsu Province
1997年、1998年

江苏省精神文明建设指导委员会
JIANGSU PROVINCIAL STEERING COMMITTEE
FOR IDEOLOGICAL AND ETHICAL ADVANCEMENT

江苏省百佳生态村
江苏省环境保护厅
江苏省农林厅
二〇〇一年十二月

江苏省生态村
江苏省环境保护委员会
二〇〇八年十月

江苏省民主法治示范村
江苏省依法治省领导小组
2009年12月

江苏省级荣誉

苏州市级荣誉

苏州市级荣誉

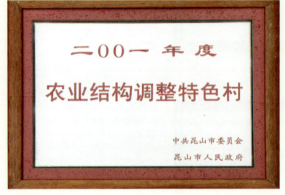

昆 山 市

先进基层党组织

中共昆山市委员会
二〇〇三年七月

昆山市"民主法治示范村"

昆山市依法治市领导小组
二〇〇七年三月

昆山市农村精神文明建设

先 进 村

昆山市精神文明建设委员会
二〇〇六年二月

全市关心下一代工作

"五有五好"先进单位

昆山市关心下一代工作委员会
二〇〇七年十二月

全 昆山市级荣誉

《共青村志》研讨会（2020年，罗英摄）

2020年12月7日，《共青村志》编纂工作会议（季晓芸摄）

村志编纂风采

采集组人员合影
自左向右：朱惠伯、闵毅、陶志友、张雪弟、蒋斌章（2020年，罗英摄）

编纂人员合影
自左向右：闵毅、王伟民、承云龙、杨学明、褚永明、陶志友、张雪弟（2020年，罗英摄）

村志编纂委员会成员合影
自左向右：陈小红、马涛、承云龙、杨学明、闵雯娟、季晓芸、王芳（2020年，罗英摄）

村"两委"会工作人员合影
自左向右：陈小红、马涛、承云龙、杨学明、闵雯娟、王芳、季晓芸、沈彬（2020年，罗英摄）

共青村全体工作人员合影
前排左起：陈小红、承云龙、杨学明、闵雯娟、王芳
后排左起：衡艳华、马涛、沈彬、王清、张忠、季晓芸
（2020年，罗英摄）

编纂人员风采

总 序

盛世修志，志载盛世。

值此中国共产党第二十次全国代表大会胜利召开的喜庆之年，欣闻"昆山高新区（玉山镇）村志系列丛书"之《庙灯村志》《赵厍村志》《共青村志》《大渔村志》《五联村志》《大众村志》《景村村志》《唐龙村志》8部村志即将付梓。编修乡镇村志是落实国家"十四五"规划纲要，助力乡村文化振兴的一项重要内容，任务艰巨、意义重大。

2018年，昆山高新区（玉山镇）启动22个建制村的村志编修工作，为探索新型城镇化发展经验、发展模式、发展道路提供历史智慧和现实借鉴，也是响应国家"学党史、学新中国史、学改革开放史、学社会主义发展史"的生动实践。村落是乡土文化赖以生存的土壤，活态地保存着各种村庄形态、传统民居、传统美食和民俗风情。村庄里的一座座祠堂、一本本家谱、一口口古井、一条条古道，无一不是村落文化的印记。那些反映宗族文化的家风家训、乡规乡约，反映村民声音的方言俚语，反映传统生活方式的手工技艺、民俗节庆等，对生活在这片土地上的村民来说，是难以割舍的精神滋养。

史志合一，存史资政。"昆山高新区（玉山镇）村志系列丛书"脉络清晰，内容丰富；既有理论，又有实践；既有历史，又有现实，客观地再现了村民们在伟大历史进程中的奋进足迹和优异成绩。村志作为省、市、县三级志书的延伸和拓展，其丰富多彩的体裁形式在一定程度上体现了盛世修志工作的灵活性、包容性和多样性。

修史问道，以启未来。希望"昆山高新区（玉山镇）村志系列丛书"能讲好昆山高新区（玉山镇）乡村振兴的故事，并把昆山高新区（玉山镇）的故事

和智慧传递得更远。同时，在新征程上，我们期待全区广大干部和村民能够持续聚焦乡村振兴，做这一历史伟业的见证者、记录者和传承者。

历史是人民创造的，也是人民书写的。在此，谨向在昆山高新区（玉山镇）发展改革进程中洒下了汗水、奉献了青春的先辈们致以崇高的敬意！向辛勤编纂"昆山高新区（玉山镇）村志系列丛书"的编纂人员表示衷心的感谢！

是为序。

中共昆山市委常委
昆山高新区党工委书记
2022 年 12 月

 序

《共青村志》适逢盛世而得以编纂，为共青村建村以来的首部村志，经过《共青村志》编纂组人员历经两年多的潜心笔耕和辛劳付出，终于付梓问世。《共青村志》的编纂既是一项传承历史、惠泽后人的文化工程，也是共青村发展历史上的一大盛事，更是共青村村民生活中的一大喜事。可喜可贺！

《共青村志》融通古今，文风质朴，翔实地记载共青村一方水土的文明传承，详细地记录村域先辈的创业历程，详尽地记述村域村落文化的历史渊源，不仅为过往存史而撰写，更为未来教化而撰写。中华人民共和国成立前，共青村因域内地势低洼，十年九涝、杂草丛生，粮食产量低，村民生活清苦。中华人民共和国成立后，共青村村民在中国共产党的领导下，兴修水利，改造农田，建设良田，千方百计夺高产。20世纪70年代，共青大队成为苏州地区农业示范单位。中共十一届三中全会以后，共青村（大队）走多元化经济发展之路，兴办村队企业，从事商贸服务，齐心协力创收益，争当昆山市（县）经济结构多元化发展的"排头兵"。2000年以后，共青村调整产业结构，依托地理优势，开创租赁服务，稳定村级收入，跻身昆山高新区（玉山镇）的经济强村行列。

追溯历史，感慨万千；展望未来，任重道远。我们唯有以史为镜、砥砺前行、再创辉煌，方可上不负先辈、下不柱后人。我很高兴能为《共青村志》提笔作序，并真诚把它推荐给广大读者。希望大家充分利用好志书存史、育人和资政的功能，从志书中汲取精神营养，唤醒乡愁、乡思和乡情，激发起爱国家、爱家乡的热情和激情。

众手修志，专家成志。《共青村志》在编纂过程中，得到了昆山市地方志编

纂委员会办公室、昆山高新区（玉山镇）村志系列丛书编纂委员会和专家们的亲临指导，得到了各界人士的关心支持，给志书的质量提供了可靠的保证。在此，我谨代表共青村"两委"会，向大家一并表示衷心的感谢！

是为序。

昆山高新区（玉山镇）共青村
党总支书记、村民委员会主任
2022 年 10 月

 # 凡 例

一、本志以马克思列宁主义、毛泽东思想、邓小平理论、"三个代表"重要思想、科学发展观、习近平新时代中国特色社会主义思想为指导，坚持辩证唯物主义和历史唯物主义的立场、观点和方法，遵循存真求实、弘扬正义的原则，力求全面、系统、客观地记述时限内共青村的发展历程、文化习俗，充分发挥存史、育人、资政的功能。

二、本志上限追溯至事物发端，下限断至2019年12月底。大事记延至2020年12月。志首彩页图照延至2021年。

三、本志记述地域范围：1982年前，共青村域指蔡家、共青两个生产大队管辖区域；1982—1983年，共青村域指白塔、共青两个生产大队管辖区域；1983—2001年，共青村域指白塔、共青村管辖区域；2001年以后，共青村域指共青建制村区域。

四、本志运用述、记、志、传、图、表、录等体裁，以志为主；并采用现代汉语语体文，以类系事，以时为序，述而不议。大事记以编年体为主，辅以记事本末体。

五、本志首有彩页、概述、大事记；专志各章为主体，横排门类，纵述史实，编后记载于志末。

六、本志地名、政区及机构记述均用当时名称，必要时加注今名。一般用全称，用简称时在第一次全称出现后括注。凡未用全称，以"省""市""县""公社""乡""镇""区"分别代指江苏省、昆山市、昆山县、马鞍山公社（城南公社）、城南乡、玉山镇、昆山高新区（玉山镇）。

七、人物遵循生不立传的原则，收录本籍在地方上有重大影响或在社会发

展方面有较大贡献的已去世人物，以人物传略入志，以卒年为序；在世人物选择共青村域内有影响人士，以人物简介入志，以生年为序。

八、本志纪年，1912年前采用朝代纪年括注公元纪年，1912年后直接采用公元纪年，年代前未注明世纪者均为20世纪。所言"新中国成立前、后"以1949年10月1日中华人民共和国成立为界。所言"解放前、后"以1949年5月13日昆山解放日为界。

九、文字标点、数字数据、计量单位等按国家规定的要求书写，保留本地村民熟记的"亩""分""吨""公斤""斤""两""千米""丈""尺""寸"等使用习惯。有关统计数据，以统计部门的公布为主。

十、本志资料来源于有关档案馆和镇、村档案室档案。所有入志资料包括采访的口述材料，均经考证核实选用，不再注明出处。

十一、本凡例未尽事宜，均在编后记中予以说明。

目 录

001 / 概述
007 / 大事记

第一章 村情概览

038 / 第一节 建置区划
038 / 一、建置沿革
040 / 二、撤并建制村
041 / 三、自然村落
060 / 第二节 自然环境
060 / 一、地貌
060 / 二、土壤
061 / 三、河流
062 / 四、气候
063 / 五、自然灾害
064 / 第三节 人口土地
064 / 一、人口总量
067 / 二、人口结构
069 / 三、人口控制

072 / 四、长寿老人
073 / 五、土地面积
076 / 第四节 村民生活
076 / 一、居民收入
077 / 二、居民支出
077 / 三、社会保障
081 / 第五节 村级组织
081 / 一、村党组织
083 / 二、村委（大队）组织
085 / 三、经济合作社
086 / 四、群团组织

第二章 乡村建设

094 / 第一节 基础设施
094 / 一、过境道路
095 / 二、村域道路
096 / 三、桥梁
098 / 四、供电、供水、供气

001

099／ 五、邮电与网络
101／ 六、公共交通
102／ 第二节　住房建设
102／ 一、民房建设
105／ 二、动迁安置
107／ 三、新村建设
108／ 四、公共设施
113／ 第三节　环境治理
113／ 一、河道清淤
113／ 二、污水处理
113／ 三、厕所改造
115／ 四、垃圾分类
116／ 五、专项治理

第三章　村域经济

120／ 第一节　农业经济
120／ 一、小农经济
120／ 二、社队经济
120／ 三、村组经济
121／ 四、粮油产量
123／ 五、收入与纳税
124／ 六、合作社经济
125／ 七、政策性补偿
126／ 第二节　副业经济
126／ 一、集体副业
129／ 二、家庭副业
130／ 第三节　工商经济
130／ 一、队办企业

132／ 二、民营企业
141／ 三、物业租赁

第四章　农　业

144／ 第一节　生产关系变革
144／ 一、土地改革
144／ 二、互助组
144／ 三、初级农业合作社
145／ 四、高级农业合作社
145／ 五、人民公社
145／ 六、家庭联产承包责任制
147／ 七、土地确权流转
148／ 第二节　作物种植
148／ 一、作物布局
151／ 二、栽培管理
156／ 第三节　种植技术
156／ 一、新品种
157／ 二、新农艺
158／ 三、新肥药
158／ 四、新农机
159／ 第四节　示范方建设
159／ 一、丰产示范方
162／ 二、种子丰产方
164／ 第五节　积肥造肥
164／ 一、本地积肥
165／ 二、外出积肥
165／ 三、养绿造肥

第五章　教育卫生体育

168／ 第一节　学校教育
168／ 一、私塾
168／ 二、扫盲夜校
168／ 三、幼儿教育
169／ 四、小学教育
172／ 第二节　医疗卫生
172／ 一、医疗机构
174／ 二、医疗服务
174／ 三、妇幼保健
175／ 四、医疗与保险
178／ 五、血吸虫病防治
184／ 第三节　群众体育
185／ 一、活动场所
186／ 二、体育活动

第六章　精神文明建设

194／ 第一节　思想道德教育
194／ 一、党员教育
198／ 二、群众教育
200／ 第二节　文明实践站
200／ 一、组织机构
200／ 二、组织功能
200／ 三、实践活动
202／ 四、活动载体
203／ 五、活动安排

204／ 第三节　文明村创建
204／ 一、创建组织
204／ 二、班子建设
205／ 三、环境美化
205／ 四、文明制度建设
205／ 五、民主法治建设
206／ 六、创建成果
211／ 第四节　文明标兵典范
211／ 一、道德模范
212／ 二、文明和谐家庭
213／ 三、凡人善举典型

第七章　习俗礼仪

218／ 第一节　生活习俗
218／ 一、婚嫁习俗
220／ 二、丧葬习俗
223／ 三、建房习俗
224／ 四、馈赠
224／ 五、拜师
225／ 第二节　生产习俗
225／ 一、百花生日
225／ 二、照田财
225／ 三、开禁
226／ 四、开秧园
226／ 五、烧发禄
226／ 六、斋奤头
226／ 七、其他习俗
227／ 第三节　节日礼俗

227 /	一、传统节日		265 /	三、器官类
233 /	二、现代节日		265 /	四、动物类
235 /	第四节 生辰寿俗		266 /	五、植物类
235 /	一、催生			
235 /	二、三朝			**第九章 物产美食**
235 /	三、满月			
236 /	四、周岁		268 /	第一节 物产
236 /	五、庆寿		268 /	一、动物
			269 /	二、植物
	第八章 村落文化		270 /	第二节 农家特色菜
			270 /	一、毛豆子面拖蟹
238 /	第一节 群众文化		271 /	二、走油东坡肉
238 /	一、文艺宣传		271 /	三、糖醋小排
240 /	二、广播、电影、电视		272 /	四、红烧黄鳝
241 /	三、图书阅览室		272 /	五、百叶包
242 /	第二节 方言		273 /	六、咸肉蒸土豆
242 /	一、口头词		273 /	七、爆炒螺蛳
248 /	二、口头语		274 /	八、全鸡
249 /	第三节 俗语、谚语、歇后语		274 /	九、清蒸鳜鱼
249 /	一、俗语		275 /	十、油焖春笋
251 /	二、谚语		275 /	十一、红烧油泡
253 /	三、歇后语		276 /	十二、红烧老鹅
255 /	第四节 山歌民谣		276 /	十三、葱油蚕豆
255 /	一、民歌		277 /	第三节 农家点心
256 /	二、唱春		277 /	一、香葱鸡蛋面衣
260 /	三、儿歌		277 /	二、南瓜饼
263 /	第五节 谜语		278 /	三、草头饼（花草饼）
263 /	一、物品类		278 /	四、青团子
264 /	二、自然类		279 /	五、粽子

279 / 六、米饭饼
280 / 七、桂花酒酿圆子
280 / 第四节　土特产
280 / 一、糯米酒
281 / 二、西瓜
281 / 三、南瓜
282 / 四、马铃薯
282 / 五、山芋
282 / 六、茭白
283 / 七、菱

第十章　乡村人物

286 / 第一节　人物传略
286 / 一、闵籍
286 / 二、闵思启
287 / 三、居阿水
287 / 四、姚金生
288 / 五、孙春山
288 / 六、姚早生
289 / 第二节　人物简介
289 / 一、叶玉善
289 / 二、方长林
289 / 三、刘正祥
290 / 四、景学义
290 / 五、顾友忠
290 / 六、邵巧男
291 / 七、范永章、姚炳荣、张巧男
291 / 八、张大祥
292 / 九、林引喜

292 / 十、景惠中
292 / 第三节　人物名录
292 / 一、退役、转业军人
295 / 二、教师
298 / 三、医生
299 / 四、下乡知青
300 / 五、能工巧匠
302 / 六、大学生（本科及以上）
309 / 七、荣誉榜

第十一章　村民忆事

312 / 第一节　故事传说
312 / 一、老屋传奇
312 / 二、雍皇山庙
313 / 三、蔡家港河
313 / 四、蔡家村上的香山木匠
314 / 第二节　村事忆往
314 / 一、耥稻
315 / 二、掼稻
315 / 三、制沼气
316 / 四、防震棚
316 / 五、"泥腿子"演员
317 / 六、"农业学大寨"
325 / 第三节　用具用品
325 / 一、生产用具
331 / 二、生活用品

338 / 编后记

概　述

共青村位于昆山高新区（玉山镇）东部，东邻江浦村，西傍思常港，南至震川路，北达庙泾河。村域东西相距1 520米，南北相距2 500米，面积3.8平方千米。域内地势平坦，河流成网，被誉为昆山"母亲河"的娄江河由东向西流经村域，南北流向的思常港河和东西流向的庙泾河环村而过。

2001—2005年，因昆山市建设规划需要，村域土地全部被征用，村民全部动迁入住共青新村或龙泉山庄。截至2019年年底，全村有村民小组18个，村籍户565户2 120人，购房居住户317户1 193人，外来临时居住户537户2 148人。是年，全年村级到账可支配收入1 212万元，拥有固定资产3 979万元，村民人均纯收入51 080元。村先后被评为"江苏省文明村""江苏省百佳生态村"。

历史远至秦朝　隶属更迭绵延

共青村历史悠久。秦时（前221—前207），村域为娄县所辖。始建国元年（9），娄县改为娄治县，村域属之。南北朝时期（507—536），娄治县分置信义县，村域属信义县。明万历三十七年（1609），废信义县，并入昆山县，村域属之。1909—1939年，村域由玉山市所辖。1939年，村域属昆山县第一区螺青乡。1934—1949年间，域内隶属几经变故，终属昆山县巴城区城北乡。1958年，马鞍山人民公社成立，村域分别成立共青生产大队（以下简称"共青大队"）和蔡家生产大队（以下简称"蔡家大队"），隶属马鞍山人民公社。1982年，蔡家大队更名为白塔生产大队（以下简称"白塔大队"）。1983年，城南乡成立，共青大队、白塔大队分别更名为共青村村民委员会（以下简称"共青村村委会"）和白塔村村民委员会（以下简称"白塔村村委会"），隶属城南乡。

1986年,城南乡并入玉山镇,共青村、白塔村隶属玉山镇。1989年,昆山撤县设市,共青、白塔两村隶属昆山市玉山镇。2001年,共青村和白塔村合并,组建新的共青村,隶属关系不变。2012年,昆山高新区、玉山镇区镇合一,称昆山高新区(玉山镇)至今,共青村隶属之。

昔日农业典型　今朝民企领先

共青村经济发展先后历经20世纪50—70年代末的单一农业经济,改革开放后的农、副、工三业经济,21世纪以后的多元化经济。1949—1973年,域内农业生产走上农业合作化道路,村域成立人民公社,农业生产成绩显著。1973年,共青大队被树立为苏州地区"农业学大寨"样板大队。1974—1975年,昆山县扩大丰产方范围,把蔡家、江浦两大队和正仪公社的荣明、荣心两大队也纳入丰产方范围,规划建设万亩丰产方。1976年,共青大队的10个生产小队中,有6个生产小队稻、麦亩产超吨粮,其中,第5生产小队稻麦亩产达2 300斤,受到中共江苏省委的表彰和嘉奖。随着农业产业结构调整,1989年,玉山镇在共青村建成共青种子丰产方,第一期耕田面积89亩。1991年,扩大到380亩,为昆山全市提供水稻、"三麦"(小麦、大麦、元麦)良种。1998年10月5日,中共中央总书记江泽民亲临共青种子丰产方视察、指导工作,亲笔题词"昆山共青丰产方"。

共青村工业发展起步早,租赁经营发展快。1963年,村域建办第一个大队粮食饲料加工厂;1978—1990年的13年间,村域先后创办队办企业13家。其中,中联造纸机械厂最具规模。1992年,其工业总产值2 263万元,占全村总产值的93%;利润164.61万元,占全村利润的98%。之后,村办企业逐步撤并转制,民营企业迅速发展,至2019年年底,民营企业有20多家。其中,超千万资产的有10家,超亿万资产的有10多家。

共青村依托地理优势,大力发展租赁经营,2001年,成立共青村项目配套服务公司。是年,共青村可支配收入210万元,固定资产351万元,总资产996万元。2001—2015年,共青村先后投资2 864万元,建标准厂房16 185平方米,建楼房15幢12 000平方米,店面房5套579平方米。2019年,全村年到账可支配收入1 212万元,固定资产3 979万元,总资产8 848万元。三项资金分别增长了4.77倍、10.34倍和7.88倍。

基础设施完善　城乡一体融合

共青村村庄建设、基础设施建设和环境建设，从最初的道路桥梁改造、邮电通信建设着手，逐步向用水、用电、用气升级和办公设施改造、人居环境整治、生态环境保护方面发展。至2019年，城乡一体化的共青新村已经形成。

道路桥梁　20世纪60年代前，村域内没有进出通行的主干道，村庄道路均为泥泞小道。七八十年代开始，村域内进行道路改造，先是用黑脚子（碳化钙渣滓）铺设路面，后又用道砟铺设，再后是拓宽道路路基，路面水泥硬化。村域内先后改建道路3 750米，沿路桥梁6座也随之翻建。

村民用电　20世纪70年代中后期，村域每家每户都用上了电。90年代，村域内进行电网改造，解决用电不安全和容量不足的问题。

村民饮水　1949年前后，村民生活用水，全都是河水。20世纪70年代，村域百姓挖井，饮用地下水。80年代起，家家户户用上洁净的自来水。

邮电通信　20世纪50—80年代，域内主要靠邮局送信送报。1989年，域内两个大队部安装座机电话。1992年，每家每户安装程控电话。2000年后，进入网络时代。2019年，全村网络入户率为100%。

办公用房　20世纪50—60年代，域内两个大队借用民房办公；1968年，两个大队建造大礼堂用于召开社员大会和办公；80年代，村域内建造大队办公楼；1990年，共青村、白塔村分别建造495平方米和400平方米的综合办公楼；2005年，建造1 800平方米的共青村村委会办公大楼。

环境保护　1992—1998年，共青村域内干河清淤6 800米，新建标准排放公共厕所8座，完成238户居民厕所改造工程。2003—2005年，共青村投资200多万元，实行雨污分离，污水管网覆盖率为100%。2018年，共青村启动"331"[第一个"3"指容易引发火灾事故的三合场所（指人员住宿及加工、生产、仓储、经营等场所混合在同一建筑内）、出租房（群租房）和电动车三类突出隐患，第二个"3"指专项行动要对照执行的任务清单、履行清单和追责清单这3张清单，"1"指专项行动为期100天]专项行动。2019年，全面实行垃圾分类。

公共用房　2016年，共青村建造3 000平方米的老年活动中心，内设影音室、休息室、阅览室、老年活动室和宴会厅；2018年，共青村投入资金完善配

套设计改造，新增社区卫生服务站、康复室、中医诊疗室、妇女儿童活动室、党员活动中心——共青村邻里服务中心。

文化孕育新人　传承弘扬新风

共青村村域文化与吴地文化一脉相承，代代相传。以时代文化引领社会新风。1955年12月，共青高级农业生产合作社（以下简称"共青高级社"）、蔡家高级农业生产合作社（以下简称"蔡家高级社"）党支部成立后，始终贯彻执行党的路线、方针、政策，把握时代脉搏，适时组织开展灵活多样、系统的政治思想、道德素养和文化知识学习活动。从党员干部做起，从每个家庭做起，从身边的事做起，以人为本，人人参与，户户评比。20世纪50年代，村域进行社会主义教育运动，教育村民热爱社会主义，走农业合作化道路。60年代，村域广泛开展"向雷锋同志学习"的活动，使雷锋精神家喻户晓、老少皆知，特别是青少年，大多做好事不留名。60年代，村域开展"农业学大寨"运动、"学习焦裕禄"活动，广大干部、社员鼓足干劲，艰苦奋斗。80年代，村域开展"五讲四美三热爱"教育活动，提高党员、群众的革命觉悟，争做有理想的社会主义新人。90年代，村委会学习邓小平理论，坚持走中国特色社会主义道路，大力发展经济，富国强民。2000年后，村委会学习"三个代表"重要思想，号召党员干部，加强自我修养，做群众的带头人；学习科学发展观、社会主义荣辱观，倡导领导干部廉洁奉公，提高个人道德修养；学习社会主义核心价值观，要求党员、群众"不忘初心、牢记使命"；学习贯彻习近平新时代中国特色社会主义思想。通过学习，村域内的凡人善举不断涌现，"五好文明家庭"层出不穷，志愿者服务成为村民的自觉行动，社会新风深入人心，施乐行善蔚然成风。

村民向来遵循农时习俗，日出而作，日落而息。民风温良敦厚，不事奢华，勤俭持家，和气诚信。村民继承先辈的方言俗语、山歌民谣、各类谚语，地域文化绵延不断。村民能在继承传统习俗礼仪的同时，有取有舍，取精华、舍劣俗，弘扬正义。村民还能在尚礼仪、重孝悌、规祭祀、敬佛神的同时，跟随时代的发展变化，既不失祖先优良训志，又融合新时代的进步文化。

共青村"两委"（村党支部委员会和村民委员会）在重视思想道德教育和文化传承的同时，不断丰富村域内的文化活动，不断完善文化设施。20世纪60—

70年代，大队成立文艺宣传队；80年代，公社（乡）电影放映队进村（大队）放映；90年代，村民的文化生活主要是观看电视节目；2000年后，网络电视进家庭、电影多样化，村民的文化生活进一步丰富。同时，村里开设图书阅览室、棋牌室等活动室，还成立舞蹈队，并组织开展群众性广场舞，极大地丰富了村民的业余生活。

社会事业发展　生活品质提升

共青村村民的住房建设、日常生活、社会保障等随着村域产业经济多元化的发展均得到快速提升。住房方面，20世纪50年代，村民居住草房、平瓦房；60—70年代，翻建小瓦房；80年代，翻建楼房；90年代末，村域内有5%左右的村民购买商品房；2000年后，有15%左右的村民购买商品房，并有部分村民自建或购买别墅；至2005年，共青村村民全部动迁入住共青新村或龙泉山庄，村民人均住房面积达50—100平方米。收入方面，进入21世纪，共青村村民有工资收入或养老金收入、租赁收入、政策性补助，部分村民家庭还有经营性收入。2019年，全村人均可支配收入约为5.11万元。消费方面，村域内人人都有手机，家家基本有汽车；进酒店招待客人成为时尚。养老方面，老有所养，全村村民参加社保和农保医保率为100%；老有所乐，村民业余生活丰富，锻炼身体成为生活习惯。

村域内学校教育、医疗卫生、娱乐生活也随着时代发展而提升。教育方面，中华人民共和国成立初，域内仅有一所私塾，学生寥寥无几；1963—1967年，共青、蔡家两个大队建造校舍280平方米；1973—1975年，两个大队建造校舍610平方米；1982—1986年，共青、白塔两个大队建造校舍950平方米，满足学龄儿童的学习需要；2011年后，村域内学龄儿童全部并入昆山培本实验小学（西校区）学习。教育师资、教育设施全部达到标准化。医疗方面，1949—1959年，域内缺医少药，村民看病难；20世纪60年代，村域成立农村合作医疗，村民小病可以不出村。另外，从20世纪50年代起，共青村（大队）用了30年的时间，根治了血吸虫病。2010年后，共青村成立社区医疗服务中心，村民全部参加和享受医疗保险和大病风险及"三高"（高血压、高血糖、高血脂）人群免费服务。

喜看今朝，共青村经济社会协调发展，城乡一体化已经形成，村落文化传承融合，村民生活水平大幅提高；展望未来，在全面建设社会主义现代化的新征途上，共青村将在中国共产党的领导下，万众一心，发奋努力，共同谱写共青村新的篇章！

大事记

秦朝—清朝

秦（前221—前207），始建娄县，村域属娄县。

始建国元年（9），改娄县为娄治县，村域属娄治县。

东汉建武十一年（35），娄治县复为娄县，村域属娄县。

梁天监六年（507），娄县分置信义县、昆山县，村域属信义县。

隋开皇末年（600），废信义县，并入昆山县，村域属昆山县。

明天启四年（1624）夏，村域大水后大旱，民饥。是年十二月，村域内发生地震。

明崇祯十四年（1641）夏，村域大旱，至河塘干涸。民大疫，死者相枕藉，斗米银三钱。秋闹蝗灾，民削榆皮为食。

清雍正二年（1724），昆山县分置新阳县，村域属新阳县。

清雍正九年（1731）十月，昆山淞南（治茜墩镇）发生里氏5级地震，村域有震感。

清嘉庆六年（1801），"闵氏伤科"开创者闵籍（字坚亭）出生于新阳县白塔港村［今属昆山高新区（玉山镇）共青村16组］。

清嘉庆十九年（1814）夏，村域大旱，河底皆涸，地生白气，米半石五千六百钱。

清宣统元年（1909），昆山、新阳两县推行地方自治，废乡、保、都，划昆山、新阳城乡为1市17乡。玉山划为市，称"玉山市"，辖5区25图，村域属玉山市。

中华民国

1917 年

村域大旱，63 天无雨，白塔港、庙泾河见底，千亩无收。

1921 年

村域遭水灾，冬季修筑低洼圩岸，以防水患。

1934 年

6 月，昆山改划 8 个区，村域属第一区北漯乡。

1935 年

村域夏秋大旱，5 个月无雨，河港多干涸，加有螟害，秋饥。

1939 年

江苏省颁布《县组织法》，县下设区，玉山市改为第一区，村域属第一区螺青乡。

1941 年

7 月，村域属第三区白塔乡。

1942 年

2 月，全县共划为 9 个区 63 个乡镇，村域属第四区白塔乡。

是年，全县改为 11 个区 92 个乡镇，村域属第四区（巴城）白塔乡。

1944 年

9 月，共青村域属第一区北漯乡。

12 月，第一区改名鹿城区，行政区域未变。村域属鹿城区北漯乡。

1945 年

9 月，抗战胜利，恢复战前区划，全县为 8 个区 64 个乡镇，村域属鹿城区北漯乡。

是年底，村域属巴城区北漯乡。

1947 年

2 月，实行新县制，村域属巴城区北漯乡。

5 月，村域阴雨连绵，稻秧烂苗，重播稻种无着。

12 月，青墩、北漯两乡合并，始建城北乡，村域属之。

是月，因村域常遭强盗骚扰危及村庄安全，蔡家港村民蒋小二自行设计、制作拦船木栅栏，安装在蔡家港河的最窄处（原白塔1队柏树坟处），从此强盗很少进港。

1949年

5月13日，昆山解放。村域村民奔走相告，互相庆祝。

7月，废除保甲制，区、乡人民政府成立。全县划为6个区27个乡（镇），村域属昆山县巴城区城北乡。

7月至8月中旬，村域遭强台风、暴雨袭击，房屋受损，粮田被淹。

中华人民共和国

1949年

12月，村民王德洪加入中国共产党，成为村域内第一个中国共产党党员。

1950年

1月，村域所在城区更名为城郊区，辖1个镇8个乡，村域属昆山县城郊区东荡乡。

是月，村民方长林加入中国新民主主义青年团，先后任东荡乡青年团支部书记、蔡家财粮组长、城郊区东荡乡财粮委员、东荡乡副乡长兼财粮委员。

12月，昆山县土地改革工作组进驻村域，推行土地改革工作。村域内有芦青棵、白路、西湾、六里殿、居家浜等自然村组建农会，培训骨干、清理地基、归户造册。农民分得耕牛、农具等生产生活资料。翌年春，土地改革结束。

是月，村域部分群众代表参加昆山县城举行的万人大游行活动，抗议以美为首的帝国主义侵略朝鲜，反对美帝国主义重新武装日本。

1951年

1月，村域内有231户农民到供销合作社购买股票，凭股证可享受优惠价购物，每户认购1—2股，每股金额1元，后增至每股3元。

5月，国家为保障农民分得土地、拥有房屋所有权，向村域农民发放土地证。

6月，昆山县调整区划，村域属正仪区东荡乡。

8月，域内村民响应中央发出的抗美援朝号召，开展劳动竞赛，出钱出力，支持抗美援朝和优待烈军属等活动。

10月,域内村民积极投身抗美援朝,姚家浜村青年姚金生、姚早生,居家浜村青年居阿水参加志愿军,入朝参战。

1952年

5月,西湾村16户43人成立第一个农业生产互助组,取名为共青互助组。

9月,上级派2名公办教师到共青村域办学,利用六里殿的草屋3间,开办六里殿小学,开设1—4年级4个班级,共有45名学生。学校负责人为顾士新。

10月,方长林任东荡乡党支部书记、乡长。

1953年

3月,村域内成立共青初级农业生产合作社(以下简称"共青初级社")、蔡家初级农业生产合作社(以下简称"蔡家初级社"),辖村域内各自然村。

7月,根据第一次全国人口普查工作部署,村域成立人口普查小组,历时11个月,完成普查工作。调查结果:村域共234户829人,其中,男性415人,女性414人。

10月,村域内开始使用脚踏滚筒式脱粒机进行农作物脱粒。

12月,国家实行粮油统购统销政策,村域农户均发到购物卡。

1954年

3月,姚金生任共青初级社社长,承锦湘任蔡家初级社社长。

5月,共青初级社、蔡家初级社分别按土质优劣与劳动强弱评定社员入股,统一生产经营。村民劳动评工记分,收益按劳动比例分配。

是月,村域内连续65天下大雨,农田一片汪洋。

9月,共青初级社、蔡家初级社响应国家号召,实行粮食统一收购、统一销售,每人每年发布票2丈3尺。

是年,地方政府开展粮食统购统销政策教育,清算"三账"(战胜水灾生产提高账、互助合作发展账、统购统销好处账),共青、蔡家两初级社对村民进行粮食征购、统购、统销方针与政策的宣传教育。

1955年

7月,村域内农户粮食实行"三定一奖"(定产、定购、定销,粮食超产奖励到户)的办法。

10月，为贯彻中共中央、国务院发布《关于扫除文盲的决定》，村域内农民积极报名学习文化。

12月，在共青初级社、蔡家初级社的基础上分别成立共青高级社、蔡家高级社，并成立党支部。姚金生任共青高级社党支部书记，姚海泉任社长，姚桂根任会计。承锦湘任蔡家高级社党支部书记，邓大元任社长，蔡后成任会计。

1956年

3月，并区并乡，村域隶属环城区城西乡。

8月，昆山县撤区并乡，玉山改为县属镇，共青村域属昆山县城西乡。

12月，全县划5个县属镇17个乡，村域属城南乡。

1957年

4月，村域内开展血吸虫病防治（以下简称"血防"）工作，进行干河灭螺。

9月，蔡家高级社在蒋家台建造草房2间，开办小学（扫盲班），学生20名左右，教师为王爱之。

1958年

3月，蔡家小学搬迁至蔡家港，借村民张和生家瓦房2间，开设1—4年级复式班，教师为汪碧云、吕玲珍。

5月，共青高级社、蔡家高级社开展除"四害"运动，捕杀苍蝇、蚊子、老鼠、麻雀。

6月，江苏省水利厅在江浦圩大搞高标准河网化工程建设，兴修水利，改造低产田，建立丰产方。2.5万人参加工程建设，共青、蔡家两高级社投入劳力270人，累计挖土方132万立方米。是年11月下旬，工程基本竣工。

10月，昆山县撤乡、镇建人民公社，城南乡、城北乡、玉山镇合并成立马鞍山人民公社。共青高级社、蔡家高级社分别更名为共青大队、蔡家大队，隶属马鞍山人民公社。共青大队、蔡家大队党支部书记分别为姚金生、承锦湘。

11月，共青、蔡家两大队办起集体食堂，实行社员"吃饭不要钱"的制度。

是月，共青、蔡家两大队大搞积肥"万担潭"活动。

是月，共青、蔡家两大队共拆除草房58户156间，家家户户把废铁、锅子、镰刀等捐献出来，支持"大炼钢铁"运动。

是月，人民公社实行组织军事化、生产战斗化、生活集体化，以公社为核算单位，统一调配劳动力，进行大兵团作战，共青大队、蔡家大队分别成立马鞍山人民公社江浦营第5、6、7、8连。连长分别是姚早生、徐阿狗、蒋金观、陈阿根；第5、6连指导员为姚金生；第7、8连指导员为承锦湘。

1959年

2月，村域实行"三级所有，队为基础"体制，江浦营解散，恢复共青大队、蔡家大队。共青大队党支部书记为姚金生、大队长为姚海泉，蔡家大队党支部书记为承锦湘、大队长为邓大元。

春，村域实行公社、大队两级核算，共青、蔡家两大队进行清账、退赔社员相关物资，恢复社员自留地，废除半供给制，经济收益按劳动工分分配，粮食分配按人劳比例（基本粮加工分粮）分配。

6月，撤马鞍山人民公社，划分为城南公社、城北公社、玉山镇。共青、蔡家两大队隶属城南公社。共青大队党支部书记为姚金生、大队长为姚海泉，蔡家大队党支部书记为承锦湘、大队长为邓大元。

是月，共青、蔡家两大队掀起扫盲学习高潮，两大队共有320人参加。

是年，蔡家大队被江苏省人民政府评为"农业社会主义建设先进单位"。

1960年

8月，共青、蔡家两大队开展"新三反"（反贪污、反浪费、反官僚主义）运动。

是月，村域受7号台风影响，连降暴雨，共青、蔡家两大队的农作物不同程度受灾。

9月，共青、蔡家两大队社员开始凭票（粮票、油票、布票、烟票、火柴票）购买各种生活用品。

10月，共青大队社员丁巧凤、蔡家大队社员承仁妹被昆山县人民政府评为"三八红旗手"。

11月，蔡家大队幼儿园被江苏省人民政府评为"江苏省先进集体"。

12月，蔡家大队、共青大队同时被昆山县人民政府评为"农业社会主义建设先进单位"。

是年，村域内遭受自然灾害，缺粮、断粮情况突出，粮食供应紧张，村民口粮靠"瓜菜草"充饥，不少村民患上浮肿病、消瘦病。

1961年

4月，共青、蔡家两大队食堂解散，426户农户社员自行修灶，分户吃饭。

5月，各大队传达、贯彻中共中央《农村人民公社工作条例（草案）》，即"农业六十条"，恢复农业"三包一奖"。遵照上级指示，共青、蔡家两大队的各生产队将耕地面积的5%划给社员作为自留地。

9月，共青、蔡家两大队水稻遭受三化螟侵袭，部分田块白穗率高达50%以上，粮食减产严重。

11月，共青大队在第3生产小队六里桥处，建造固定机电排灌站，取名共青站。站内有30千瓦的电动机1台、水泵1台，机房面积16平方米，可灌溉农田783亩。

1962年

2月，共青、蔡家两大队的各生产队的土地、劳力、耕牛和农具恢复实行"四固定"（土地固定、劳力固定、耕畜固定、农具固定），统一经营、自负盈亏、收益分配、承认差别。坚持按劳分配的原则，逐步改进劳动管理和评工记分方法。

3月，徐阿狗任中共共青大队支部书记，承锦湘任中共蔡家大队支部书记。

9月，第14号台风过境，村域内一昼夜降雨230毫米，低洼田受淹。

1963年

3月，村民王德洪负责在共青大队第3生产小队筹建共青大队粮饲加工厂。

是月，共青、蔡家两大队组织青年团员、中小学生开展学雷锋活动。各大队成立"学习毛泽东著作小组"，组织青年做好人好事。

7月，共青、蔡家两大队开展以"清理仓库、清理账目、清理财务、清理工分"为内容的"小四清"运动。

是月，原六里殿小学翻建新教室5间（瓦房），取名共青小学，有教师2名，班级1—4年级，学生60多名。

是年，共青大队被评为"苏州市农业先进单位"。

1964年

1月，共青、蔡家两大队为贯彻中共中央《农村社会主义教育运动中目前提出的一些问题》（即"二十三条"），开展"四清"（清政治、清思想、清经济、清组织）社会主义教育运动。

6月16日，共青、蔡家、虹桥、江浦、西河5个大队清除有螺土地面积314 998平方米。

7月，共青、蔡家两大队积极做好第二次全国人口普查工作。

是年，共青大队响应毛泽东主席发出的"农业学大寨"号召后，成为城南公社学大寨样板大队。

1965年

3月，村域各大队开始推行三熟制，共青、蔡家两大队共试种600多亩的双季稻。

是月，共青大队实行水稻种植"三改"（一熟改二熟、籼稻改粳稻、早稻改晚稻），增加复种指数，水稻亩产量提高150—200斤。

7月，苏州地委社教工作团进驻共青、蔡家两大队，组织开展社会主义教育运动（以下简称"社教运动"），历时9个月。

1966年

3月，蔡家大队第1生产小队、第3生产小队联合投资8 500元，在第1生产小队建造村域第一座砖瓦土窑，负责人蔡野男。

8月，共青、蔡家两大队推行"大寨式"评工记分，每逢月底，社员自报互评工分报酬。

是月，县农业机械化公司赠送城南公社共青大队东风12型手扶拖拉机1台，共青大队选派陶志友、于学贵到常州手扶拖拉机厂进行培训。

1967年

1月，"文化大革命"全面爆发，共青、蔡家两大队党组织处于瘫痪状态。

3月，共青大队接纳来自苏州的郑宝如、王志宝等5户17名下放人员。

5月，蔡家大队安装低压电线，电线接到各生产小队公场，用于各生产小队脱粒"三麦"、水稻。

7月，共青、蔡家两大队家家通上广播喇叭。

是月，蔡家大队在第7生产小队建造大礼堂384平方米。

9月，蔡家小学搬迁到蔡家大队第7生产小队，教室有泥墙草房4间（约80

平方米），班级 1—4 年级，学生 45 人，当时教师 3 人。

1968 年

3 月，城南公社成立革命委员会（以下简称"革委会"），共青、蔡家两大队分别成立大队革命领导小组。共青、蔡家两大队革命领导小组组长分别是徐阿狗、蔡后成。

是月，蔡后成任蔡家大队党支部书记，徐阿狗任共青大队党支部书记。

4 月，蔡家大队第 6 生产小队、第 7 生产小队共投资 12 000 元，在蔡家大队第 7 生产小队思常港处建造第二座砖瓦土窑，负责人张海福。

7 月，共青、蔡家两大队每户社员家中设置"三忠于"（忠于毛主席、忠于毛泽东思想、忠于毛主席革命路线）请示台，实行"早请示、中对照、晚汇报"的"三忠于"制度。

10 月，共青、蔡家两大队安置苏州第一批下乡知青 37 人，其中，男性 22 人，女性 15 人。

1969 年

9 月，共青、蔡家两大队分别成立革委会，徐阿狗、蔡后成分别任共青大队、蔡家大队革委会主任。

是年，共青、蔡家两大队分别成立医疗站，两个医疗站共配有"赤脚医生"4 名。

1970 年

2 月，共青、蔡家两大队开展"一打三反"（打击反革命破坏活动、反对贪污盗窃、反对投机倒把、反对铺张浪费）运动。

3 月，共青、蔡家两大队响应上级消灭血吸虫病号召，开展查螺灭螺、查病治病群众运动。

是月，共青、蔡家两大队普降大雪，积雪最厚达 16 厘米，电线杆被压歪、压断，造成交通、供电、通信中断，夏熟作物受损严重。

8 月，共青、蔡家两大队遵照上级"备战备荒"的指示精神，各生产小队开展"深挖洞、广积粮"运动，在各生产小队公场共建造 42 个土圆囤。

11 月，苏州市第二轻工局干部职工子女 26 人（其中，男性 13 人，女性 13 人）为第二批上山下乡知识青年，到共青大队插队。大队用副业用地建 400 多平方米房屋作为知青点宿舍。

1971年

春，共青、蔡家两大队组织力量，从浙江引进"三水一绿"（水花生、水浮莲、水葫芦和绿萍）进行养殖。

7月，共青、蔡家两大队连续高温干旱89天，35℃以上高温天数达20天，两大队水稻亩产均减少150斤左右。

11月，共青、蔡家两大队按照城南公社水利部门关于明灌渠改为暗灌渠的要求，共筑暗灌溉渠道5800米。

1972年

3月，共青大队在第1生产小队塘家溇加建水电灌站1座，站内机房面积16平方米，站内有13千瓦电动机1台、水泵1台，取名共和站，灌溉面积330亩。

4月，蔡家大队第2生产小队青年张梅芬被蔡家大队推荐进入苏州地区师范专科学校就读，成为共青村域第一个师范类学生。

5月，蔡家大队第5生产小队蔡金根、共青大队第5生产小队姚大毛被上海铁路局招为铁路工人，成为共青村域首批由农民变成的铁路工人。

10月，共青、蔡家两大队种植的后季稻遭受寒潮影响，翘穗头较严重，晚稻减产1—2成。

1973年

3月，蔡家小学在原地建造新教室250平方米，开设1—5年级，学生160人，教师5人。

是月，共青、蔡家两大队各生产小队建造60—70平方米的蘑菇房开始种养蘑菇。

是月，共青大队被中共苏州地委、昆山县委选为昆山县"农业学大寨"推广单位。地委、县委、公社党委三级干部、农技员、顾问进驻共青大队，为共青大队进行技术辅导。

6月，共青大队全面种植双季稻，种植面积达1620亩。

12月，蔡家大队新建机电排灌站一座，取名蔡家站，灌溉农田533亩。

1974年

1月，共青大队接待参加中国南方十三省、区、市第三次血防工作会议人员，江苏省、苏州地区、昆山县有关领导陪同与会人员检查血防工作。

5月，共青大队夏梅香和蔡家大队闵水英等7名社员作为群众演员，参加长春电影制片厂故事片《车轮滚滚》的拍摄工作。

8月，共青小学、蔡家小学按江苏省中小学秋季招生制度，改春季招生为秋季招生。

10月，共青大队在第9生产小队建造横跨白塔港且载重量达3吨的钢筋水泥拱桥，取名跃进桥。

是月，共青大队共产党员姚小珠带领第5生产小队干部群众苦干加巧干，成绩突出，当选为中共昆山县委委员。

11月，共青、蔡家两大队养蚌育珠。共青大队养蚌育珠收入35万多元，蔡家大队接种种蚌12 000只左右。

12月，共青大队第1生产小队牛棚失火，烧死耕牛3头。

1975年

3月，共青大队平整溇、浜，建成良田30亩。

4月，陶志友任中共共青大队支部书记。

7月，共青小学由共青大队第3生产小队迁至解放路（今震川西路）新址，新建教室12间，有1—5年级6个班级，学生250人，教师7人。

8月，共青大队第9生产小队范永武被推荐为工农兵大学生，进入南京海洋学院读书。

11月，王培坤、张书高带领共青、蔡家两大队民工32人参加拓浚浏河工程。

1976年

1月8日，周恩来总理逝世。共青、蔡家两大队社员连续数日分别在共青小学、蔡家小学操场，自发组织悼念活动。

3月，蔡家大队投资28 000元，在第2生产小队（蒋家台）开办蔡家大队锯板厂，负责人承锦湘。

8月，唐山大地震后，村域村民搭起防震棚，夜宿防震棚内。共青、蔡家两大队组织民兵，由大队干部轮流带班夜间巡逻值班。

9月9日，毛泽东主席逝世。共青、蔡家两大队社员连续数日分别在共青小学、蔡家小学操场，自发组织悼念活动。

10月，在全省学大寨先进单位表彰大会上，共青大队受到江苏省人民政府通报嘉奖并被授予奖状。

是月，共青大队接待参加南方十三省市水稻现场会议全体代表，组织参观共青大队农业生产现场。

是月，原南京军区司令员许世友视察共青大队农业生产。

是月，共青大队民兵、青年骨干、大队干部等代表参加昆山县委在人民体育场召开的2万人群众大会，热烈庆祝粉碎"江青反革命集团"的胜利。

是年，共青、蔡家两大队的干部和群众响应"向农田要粮"的号召，开展平整土地、开垦荒地、铲除大小坟墩25个，增加种植面积8.5亩。

1977年

4—5月，村域内平均降水量达197.4毫米，5月的31天中有21个雨日，夏熟物大幅度减产。

8月，共青大队王小荒被推荐到镇江炼壁电厂电工专业学校就读。

11月，共青、蔡家两大队在东风河上建造载重量为4吨的钢筋水泥拱桥，取名解放桥。

12月，共青、蔡家两大队的420户农户家中，入住参加娄江拓浚工程的外地民工500多人。

1978年

2月，刘正祥任蔡家大队党支部书记。

是月，共青大队在沿娄江河堤上种植3 000棵水杉。

3月，共青大队陶志友被昆山县革委会评为"昆山县先进工作者"。

10月，蔡家大队在白塔港建造长22米、宽3米、高3米、载重量为3吨的钢筋水泥拱桥，取名富民桥。

11月，朱惠伯、蔡菊林带领共青、蔡家两大队的86名民工参加吴江太浦河拓宽二期工程施工。

是月，姚炳泉被昆山县革委会评为"昆山县劳动模范"。

12月，共青大队第3生产小队的27户人家搬迁至六里港河西，统一规划、建造农民新村，原自然村的宅基地被改造成良田。

是年，共青大队第 2 生产小队、第 5 生产小队分别被昆山县革委会授予"超'吨粮'生产队"。

1979 年

2 月，共青、蔡家两大队为地主、富农分子"摘帽"，其子女重新确定成分。

3 月，蔡家大队投资 30 万元在蒋家台建成白塔丝织厂，建筑面积 2 000 平方米，聘用工人 108 人，负责人为张梅福、董正华。

12 月，各大队设广播室，姚毛坤任共青大队广播线路员，蒋永兴任蔡家大队广播线路员。

是年，共青大队被江苏省人民政府评为"江苏省农业先进单位"。

1980 年

2 月，共青、蔡家两大队退还"文化大革命"期间被查封的地主、富农的部分房屋和生活用具等财产。

3 月，蔡家小学在原址扩建校舍 300 平方米，开设班级 1—5 年级 5 个班，学生 100 人左右，教师 6 人。

10 月，共青大队利用知青点 500 平方米房屋，投资 5 万元建城南镀铜厂和配电间，共青知青点负责人季祥岐任镀铜厂厂长。

11 月，国家进行第一次全国范围的地名普查，共青、蔡家两大队分别成立地名普查工作小组，开展地名普查工作。

12 月，共青、蔡家两大队首次发放独生子女证 26 张，奖励每对夫妻每年 60 元。

1981 年

3 月，共青、蔡家两大队投入劳力 150 人，用 7 天时间完成 1.5 万立方米土方工程，加固地处共青大队芦青棵、蔡家大队思常港的防洪圩堤。

4 月，撤销共青大队、蔡家大队革委会，恢复共青大队、蔡家大队管理委员会。

5 月，蔡家大队在第 4 生产小队建设一座蔡家分站，面积 24 平方米，内置 22 千瓦电机、水泵各 1 台，灌溉农田 480 亩。

10 月，共青大队陶志友当选为第八届昆山县人大代表。

1982 年

7月1日，第三次全国人口普查工作结果：共青大队 226 户 895 人，其中，男性 452 人，女性 443 人；蔡家大队 215 户 838 人，其中，男性 426 人，女性 412 人。

是月，顾友忠投资 4 000 元，建造面积 72 平方米的一上两下楼房，成为蔡家大队第一个建造楼房的家庭。

9月，共青大队第 1 生产小队首先试行家庭联产承包责任制。是年底，全大队全面推广实行家庭联产承包责任制。

11月，共青、蔡家两大队开展第二次全国土地普查，普查了土壤形成因素、典型土壤剖面的描述、土壤类型的确定、土壤生理性状的测定、土壤评价和地产土壤改良规范。

是月，邵阿二耗资 15 000 元，建造总面积 228 平方米的三上三下楼房（加厨房间），成为共青大队第一个建造楼房的家庭。

12月，共青大队第 1 生产小队季水良购买 14 寸黑白电视机，成为全大队第一个购买电视机的家庭。

是年，为避免昆山县内地名重复，蔡家大队更名为白塔大队。

1983 年

4月，实行政社分设，成立城南乡人民政府。共青大队、白塔大队分别更名为共青村、白塔村，生产小队改为村民小组。共青村党支部书记陶志友、村民委员会主任姚宗根、经济合作社社长朱惠伯；白塔村党支部书记刘正祥、村民委员会主任张祖蕴、经济合作社社长艾荣富。

12月，共青村、白塔村分别被昆山县人民政府授予"血防工作先进集体"称号。

是年，白塔村村民梅君圣被昆山县人民政府授予"昆山县 1982—1983 年血防先进个人"称号。

1984 年

3月，白塔村村民林引喜投资 12 000 元，租用厂房 92 平方米，招聘员工 4 名，创办昆山县气枪铅弹厂，成为白塔村第一家私营企业。

7月，共青村投资 15 万元，建成共青铸件厂，并于当月投产。铸件厂主要生产各类铸件，年产量57吨，利润16.34万元。

是月，姚宗根任中共共青村支部书记。

是年，白塔村村民张海福当选为第九届昆山县人大代表。

1985年

8月1日清晨，6号台风过境，下暴雨，昆山县内雨量达218.3毫米，积水最深达800毫米。共青、白塔两村部分低洼田受淹，受淹面积85亩。

12月，昆山县血防办公室组织人员对共青村、白塔村的螺情、病情进行考核验收，验收结果达到消灭血吸虫病考核标准。

是年，张祖蕴任中共白塔村支部书记。

1986年

6月，白塔村村民陆网宝购置70吨铁驳船从事运输工作，成为村域第一个运输个体户。

10月，城南乡并入玉山镇，共青村、白塔村属之。

11月，白塔村建造昆山县第一座提升式横移门闸排灌站。昆山县水利局在白塔村召开水利现场会，并向全县推广。白塔村提升式横移门闸排灌站在苏州市水利局首次水利工程建筑评优活动中获三等奖。

是年，共青村村民姚生吾被江苏省农机局评为"江苏省1985—1986年手拖技术检测工作先进个人"。

1987年

是年，共青村村民景学义、白塔村村民梅君圣当选为第十届昆山县人大代表。

1988年

2月，共青村村民景学义被昆山县委、县政府评为"昆山县1986—1987年度改革和建设事业农业先进个人"。

8月，受"价格闯关"政策的影响，共青、白塔两村村民纷纷从银行提取现金，争购生活日用品，此次"抢购风"延至9月始趋平息。

9月，昆山县发放第一代居民身份证，共青、白塔两村共发放居民身份证1 730张。

1989 年

5月，共青村与上海造纸机械厂联营，投资20万元，建沪昆造纸机械厂，负责人为孙银锁，有职工25名，主要生产造纸机滚筒、镀铜辊等配件。

是月，共青、白塔两村购置2台上海50型中型拖拉机，配套"桂林"牌联合收割机，为两村农户收割小麦。

8月，共青小学由共青解放路搬迁至共青村5组，新建两层楼房，设教室18间，有教师12人，开设1—6年级6个班，学生250人。

9月，因生源不足，白塔小学并入共青完全小学。

是月，昆山撤县设市，共青村、白塔村分别更名为昆山市玉山镇共青村和昆山市玉山镇白塔村。

10月19日，共青、白塔两村村民委员会利用重阳节，组织慰问老人活动，发慰问品。

1990 年

3月，白塔村砖瓦窑厂停办拆除。

9月，共青村村民朱惠伯被昆山市人民政府评为"1989年度昆山市先进生产（工作）者"。

10月，第四次全国人口普查结果：共青村有228户891人，其中，男性436人，女性455人；白塔村有229户832人，其中，男性428人，女性404人。

是年，共青村村民吴阿炳被江苏省人口普查办公室评为"第四次全国人口普查工作先进个人"。

是年，共青村村民孙春山当选为第十一届昆山市人大代表。

1991 年

1月，共青村村民景学义被昆山市乡镇工业局评为"昆山市企业管理先进工作者"。

6月，村域内连日暴雨，造成历史上罕见的特大洪涝灾害，水稻田受淹，56间民房进水，5家工厂被迫停产。

10月，江苏省农林厅厅长俞敬忠带领淮南片7个市农业农村局局长一行参观考察共青村水稻丰产方。

11月，共青村村民朱惠伯被昆山市农业农村局评为"昆山市农业先进科技工作者"。

1992 年

9 月，周金男任中共白塔村党支部书记。

10 月，共青村中联造纸机械厂与上海亚华印刷机械厂、香港大光贸易行三方合资创办亚华印刷机械有限公司，总投资 114 万美元，成为昆山市第一个内地与香港合资的村办企业。

12 月，共青村创办沪昆造纸机械厂。

是年，共青村被昆山市委、市政府评为"昆山市加强村级组织建设加快集体经济发展示范村"。

是年，白塔村 1 组村民邱雪亮安装程控电话，为白塔村第一家安装电话家庭。

1993 年

3 月，共青村、白塔村两村投资 30 万元，安装自来水管 6 000 多米，村域内农户全部用上自来水。

4 月，白塔村 7 组村民周雨林购买"昌河"牌面包车一辆，成为白塔村第一家购买家用汽车家庭。

7 月，孙春山任中共共青村党支部书记。

10 月，白塔村村民蔡野男与昆山市玉山镇人民政府签订合同，承包白塔村 106.12 亩耕地，成为白塔村第一个规模经营大农户。

10 月，共青村被昆山市委、市政府授予"昆山市文明村"称号。

11 月，共青村被苏州市统计局评为"苏州市综合实力百强村"。

12 月，共青村朱惠伯荣获江苏省农林厅稻麦"吨粮杯"竞赛项目全年高产二等奖。

是年，共青村被苏州市爱国卫生运动与健康促进委员会（以下简称"苏州市爱卫委"）评为"苏州市爱国卫生先进单位"。

是年，共青村被苏州市政府评为"苏州市农村现代化建设示范村"。

是年，共青丰产方被江苏省科委会命名为"江苏省现代化农业科技示范园区"。

是年，共青村村民姚宗根、白塔村村民梅君圣当选为第十二届昆山市人大代表。

1994 年

1 月，徐友兴任中共白塔村党支部书记。

12 月，白塔村村民蔡野男在 1994 年秋粮入库中，获得白塔村规模经营户售粮数量评比第六名。

是年，共青村被昆山市委、市政府授予"昆山市文明村"称号。

1995 年

1 月，陈志兴任中共白塔村党支部书记。

4 月，共青村开始改造低产田，建设共青丰产方。

是年，共青村小麦亩产量由 450 斤增加到 700 余斤，水稻亩产量从 850 斤增加到 1 100 斤。

是年，共青村被昆山市政府评为"昆山市双文明村"。

1996 年

3 月，城南镀铜厂更名为昆山中联造纸机械厂，企业性质为股份合作制村办企业，并被评为"江苏省级高新技术企业"。其开发研究的 3200 型日产 150 吨纸的高档工艺纸，被评为"江苏省高新技术产品"。

6 月，共青村扩建共青排涝站 1 座，站房建筑面积达 110 平方米，配套 80 千瓦电机 1 台，流量达 2 立方米/秒。

是月，共青村域内 450 户家庭安装程控电话。

10 月，共青村村民景学义被昆山市人民政府授予"昆山市劳动模范"称号。

11 月，共青村投资 130 万元，通过运用农业机械化手段，把村域内的所有农田改造成丰产方，丰产方面积 1 620 亩。

是年，共青村被昆山市政府评为"昆山市双文明村"。

是年，共青村被昆山市委、市政府授予"昆山市双文明村建设示范村"称号。

1997 年

3 月，第一次全国农业普查结果：共青村 250 户 908 人，从业人员 641 人，其中，农业人员 158 人，非农人员 483 人；粮食播种面积 2 166 亩。白塔村 203 户 868 人，从业人员 588 人，其中，农业人员 153 人，非农人员 435 人；粮食播种面积 2 229 亩。

11月，白塔村村民张雪弟被苏州市第一次农业普查办公室评为"苏州市农业普查先进个人"。

是月，共青村被昆山市委、市政府授予"昆山市双文明村"。

12月，白塔村被江苏省农业普查办公室评为"江苏省第一次农业普查先进集体"。

是年，共青村被江苏省精神文明建设指导委员会授予"江苏省文明村"称号。

是年，共青村被苏州市爱国卫生运动委员会评为"苏州市爱国卫生先进单位"。

是年，共青村被苏州市人民政府评为"苏州市农村现代化建设示范村"。

1998 年

3月，共青村在村域公路、河道两侧种植广玉兰、香樟、黄杨等树木7 000棵。

4月，共青村投资36.5万元，在村域新添垃圾箱60只，新建厕所6座，安排6名保洁员每天清扫公共场所。

8月，共青村对农户家庭承包土地进行确权登记发证，坚持"大稳定、小调整"的原则，实行农户承包土地，承包经营权期限延长30年不变的政策。

10月，中共中央总书记江泽民同志亲临共青种子丰产方视察、指导工作，还亲笔题词"昆山共青丰产方"。

是月，村域内进行房产确权，共青、白塔两村共办理房产证、土地证各512本。

是月，共青村村民孙春山、白塔村村民王芳当选为第十三届昆山市人大代表。

11月，白塔村投资19万元，硬化道路6 100多平方米，实现水泥路连通各自然村。

是月，白塔村9家农户开挖367亩鱼塘养虾。

12月，白塔村开展"创建卫生村、美化环境"活动，增设垃圾箱28只，新建公厕3座。

是月，共青村村民谭凤英被卫生部医政司、保健司、国家医管局、健康报

社评为"全国优秀医生"。

是年，共青村被昆山市委、市政府授予"昆山市文明村"称号。

是年，共青村被江苏省精神文明建设指导委员会授予"江苏省文明村"。

是年，共青村被昆山市政府评为"昆山市双文明村"。

1999年

3月，共青村被苏州市政府评为"1998年度农村绿化工作先进单位"。

4月，共青村6个自然村7 510米道路全部硬化。

是月，共青村被苏州市委、市政府评为"苏州市加强农村基层组织现代化建设示范村"。

5月，白塔村蒋家台10户农户因生活垃圾、生活污水造成庙泾河旁水厂水污染，被规划动迁到白塔村4组居住。年内，10户农户动迁工作如期完成。

6月，共青村域内下暴雨，水位猛涨，超过1954年历史最高水位。

10月，共青村党支部被中共玉山镇委员会评为"玉山镇先进党支部"。

12月，共青村完成共青丰产方扩展农田整治工程。

是年，共青村获江苏省农业领导工程丰产方建设竞赛一等奖。

是年，共青丰产方，即"江苏省现代化农业科技示范园区"，被列为"省级重点园区"。

2000年

4月，共青村被省民政厅、环保厅评为"江苏省百佳生态村"。

11月，第五次全国人口普查结果：共青村有236户926人，其中，男性485人，女性441人；白塔村有259户951人，其中，男性458人，女性493人。

12月，共青村被昆山市民政局评为"昆山市村民自治模范村"。

是月，共青村纳税大户昆山中联造纸机械厂年销售收入5 770万元，利税768万元。

是年，共青村被苏州市精神文明办评为"苏州市文明村"。

是年，共青村获苏州市政府优质高效农业示范竞赛二等奖。

2001年

3月，卫生部部长张文康视察共青卫生服务站。

4月28日，卫生部副部长王陇德视察共青卫生服务站。

5月，白塔村1 541亩耕地被昆山市政工程征用，用于建设昆山市城市生态森林公园。

8月，玉山镇进行第一次建制村调整，白塔村并入共青村，组建新的共青村，姚小星担任中共共青村党支部书记。

9月，陈志兴当选为第七届共青村村民委员会主任。

11月，共青村依托城乡一体化后的区位优势，先后投资424.37万元建造15幢打工楼（中转房）共12 000平方米。

12月，共青村农户获得征用土地补偿，标准为责任田每年每亩补偿300元、自留田每年每亩补偿600元、口粮田每年每亩补偿900元。

是月，共青村被省农林厅、环保厅评为"江苏省百佳生态村"。

是年，共青村被昆山市委、市政府评为"昆山市农业结构调整特色村"。

是年，共青村被昆山市委、市政府评为"2001年度昆山市双文明建设先进村"。

2002年

2月，共青村被玉山镇委、镇政府评为"玉山镇2001年度两个文明建设先进单位"。

是月，共青村被玉山镇委、镇政府评为"玉山镇2001年度司法调解工作先进单位"。

4月，昆山市建设委员会在前进西路南侧虹祺路西侧建造面积为87 000平方米，18幢720套动迁安置房，取名共青新村A区。

是年，共青村被昆山市委、市政府评为"昆山市双文明村"。

2003年

4月，共青村于2002—2003年先后投资592万元，在村域内建造3 057平方米标准厂房。

是月，玉山镇召开防治"非典"紧急会议，共青村域内开展防治"非典"工作。

5月，玉山镇政府在前进西路北侧建造面积为24 300平方米，5幢180套动迁安置房，取名龙泉山庄。

7月，白塔村254户836人陆续搬进共青新村A区，是月底全部完成搬迁。

11月，姚小星当选为第十四届昆山市人大代表。

是年，共青村党支部被昆山市委评为"昆山市先进基层党组织"。

2004年

1月，共青村农户享受昆山市政府调整农村征使用土地补偿标准，原"3、6、9"补偿调整为"4、8、12"，即责任田每年每亩补偿400元、自留田每年每亩补偿800元、口粮田每年每亩补偿1 200元。

5月，共青村被评为"玉山镇'新昆山人'计划管理与服务工作先进集体"。

是月，共青村利用政府划拨的12亩土地，投资257万元在青淞村域内建造面积为3 442平方米标准厂房2幢。

8月，共青村域配置河道保洁员15人、道路保洁员20人，负责区域内保洁工作。

9月，玉山镇政府在前进西路南侧共青新村西侧建造面积为67 300平方米，19幢570套动迁安置房，取名共青新村B区。

是月，共青村动迁农户陆续搬进龙泉山庄和共青新村B区。

2005年

3月，昆山公交公司在共青村设立公交站2个（上、下行各一座），昆山市域公交27路、玉山镇区域公交128路穿村而过。

4月，共青村在玉山镇"文明福万家"知识竞赛活动中获二等奖。

8月，玉山镇政府在共青新村B区南侧建造1 800平方米共青村"两委"会三层办公楼。办公楼设有行政服务中心、村民议事厅、会议室、档案室、办公室。

9月，玉山镇政府在虹祺路西侧池渔泾河南新建面积为83 000平方米，16幢600套动迁安置房，取名共青新村C区。

11月，中共共青村党支部升级为中共共青村党总支部委员会，下设3个党支部，姚小星任党总支书记。

是年，村民闵松被空军长春飞行航空学院录取，成为共青村第一个空军飞行学员。

2006年

2月，共青村被昆山市精神文明建设委员会评为"昆山市农村精神文明建设先进村"。

3月，共青村被玉山镇政府、玉山镇人口与计划生育领导小组评为"2004—2005年度玉山镇'新昆山人'计划生育管理与服务工作先进集体"。

5月，共青村被苏州市委评为"苏州市实现'三个代表'实现'两个率先'先锋村"。

9月，陈志兴任中共共青村党总支书记。

11月，共青村利用政府划拨的五联村的24亩土地，投资1 081万元，在五联村建造9 554平方米标准厂房6幢。

2007年

1月，共青村被昆山市消费者权益保护委员会评为"2006年度昆山市农村消费维权先进集体"。

3月，共青村被昆山依法治市领导小组评为"昆山市民主法治示范村"。

4月，共青村被玉山镇委评为"玉山镇信访工作先进集体"。

12月，共青村被昆山市关心下一代工作委员会评为"全市关心下一代工作'五有五好'先进单位"。

2008年

1月，共青村被玉山镇委、镇政府评为"玉山镇2007年度先进集体"。

3月，共青村被玉山镇政府、玉山镇人口与计划生育工作领导小组评为"2006—2007年度'新昆山人'计划生育管理与服务先进集体"。

是月，共青村被玉山镇妇女联合会评为"2006—2007年度妇女组织特色工作奖"。

5月，玉山镇政府置换给共青村位于五联村南侧6 936平方米9幢216套打工楼和579平方米5套店面房。

是月，共青村党员干部82人带头捐款1.71万元，271名群众捐赠360包衣物，支援四川汶川地震灾区人民。

6月，共青村党总支部被玉山镇委评为"玉山镇2006—2007年度先进基层党组织"。

10月，共青村被江苏省环境保护委员会评为"江苏省生态村"。

11月，共青村被苏州市依法治市领导小组办公室、苏州市司法局、苏州市民政局评为"苏州市民主法治村"。

是年,共青村被苏州市委评为"苏州市先锋村"。

2009 年

1 月,李轶群任中共共青村党总支书记。

6 月,共青村籍人闵籍开创的"闵氏伤科"被列为"苏州市非物质文化遗产"。

7 月,共青小学校舍被拆除,原共青小学学生到娄江学校小学部借读。

2010 年

1 月,共青村被玉山镇委评为"2009 年度司法行政工作先进单位"。

10 月,共青村投诉站被苏州市政府评为"苏州市消费维权先进集体"。

11 月,共青村投资 45 万元在共青新村南池鱼泾河北侧修建长 355 米的石驳岸。

是月,共青村增设共青新村 A 区停车位 68 个。

是月,第六次全国人口普查结果:共青村共 565 户 1 935 人,其中,男性 955 人,女性 980 人。

是年,共青村被昆山市司法局评为昆山市"人民调解先进集体"。

2011 年

1 月,共青村被玉山镇委评为"2010 年度司法行政工作先进单位"。

8 月,玉山镇综合治理办公室投资 53 万元在共青新村 A 区、B 区及龙泉山庄安装 41 个摄像头。

9 月,共青村"闵氏伤科"入选江苏省级非物质文化遗产名录。

是月,共青小学撤销,原共青小学施教区学生全部转入昆山培本实验小学(西校区)就读。

10 月,共青村选送的舞蹈《好收成》,获得"昆山高新区 2011 年新农村特色文艺会演优秀表演奖"。

11 月,共青村被中共昆山市委高新技术产业开发区工作委员会、昆山高新技术产业开发区管委会评为"昆山高新区'五五'普法法制宣传教育工作先进集体"。

是年,共青村被昆山市社会治安综合治理委员会评为"2008—2010 年度昆山市零犯罪社区(村)"。

2012 年

5月，共青村投资898万元在五联村建造面积为4 303平方米，2幢4层共120套的打工楼。

11月，共青村村委会主任承云龙被昆山市司法局授予"昆山市百佳人民调解员"称号。

12月，共青村文艺队在"快乐好生活，精彩万花筒"昆山高新区新农村文艺会演比赛中获得优秀表演奖。

2013 年

1月9日，吴雪元任中共共青村党总支书记。

2月，共青村党总支被中共昆山市委高新技术产业开发区工作委员会评为"高新区2012年度学习型党组织"。

4月，共青新村A区、B区增设停车位120个。

7月，共青新村、龙泉山庄接通天然气，共青村村民从此用上天然气。

10月，村民季海家庭被昆山市社区教育办公室评为"昆山市级学习型家庭"。

11月，村民闵雯娟家庭被中共昆山市委高新技术产业开发区工作委员会评为"昆山高新区第三届文明和谐家庭"。

12月，共青村村委会被苏州司法局评为"规范化村（社区）人民调解委员会"。

12月31日，共青村积极做好第三次全国经济普查工作。

2014 年

4月，共青新村B区、龙泉山庄增设停车位180个。

9月，共青村集体资产量化，实施股权固化，村民享受股权分红。

10月，位于共青新村A区17幢103室的共青日间照料中心开张，日间照料中心面积132平方米，提供村域内16名65周岁及以上老人用餐。

12月，共青村党总支被昆山市社区教育办公室评为"昆山市2013年度学习型党组织"。

2015 年

6月，共青村党总支被苏州市委评为"基层党组织建设苏州市先锋村"。

11月，共青新村A区门卫亭改造竣工，警务站搬入A区亭，实行24小时巡逻值班制。

是年，共青村党总支被昆山市社区教育办公室评为"昆山市级学习型党组织"。

2016年

8月，玉山镇政府在共青新村C区建造3 000平方米的三层会所，一楼设有老年活动室、共青社区医疗站；二楼为餐厅，可摆放66张圆桌；三楼设会议室、多功能活动室。

9月，共青村投资18万元在龙泉山庄建造140个电瓶车充电位。

2017年

1月，共青村村级河道实行河长制，河长负责区域内河道水环境整治工作。首任河长为吴雪元，负责池鱼泾、六里殿、白塔港、体育中心河4条河道。

4月，共青村被昆山市司法局评为"2014—2016年度昆山人民调解工作先进集体"。

8月，共青村投资近20万元在共青新村A区、B区建造375个电瓶车充电位。

9月，共青村文艺队创作的舞蹈节目《美好的生活跳起来》荣获2017年昆山高新区新农村、社区优秀节目选拔赛二等奖。

11月，共青村投资20万元，改造升级共青新村监控设备，增加73个摄像头。

是月，共青村开通微信公众号，发布、公示村务工作。

2018年

1月，共青村落实农村"政经分开"改革工作，实行农村基层自治组织和集体经济组织"政经分开"，共青村社区股份专业合作社聘请叶小龙为合作社总经理。

2月，共青村被共青团昆山高新区工作委员会评为"2017年度昆山高新区共青团工作先进单位标兵"。

5月，共青村按上级指示精神开展"331"专项行动，治理安全隐患。

是月，共青村党总支组织全体党员干部赴常熟市沙家浜历史纪念馆，通过党员教育课堂开展"学讲话、悟初心"主题党日活动。

7月,共青村党总支书记吴雪元被苏州市委、市政府评为"苏州市优秀基层党组织带头人"。

9月,共青村文艺队创作的舞蹈节目《美好的生活跳起来》荣获2017年昆山高新区(村)、社区优秀节目展演三等奖。

10月,玉山镇人民政府投资20万元为共青新村会所安装电梯。

12月,杨学明任中共共青村党总支书记。

2019年

3月,共青村退伍军人服务站成立,服务窗口设在村便民服务大厅。

4月,共青村党总支组织全体党员干部、村委会工作人员前往昆山科技文化博览中心,参观"与时俱进的昆山之路"成果展。

6月,《共青村志》编纂委员会成立,杨学明任主任,承云龙任副主任,《共青村志》编纂工作正式启动。

是月,共青村拆除位于五联村南侧9幢216套打工楼,将动迁费986万元用于投资昆山高新区邻里中心,村每年获红利收益。

7月,共青村党总支被昆山高新区党工委评为"2018年度先进基层党组织"。

是月,村民张忠巡查共青新村B区时,拾到5 000元,主动如数归还失主。

8月,共青村为消除小区安全隐患、创造美好人居环境,联合高新区城市综合管理委员会,对照"876"清单、"三合一"场所整治"8个一律"、出租房(群租房)整治"7个严禁"、电动车整治"6个决不允许",对共青新村、龙泉山庄开展"331"专项行动整治工作,整治活动共出动人员150人次,动用车辆6辆,清理出租车库100多间。

是月,昆山市市长周旭东视察共青新村,检查"331"专项行动整治工作。

是月,共青村退伍军人篮球队在昆山高新区退伍军人篮球比赛中获得第一名。

9月,昆山市委书记杜小刚、昆山高新区党工委书记管凤良调研共青新村"331"专项行动整治整改巩固情况。

是月,共青村党总支部下属3个支部换届选举,承云龙、闵雯娟、王芳分别任第一、第二、第三支部书记。

是月,共青新村启动垃圾分类工作,在共青新村A区、B区及龙泉山庄共设置垃圾分类点9个。

10月,共青村党总支组织全体党员干部赴苏州相城区冯梦龙故居、苏州御窑金砖博物馆、苏州高新区西京湾花海等教育实践基地,开展"走基地、看成就、聚力量"主题宣传教育活动。

是月,玉山镇政府投资改造位于共青新村A区、B区交界之处面积为80平方米的共青新村公厕一座。

11月,共青村投资80万元对共青新村会所一楼、三楼进行改造。改造后,一楼有昆山高新区共青村邻里照料中心(亦称"共青·益家"),内设日间照料中心、图书室、医疗站、康复中医室;三楼有会议室、桌球室、亲子乐园,并聘请爱德社会公益组织管理。

12月,村民张忠被昆山市委、市政府评为"2019年度昆山好人"。

是月,玉山镇政府投资3 200万元,启动共青新村A区改造工程。

2020年

1月28日,共青村党总支、村委会成立以杨学明书记为组长、承云龙主任为副组长的村抗击新冠疫情领导小组,有防疫工作人员19人,党员、群众防疫志愿者36人。全体村委会工作人员轮流值班,全面开展疫情防控和应急处置工作。

2月2日,共青村为抗击新冠疫情,在共青新村、龙泉山庄建50米防疫围栏,封闭多余出入口。出入人员凭共青新村人员临时出入证、共青新村车辆临时出入证出入。

5月4日,共青·益家内的日间照料中心开始为村域内65周岁及以上老人,每周一至周五提供中、晚餐,其中,90周岁及以上老人免费用餐。

6月4日,共青村党总支部、村民委员会召开由党员、村民小组长参加的垃圾分类工作专题会议。

7月8日,共青村完善垃圾分类点位基础设施,投资8万元,增加2个垃圾分类回收点,并将垃圾分类回收点地坪硬化,排设下水管道,接通楼道自来水。

8月5日,共青村对位于玉山镇五联路的5间店面房封门,做好拆除前期工作。

8月12日，共青村对集体资产出租厂房进行合规化改造，并邀请相关部门人员进行技术指导。

8月16日，共青村投资50万元，粉刷共青新村B区3 000平方米20个楼道，维修道路200平方米，施画3 000米非机动车行车线位，刷新200平方米车库卷帘门等。

8月23日，共青村村委会劳动保障站按照高新区退休人员管理服务中心的要求，顺利组织完成65周岁以下退休人员的体检工作，实际体检177人。

9月25日，共青"五彩益家"内的日间照料中心被昆山市民政局评为"昆山市三星级日间照料中心"。

10月8日，共青村完成第七次全国人口普查摸底工作，全村共计登记户籍1 656户，总人数5 344人，其中，户籍人口2 923人，流动人口2 421人。

11月6日，共青村召开"用爱守护，抗疫精神永传承"主题活动暨先进表彰大会，党总支书记杨学明主持会议，参会人员70人，大会表彰抗疫先锋战士18人、优秀志愿者28人、优秀个人1人、突出贡献单位4家。

11月12日，共青村村委会召开共青新村、龙泉山庄2021年物业管理听证会，村书记杨学明主持会议，参加会议的有村民代表23人及村委会组成人员。

11月24日，共青村党总支部召开换届选举会议，村党总支书记杨学明主持会议。会议决定成立玉山镇共青村党组织换届工作筹备小组，组长杨学明，副组长承云龙，成员闵雯娟、王芳。

11月28日，共青村党总支部、村委会召开共青村"两委"换届工作动员会，村党总支书记杨学明主持会议，村民、党员代表70人参加会议。会议对村现任"两委"班子及其成员进行综合民主测评，宣读《共青村党总支部委员会委员和书记、副书记候选人初步人选推荐办法》，明确党组织班子职数设置、推荐资格条件、推荐程序。

12月5日，共青村"两委"会拆除位于五联路共青村店面房5间，评估补偿金额829万元，其补偿金全部用于投资昆山高新区邻里中心，并享受投资分红收益。

12月8日，共青村党总支书记杨学明主持召开《共青村志》编纂工作专题会议。村"两委"会和村志编纂组全体人员共15人参加会议。褚永明、王伟民

分别布置村志编纂工作的具体任务和工作措施。

12月21日,共青村党总支在村办公室三楼会议室组织召开"学习贯彻党的十九届五中全会精神"宣讲会,共青村70多名党员参加会议。杨学明书记主持宣讲会,昆山市委宣传部副部长吴洁作宣讲。

第一章 村情概览

共青村前身为共青村、白塔村。2001年8月,玉山镇建制村区划调整,共青和白塔两村合并,组建新的共青村。村域地处昆山市区的娄江河北侧,域内地势平坦,自然坡度小,河流纵横,水资源充沛,属江南水乡之地。村域总面积5 700亩,其中,耕地面积3 881亩,水域面积834亩,宅基地、道路面积985亩。共青村域旧时分属安县、信义县、玉山市、螺青乡;中华人民共和国成立后,村域分属巴城区城北乡、城南乡,后属玉山镇。村域内曾分建共青、蔡家(后改为白塔)大队(村)。村级组织建有村党组织、大队管委会、村民委员会、经济合作社和共青团等群团组织。2019年,共青村的办公地址设在共青新村B区。截至2019年年底,共青村下辖18个村民小组;村籍户565户,人口2 120人;全村全年到账可支配收入1 212万元,总资产8 848万元,其中,集体固定资产3 979万元,村民人均纯收入51 080元。共青村先后获得江苏省级荣誉14项、苏州市级荣誉16项、昆山市级荣誉29项〔区(镇)级不列入统计〕。

第一节 建置区划

一、建置沿革

秦时，公元前221—前207年，村域为娄县所辖。始建国元年（9），改娄县为娄治县，村域属之。东汉建武十一年（35），恢复娄县，村域属之。梁天监六年（507），娄县分置信义县、昆山县，村域属信义县。隋开皇末年（600），废信义县，并入昆山县，村域属昆山县。清宣统元年（1909），昆山、新阳两县推行地方自治，划昆山、新阳城乡为1个市17个乡。玉山划为市，村域为玉山市所辖，至1928年未变。

1929年，县下设区，玉山市改为第一区，村域属第一区螺青乡。1934年，昆山改划8个区，村域时属第一区北漊乡。1941年，村域改属第三区白塔乡。1942年2月，全县划9个区63个乡镇，村域属第四区白塔乡。是年，全县改为11个区92个乡镇，村域属第四区（巴城）白塔乡。1944年9月，第四区复改为第一区，村域属第一区。是年12月，第一区改名鹿城区，村域属鹿城区。1945年9月，村域属鹿城区北漊乡。至当年年底，村域属巴城区北漊乡。1947年12月，青墩、北漊两乡合并，始建城北乡，村域属城北乡。1949年7月，全县划为6个区27个乡（镇），村域属昆山县巴城区城北乡。

1950年1月，村域所在城区更名为城郊区，村域属城郊区东荡乡。1951年6月，昆山县调整区划，村域属正仪区东荡乡。1956年3月，村域属环城区城西乡，设共青高级社、蔡家高级社，两社下设13个生产小队。是年12月，全县划5个县属镇17个乡，村域属城南乡。1958年10月，城南乡、城北乡、玉山镇合并成立马鞍山人民公社，共青高级社、蔡家高级社分别成立共青大队、蔡家大队，下设 13 个生产小队，村域属马鞍山人民公社。是年 11 月，共青大队、蔡家大队分别成立马鞍山人民公社江浦营第 5、6、7、8 连。1959 年 2 月，江浦营解散，恢复共青大队、蔡家大队。6 月，撤销马鞍山人民公社，分置城南公社、城北公社及玉山镇，村域属城南公社。1982 年，为避免昆山县内地名重复，蔡家大队更名为白塔大队。1983 年 4 月，实行政社分设，成立城南乡人民政府。共青、白塔两大队分别更名为共青村、白塔村，两个村下设 18 个村民小组，隶属城南乡。1986 年 10 月，昆山县乡镇区划调整，城南乡并入玉山镇，村域属玉山镇。1989 年 9 月，昆山撤县设市，村域隶属昆山市玉山镇，下辖 10 个自然村，共有 18 个村民小组（表 1-1）。

2001 年 8 月，玉山镇进行第一次建制村调整，白塔村并入共青村，组建新的共青村，下设 18 个村民小组，共青村村委会设在原共青村解放路（今震川西路）综合办公大楼内。2006 年，因动迁，共青村村委会办公室改设在共青新村 A 区、B 区西南侧。2012 年 9 月，玉山镇、昆山高新区区镇合一，称"昆山高新区（玉山镇）"，共青村隶属昆山高新区（玉山镇）至今。

表 1-1　1989 年共青村域下辖自然村基本情况表

原建制村名	自然村名	所在村民小组	户数/户	人口/人	耕地面积/亩
白塔村	蔡家港	1组、2组、3组	82	339	626.32
	白塔港	4组、5组、6组、7组、8组	117	521	940.87
	蒋家台	2组	10	42	57.24
	思（树）常港	7组	18	5	29.35
共青村	居家浜	6组、10组	43	140	277.40
	姚家浜	5组、7组	52	167	423.80
	白路	2组、9组	41	131	291.90
	芦青棵	1组、8组	43	166	372.30
	西湾	3组	27	99	209.50
	六里殿	4组	29	107	206.10
合计		—	462	1 717	3 434.78

二、撤并建制村

共青村 前身为共青大队,1955 年 12 月,成立共青高级社,下辖芦青棵、白路、西湾、六里殿、居家浜、姚家浜 6 个自然村。1958 年 10 月,共青高级社改建为共青大队,所辖自然村不变,下设 6 个生产小队。1983 年 4 月,政社分设,共青大队更名为共青村。

共青村(共青大队)位于玉山镇西,东与江浦村接壤,南靠 312 国道,西至正仪镇荣明村,北邻白塔村。距玉山镇政府驻地 2 千米。2000 年,村域总面积为 3 000 亩,其中,耕地面积为 1 663 亩,辖芦青棵、白路、西湾、六里殿、居家浜、姚家浜 6 个自然村,下设 10 个村民小组。全村户籍户 280 户,人口 898 人。村域内建有活鲜多综合大楼、民营昆山中联造纸机械厂、中外合资企业昆山亚华印刷机械有限公司;有共青丰产方 380 亩、良田 557 亩、精养鱼塘 586 亩。2001 年 8 月,玉山镇进行第一次建制村调整,共青村、白塔村合并,组建新的建制村,取名共青村。

白塔村 前身为蔡家(白塔)大队。1955 年 12 月,成立蔡家高级社,下辖白塔港、蔡家港、蒋家台、思常港 4 个自然村。1958 年 10 月,蔡家高级社改建为蔡家大队,所辖自然村不变,下设 7 个生产小队。1960 年,蔡家大队获得"江苏省农业先进单位"称号。1982 年,为避免昆山县内地名重复,蔡家大队更名为白塔大队。1983 年 4 月,政社分设,白塔大队更名为白塔村。

白塔村(蔡家/白塔大队)位于玉山镇西北,东接江浦村,南连共青村,西与正仪镇荣明村为邻,北至城北镇大渔村,距玉山镇政府驻地 4 千米。2000 年,村域总面积为 2 700 亩,其中,耕地面积为 1 578 亩,辖白塔港、蔡家港、蒋家台、思常港 4 个自然村,下设 8 个村民小组。全村户籍户 250 户,人口 818 人。村域内建有民营昆山星科纸质品有限公司、白塔铸件厂、昆山玉城通信工程有限公司、昆山永强彩钢制品有限公司;有精养鱼塘 367 亩、规模经营种植大户 8 户。全年村级经济总收入 104 万元,年人均纯收入 6 998 元。2001 年 8 月,玉山镇进行第一次建制村调整,共青村、白塔村合并,组建新的建制村——共青村。

三、自然村落

蔡家港　原属玉山镇白塔村。1949年前,有姓蔡的大户人家在此居住,故以其姓氏取名,称"蔡家港"。村庄位于白塔港东边,距玉山镇政府驻地西侧3.5千米,呈长条形,南北长约600米。2001年,村庄有耕地面积626.32亩,有85户339人,其中,男性160人,女性179人,村民主要以农业为主,种植水稻、"三麦"和油菜。

2001年5月,因建设昆山市城市生态森林公园,房屋被拆迁,村庄消失,失地面积626.32亩。蔡家港村村民迁至共青新村居住。

蔡家港旧址,现为城市生态森林公园(2019年,罗英摄)

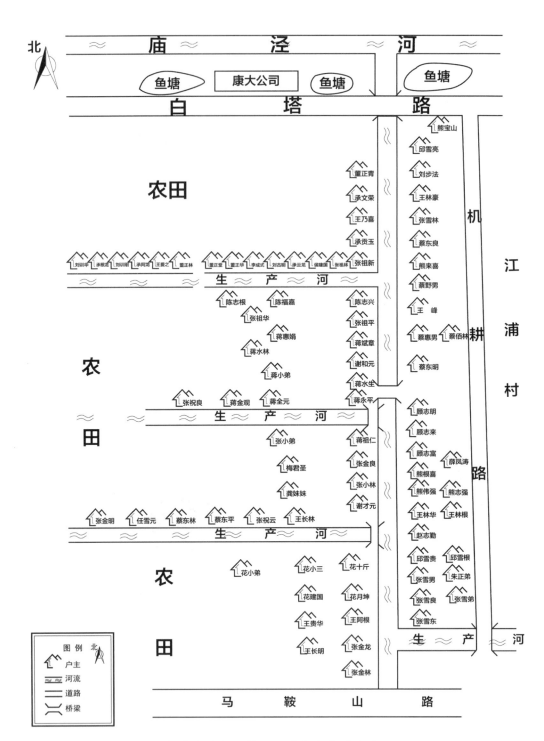

2001年蔡家港自然村动迁前农户房屋坐落平面图
（图引自《昆山市自然村变迁图志·玉山卷》）

表1-2为2001年蔡家港村动迁前村民姓氏汇总情况一览表。

表1-2　2001年蔡家港村动迁前村民姓氏表

序号	姓氏	户数/户	序号	姓氏	户数/户	序号	姓氏	户数/户
1	张	17	8	顾	3	15	侯	1
2	董	4	9	蔡	7	16	花	5
3	邱	3	10	刘	4	17	任	1
4	赵	1	11	蒋	9	18	梅	1
5	王	10	12	陈	3	19	谢	2
6	熊	5	13	李	1	20	朱	1
7	薛	1	14	承	5	21	龚	1

思常港　原属玉山镇白塔村。村庄依思常港河，建在河东岸，故以思常港河取名为思常港村。村庄距玉山镇政府驻地西边4.5千米，呈长方形，南北长约100米。2002年，村庄有耕地面积29.35亩，有5户18人，其中，男性10人，女性8人。村民主要以农业为主，种植水稻、"三麦"和油菜。2002年5月，因建设昆山市城市生态森林公园，房屋被拆迁，村庄消失，失地面积29.35亩。思常港村村民迁至共青新村居住。

思常港旧址，现为城市生态森林公园（2019年，罗英摄）

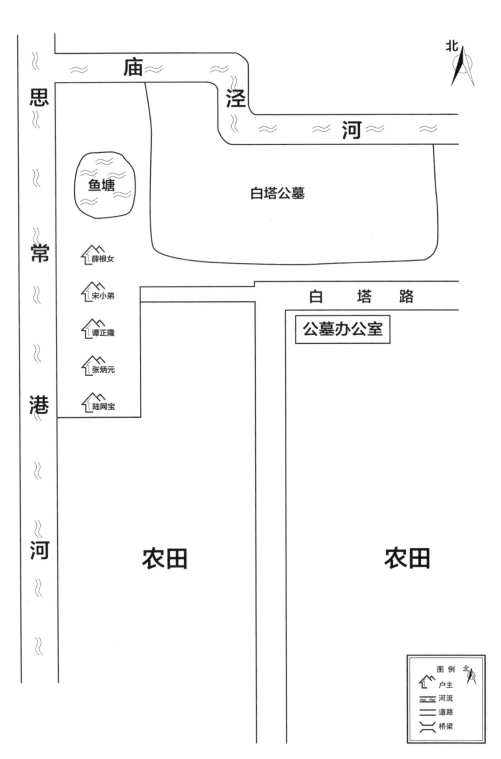

2002年思常港自然村动迁前农户房屋坐落平面图
（图引自《昆山市自然村变迁图志·玉山卷》）

表 1-3 为 2002 年思常港村动迁前村民姓氏汇总情况一览表。

表 1-3　2002 年思常港村动迁前村民姓氏表

序号	姓氏	户数/户	序号	姓氏	户数/户	序号	姓氏	户数/户
1	陆	1	3	谭	1	5	薛	1
2	张	1	4	宋	1	—	—	—

白塔港　原属玉山镇白塔村,以白塔港河取名为白塔港村。村庄距玉山镇政府驻地西侧 4 千米,呈长条形,南北长约 1 千米。2002 年,有耕地面积 940.87 亩,有 116 户 521 人,其中,男性 257 人,女性 264 人。村民主要以农业为主,种植水稻、"三麦"和油菜。2002 年 5 月,因建设森林别墅,房屋被拆迁,村庄消失,失地面积 940.87 亩。白塔港村村民迁至共青新村居住。

2002 年白塔港自然村一角(2002 年,闵毅摄)

白塔港旧址,现为森林别墅(2019 年,罗英摄)

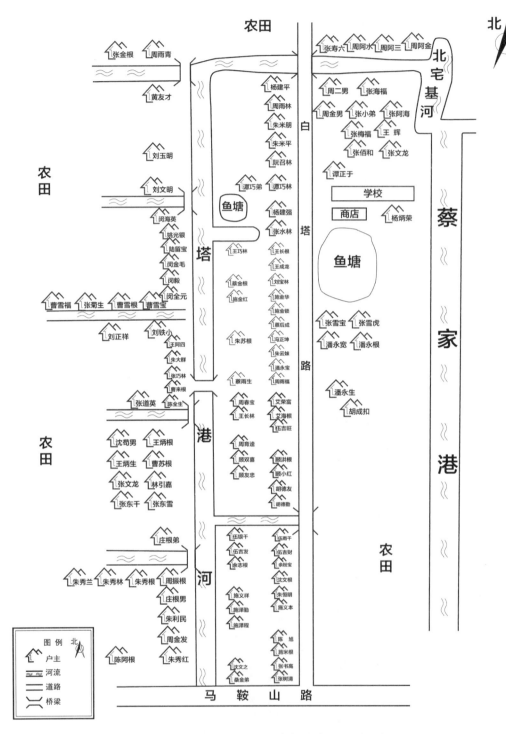

2002年白塔港自然村动迁前农户房屋坐落平面图
（图引自《昆山市自然村变迁图志·玉山卷》）

表 1-4 为 2002 年白塔港村动迁前村民姓氏汇总情况一览表。

表 1-4　2002 年白塔港村动迁前村民姓氏表

序号	姓氏	户数/户	序号	姓氏	户数/户	序号	姓氏	户数/户
1	曹	5	10	桑	1	19	朱	11
2	闵	4	11	蔡	3	20	王	8
3	谭	3	12	张	19	21	艾	2
4	陈	4	13	庄	2	22	潘	4
5	陆	1	14	周	12	23	冯	1
6	阮	1	15	顾	4	24	施	8
7	姚	1	16	胡	3	25	刘	5
8	杨	3	17	伍	5	27	黄	1
9	余	2	18	沈	3	—	—	—

蒋家台　原属玉山镇白塔村。因以前村里有蒋姓大户居住在此，以其姓氏取名，故称"蒋家台村"。村庄位于庙泾河南岸，距玉山镇政府驻地西侧 3.8 千米，呈长方形，东西约 200 米。2002 年，有耕地面积 57.24 亩，有 10 户 42 人，其中，男性 19 人，女性 23 人。村民主要以农业为主，种植水稻、"三麦"和油菜。2002 年 5 月，因建设昆山市城市生态森林公园，房屋被拆迁，村庄消失，失地面积 57.24 亩。蒋家台村村民迁至共青新村居住。

1997 年蒋家台自然村一角（1997 年，闵毅摄）

蒋家台旧址,现为森林公园西北(2019年,罗英摄)

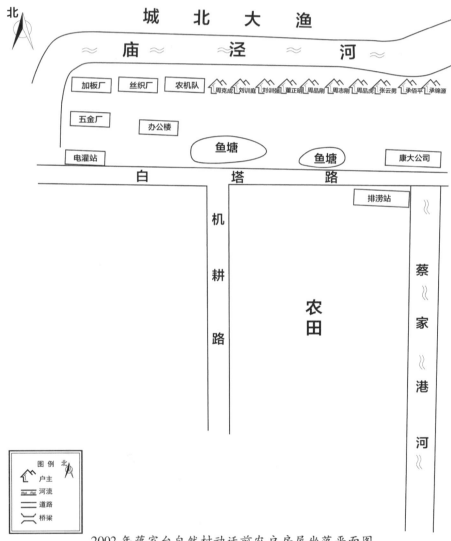

2002年蒋家台自然村动迁前农户房屋坐落平面图
(图引自《昆山市自然村变迁图志·玉山卷》)

表1-5为2002年蒋家台村动迁前村民姓氏汇总情况一览表。

表1-5　2002年蒋家台村动迁前村民姓氏表

序号	姓氏	户数/户	序号	姓氏	户数/户	序号	姓氏	户数/户
1	承	2	3	周	4	5	刘	2
2	张	1	4	董	1	—	—	—

居家浜　原属玉山镇共青村。因村里居姓占多而取村名为居家浜。村庄位于娄江河北，距玉山镇政府驻地西侧3千米，呈长方形，南北走向。2003年，有耕地面积277.4亩，有43户140人，其中，男性69人，女性71人。村民主要以农业为主，种植水稻、"三麦"和油菜。2003年8月，因建造体育国际大酒店，房屋被拆迁，村庄消失，失地面积277.4亩。居家浜村村民迁至共青新村居住。

居家浜旧址，现为体育国际大酒店（2019年，罗英摄）

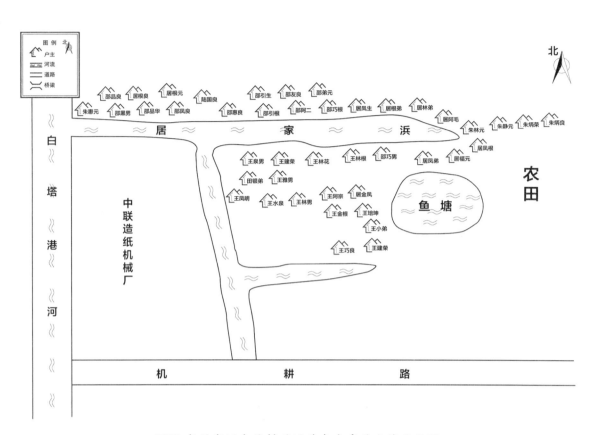

2003年居家浜自然村动迁前农户房屋坐落平面图
（图引自《昆山市自然村变迁图志·玉山卷》）

表1-6为2003年居家浜村动迁前村民姓氏汇总情况一览表。

表1-6　2003年居家浜村动迁前村民姓氏表

序号	姓氏	户数/户	序号	姓氏	户数/户	序号	姓氏	户数/户
1	居	10	3	王	14	5	陆	1
2	朱	5	4	邵	12	6	田	1

姚家浜　原属玉山镇共青村。因姚氏家族在此地居住，故以其姓氏取名。村庄位于娄江河北，距玉山镇政府驻地西侧3.3千米，呈多边形。2003年，有耕地面积423.8亩，有52户167人，其中，男性82人，女性85人。村民主要以农业为主，种植水稻、"三麦"和油菜。2003年8月，因建造游泳馆、羽毛球馆，房屋被拆迁，村庄消失，失地面积423.8亩。姚家浜村村民迁至共青新村居住。

姚家浜旧址，现为游泳馆、羽毛球馆（2019年，罗英摄）

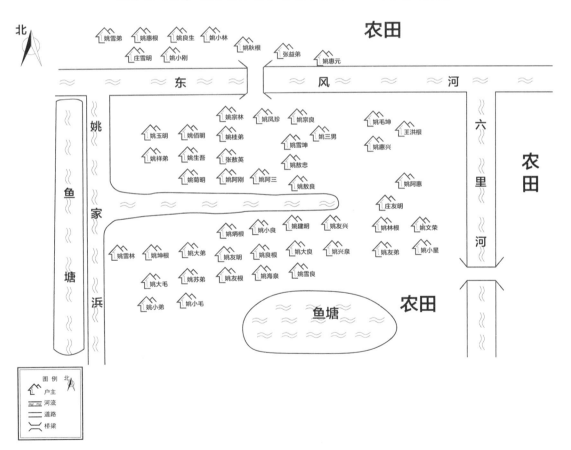

2003年姚家浜自然村动迁前农户房屋坐落平面图
（图引自《昆山市自然村变迁图志·玉山卷》）

表1-7为2003年姚家浜村动迁前村民姓氏汇总情况一览表。

表1-7　2003年姚家浜村动迁前村民姓氏表

序号	姓氏	户数/户	序号	姓氏	户数/户
1	姚	47	3	张	2
2	庄	2	4	王	1

白路　原属玉山镇共青村。因村庄位于白塔港河西边，故称"白路村"。村庄地处白塔港河西、娄江河北，距玉山镇政府驻地西侧4千米，呈南北条状形。2004年，有耕地面积291.9亩，有41户131人，其中，男性61人，女性70人。村民主要以农业为主，种植水稻、"三麦"和油菜。2004年，因建造昆山文化艺术中心，房屋被拆迁，村庄消失，失地面积291.9亩。白路村村民迁至共青新村居住。

白路村旧址，现为昆山文化艺术中心（2019年，罗英摄）

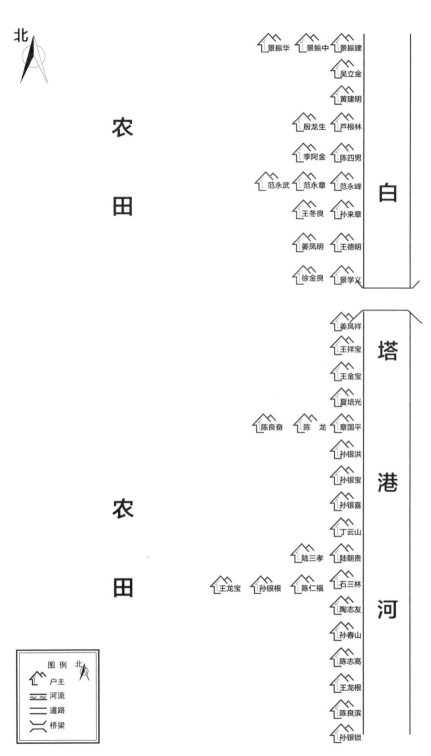

2004年白路自然村动迁前农户房屋坐落平面图
（图引自《昆山市自然村变迁图志·玉山卷》）

表1-8为2004年白路村动迁前村民姓氏汇总情况一览表。

表1-8　2004年白路村动迁前村民姓氏表

序号	姓氏	户数/户	序号	姓氏	户数/户	序号	姓氏	户数/户
1	孙	7	7	丁	1	13	芦	1
2	陈	6	8	章	1	14	黄	1
3	王	6	9	徐	1	15	吴	1
4	陶	1	10	姜	2	16	景	4
5	石	1	11	李	1	17	夏	1
6	陆	2	12	殷	1	18	范	3

芦青棵　原属玉山镇共青村。因村庄土地低洼，芦苇丛生，故称"芦青棵"。村庄位于思常港河东边、娄江河北边，距玉山镇政府驻地西侧4.5千米，呈南北条状形。2004年，有耕地面积372.3亩，有43户166人，其中，男性78人，女性88人。村民主要以农业为主，种植水稻、"三麦"和油菜。2004年4月，因建造昆山时代中央花园小区，房屋被拆迁，村庄消失，失地面积372.3亩。芦青棵村村民迁至共青新村居住。

芦青棵旧址，现为昆山时代中央花园小区（2019年，罗英摄）

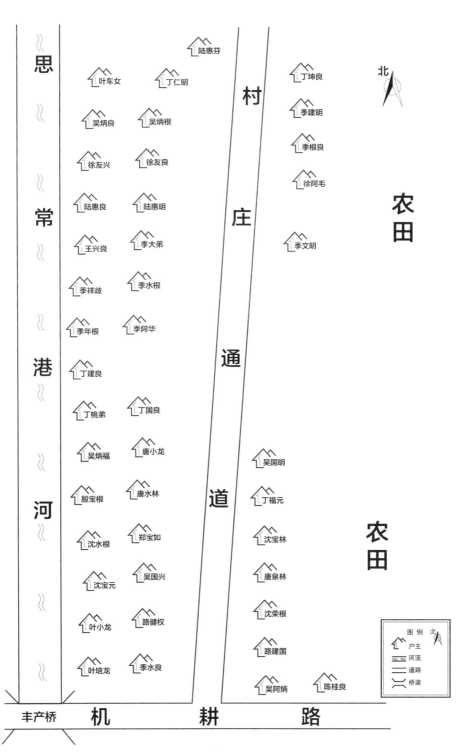

2004年芦青棵自然村动迁前农户房屋坐落平面图
（图引自《昆山市自然村变迁图志·玉山卷》）

表1-9为2004年芦青棵村动迁前村民姓氏汇总情况一览表。

表1-9　2004年芦青棵村动迁前村民姓氏表

序号	姓氏	户数/户	序号	姓氏	户数/户	序号	姓氏	户数/户
1	陈	1	6	沈	4	11	王	1
2	吴	6	7	郑	1	12	陆	3
3	季	9	8	殷	1	13	徐	3
4	叶	3	9	唐	3	—	—	—
5	路	2	10	丁	6	—	—	—

西湾　原属玉山镇共青村。因村庄位于六里河西边的河湾处，故名西湾村。村庄距玉山镇政府驻地西侧3千米，呈长方形。2005年，有耕地面积209.5亩，有27户99人，其中，男性41人，女性58人。村民主要以农业为主，种植水稻、"三麦"和油菜。2005年10月，因建造共青公园，房屋被拆迁，村庄消失，失地面积209.5亩。西湾村村民迁至共青新村居住。

西湾村旧址，现为共青公园（2019年，罗英摄）

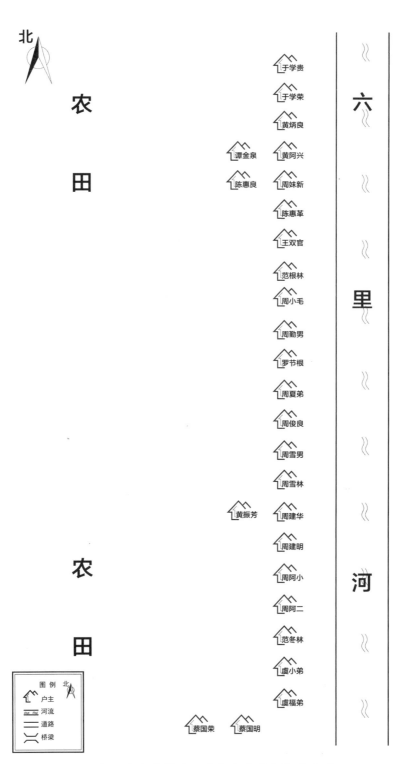

2005年西湾自然村动迁前农户房屋坐落平面图
（图引自《昆山市自然村变迁图志·玉山卷》）

表1-10为2005年西湾村动迁前村民姓氏汇总情况一览表。

表1-10　2005年西湾村动迁前村民姓氏表

序号	姓氏	户数/户	序号	姓氏	户数/户	序号	姓氏	户数/户
1	周	11	5	王	1	9	谭	1
2	虞	2	6	陈	2	10	于	2
3	范	2	7	罗	1	—	—	—
4	蔡	2	8	黄	3	—	—	—

六里殿　原属玉山镇共青村。因由昆山城向西六里处有一条六里河,村民居住在河东边,故名六里殿。村庄位于六里河东、娄江河北,距玉山镇政府驻地西侧3千米,呈长方形,南北走向。2005年,有耕地面积206.1亩,有29户107人,其中,男性55人,女性52人。村民主要以农业为主,种植水稻、"三麦"和油菜。2005年10月,因建造共青新村B区,房屋被拆迁,村庄消失,失地面积206.1亩。六里殿村村民迁至共青新村居住。

六里殿旧址,现为共青新村B区(2018年,罗英摄)

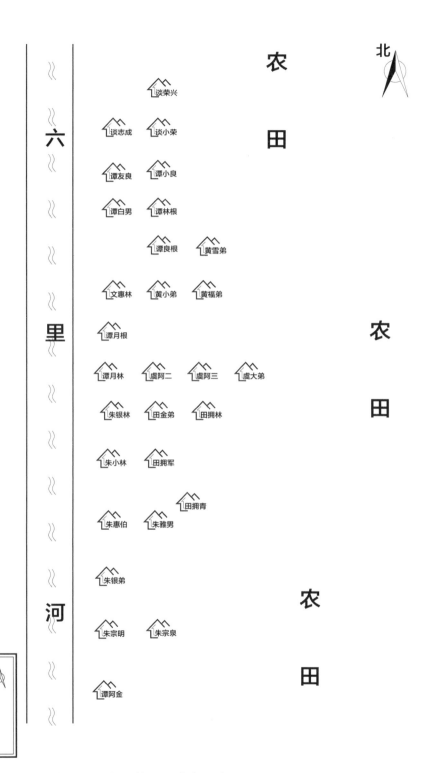

2005年六里殿自然村动迁前农户房屋坐落平面图
（图引自《昆山市自然村变迁图志·玉山卷》）

表1-11为2005年六里殿自然村动迁前村民姓氏汇总情况一览表。

表1-11　2005年六里殿村动迁前村民姓氏表

序号	姓氏	户数	序号	姓氏	户数	序号	姓氏	户数
1	谭	8	4	文	1	7	谈	3
2	朱	7	5	虞	3	—	—	—
3	田	4	6	黄	3	—	—	—

第二节　自然环境

一、地貌

共青村域位于长江中下游、太湖流域，由长江冲积而成湖积层，形成阳澄湖低洼平原区。村域内地势平坦，地貌特征南高北低，地面高程甚低，最高高程为吴淞高程3.8米，最低高程为吴淞高程2.4米，大部分地面高程低于汛期外河水位。

共青村域占地面积3.8平方千米，呈长方形，东西长1 188米，南北长3 200米。其中，耕地面积3 881亩，宅基地、道路面积985亩，水域面积834亩。

二、土壤

1980—1982年第二次土壤调查记载，村域土壤有三种，分别是乌山土、黄泥土、水粉底乌山土。

土壤等级分以下五级。

一级土壤主要为极少数黄泥土，肥力高、土层高、土层厚、耕作性好，无障碍层，易发棵、早发棵，水稻能高产、稳产。

二级土壤主要为黄泥土与粉砂底黄泥土，肥力较高、耕作性好，障碍层次在60厘米以下，农作物产量较高。

三级土壤主要为乌山土和部分黄泥土，肥力中等，接壤泥土耕作性较差，障碍层次在30厘米以下，发棵迟缓，农作物产量一般。

四级土壤主要为青紫土、少量黄泥土和乌山土，肥力较低、耕性差、少发棵或早衰、农产量较低。

五级土壤多为青泥土，僵苗多，农作物产量很低。

三、河流

村域内共有河流17条，自然形成的河流有4条，其中，镇级河流3条，村级河流1条（表1-12）；1958年，村域大兴水利建设，改造低产田、低洼田，组织村民共新挖河道13条，其中，共青大队7条，蔡家大队6条（表1-13）。

六里港河长度1.42千米，面宽32米，底宽5米，底高层吴淞零点-0.0米。1976年拓浚。船只进出通畅，水流入外河娄江，是村域内南北方向的主要水上通道。

白塔港河长度2.48千米，面宽32米，底宽10米，底高层吴淞零点-0.5米。1958年，玉山镇组织民工开挖拓浚，是原白塔村水上运输的主要通道。北流入北庙泾河，南与共青六里港河相通。

东风河长度2.44千米，面宽32米，底宽12米，底高层吴淞零点-0.5米。1958年，玉山镇组织民工拓浚，东西走向，连通白塔港河与六里港河。水流入外河娄江。

蔡家港河长度2千米，面宽31米，底宽10米，底高层吴淞零点-0.5米。北通庙泾河，南通六里港河，东通蚬壳滩，经虹桥浜出大西门河。

表1-12　2019年共青村河道一览表

圩（域）名	河名	长度/千米	底宽/米	面宽/米	底高层（吴淞零点）/米	拓浚年份	流入外河名
江浦圩	六里港河	1.42	5	32	-0.0	1976	娄江
	白塔港河	2.48	10	32	-0.5	1958	庙泾河

续表

圩（域）名	河名	长度/千米	底宽/米	面宽/米	底高层（吴淞零点）/米	拓浚年份	流入外河名
江浦圩	东风河	2.44	12	32	-0.5	1958	娄江
共青村域	蔡家港河	2.00	10	31	-0.5	1949年前	庙泾河

表1-13　1958年蔡家、共青两大队新挖河道一览表

队名	河名	长度/千米	面宽/米	底宽/米	底高层/米	土方/万方	劳动工日/万工日
蔡家大队	第一条生产河	0.30	8	1.5	-0.5	0.420	0.140
	第二条生产河	0.25	8	1.5	-0.5	0.350	0.120
	第三条生产河	0.27	8	1.5	-0.5	0.378	0.126
	第四条生产河	0.28	8	1.5	-0.5	0.390	0.130
	第五条生产河	0.32	8	1.5	-0.5	0.450	0.150
	第六条生产河	0.33	8	1.5	-0.5	0.450	0.150
共青大队	第一条生产河	0.25	8	1.5	-0.5	0.350	0.120
	第二条生产河	0.33	8	1.5	-0.5	0.460	0.150
	第三条生产河	0.30	8	1.5	-0.5	0.420	0.140
	第四条生产河	0.20	8	1.5	-0.5	0.280	0.090
	第五条生产河	0.32	8	1.5	-0.5	0.450	0.150
	第六条生产河	0.35	8	1.5	-0.5	0.490	0.160
	第七条生产河	0.16	8	1.5	-0.5	0.220	0.070

四、气候

共青村属亚热带季风气候，四季分明，日照充足，雨量充沛，无霜期长。村域年平均降雨量1 078.9毫米，年平均气温15.49 ℃，平均无霜期229天。夏季盛行东南风，炎热多雨；冬季盛行西北风，寒冷干燥。但冬、夏季风进退有早有迟，强度变化不一，降水和气温有差异，旱涝风雪灾害时有发生。

（一）春季

日平均气温达到 10 ℃时，为春季开始。村域历年一般从 3 月 21 日—6 月 21 日，为期 93 天。总体来说，春季有一个气温逐渐升高的过程。初始阶段，极端最高气温在 16~18 ℃，极端最低气温在 3~5 ℃，清明前后气温明显升高。5 月下旬，最高气温可达 31 ℃，最低气温在 20 ℃左右。春季较多盛行东南风，有时也会发生寒潮，俗称"拗春冷"，一般 2—3 天就会转暖。6 月上旬开始有 20 天左右的梅雨期，阴雨连绵，天气潮湿，适宜水稻移栽、插秧。

（二）夏季

日平均气温稳定在 22 ℃以上时，便进入夏季。村域历年一般自 6 月 21 日入夏，9 月 22 日结束，为期 94 天。7 月、8 月处于盛夏，平均气温 28 ℃，极端最高气温 38 ℃。夏季盛行东南风，降雨以雷阵雨为主。

（三）秋季

日平均气温稳定在 22 ℃以下时，便进入秋季。村域历年一般从 9 月 23 日—11 月 6 日，历时 45 天。村域入秋以后，较多盛行东北风，天气凉爽，气温逐渐下降。冷空气每次南下通常都伴有明显的降水过程，村域有"一场秋雨一场凉"的说法。

（四）冬季

村域历年一般 11 月 7 日入冬，气温稳定在 10 ℃以下，至翌年 3 月 20 日，历时 124 天或 125 天。冬季在四季中持续的时间最长。村域冬季盛行西北风，常受北方强冷空气南下的影响，气温骤降，最冷时段为 1 月下旬至 2 月上旬，平均气温 2~3 ℃。极端最低气温可达-5 ℃，易对农作物造成冻害。

五、自然灾害

村域地处昆山县城西低洼地区，台风暴雨时常出现，加之地势低洼，洪涝灾害常有发生。1951—2019 年，村域内发生的重大灾害有：

1951 年，因台风袭击，村域连续下雨，水位猛涨 3.3 米，村域内部分稻田受淹。1954 年 5 月 17 日—7 月 25 日，村域连续 65 天下大雨，水位猛涨，达 3.3 米。当时，村域内 3 000 多亩农田受淹，群众积极排涝抗灾，牛车、脚踏车排水车排成行，昼夜向娄江排水。经过十多天的艰苦奋斗，稻苗全部脱险，得以恢

复生长。1956年，村域遭台风、暴雨袭击，风力达10级以上，农作物受影响。1957年，村域遭受冰雹袭击，部分粮田受损。1962年9月，第14号台风过境，村域内一昼夜降雨达230毫米，部分低洼田受淹。村域因有排涝站，受损较少。1970年3月12日，村域内突降大雪，积雪最厚达16厘米，电线杆被压歪、压断，造成交通、供电、通信中断。1971年，共青、蔡家两大队连续高温干旱89天，35℃以上高温天数达20天，两大队的水稻亩产均减少150斤左右。1977年4—5月，村域内平均降水量达197.4毫米，5月的31天中有21个降雨日，夏熟作物大幅度减产。1985年8月1日清晨，6号台风过境，下暴雨，雨量达218.3毫米，积水最深达800毫米。共青、白塔两村部分低洼田受淹，受淹面积达85亩。1991年6月，村域内连降暴雨，造成历史上罕见的特大洪涝灾害，水稻田受淹，56间民房进水，5家工厂被迫停产。1999年6月，村域内下暴雨，水位猛涨，超1954年历史最高水位1米。由于灾期短，水利设施完善，及时关闸排水，村域内灾情减轻。

2008年1月，村域内突降暴雪，积雪平均厚度在10厘米以上，造成严重的交通事故，域内学校停课。

 ## 第三节　人口土地

一、人口总量

1949年，中华人民共和国成立前，共青村域蔡家港等10个自然村有234户840人（表1-14），其中，原居住村民359人，新居住村民（新迁入人口）481人，原居住村民仅占42.74%，思常港、蒋家台、白路等3个自然村全部是新居住村民。

表 1-14　1949 年共青村域人口统计表

自然村名	户数/户	人数/人	原居住村民/人	新居住村民/人
蔡家港	38	127	44	83
思常港	4	15	—	15
白塔港	74	293	64	229
蒋家台	11	35	—	35
居家浜	21	46	46	—
姚家浜	22	82	82	—
白路	20	76	—	76
芦青棵	20	78	45	33
西湾	12	42	37	5
六里殿	12	46	41	5
合计	234	840	359	481

中华人民共和国成立后，1950 年 5 月，国家颁布《中华人民共和国婚姻法》，废除封建婚姻，规定了男女结婚的法定年龄。1963 年起，国家提倡计划生育。1967 年 3 月，共青大队安置来自苏州的安家落户家庭顾卫宝、郑宝如等 5 户 17 人。1974 年，村域全面实行计划生育，人口增长得到有效控制。2016 年起，国家实行二孩生育政策，至 2019 年年底，4 年间，共青村域共有新生儿 138 人，其中，村籍户新增 86 人，年均新增 20 多人。

表 1-15 为 1950—2000 年共青村域人口登记选年表。

表 1-15　1950—2000 年共青村域人口登记选年表

时间	共青大队（村）				蔡家/白塔大队（村）				来源
	总户数/户	总人口/人	性别		总户数/户	总人口/人	性别		
			男/人	女/人			男/人	女/人	
20 世纪 50 年代	107	370	180	190	127	459	235	224	摸排统计
1982 年	226	895	452	443	215	838	426	412	第三次人口普查

续表

时间	共青大队（村）				蔡家/白塔大队（村）				来源
	总户数/户	总人口/人	性别		总户数/户	总人口/人	性别		
			男/人	女/人			男/人	女/人	
1990年	228	891	436	455	229	832	428	404	第四次人口普查
2000年	236	926	485	441	259	951	458	493	第五次人口普查

2001年8月，两村撤并。表1-16是共青村自2001—2019年的人口变化情况。

表1-16　2001—2019年共青村人口统计表

年份	户数/户	人口/人	劳动力人数/人
2001	530	1 710	1 150
2002	530	1 710	1 100
2003	535	1 689	1 110
2004	579	1 722	1 062
2005	575	1 821	1 088
2006	575	1 821	1 073
2007	560	1 826	1 054
2008	560	1 830	1 050
2009	568	1 835	1 060
2010	565	1 935	1 160
2011	568	2 075	1 403
2012	565	2 073	1 408
2013	565	2 084	1 403
2014	565	2 084	1 403
2015	565	2 089	1 318
2016	565	2 091	1 321
2017	565	2 100	1 352
2018	565	2 123	1 365
2019	565	2 120	1 358

二、人口结构

(一) 年龄与性别结构

根据 2019 年度人口统计结果,共青村村籍户 565 户 2 120 人,其中,男性 1 005 人,女性 1 115 人,具体人口性别、年龄统计结果见表 1-17。

表 1-17 2019 年共青村人口性别、年龄统计表

组别	家庭人口		性别		年龄结构/岁				
	户数/户	人数/人	男/人	女/人	0—6	7—12	13—17	18—59	60 以上
1	26	92	43	49	6	3	5	52	26
2	27	97	46	51	7	6	5	54	25
3	33	128	61	67	9	7	8	69	35
4	35	137	65	72	11	9	6	79	32
5	31	117	56	61	6	4	2	73	32
6	31	116	56	60	7	5	3	78	23
7	30	112	53	59	5	5	2	67	33
8	26	92	45	47	4	3	4	54	27
9	30	113	52	61	5	4	3	79	22
10	30	111	53	58	6	5	4	70	26
11	35	131	62	69	9	7	6	77	32
12	37	142	67	75	11	8	6	81	36
13	37	140	66	74	10	7	5	83	35
14	24	81	38	43	7	4	2	46	22
15	31	117	55	62	8	5	4	66	34
16	37	142	68	74	12	8	7	79	36
17	39	161	77	84	13	9	8	89	42
18	26	91	42	49	7	5	4	51	24
合计	565	2 120	1 005	1 115	143	104	84	1 247	542

（二）姓氏

1950年，村域内共有姓氏62个，其中，户数最多的是张姓（共24户），其次是姚姓（共21户）。其他各姓氏及对应户数情况见表1-18。

表1-18　20世纪50年代共青、蔡家两大队姓氏统计表

单位：户

姓氏	户数	姓氏	户数	姓氏	户数	姓氏	户数	姓氏	户数
张	24	蒋	5	宋	2	任	1	桑	1
姚	21	吴	4	胡	2	艾	1	陶	1
王	18	顾	4	曹	2	范	1	唐	1
周	13	沈	3	董	2	余	1	殷	1
陆	10	伍	3	熊	2	文	1	谈	1
朱	10	施	3	闵	2	邓	1	徐	1
刘	9	杨	3	赵	2	许	1	俞	1
蔡	7	居	3	林	2	石	1	倪	1
谭	7	承	3	梅	1	叶	1	姜	1
丁	6	黄	3	谢	1	田	1	庞	1
邵	6	夏	3	景	1	花	1	—	—
陈	5	李	2	虞	1	芦	1	—	—
孙	5	庄	2	邱	1	龚	1	—	—

1978年，改革开放后，人口流动增大。2019年，共青村的姓氏增加到68个，其中，王姓有41户，为最多。其他各姓氏及对应户数情况见表1-19。

表1-19　2019年共青村姓氏统计表

单位：户

姓氏	户数	姓氏	户数	姓氏	户数	姓氏	户数	姓氏	户数
王	41	周	27	谭	14	蔡	12	季	9
姚	40	朱	25	居	12	刘	11	蒋	9
张	39	陈	15	邵	12	沈	9	施	9

续表

姓氏	户数	姓氏	户数	姓氏	户数	姓氏	户数	姓氏	户数
陆	8	曹	5	唐	3	艾	2	郑	1
黄	8	徐	4	叶	3	余	2	芦	1
丁	7	吴	4	庄	3	林	1	文	1
孙	7	田	4	吴	3	赵	1	夏	1
顾	7	董	4	邱	3	宋	1	梅	1
承	7	景	4	殷	2	阮	1	龚	1
范	5	潘	4	于	2	罗	1	任	1
虞	5	闵	4	姜	2	桑	1	冯	1
熊	5	杨	3	李	2	章	1	候	1
花	5	胡	3	薛	2	石	1	—	—
伍	5	谈	3	谢	2	陶	1	—	—

三、人口控制

1974年，共青、蔡家两大队成立计划生育领导管理机构，由大队长、妇女主任、团支部书记、民兵营长、"赤脚医生"组成大队计划生育领导小组，大队长兼任组长，妇女主任具体分管负责。通过宣传计划生育政策、出台奖惩制度，共青、蔡家两大队有效地控制了村域的出生率。

表1-20为2009—2019年共青村生育统计表。

表1-20　2009—2019年共青村生育统计表

单位：人

年份	年末育龄妇女总数	其中		当年出生人数	其中		当年独生子女领证人数
		已婚	未婚		男	女	
2009	627	555	72	10	6	4	7
2010	529	423	106	3	1	2	1
2011	574	476	98	16	5	11	3

续表

年份	年末育龄妇女总数	其中		当年出生人数	其中		当年独生子女领证人数
		已婚	未婚		男	女	
2012	616	508	108	37	15	12	7
2013	595	505	90	30	14	16	17
2014	580	485	95	31	20	11	10
2015	576	477	99	32	13	19	15
2016	566	466	100	27	12	15	2
2017	544	450	94	32	17	15	0
2018	556	460	96	28	12	16	0
2019	505	413	92	13	9	4	2

（一）政策

1963年，计划生育工作起步，昆山县妇幼保健所组织指导门诊，并由县医院及乡镇卫生院设立计划生育指导门诊。

1971年，村域推广口服避孕药。1972年，村域推广晚婚晚育和计划生育，提出"结婚晚一点，间隔稀一点，生得少一点，养得好一点"的要求。1973年，村域具体规定男25周岁、女23周岁以上结婚为晚婚。1974年1月20日起，村域全面实行避孕药免费供应。1979年10月，村域开始推行"一对夫妇只生一个孩子"的政策，并发放独生子女证。1980年9月25日，中共中央发表《关于控制我国人口增长问题致全体共产党员、共青团员的公开信》，广大党员、团员积极响应，以自己的模范行动带动周围群众有力地推动人口控制工作，并取得了明显效果，人口自然增长率下降。

（二）奖励

1961年11月，昆山县通过并颁发《关于计划生育若干问题的暂行规定》；1982年，又做出《关于计划生育若干问题的暂行规定》的几点补充规定，规定指出，凡同意终身只生一个孩子，并落实节育措施的夫妇，发给独生子女证，并每年发放独生子女费40元，年限从获证当年起，发至小孩14周岁为止，并在孩子入托、入学、医药费等方面给予优惠。按计划生育的育龄妇女享受56天产假，给予实行节育手术后的育龄妇女适当的休息日；男女双方均为晚婚者可各增加一周婚假，婚假期间工资照发；晚育者于规定产假外增加15天假期，难产者产假延长10天，产假期间工资照发，不影响全年评奖。昆山县之后执行《江苏省计划生育条例实施细则》，规定优特和奖励符合晚婚年龄、依法登记结婚的初婚夫妻，增加婚假7天；符合晚育年龄的夫妇，增加女方产假15—30天，给予男方护理假3—7天。职工按上述规定所享受的假期，工资奖金照发。

2005—2006年，昆山市进行调查摸底，确定农村计划生育家庭奖励的三种对象：凡是本镇城乡居民，已取得独生子女证，且未参加城镇养老保险，年满60周岁，子女是1974年1月1日后出生的；年满50周岁，只生一个孩子，且孩子在未婚或已婚未育前已死亡并未再生育和收养的；未参加城镇养老保险，年满60周岁已婚未育且未收养子女的本镇城乡居民。针对这三种对象，按每人每月50元的标准奖励。

（三）处罚

自1979年，国家提倡"一对夫妇只生一个孩子"后，昆山当地政府出台了相应的处罚措施。

1995年，《江苏省计划生育条例实施细则》规定，超过计划生育第一孩的夫妻，按前一年男女双方收入（农村为所在生产队劳动力平均收入）之和三倍征收计划生育费。若前一年度经济收入明显高于所在地劳动力平均收入或职工平均收入的，则按其双方年收入之和的三倍征收计划生育费。

2016年，国家正式实行一对夫妇可生育两孩政策后，上述处罚措施取消。

（四）成效

计划生育工作，侧重于优生优育宣传教育，着力推广优生优育技术知识。新婚夫妇在办理结婚登记手续时，先接受婚育知识培训；育龄妇女在怀孕后，办理生育保健卡，定期到医院妇产科做检查，确保孕妇和胎儿的全面健康。

计划生育政策出台，奖惩措施分明。计划生育措施落到实处，有力地推动了计划生育工作的开展，育龄妇女成为自觉执行者，共青村成为无超计划生育村。

2015年，十八届五中全会上明确提出的"全面实施一对夫妇可生育两个孩

子"政策，是国家积极开展的应对人口老龄化的行动。2016年1月1日起，共青村正式实施一对夫妇可生育两个孩子政策。此后，昆山市政府出台了二孩补贴政策，共青村严格执行相关政策。

① 二孩产假延长。女性在生育时需要有一定的时间来调养身体，所以国家对于女性职工生育时提供了带薪产假。一般女性在生育头胎时，可以享受98天的产假，但是为了鼓励大家生育二孩，同时也是为了给这些二孩妈妈更多的时间来恢复身体，国家最新政策规定，女性生育二孩的产假可以延长一个月，及女性职工生育二孩可以享受128天产假。共青村有43位二孩产妇先后享受到该政策下的产假。

② 部分产检费用免费。怀孕的女性从怀孕到生产需要进行多次产检，这些大大小小的产检花费不小。国家为了减轻二孩家庭的经济负担，对于生育二孩的孕妇，可以享受部分产检项目免费的优惠。这在一定程度上减轻了二孩家庭的经济负担。

③ 二孩生育津贴。国家全面放开二孩生育政策后，对于按时缴纳生育保险的女性职工来说，在生育期间只要满足生育保险报销条件，就可以享受生育费用报销，并且还可以领取生育津贴。

自国家出台二孩生育政策后，共青村育龄夫妇积极响应，2016—2019年共出生二孩86人（表1-21）。

表1-21　2016—2019年共青村二孩出生统计表

年份	2016	2017	2018	2019	合计
出生人数/人	26	23	28	9	86

四、长寿老人

随着居民生活水平和医疗水平的逐渐提高，共青村村民的人均寿命也大幅度提高。至2019年年底，共青村有90岁以上老人18人（表1-22），其中，男性11人，女性7人，最长寿的是刘铁小老人，生于1923年9月。

表1-22　2019年共青村长寿老人统计表

序号	姓名	出生年月	岁数/岁	性别
1	刘铁小	1923年9月23日	97	男
2	王秀英	1925年8月20日	95	女
3	薛凤涛	1926年2月3日	94	男
4	曹友于	1926年4月20日	94	男
5	蒋桂宝	1927年8月27日	93	女
6	姚早生	1928年4月21日	92	男
7	姚金男	1928年7月14日	92	男
8	范婉根	1928年8月1日	92	男
9	王扣宝	1928年9月14日	92	女
10	仇秀英	1928年9月26日	92	女
11	叶玉寿	1929年3月30日	91	男
12	王文铭	1929年4月16日	91	男
13	王德洪	1929年6月12日	91	男
14	王根英	1929年8月11日	91	女
15	周克成	1929年11月15日	91	男
16	伍洪小	1930年1月27日	90	女
17	季桂英	1930年4月1日	90	女
18	陈福喜	1930年12月5日	90	男

五、土地面积

1949年年底，村域内10个自然村共有耕地面积2 375亩。1950年以后，村民继续开垦荒地，加之1966年之后平坟造田、填浜还田，耕地面积大幅度增加。据2001—2005年动迁时统计，全村18个村民小组共有耕地3 435亩。

表1-23为1950年、2005年共青村村域内土地面积统计对比表。

表 1-23　1950 年、2005 年共青村域内土地面积对比表

1950 年		2005 年	
自然村	面积/亩	组别	面积/亩
蔡家港	426	1	175
思常港	22	2	148
白塔港	635	3	209
蒋家台	42	4	205
居家浜	196	5	190
姚家浜	295	6	141
白路	210	7	235
芦青棵	262	8	173
西湾	142	9	149
六里殿	145	10	143
—	—	11	213
—	—	12	252
—	—	13	195
—	—	14	140
—	—	15	211
—	—	16	242
—	—	17	245
—	—	18	169
合计	2 375	合计	3 435

表 1-24 统计的是 2005 年之前共青村各类土地面积的分布情况和总面积。

表 1-24　2005 年共青村域各类土地面积统计表

单位：亩

名称	共青村	白塔村	合计	备注
耕地面积	1 768	1 667	3 435	
自留地面积	236	210	446	

续表

名称	共青村	白塔村	合计	备注
宅基地面积	290	217	507	
机耕路面积	316	148	464	
溇潭面积	165	141	306	
河道面积	281	261	542	
合计	3 056	2 644	5 700	村域占地面积3.8平方千米

自2001年5月起，共青村土地逐步被昆山市征用，分别用于建造昆山市城市生态森林公园、体育中心、文化艺术中心，修建马鞍山路、前进西路等，截至2005年10月，共青村原有土地面积5 700亩全部被征用。各单位征用面积情况见表1-25。

表1-25　2005年共青村被征用土地面积统计表

单位：亩

单位名称	征用面积
城市生态森林公园	2 972
马鞍山路	331
前进西路	339
共青路	266
体育场路	156
体育中心、文化艺术中心	425
中大未来城	166
时代中央社区	224
悦丽花园	89
高新区技术创业服务中心大楼、市行政审批中心	425
共青新村、龙泉山庄	40
共青新村B区	112
昆山市前进幼儿园	15
市政公园绿化	140
合计	5 700

第四节 村民生活

一、居民收入

1949—2019年70余年间,共青村村民收入在农业合作化时期仅维持自种自给,在"文化大革命"时期则受到平均主义和单一的农业经济制约,收入不高。1978年,改革开放后,农村劳动力得到彻底解放,农民可以自我经商、办厂、建筑、贸易等,村民收入不断提高。村民在五六十年代人均收入不足100元。80年代后,村民收入逐年增加,且收入来源多元化。2019年,昆山高新区农村年鉴报告显示,共青村村民总收入构成为:工资性收入3 985万元,经营性收入3 484万元,投资性收入1 332万元,资产性收入1 099万元,政策性收入655万元,其他收入274万元,收入总额10 829万元。人均收入51 080元。

表1-26为1949—2019年共青村人均阶段收入统计表。

表1-26　1949—2019年共青村人均阶段收入统计表

阶段	收入/元	收入变化
1949—1957年	维持在温饱水平	"自种自给"
1958—1968年	50—100	平均主义大锅饭
1969—1977年	80—150	单一农业经济
1978—1982年	300—500	农副工经济
1983—2000年	1 500—8 500	务农、务工、经商
2001—2010年	9 150—21 560	务工、经商、办厂
2011—2019年	24 147—51 080	务工、经商、办厂、房产租赁

二、居民支出

随着村民人均收入的逐年增长，村民对提高生活质量的愿望也在增强。通过对村域内20户中等家庭支出情况的摸排测算，2019年，共青村村民人均年支出总额为36 947元。其中，粮食类消费最低，为534元；通信交通消费最高，为5 888元（表1-27）。

表1-27　2019年共青村20户中等家庭年支出项目抽样统计表

支出项目	金额/元	支出项目	金额/元
粮食	534	医疗	1 240
食品烟酒	8 000	旅游	2 400
调料	1 335	学习	5 600
小吃	2 670	服装	2 500
水电气	1 120	人情往来	2 800
通信交通	5 888	其他	2 860
总合计	—	—	36 947

三、社会保障

2001—2019年，共青村村委会发放老年人节日慰问费4 969 450元、临时救济费470 210元、村民医疗普惠费1 065 779元、困难户补助428 278元、残疾人慰问金110 127元。

表1-28为2001—2019年共青村老年人在春节和重阳节福利费明细表。

表1-28　2001—2019年共青村老年人春节、重阳节福利费明细表

年份	春节		重阳节	
	人数/人	金额/元	人数/人	金额/元
2001	281	29 500	281	24 950
2002	290	35 600	290	44 600

续表

年份	春节		重阳节	
	人数/人	金额/元	人数/人	金额/元
2003	301	63 400	289	49 050
2004	302	68 150	302	50 100
2005	349	71 700	320	55 850
2006	337	75 150	336	56 000
2007	354	97 200	349	57 150
2008	368	101 350	361	57 800
2009	390	117 150	379	79 650
2010	400	109 550	394	85 550
2011	408	132 200	403	91 000
2012	412	134 300	403	93 250
2013	415	178 250	415	102 250
2014	446	236 550	446	115 700
2015	462	246 400	462	119 900
2016	502	267 600	488	117 500
2017	517	313 300	507	143 300
2018	537	369 500	532	205 800
2019	544	383 100	533	210 100
合计	—	3 029 950	—	1 759 500

2006年起，政府民政部门对遭遇突发事件、意外伤害、重大疾病或者因其他特殊原因导致基本生活暂时陷入困境的家庭给予应急性、过渡性救助。各年度具体救济款明细见表1-29。

表1-29　2006—2019年共青村临时救济款明细表

年份	户数/户	金额/元	年份	户数/户	金额/元
2006	21	16 600	2008	25	28 900
2007	20	14 100	2009	19	18 300

续表

年份	户数/户	金额/元	年份	户数/户	金额/元
2010	27	27 520	2015	23	54 050
2011	23	34 200	2016	30	48 550
2012	22	25 890	2017	23	55 660
2013	25	45 900	2018	22	25 100
2014	27	43 000	2019	44	32 440
—	—	—	合计	—	470 210

表1-30为2003—2019年共青村村民医疗普惠费、困难户补助、残疾人慰问金统计表。

表1-30　2003—2019年共青村村民医疗普惠费、困难户补助、残疾人慰问金统计表

年份	医疗普惠费		困难户补助		残疾人慰问金	
	人数/人	金额/元	人数/人	金额/元	人数/人	金额/元
2003	—	—	33	19 328	23	2 617
2004	—	—	36	21 300	27	2 600
2005	—	—	31	12 400	30	2 700
2006	—	—	32	16 100	35	2 800
2007	—	—	32	16 600	38	3 800
2008	—	—	35	19 700	39	3 900
2009	—	—	29	15 200	43	4 300
2010	—	—	32	16 600	54	4 860
2011	—	—	34	17 950	54	4 700
2012	—	—	37	19 400	56	5 600
2013	—	—	38	26 100	55	5 500
2014	—	—	46	43 000	54	8 100
2015	—	—	45	38 400	54	8 100
2016	—	—	39	33 200	55	8 250

续表

年份	医疗普惠费		困难户补助		残疾人慰问金	
	人数/人	金额/元	人数/人	金额/元	人数/人	金额/元
2017	95	285 771	41	31 300	54	10 800
2018	142	447 867	39	32 600	52	15 600
2019	135	332 141	56	49 100	53	15 900
合计	372	1 065 779	635	428 278	776	110 127

2004年，共青村有519人参加农保，至2012年，村域内先后有1 449人次参加农保。2013年，根据上级政策，本着自愿原则，参加农保的村民大部分转入社保，至2015年，村民全部参加社保。

表1-31为2004—2019年共青村农保、社保、商业保险参保人数统计选年表。

表1-31　2004—2019年共青村农保、社保、商业保险参保人数统计选年表

单位：人

年份	农保/养老保险参保人数	职工养老医疗保险参保人数	老人/儿童（医疗保险）参保人数	大病医疗救助参保人数	民生两险（中国人寿）65岁以上老人参保人数
2004	519	—	—	—	—
2006	437	—	—	—	—
2007	310	—	—	—	—
2009	183	—	—	—	—
2013	17	1 147	—	36	—
2014	17	1 012	459	53	—
2015	—	1 953	422	39	—
2016	—	1 955	409	33	322
2017	—	1 961	448	49	337
2018	—	1 970	558	—	354
2019	—	1 973	571	—	405

第五节 村级组织

一、村党组织

1955年12月,村域内分别成立共青高级社、蔡家高级社,并分别成立党支部,第一任书记分别为姚金生、承锦湘。1958—1984年,姚金生、徐阿狗、陶志友先后担任共青大队党支部书记,承锦湘、刘正祥先后担任蔡家(白塔)大队党支部书记。1984—2001年,实行乡管村或镇管村时期,姚宗根、黄振芳、孙春山、姚小星先后担任共青村党支部书记,刘正祥、张祖蕴、周金男、徐友兴、陈志兴先后担任白塔村党支部书记。2001年,共青村、白塔村合并,组建新的共青村,首任党支部书记为姚小星。2005年,中共共青村支部升级为总支部,下设3个党支部。2005—2019年,先后担任共青村党支部(党总支)书记的有姚小星、陈志兴、李轶群、吴雪元、杨学明。

表1-32为1955—2019年共青村(大队)党支部(总支)书记名单。表1-33为1955—2001年白塔村(蔡家/白塔大队)党支部书记名单。

表1-32 1955—2019年共青村(大队)党支部(总支)书记名单

姓名	性别	任职单位名称	任职时间	卸任时间	委员姓名
姚金生	男	共青高级社	1955年12月	1957年3月	—
姚金生	男	共青大队	1958年10月	1962年3月	—
徐阿狗	男	共青大队	1962年3月	1975年3月	徐阿狗、周阿二、虞阿根、姚海泉、陈爱因
陶志友	男	共青大队	1975年4月	1983年6月	陶志友、姚海泉、姚小珠、姚节生、景学义

续表

姓名	性别	任职单位名称	任职时间	卸任时间	委员姓名
陶志友	男	共青村	1983年4月	1984年7月	陶志友、姚小珠、姚海泉、黄振芳、姚宗根
姚宗根	男	共青村	1984年7月	1993年3月	姚宗根、黄振芳、姚小珠、姚海泉、吴阿炳
黄振芳	男	共青村	1993年4月	1994年6月	孙春山、黄振芳、姚小星、吴阿炳、谭凤英
孙春山	男	共青村	1994年7月	2000年1月	孙春山、黄振芳、姚小星、吴阿炳、谭凤英
姚小星	男	共青村	2000年1月	2001年7月	姚小星、陈志兴、曹苏根、谭凤英、张雪弟
姚小星	男	共青村	2001年8月	2006年8月	陈志兴、李轶群、谭凤英、吴阿炳、张雪弟
陈志兴	男	共青村	2006年9月	2008年12月	陈志兴、李轶群、谭凤英、承云龙、张雪弟
李轶群	男	共青村	2009年1月	2012年12月	张雪弟、李轶群、谭凤英、承云龙、闵雯娟
吴雪元	男	共青村	2013年1月	2018年11月	吴雪元、承云龙、闵雯娟、陈娟、王芳
杨学明	男	共青村	2018年12月	—	杨学明、承云龙、王芳、闵雯娟

表1-33　1955—2001年白塔村（蔡家/白塔大队）党支部书记名单

姓名	性别	任职单位名称	任职时间	卸任时间	委员姓名
承锦湘	男	蔡家高级社	1955年12月	1957年3月	—
承锦湘	男	蔡家大队	1958年10月	1967年11月	—
蔡后成	男	蔡家大队	1968年3月	1978年2月	刘正祥、张祖蕴、张梅福、蔡菊林
刘正祥	男	蔡家大队	1978年2月	1983年2月	周金男、张祖蕴、张梅福、刘正祥
刘正祥	男	白塔村	1983年4月	1984年5月	周金男、张祖蕴、张梅福、刘正祥
张祖蕴	男	白塔村	1985年12月	1992年2月	周金男、张祖蕴、张梅福、蔡菊林、周品刚、曹苏根

续表

姓名	性别	任职单位名称	任职时间	卸任时间	委员姓名
周金男	男	白塔村	1992年9月	1994年1月	周金男、陈志兴、曹苏根、周品刚
徐友兴	男	白塔村	1994年1月	1995年1月	徐友兴、周品刚、陈志兴、曹苏根
陈志兴	男	白塔村	1995年1月	2001年8月	陈志兴、曹苏根、张雪弟

二、村委（大队）组织

（一）村委会主任及委员任职情况

1983年，政社分设，城南公社变更为城南乡，共青大队和蔡家大队分别更名为共青村和白塔村。两个村的首任村委会主任分别是姚宗根和张祖蕴。之后，共青村村委会主任先后由黄振芳和姚小星担任，白塔村村委会主任先后由周金男、周品刚和曹苏根担任。2001年，共青村、白塔村合并，组建新的共青村，村委会主任先后由陈志兴、李轶群和承云龙担任。

表1-34为1983—2019年共青村村委会主任、委员名单。表1-35为1983—2001年白塔村村委会主任、委员名单。

表1-34　1983—2019年共青村村委会主任、委员名单

姓名	性别	任职时间	卸任时间	委员姓名
姚宗根	男	1983年4月	1985年8月	朱惠伯、黄振芳、姚宗根、谭凤英、吴阿炳
黄振芳	男	1985年9月	1993年3月	黄振芳、吴阿炳、谭凤英、姚小星
姚小星	男	1993年4月	2001年8月	姚小星、谭凤英、李轶群、吴阿炳、黄振芳
陈志兴	男	2001年8月	2007年12月	陈志兴、承云龙、张雪弟、谭凤英、曹苏根
李轶群	男	2007年12月	2010年11月	张雪弟、承云龙、谭凤英、王芳、李轶群
承云龙	男	2010年12月	—	承云龙、闵雯娟、王芳、陈娟、叶小龙

表1-35　1983—2001年白塔村村委会主任、委员名单

姓名	性别	任职时间	卸任时间	委员姓名
张祖蕴	男	1983年4月	1985年12月	蔡东英、张小弟、周金男、艾荣富、张祖蕴
周金男	男	1986年1月	1990年6月	蔡东英、张小弟、陈志兴、顾明元、周金男
周品刚	男	1990年7月	1994年12月	曹苏根、张小弟、陈志兴、顾明元、周品刚
曹苏根	男	1994年12月	2001年8月	王芳、熊志强、蒋水林、张雪弟、曹苏根

（二）村（大队）会计任职情况

共青村域内，1955年成立高级社，首任会计为姚桂根。至2001年8月，村（大队）先后由季野男、景学义、黄振芳、吴阿炳担任会计。白塔（蔡家）村域内，1955年蔡后成任蔡家初级社会计，1965年12月卸任。之后，先后由张洪兴、艾荣富、周金男、陈志兴、张雪弟担任大队或村会计。2001年8月，共青、白塔两村合并，组建新的共青村，首任会计为张雪弟。2009年1月，闵雯娟担任共青村会计。

表1-36为1955—2019年共青村会计名单。表1-37为1954—2001年白塔村（蔡家/白塔大队）会计名单。

表1-36　1955—2019年共青村会计名单

姓名	性别	任职时间	卸任时间
姚桂根	男	1955年12月	1962年5月
季野男	男	1962年6月	1967年12月
景学义	男	1968年1月	1970年6月
黄振芳	男	1970年7月	1984年7月
吴阿炳	男	1984年8月	2001年8月
张雪弟	男	2001年8月	2009年1月
闵雯娟	女	2009年1月	—

表1-37　1954—2001年白塔村（蔡家/白塔大队）会计名单

姓名	性别	任职时间	卸任时间
蔡后成	男	1955年12月	1965年12月
张洪兴	男	1966年1月	1968年12月
艾荣富	男	1969年1月	1978年10月
周金男	男	1978年11月	1984年12月
陈志兴	男	1985年1月	1994年11月
张雪弟	男	1994年12月	2001年8月

三、经济合作社

1983年，实行乡管村机制，共青、白塔两村分别成立经济合作社，首任合作社社长分别是朱惠伯和艾荣富。之后，黄振芳、曹苏根和李轶群先后担任共青村经济合作社社长（表1-38），周金男和曹苏根先后担任白塔村经济合作社社长（表1-39）。

2001年8月，共青、白塔两村合并，组建新的共青村，经济合作社社长由曹苏根、李轶群担任。至2007年10月，共青村土地全部被征用，经济合作社撤销。

表1-38　1983—2007年共青村经济合作社社长名单

姓名	性别	任职时间	卸任时间
朱惠伯	男	1983年4月	1990年5月
黄振芳	男	1990年6月	2001年8月
曹苏根	男	2001年8月	2003年9月
李轶群	男	2004年10月	2007年10月

表1-39　1983—2001年白塔村经济合作社社长名单

姓名	性别	任职时间	卸任时间
艾荣富	男	1983年4月	1985年12月
周金男	男	1986年1月	1990年6月
曹苏根	男	1990年7月	2001年8月

四、群团组织

(一) 共青团

1951年，共青村域和蔡家村域均成立中国共产主义青年团组织，首任团支部书记分别是季祥岐和承锦元。1965—2001年，共青村（大队）先后由姚宗根、季惠泉、吴炳良、陈良滨、王建珍、李轶群担任团支部书记。1966—2001年，白塔村（蔡家/白塔大队）先后由艾荣富、顾志明、蔡雨生、张美华、顾明元、周东晟、王芳担任团支部书记。

2001年，共青、白塔两村合并，合并后村的团支部书记由李轶群担任。之后，分别由闵雯娟、陈娟、季晓芸担任。

表1-40为1954—2019年共青村（大队）团支部书记名单。表1-41为1956—2001年白塔村（蔡家/白塔大队）团支部书记名单。

表1-40　1954—2019年共青村（大队）团支部书记名单

姓名	时间	单位
季祥岐	1954—1964年	共青大队
姚宗根	1965—1977年	共青大队
季惠泉	1978—1981年	共青大队
吴炳良	1982—1984年	共青村
陈良滨	1985—1988年	共青村
王建珍	1989—1998年	共青村
李轶群	1999—2001年	共青村
李轶群	2001—2007年	共青村
闵雯娟	2008—2015年	共青村
陈　娟	2015—2018年	共青村
季晓芸	2018—	共青村

表 1-41　1956—2001 年白塔村（蔡家/白塔大队）团支部书记名单

姓名	时间	单位
承锦元	1956—1965 年	蔡家大队
艾荣富	1966—1969 年	蔡家大队
顾志明	1966—1971 年	蔡家大队
蔡雨生	1972—1975 年	蔡家大队
张美华	1976—1983 年	蔡家/白塔大队
顾明元	1984—1992 年	白塔村
周东晟	1993—1994 年	白塔村
王　芳	1995—2001 年	白塔村

（二）民兵组织

民兵组织是村生产建设和人民武装等工作中的一支重要力量，在抵御自然灾害中发挥了重要作用。1965 年，共青、蔡家两大队均成立民兵组织。共青、蔡家两大队民兵营继承先辈优良传统和精神，于 1975 年，先后荣获昆山市人民武装部颁发的"民兵工作先进单位"和"基层建设先进单位"等荣誉证书。

共青大队、蔡家大队第一任民兵营营长分别是黄耀良和刘正祥。之后，两个大队（村）由于工作需要或其他原因，民兵营营长一职都有变动。1974—2001 年，共青村（大队）先后担任民兵营营长一职的有范永武、王培坤、孙春山、吴炳良、姚祥弟、姚小星。1968—2001 年，白塔村（蔡家/白塔大队）先后担任民兵营营长的有姚锦明、周金男、张美华、张小弟、熊志强。

2001 年，共青、白塔两村合并，首任民兵营营长为李轶群。2015 年民兵营改为民兵连，承云龙担任共青村民兵连连长。

表 1-42 为 1965—2019 年共青村（大队）民兵干部任职表。表 1-43 为 1958—2001 年白塔村（蔡家/白塔大队）民兵干部任职表。

表 1-42　1965—2019 年共青村（大队）民兵干部任职表

姓名	职务	时间
黄耀良	民兵营营长	1965—1973 年
范永武	民兵营营长	1974—1975 年
王培坤	民兵营营长	1975—1977 年
孙春山	民兵营营长	1978—1981 年
吴炳良	民兵营营长	1982—1983 年
姚祥弟	民兵营营长	1983—1983 年
吴炳良	民兵营营长	1984—1986 年
姚小星	民兵营营长	1987—1997 年
李轶群	民兵营营长	1998—2007 年
承云龙	民兵营营长	2008—2015 年
承云龙	民兵连连长	2015—2019 年

表 1-43　1958—2001 年白塔村（蔡家/白塔大队）民兵干部任职表

姓名	职务	时间
刘正祥	民兵营营长	1958—1968 年
姚锦明	民兵营营长	1968—1970 年
周金男	民兵营营长	1971—1975 年
张美华	民兵营营长	1976—1978 年
张小弟	民兵营营长	1979—1997 年
熊志强	民兵营营长	1997—2001 年

（三）妇女代表大会

1957 年，共青村域成立妇女代表大会（以下简称"妇代会"）。妇代会组织随着区、乡机构的撤并而变化。农业合作社期间，初、高级社管委会中设社妇女委员。1958 年起，大队（村）设妇代会主任。

1962 年，共青大队成立妇代会，妇代会主任为富小妹，1967 年 12 月—2001

年8月，先后任共青村（大队）妇代会主任的有陈志英、陈爱囡、范和娣、姚良妹和谭凤英。1966年1月，蔡家大队成立妇代会，主任为张兰妹。1969年1月—2001年7月，先后担任白塔村（蔡家/白塔大队）妇代会主任的有杨秀英、伍才珍、蔡东英和王芳。

2001年8月，共青、白塔两村合并，合并后的第一任妇代会主任由原共青村妇代会主任谭凤英担任，继而由闵雯娟、王芳担任。

表1-44为1962—2019年共青村（大队）妇代会主任名单。表1-45为1966—2001年白塔村（蔡家/白塔大队）妇代会主任名单。

表1-44　1962—2019年共青村（大队）妇代会主任名单

姓名	性别	任职时间	卸任时间
富小妹	女	1962年1月	1967年12月
陈志英	女	1967年12月	1971年12月
陈爱囡	女	1968年1月	1972年12月
范和娣	女	1973年1月	1976年12月
姚良妹	女	1977年1月	1981年12月
范和娣	女	1981年12月	1982年12月
谭凤英	女	1982年12月	2013年5月
闵雯娟	女	2013年6月	2016年2月
王　芳	女	2016年3月	—

表1-45　1966—2001年白塔村（蔡家/白塔大队）妇女主任名单

姓名	性别	任职时间	卸任时间
张兰妹	女	1966年1月	1968年12月
杨秀英	女	1969年1月	1978年12月
伍才珍	女	1979年1月	1986年12月
蔡东英	女	1987年1月	1993年12月
王　芳	女	1994年1月	2001年7月

（四）残疾人协会

共青村残疾人协会（以下简称"村残协"）成立于2006年。村残协自成立起，坚持在每年的5月19日开展"全国助残日"活动。村残协领导走访慰问生活贫困的残疾人家庭，召开残疾人代表座谈会；利用宣传画廊、黑板报等宣传阵地，广泛宣传帮扶残疾人的有关政策，以及扶残、助残的好人好事；发放轮椅、助听器、拐杖等用具；组织残疾人参加力所能及的活动，拍摄有关残疾人的活动照片；每年春节组织慰问残疾人，发放慰问金。为更好地发挥村残协的作用，从组织上保证残疾人工作得以落实，村"两委"会于2019年研究决定，由杨学明书记担任村残协主席，村会计闵雯娟任副主席。

表1-46为2006—2019年共青村残协主席、副主席、委员任职情况情况。

表1-46 2006—2019年共青村残协主席、副主席、委员任职情况表

届次	任期	主席	副主席	委员
1	2006年7月—2011年6月	陈志兴	谭凤英	徐定花、胡东、施泽程
2	2011年6月—2016年6月	李轶群	谭凤英	徐定花、胡东、施泽程
3	2016年6月—2018年12月	吴雪元	王　芳	陆永福、胡东、施泽程
	2018年12月—2019年12月	杨学明	闵雯娟	陈小红、胡东、徐定花

（五）老年人协会

改革开放后，村民生活质量全面提高，人均寿命延长，老年人口数量逐渐增多，老年人工作成为党和政府的一项重要工作。20世纪90年代，根据上级党委和政府的要求，各村老年人协会全面组建，充分发挥老年人协会的作用。

共青村老年人协会会长为王德洪，白塔村老年人协会会长为承锦湘。2001年8月两村合并后，由居雪弟、承云龙先后担任共青村老年人协会会长。2019年9月，王芳任共青村老年人协会会长，委员有张雪弟、吴阿炳。

共青村老年人协会会长的主要职责是组织老年人开展文体活动、慰问特殊老人、配合村委会做好宣传工作和活动时的服务工作。

（六）工会

共青村工会成立于2011年12月16日，会员人数10人。第一届工会委员会主席为承云龙，副主席为谭凤英，委员有承云龙、谭凤英、闵雯娟，其中，闵雯娟任经费审查委员会主任，谭凤英任女职工委员会主任。

2016年2月，共青村工会更名为共青村企业联合会工会，会员人数22人，其中11人是共青村人。第二届工会委员会主席为承云龙，委员有闵雯娟、陈娟，其中，闵雯娟任经费审查委员会主任，陈娟任女职工委员会主任。

2019年3月，共青村企业联合会工会第三届委员会主席为陈小红，委员有衡艳华、季晓芸，其中，衡艳华任经费审查委员会主任，季晓芸任女职工委员会主任。会员人数30人，其中，共青村籍的有11人。

工会的主要职能是维护职工的权益，配合村党总支开展"共创共建"等工作。

(七) 关心下一代工作小组

共青村关心下一代工作小组（以下简称"关工组"）成立于2003年，主要由老干部、老党员、老教师及退伍军人组成。2003年8月—2019年年底，先后担任共青村关工组组长职务的有黄振芳、承云龙、谭凤英、王芳。

第二章 乡村建设

　　共青村乡村建设历经村民从分散居住到集中居住，住房从简陋到豪华，基础设施从无到城乡一体的变化。中华人民共和国成立前，村域内村民沿河建房居住、依水生息，逐渐形成芦青稞、西湾、六里殿等自然村。村民居住在草房或少量的平瓦房内；村域内多是泥土路、竹夹桥，交通严重不便。20世纪60—70年代，村域内村民的草房逐渐改建成平瓦房。80—90年代，平瓦房改建成楼房。进入21世纪，村庄步入城乡一体化规划建设中，村容村貌变化巨大。至2019年，村域内前进西路两侧的龙泉山庄、共青新村等村民集中居住小区旁的一幢幢商住楼、一个个集市商场拔地而起。建设中的昆山轨道交通、环城交通穿越村域，新型社区供电、排水、通信网络等基础设施全部配套建设到位，村域内道路硬化、路灯亮化、小区绿化、环境美化，人居环境得到明显改善。2001年、2008年，共青村分别荣获"江苏省百佳生态村""江苏省生态村"的称号。

第一节 基础设施

中华人民共和国成立前，村域内道路都是泥土路，桥梁主要以竹夹桥、木板桥为主。20世纪50年代初，村域内的基础设施并未得到明显改善。1962年，村域内各大队全面贯彻农业结构调整方针，村域基础设施逐步得到改善。1969年，村域内开始筑路修桥，建设供排水设施。1978年改革开放后，昆山县加快道路建设、桥梁建设步伐。2001年，城市化建设加快，并带动基础设施建设、交通建设。至2019年年底，共青村域内呈现了道路网格化、供排水一体化，邮政通信、广播电视网络、供电供气全覆盖。

一、过境道路

前进西路 原名前进路，始建于1953年。2003年向西延伸至古城中路，故改称"前进西路"。东起柏庐中路，西至古城中路。长8.2千米、宽25.2米，双向4车道，两侧有非机动车道和人行道，沥青路面。沿途有昆山文化艺术中心、昆山体育中心等场所。与柏庐中路、江浦中路、古城北路等主干道交会，通多路公共汽车，途经共青新村750米。

震川西路 始建于1940年年初，原名震川路，后称解放路（锡苏太公路），2005年更名为震川西路。2008年改建，2015年再次改建。东起柏庐中路，西至十五甸立交桥。长8.5千米、宽16米，双向4车道，两侧有非机动车道，沥青路面。沿途有巴黎春天百货有限公司、农工商超市等商业门店，有昆山培本实验小学（西校区）、昆山市急救中心等单位。与人民北路、中山路、江浦北路、思常路等主干道交会，通多路公共汽车，途经共青新村760米。

马鞍山西路 始建于1995年春，2003年扩建改造，是年10月竣工。东起亭林路，西至古城中路。长6.14千米、宽25.5米，双向4车道，两侧有非机动车道和人行道。沥青路面。因属马鞍山中路西延段，又为西端，故得其名。沿途有鱼尾狮玉峰山庄、星海花园、森林半岛花园等大型住宅区，有昆山市第一中学、城西派出所等单位，有昆山体育中心、昆山城市生态森林公园等体育休闲场所。与中山路、虹桥路、鹿城路、江浦北路、虹祺路、祖冲之路等主干道交会，通多路公共汽车，途经共青新村740米。

二、村域道路

20世纪60年代以前，村域内无一条像样的道路，仅有的泥土路亦为无名路。人们陆路出行依靠沿河岸为主的泥土小路。60年代，村域内建灌溉站，有3条灌溉水渠，人们以渠道岸行走为主。70年代初，村域将明渠道改成水泥管暗渠或灰土暗渠，渠道上面作交通主干道。1971—1974年，村域累计改造明渠5 800多米，道路面铺设黑脚子。村域内有4条主渠道连通312国道。80年代初，村域内改用水泥楼板或水泥混合土铺路。2019年，共青新村和龙泉山庄道路与外界贯通成网，道路全部都是沥青路面。

表2-1为1980年共青村域内8条道路的基本信息一览表。

表2-1　1980年共青村域道路基本信息一览表

所在大队	路名	起止	方向	长/米	宽/米	投资/元
共青大队	芦青棵路	震川西路至芦青乡	南北	1 800	3.0	1 080
共青大队	解放路	312国道至东风河	南北	1 500	3.5	400
共青大队	共青3队路	312国道至共青3队	南北	1 000	3.0	600
共青大队	六里殿路	312国道至共青5队	南北	1 000	3.5	700
蔡家大队	蔡家东路	共青7队至庙泾河	南北	480	2.0	450
蔡家大队	蔡家西路	共青7队至庙泾河	南北	1 050	1.5	400
蔡家大队	白塔港东路	共青10队至庙泾河	南北	1 980	3.0	1 200
蔡家大队	白塔港西路	共青10队至庙泾河	南北	590	1.5	250

1982年，共青、蔡家两大队投资2 730元，改建村域主干道共3 750米，各条道路基本信息见表2-2。

表2-2　1982年共青村域道路一览表

路名	方向	长/米	宽/米	结构	建设时间	投资/元
芦青棵路	南北	500	3	黑脚子	1982年2月	500
芦青棵路	东西	1 100	3	道砟	1982年2月	800
南白塔港路	南北	900	3	道砟	1982年3月	600
姚家浜路	南北	350	3	道砟	1982年3月	250
居家浜路	东西	380	3	道砟	1982年4月	230
姚家浜路	东西	520	3	道砟	1982年5月	350

三、桥梁

1958年以前，村域内的桥梁都是竹夹桥或简易木板桥。1960年以后，域内两个大队新开河道17条，为便于行人、耕牛、手扶拖拉机通行，共青、蔡家两大队将原有竹、木材质的桥改建成水泥板桥共21座。70年代以后，又将6座主桥改建成水泥拱桥（表2-3）。2000年，前进路共青村段中的六里江桥和白塔江桥均建成宽60米、载重50吨的平板水泥桥。2000年以后，共青村域土地逐渐被征用，有的河道被填没，桥梁被拆除。

表2-3 20世纪70年代共青村域主要桥梁基本信息一览表

桥名	所居位置	跨越河流	修建时间	投资金额/万元	桥型结构	桥长/米	桥高/米	走向	载重量/吨	建设单位
解放桥	共青6队、共青4队	东风河	1977年	6.00	水泥拱桥	30.0	4.0	南北	4.0	昆山水利局
跃进桥	共青9队	白塔港河	1975年	1.92	水泥拱桥	16.0	3.0	东西	3.0	昆山水利局
共青桥	共青5队	姚家浜河	1974年	1.44	水泥拱桥	12.0	3.0	东西	3.0	昆山水利局
团结桥	共青4队	六里殿河	1983年	2.27	水泥拱桥	13.5	3.5	东西	3.5	昆山水利局
富民桥	蔡家5队、蔡家6队	白塔港河北	1978年	2.97	水泥拱桥	22.0	3.0	东西	3.0	昆山水利局
蔡家港桥	蔡家1—3队	蔡家港河	1978年	1.20	大型平板桥	12.0	3.0	东西	3.0	蔡家大队

四、供电、供水、供气

供电 20世纪50年代前，村域内无供电设施，村民照明以油盏碟照明为主。50年代初，村民照明以煤油灯、美孚灯、桅灯为主，村民遇上婚丧大事则用汽油灯照明。60年代后，共青电灌站建成，各生产小队脱粒、照明开始用上电。70年代，村域内10个自然村全部由昆山供电局供电。因避用电高峰，村民用电经常停电，村域各家均备好蜡烛。90年代，共青、白塔两村进行电网改造，扩充电容量，再未发生停电，村民用电无须避免高峰。

供水 1975年以前，村民淘米、洗菜、洗衣、洗澡、牲畜饮用水都来自河水。村民家家有水缸，盛满水后，放入少许明矾以沉淀水中杂质。1975年以后，为预防血吸虫病，各户分配到300块砖、一包水泥、一包黄沙，用于开挖家用井，家家户户开始用上井水。1995年，共青、白塔两村投资17万元，共铺设水管9 800米，全部改用昆山自来水公司供水。2019年年底，村域内自来水用水户数为1 130户。

表2-4为1975—1980年共青村域开挖水井统计表。

表2-4　1975—1980年共青村域开挖水井统计表

自然村名	挖井口数/口	井直径/米	井深度/米	自然村名	挖井口数/口	井直径/米	井深度/米
蔡家港	57	0.8	2.8	姚家浜	36	0.8	2.8
思常港	3	0.8	2.8	白路	28	0.8	2.8
白塔港	81	0.8	2.8	芦青棵	29	0.8	2.8
蒋家台	7	0.8	2.8	西湾	18	0.8	2.8
居家浜	31	0.8	2.8	六里殿	21	0.8	2.8

供气 20世纪90年代前，村域无供气设施，村民烧饭以稻柴、麦柴、菜箕、树柴作燃料，烧土灶。村域农户常用的土灶有两眼灶、三眼灶。90年代开始，部分农户购置煤气灶，用上钢瓶灌装液化石油气。2000年以后，共青村农户全部用液化石油气作燃料，农户购置液化石油与灶具基本情况见表2-5。2014年以后，共青村大多数农户使用天然气作燃料。

表2-5 1990—2001年共青村域农户购置液化石油气灶具统计表

自然村	总户数/户	液化石油气用户/户	占比/%	自然村	总户数/户	液化石油气用户/户	占比/%
蔡家港	83	65	78.3	姚家浜	52	42	80.8
思常港	5	4	80.0	白路	41	32	78.0
白塔港	116	93	80.2	芦青棵	43	34	79.1
蔡家台	10	8	80.0	西湾	27	23	85.2
居家浜	43	34	79.1	六里殿	29	24	82.8

表2-6为2016—2019年共青村天然气用户统计表。

表2-6 2016—2019年共青村天然气用户统计表

小区名称	总户数/户	天然气用户/户	占比/%
共青新村A区	271	260	95.9
共青新村B区	162	155	95.7
共青新村C区	85	81	95.3
龙泉山庄	45	45	100
合计	563	541	96.1

五、邮电与网络

邮电通信 中华人民共和国成立初期，村域内村民与外界联系一般采用的是信件，如有急事要到位于县城正阳桥东堍的昆山县邮电局打电话或发电报。而如有往来信件，邮电局则派投递员步行将信件、报纸分别送到各大队，然后大队派人通知收件人领取。1973年起，昆山县邮电局的投递员改用自行车将信件、报纸送到各大队。21世纪后，投递员改用摩托车送报、送信、送杂志。而进入网络时代，村民足不出户，所购物品便由快递人员送达到家。

1960年，蔡家大队在第3生产小队张小弟家、共青大队在第3生产小队虞阿根家安装大队用手摇电话机。蔡家大队由年仅15岁的冯正坤负责听电话。1963年，共青大队将电话机移至共青小学内。1977年，电话机被移至共青知青点大队办公室。

1989年，姚宗根、孙春山家庭安装程控电话，为共青村第一批安装程控电话机的家庭。1992年，邱雪亮家安装程控电话，为白塔村第一批安装程控电话机的家庭。1996年，村域内60%的家庭安装程控电话。是年，白塔、共青两村共有270户安装电话（表2-7）。由此，两个村被昆山县邮电局命名为"电话小康村"。20世纪90年代初开始，村民陆续购买BP机，购买一台BP机约1 000元，20%~30%的村民都用过BP机。也有少数村民开始使用移动电话，起先移动电话体积很大，故名"大哥大"。20世纪末，移动公司、联通公司先后在村域建造4G基站，手机逐渐普及。新型手机体积小，接收信息能力强，有的用国外品牌手机，也有的用国产手机。至2019年，共青村成人90%以上拥有手机。

表2-7　1992—1996年共青村域装程控电话情况一览表

村名	自然村	户数/户	装程控电话/户
白塔村	蔡家港	83	50
	思常港	5	3
	白塔港	116	70
	蒋家台	10	6
共青村	居家浜	43	26
	姚家浜	52	31
	白路	42	25
	芦青棵	43	26
	西湾	27	16
	六里殿	29	17
合计		450	270

2000年以后，村域内的村民家庭走进网络时代，人人使用智能手机（小学生使用电话手表，老年人使用老人手机），家家收看网络电视、网络电影。小到日用品，大到家电、家具，村民都可以在网络上购买。

信息网络　20世纪90年代以前，村民一般通过广播、电视了解信息，重大信息看电视、地方信息听广播。

进入 21 世纪，随着信息网络的进一步发展，村民先后购买家用电脑。至 2019 年年底，全村家家有电脑，成人有手机，全部进入互联网时代，有张文杰等 5 人开设网店。

六、公共交通

公交站点 20 世纪 80—90 年代，村域内村民去城里办事、购物，主要以自行车和摩托车为交通工具。2001 年后，村域内的自然村先后动迁，村民迁至共青新村、龙泉山庄，村民出行以坐公交车为主。昆山市交通运输局在村域内设立公交共青村站点上、下行停靠站各 1 座，先后有 5 条市域公交线路、4 条乡镇公交线路经过共青站点（表 2-8）。

表 2-8　2019 年途经过共青村域公交站点线路一览表

线路	所属性质	开通时间	全程/千米	起止	全程站点/个
8 路	市域	2010 年 3 月	21.6	新江南站至太湖路末站	27
25 路	市域	2010 年 3 月	18.4	体育中心前进站至中航城站	23
28 路	市域	2010 年 3 月	20.8	阳澄湖高铁站至昆山南站	26
32 路	市域	2010 年 10 月	19.2	大学园区站至汽车客运南站	24
夜 2 路	市域	2013 年 3 月	23.4	体育中心站至首创奥特莱斯首末站	26
161 路	乡镇	2016 年 10 月	36.3	体育中心站至周庄客运站	33
304 路	乡镇	2016 年 10 月	9.8	新城路元丰路站至新华社站	7
104 路	乡镇	2018 年 3 月	27.0	体育中心首末站至市北村客运站	30
156 路	乡镇	2019 年 3 月	15.6	体育中心首末站至张浦客运站	12

共享单车点　2014年10月，昆山市政府投资，在共青新村域设立共享单车点3个，共投放共享自行车105辆，其中，A区点位于A区大门东侧50米，投放自行车25辆；B区点位于B区大门两侧30米，投放自行车20辆；C区点位于C区大门北侧60米，投放车辆60辆。

位于共青新村B区的共享单车（2019年，罗英摄）

第二节　住房建设

一、民房建设

20世纪50年代初，村域内村民沿河而居，大多数村民的住房为草房，极少数村民无房屋居住。村域内无房户4户，草房户171户，平瓦房户59户（表2-9）。

20世纪60—70年代，村域内民房建设进入翻建期，村民大多将草房改建为泥砖小瓦房、平瓦房。村域234户农户中，翻建小瓦房的有163户，翻建平瓦房的有71户（表2-10）。

1982年起,部分村民将平房改建成楼房,至20世纪90年代末,村域内475户农户中,有426户翻建楼房(表2-11)。

90年代末,随着昆山城镇化建设的不断推进和村域土地陆续被征用,村域内农户逐渐以自建高档住宅和购置商品房为主。

表2-9　20世纪50年代初共青村域各自然村住房统计表

单位:户

自然村名	总户	草房	平瓦房	无房
芦青棵	20	14	6	—
白路	20	20	—	—
西湾	12	11	1	—
六里殿	12	6	5	1
居家浜	21	6	15	—
姚家浜	22	2	20	—
白塔港	74	66	5	3
思常港	4	4	—	—
蔡家港	38	31	7	—
蒋家台	11	11	—	—
合计	234	171	59	4

表2-10　20世纪60—70年代共青村域翻建房屋统计表

单位:户

自然村名	户数	小瓦房	平瓦房	自然村名	户数	小瓦房	平瓦房
芦青棵	20	14	6	白塔港	74	62	12
白路	20	15	5	思常港	4	4	—
西湾	12	4	8	蔡家港	38	30	8
六里殿	12	6	6	蒋家台	11	11	—
居家浜	21	13	8	—			
姚家浜	22	4	18	合计	234	163	71

表 2-11　20 世纪 80—90 年代共青村域各自然村翻建楼房统计表

单位：户

自然村名	户数	翻建楼房户数	自然村名	户数	翻建楼房户数
芦青棵	42	36	白塔港	131	119
白路	43	39	思常港	7	6
西湾	30	27	蔡家港	84	69
六里殿	29	28	蒋家台	10	9
居家浜	41	39	—	—	—
姚家浜	58	54	合计	475	426

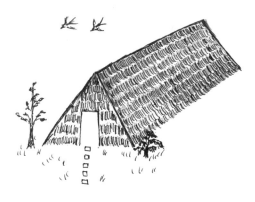

20 世纪 40—50 年代草房
（2019 年，褚永明绘）

20 世纪 60—70 年代平瓦房
（2019 年，陶志友提供）

20 世纪 80—90 年代共青村 13 组楼房
（1999 年，闵毅摄）

21 世纪初共青村村民安置房
（2019 年，罗英摄）

二、动迁安置

(一) 动迁

1998年，因昆山市自来水集团有限公司庙泾河水厂要改善水质，白塔村蒋家台自然村的周品刚等10户农户动迁至白塔港自建住房。是年，因昆山市城市生态森林公园建设需要，原蒋家台的10户农户（表2-12）和白塔港村民动迁到共青新村A区。2001年，因昆山市城市生态森林公园建设需要，白塔村集体房屋动迁3 205平方米；因昆山市体育中心工程建设需要，共青村集体房屋动迁2 902平方米（表2-13）。两村合并以后，共青村拆除厂房15 057平方米（表2-14），相关区域农户随之动迁。2005年，白路、西湾、六里殿3个自然村最后一批70户农户动迁。至2005年年底，共青村共动迁农户565户2 120人。

表2-12 1998年蒋家台自然村首批动迁户主与人数统计表

单位：人

户主	人数	户主	人数
邵春良	4	董正青	3
承佰平	4	刘训强	3
张云男	6	刘古池	5
周品虎	3	周克成	5
周志刚	4	—	—
周品刚	6	合计	43

表2-13 2001年共青村、白塔村集体房屋动迁一览表

单位：平方米

行政村	房屋名称	建筑面积	行政村	房屋名称	建筑面积
共青村	共青饲料加工厂	146	白塔村	大农户7个仓库	500
共青村	农机队机库	296	白塔村	村级企业厂房	1 005
共青村	办公楼	594	白塔村	村办公大楼	400
共青村	店面房10间	350	白塔村	农机队机库	1 090

续表

行政村	房屋名称	建筑面积	行政村	房屋名称	建筑面积
共青村	7队大农户仓库	125	白塔村	白塔饲料加工厂	150
共青村	4队大农户仓库	83	白塔村	公厕3座	60
共青村	1、3、8队大农户仓库	390	—	—	—
共青村	活鲜多综合大楼	918	—	—	—
合计	—	2 902	合计	—	3 205

表2-14　2001—2004年共青村（并村后）集体房屋动迁一览表

单位：平方米

序号	房屋名称	建筑面积
1	纸管厂房	624
2	潇麟厂房	933
3	瑞升厂房	1 500
4	村打工楼	12 000
合计	—	15 057

（二）安置

1998年，蒋家台自然村的周品刚等10户农户共43人动迁后，得到政府经济补偿，安置在白塔村8组，自主建房10幢。2001—2005年，白塔港、西湾、居家浜等自然村先后动迁，村民分别被安置在共青新村和龙泉山庄，共安置房屋1 185套，安置565户共2 120人（表2-15）。

表2-15　2001—2005年共青村各自然村动迁安置情况表

动迁时间	动迁原因	动迁自然村	动迁户数/户	人数/人	安置地点	安置房套数/套	安置人数/人
2001	昆山市城市生态森林公园工程建设	蒋家台、白塔港、思常港、蔡家港	232	871	共青新村A区	464	871
2003	前进西路拓展工程	白路、西湾、六里殿	20	75	龙泉山庄	52	75

续表

动迁时间	动迁原因	动迁自然村	动迁户数/户	人数/人	安置地点	安置房套数/套	安置人数/人
2004—2005	昆山市体育中心工程建设	芦青棵、姚家浜、居家浜、白路、西湾、六里殿	313	1 174	共青新村B、C区	669	1 174
合计	—	—	565	2 120	—	1 185	2 120

三、新村建设

进入21世纪，随着昆山市工业化、城市化进程的大力推进，城乡一体化格局逐渐形成，玉山镇政府统一规划共青村村民集中居住区为共青新村和龙泉山庄。

（一）共青新村

共青新村分A、B、C三个区域，位于昆山市前进西路南侧，南近震川西路，东邻虹祺路，西靠六里港，区域面积328.3亩。

A区 2002年，昆山市住房和城乡建设局委员会投资建设共青新村A区，占地面积101.8亩，绿化面积1.7万平方米，共有18幢720套安置房，建筑面积8.7万平方米。2019年年底，区域内常住人口2 101人，其中，昆山户籍人口1 325人，安置原白塔村的白塔港、蔡家港、蒋家台、思常港4个自然村464套房屋，入住村民871人。小区内建有室外健身场地，有太极揉推器、双位双杠、单柱健骑器等健身器材。

B区 2004年9月，玉山镇政府投资建设共青新村B区。B区位于共青新村A区西侧，占地111.5亩，绿化面积1.8万平方米，共有19幢570套安置房，建筑面积6.73万平方米。2019年年底，区域内常住人口1 993人，其中，昆山户籍人口1 173人，安置芦青棵、姚家浜、居家浜、白路4个自然村243户281套房，入住村民912人。小区内有村"两委"会办公楼及室外活动室。

C区 2005年，玉山镇政府投资在虹祺路西侧池鱼泾河南新建共青新村C区。小区占地面积105亩，绿化面积1.6万平方米，共有16幢600套安置房，

建筑面积8.3万平方米。2019年年底，区域内常住人口1 240人，其中，昆山市户籍人口339人，安置白路、西湾、六里殿3个自然村70户155套房，入住村民262人。C区建有篮球场、室外活动室、共青活动中心和城中幼儿园共青分园。

（二）龙泉山庄

2003年，玉山镇政府投资建设龙泉山庄，山庄北邻马鞍山西路、东邻虹祺路、西近共青路、南至前进西路。小区占地面积39.8亩，绿化面积0.45万平方米，共有5幢180套安置房，建筑面积2.43万平方米。2019年年底，区域内常住人口556人，其中，昆山市户籍人口339人，安置白路、西湾、六里殿3个自然村20户52套动迁房，入住村民75人。小区内建有健身场所、前进幼儿园共青分园。

四、公共设施

（一）村"两委"会办公用房

白塔村"两委"会办公用房 1964年前，蔡家大队借用蔡家大队第5生产小队农户房屋为办公用房。1968年，拆除大队里地主、富农家房屋，在白塔港村建造384平方米的蔡家大队礼堂。大队办公室设在大礼堂内，面积30平方米。1990年，白塔村投资在蒋家台建造村办公综合楼400平方米，其中，办公用房150平方米。1964—2001年白塔村村"两委"会办公用房情况见表2-16。

表2-16 1964—2001年白塔村村"两委"会办公用房情况一览表

单位：平方米

时间	办公地点	办公面积	备注
1964—1967年	第5生产小队	42	借用
1967—1973年	白塔港蔡家大队礼堂	30	—
1973—1980年	蔡家电灌站	20	—
1980—1991年	蔡家大队丝织厂	30	—
1992—2001年	白塔村办公综合楼	150	—

共青村"两委"会办公用房 1964年前,共青大队借用共青大队农户房屋为办公用房。1965年以后,在共青小学设30平方米办公室。1990年,共青村在共青村9组(解放路/震川西路)新建综合办公楼495平方米,内设80平方米办公室2间。2005年,玉山镇政府投资在共青新村B区南侧,建造1800平方米共青村"两委"会三层办公楼,其中一层是共青村便民服务大厅。

共青村便民服务大厅(2019年,罗英摄)

表2-17为1965—2001年共青村(合并前)村"两委"会办公用房情况一览表。表2-18为2001—2019年共青村(合并后)村"两委"会办公用房情况一览表。

表2-17　1965—2001年共青村(合并前)村"两委"会办公用房情况一览表

单位:平方米

时间	办公地点	办公面积
1965—1977年	共青小学校内	30
1977—2001年	共青知青点	60

表2-18　2001—2019年共青村（合并后）村"两委"会办公用房情况一览表

单位：平方米

时间	办公地点	办公面积
2001—2004年	共青综合办公楼	360
2004—2006年	玉山种子场办公楼	160
2006—2019年	共青新村B区共青村办公楼	960

（二）校舍建设

1. 幼儿园园舍

白塔村（蔡家/白塔大队）幼儿园（班）　从1958年开设至2001年停办，园舍几经迁移，具体地址信息见表2-19。

表2-19　1958—2001年白塔村（蔡家/白塔大队）幼儿班（园）园舍一览表

单位：平方米

时间	地址	面积
1958—1963年	蔡家大队第4生产小队	30
1963—1969年	蔡家大队第2生产小队	30
1969—1982年	蔡家（白塔）大队第7生产小队	40
1982—2001年	白塔村7组	45

共青村幼儿园（班）　于1983年开设，在共青小学内，有教室1间，面积50平方米，2001年，白塔村幼儿园并入共青村幼儿园。2001年，共青村幼儿园全部并入城中幼儿园共青分园，具体地址信息见表2-20。

表2-20　1983—2001年共青村幼儿园园舍情况一览表

单位：平方米

时间	地址	面积
1983—1995年	共青村小学内	50
1995—1998年	共青村6组	60
1998—2001年	共青村6组	30

2. 小学校舍

蔡家小学（白塔小学）自 1967 年开设，至 1989 年，白塔小学并至共青小学，校舍经过 3 次翻建。共青小学自 1963 年开设，至 2009 年，校舍亦经过 3 次翻建，具体信息见表 2-21。

表 2-21　1963—2009 年共青、蔡家（白塔）小学校舍情况一览表

时间	校舍地址	建设单位	建筑面积/平方米	投资金额/万元
1963—1975 年	共青大队第 3 生产小队	城南公社、共青大队	200	2
1967—1973 年	蔡家大队第 7 生产小队	蔡家大队	80	1.2
1973—1982 年	蔡家大队第 7 生产小队	蔡家大队	250	5.6
1975—1985 年	震川西路（解放路）	共青大队（村）	360	8.5
1982—1989 年	白塔大队（村）第 7 生产小队（小组）	白塔大队（村）	350	7.5
1985—2009 年	共青村 5 组	城南建筑公司	600	15.5

（三）共青邻里中心

2016 年，玉山镇政府投资在共青新村 C 区建造面积为 3 000 平方米的共青村邻里照料中心。中心共三层，一楼有老年人活动室，面积 600 平方米，内设影视室、休息室、阅览室、康复室、社区卫生服务站。二楼设有 1 000 平方米的用餐场所。三楼设有妇女儿童活动中心、村党员活动中心等。

共青·益家（2019 年，罗英摄）

（四）标准厂房、打工楼

共青村地处城西的城乡接合部，南北分别有震川西路、马鞍山西路，前进西路穿村而过，交通地理位置优越。2002—2012年，共青村为壮大村级经济，投资2 864万元，建造标准厂房1.6万平方米，打工楼2.3万平方米，五联路南侧店面房5套579平方米（表2-22）。

表2-22　2002—2012年共青村建设标准厂房、打工楼情况一览表

建成年份	投资金额/万元	面积/平方米	位置	备注
2003	592	3 057	村域内	标准厂房
	—	12 000	村域内	15幢打工楼
2004	257	3 442	青淞村	标准厂房2幢
2006	1 081	9 554	五联村	标准厂房6幢
2008	—	6 936	五联路南侧	9幢216套打工楼
	—	579	五联路南侧	5套店面房
2012	934	4 303	五联村	2幢120套打工楼

2004年、2006年，共青村利用政府划拨的12亩、24亩土地，分别投资257万元和1 081万元，在五联村建设标准厂房。2008年，玉山镇政府置换共青村土地，在五联村南侧建造打工楼和店面房。至2019年，因建设需要，位于五联村南侧的打工楼、店面房全部被拆除。

第三节　环境治理

一、河道清淤

20世纪末，随着工业化、城镇化进程的加快，工业污染、生活垃圾、河道淤泥等环境问题突出，环境保护显得格外重要。1998年3月，共青村、白塔村以创建"江苏省卫生村"为契机，全面整治河道淤泥，白塔村购进清淤机、打淤机各1台，在总长1 200米的蔡家港河道内清除淤泥50 000立方米。2000年4月，共青、白塔两村再对总长2 800米的白塔港河、六里港河除淤，共清除淤泥25万立方米。2016年，实行河长制常态化管理，村书记杨学明任河长，并配备多名河道保洁员，对白塔港河、六里港河实行包干负责、长效管理，至2019年，打捞清理河道2 800米，清理水生植物1吨多。

二、污水处理

2003—2005年，共青新村、龙泉山庄建成后，实行雨污分流，雨水排入雨水管道，污水排入污水管网。两个小区铺设直径30—60厘米不等的污水管6 600米，总投资200多万元。雨水管道、污水管网覆盖率均为100%。

三、厕所改造

1989年起，共青村域内各自然村规定，村民不能再到村域河道里刷马桶。1992年，根据玉山镇统一规划，共青、白塔两村实行农村改水改厕工程，建造公厕6座，完成228户村民住宅的改水改厕工程，家家户户的卫生间用上抽水马桶。1993年，两个村再次投资建造公厕2座，并配备8名保洁员常年负责公厕的保洁工作。2019年年底，共青新村重建标准排放公厕1座，有保洁员15名。

表2-23为1998—1999年共青村域公厕分布情况一览表。

公共厕所（2019年，罗英摄）

表2-23　1998—1999年共青村域公厕分布情况一览表

所在位置	建筑面积/平方米	便池式样	粪便处理形式	建造年份
1—8组	24	三格式	消毒	1999
2—9组	24	三格式	消毒	1999
3组	24	三格式	消毒	1999
4组	24	三格式	消毒	1999
5—7组	24	三格式	消毒	1999
6—10组	24	三格式	消毒	1999
13组	24	三格式	消毒	1998
15组	24	三格式	消毒	1998
16组	24	三格式	消毒	1998

附：

公厕管理制度

1. 专人负责，职责到人。
2. 热心公共事业，提高服务质量。
3. 遵守劳动纪律，按日规定做好卫生保洁清扫工作。
4. 公厕卫生，做到"四净四无一畅通"：地面、墙面、便池、门窗保持干净；便池无尿迹便迹，无蝇虫，无强臭味，厕所四周无垃圾；下水道畅通无阻。
5. 做好化粪池的密封工作，防粪水溢出。
6. 公厕内禁止堆放无关杂物。

共青村村民委员会
2001年10月

四、垃圾分类

2019年12月，共青村启动垃圾分类工作，共青新村、龙泉山庄共设立9个垃圾分类投放点（表2-24），并配备9名垃圾督导员，投放垃圾桶40个、清洁车4辆，规定投放垃圾的时间点分别是上午6:30—8:30，下午6:00—8:00。

共青新村A区垃圾分类投放点（2019年，罗英摄）

表2-24　2019年共青村垃圾分类投放点统计表

垃圾分类投放点	启动时间	地点	投资单位	投资金额/元	垃圾分类投放点面积/平方米
共青新村A区4个点	2019年11月	A区	共青村	60 000	18
共青新村B区4个点	2019年11月	B区	共青村	60 000	18
龙泉山庄1个点	2019年11月	龙泉山庄	共青村	15 000	20

五、专项治理

2018年5月5日，昆山全市启动"331"专项行动，共青村对管辖范围内的小区突出隐患进行摸底汇总，共查实"三合"场所隐患2处，出租房问题（群租房、违规隔断、卫生间或厨房住人）108处，电动车违规充电隐患500余处。对小区内存在的上述三类突出隐患问题，共青村村委会积极做好相应工作。2018年6月，在共青新村A、B区楼道外安装充电桩点位375个，有效缓冲车库内电瓶车充电现象，降低可能存在的火灾隐患；村委会工作人员上门发放整改通知书，限期解决出租房"三合一"违规问题，并在2018年8月12日，对逾期未改的8家出租房，上报相关职能部门，进行联合执法，集中处理；对其他环境问题进行整治，村委会组织夜间巡查30多次，发放宣传资料200余份，悬挂宣传标语横幅20余条，在大屏幕上推出《致全体居民一封信》，召开村民代表、党员大会，增强居民的认知。村党总支在党员大会上向全体党员发放《致党员一封信》，要求全体党员以身作则，带头响应市委、市政府的号召，在整治行动中，践行党员的先锋模范作用；村委会工作人员上门发放宣传手册及摸排车库使用情况时，要求村干部条线"两两搭配"，楼幢区域包干，责任落实到人。

2019年年底，共青新村171间出租车库中，自行搬离140间，搬离率为82%；57间经营开店的，自行搬离48间，搬离率为84%。执法部门对未自行整改的车库开展联合整治行动，拆除店面招牌20余个，移走钢瓶6只、柜子6顶、电风扇4个、烧饭锅具5套；对遗留违规问题，按照"巩固、规范、提升、长效"八字总体思路，继续发挥好村干部条线楼幢区域包干管理作用，逐个击破，不留死角；以综治网格为基本单元，开展隐患"清零整治"工作，达到长效治理的目的，从而优化小区的人居环境。同时，继续加强消防安全宣传工作，定期开展消防安全培训演练、消防安全知识讲座等活动，全面提升小区内居民的消防安全意识。共青村的网格员与城西派出所建立双网联动处置机制，配合外来人口信息采集及夜查工作，开展车库住人不间断"回头看"工作，防止"回潮"现象的发生，努力为居民创造一个和谐稳定的生活环境。督促物业工作人员、党员志愿者、村民小组长提高小区内的巡查频率，多观察、多交流，发现苗头性问题及时纠正。村委会便民服务大厅设有举报窗口，小区宣传栏内设有举报箱，鼓励群众发现苗头及时举报。村委会还实行激励机制，鼓励村民将车库回归于停车使用，减轻路面停车的压力。

附：
"331"长效管理制度

1. 将管辖范围内的小区以楼号为单位进行区域划分，村"两委"及全体工作人员进行责任认领，落实到个人。对认领的楼号范围内的出租房、车库、电瓶车的使用情况定期进行巡查，对出租房、车库发现到的违规现象，及时告知业主限期整改，对逾期拒不整改者将联合执法，予以查处取缔。

2. 与城西派出所建立联动处置机制，配合外来人口信息采集、夜查工作，开展出租房、车库住人不间断"回头看"工作，防止"回潮"现象的发生，进一步消除群租房、车库住人等安全隐患，努力为居民创造一个和谐稳定的生活环境。

3. 督促物业工作人员、网格人员、党员志愿者、村民小组长提高小区内的巡查频率，多观察、多交流，将存在违规使用现象立即报送于村委会。

4. 村委会便民服务大厅设有举报窗口，鼓励群众举报出租屋、车库的违规使用现象。

5. 加强消防安全的宣传工作，定期开展消防安全培训演练、消防安全知识讲座等活动，全面提升小区内居民的消防安全意识；树立"蝇头小利丢一边，生命安全放首位"的思想观念，从源头控制车库租住现象的发生。

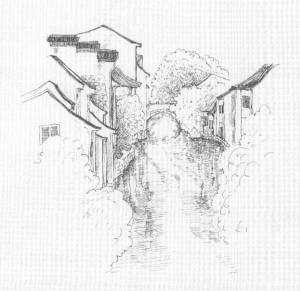

第三章 村域经济

　　共青村在历史上曾是一个农业经济结构单一的村,中华人民共和国成立前,村域经济主要为粮油经济,种植水稻、"三麦"和油菜。中华人民共和国成立后,村域经济收入逐年增加。1962年,共青、蔡家大队实行以队为基础的核算管理体制,村域经济有所发展。1978年后,国家改革经济体制,农村经济全面复苏。1983年,村域内推行家庭联产承包责任制。1988年、1993年,共青村先后两次对承包土地做调整,积极推进农业规模经营,村民利用空闲时间,进行集体及家庭副业生产,掀起开办队办企业的高潮。至1990年年底,村域共开办企业13家。进入21世纪,共青村耕地陆续被征用,村域内大力发展第三产业,每户人家都有物业收入、政策性福利收入。2019年年底,共青村年到账可支配收入1 212万元,村级总资产8 848万元,固定资产3 979万元。

第一节 农业经济

一、小农经济

中华人民共和国成立前,共青村域农户自耕自种自收,夏、秋后将多余的粮食拿到集市售卖,以换取生活用品和生产资料,用于维持一家的生计,这种经济形式俗称"小农经济"。小农经济年代,以户为核算单位,一般多种多收,若遇到自然灾害,粮食则几乎颗粒无收,农户难以维持生计。劳动力富裕的家庭则会在农闲时,就近做点小生意。

二、社队经济

1958年,村域内走上人民公社道路;至1983年,国家实行计划经济,以各生产小队为核算单位,上缴税收、扣除开支、提取积累等,其余资金分配给社员;社员以全年实际所得工分计算,多劳多得,若遇上丰收年,集体和个人的收入就会相应提高。那时,共青村域内农户主要靠种好田,以多产粮,鲜有搞家庭副业的。

三、村组经济

1983年,农村实行经济体制改革。共青村域全面推行家庭联产承包责任制,所在村民小组将所有集体耕地分到每家每户,并与各农户签订上缴国家农业税和村集体"两金一费"(公积金、公益金、管理费)的协议。实行家庭联产承包责任制后,各户完成国家征购任务后,留足口粮,多余部分议价卖给国家。村民剩余的劳动力则进厂打工、经商,经济收入逐步提高。

四、粮油产量

共青村域内农业生产历史悠久。中华人民共和国成立后，农户从单干到成立互助组、初级社、高级社、人民公社，直到20世纪60年代，村域水稻亩产停留在600斤左右，"三麦"亩产350斤，油菜亩产停留在200斤左右。20世纪70年代后，村域开展"农业学大寨"运动，水稻学龙桥，"三麦"学塘桥，建设丰产方，推广"四新"技术，水稻亩产超千斤，"三麦"亩产600斤（个别生产小队超800斤），油菜亩产达300斤以上，高产时达到450斤，其中，共青大队有5个生产队全年稻麦亩产量超吨粮。域内农户勤恳耕作，科学种田，积极提高农业生产水平，从一个低产农业大队逐步变成稳产高产的粮油种植样板大队。20世纪80年代后，家庭联产承包责任制得以推行，大农户规模经营，直至2001年土地消失。

表3-1为1969—1981年蔡家大队粮油产量一览表。表3-2为1982年共青、蔡家（白塔）两大队粮食产量一览表。表3-3为1983年共青村（大队）联产到户上交国家粮食明细表。表3-4为1983年白塔村（大队）联产到户上交国家粮食明细表。

表3-1　1969—1981年蔡家大队粮油产量一览表

年份	水稻			"三麦"			油菜		
	面积/亩	亩产/公斤	总产/公斤	面积/亩	亩产/公斤	总产/公斤	面积/亩	亩产/公斤	总产/公斤
1969	1 511	343	518 273	723	110	79 530	181	69	12 489
1970	1 503	382	574 146	745	107	79 715	180	95	17 100
1971	1 487	432	642 384	718	143	102 674	175	118	20 650
1972	1 481	427	632 387	728	158	115 024	215	113	24 295
1973	1 481	546	808 626	760	108	82 080	213	82	17 466
1974	1 468	467	685 556	745	205	152 725	207	98	20 286
1975	1 468	419	615 092	741	133	98 553	209	71	14 839
1976	1 468	514	754 552	740	177	130 980	195	66	12 870
1977	1 468	400	587 200	740	77	56 980	208	36	7 488

续表

年份	水稻			"三麦"			油菜		
	面积/亩	亩产/公斤	总产/公斤	面积/亩	亩产/公斤	总产/公斤	面积/亩	亩产/公斤	总产/公斤
1978	1 469	496	728 624	740	231	170 940	208	137	28 496
1979	1 469	510	749 190	740	300	222 000	209	136	28 424
1980	1 469	525	771 225	740	298	220 520	209	114	23 826
1981	1 469	366	537 654	740	211	156 140	209	173	36 157

表3-2　1982年共青、蔡家（白塔）两大队粮食产量一览表

大队名称	水稻			"三麦"			油菜		
	面积/亩	亩产/公斤	总产/公斤	面积/亩	亩产/公斤	总产/公斤	面积/亩	亩产/公斤	总产/公斤
共青大队	1 636	420	687 120	943	320	301 760	369	129	47 601
蔡家（白塔）大队	1 469	414	608 166	762	279	212 598	411	127	52 197

表3-3　1983年共青村（大队）联产到户上交国家粮食明细表

组（队）别	户数/户	在队实际劳动力/人	水稻面积/亩	上交国家总产量/斤	每个劳力约贡献/斤	每亩田约贡献/斤
1	18	40	161	117 840	2 946	732
2	21	39	135	113 412	2 908	840
3	21	41	195	148 994	3 634	764
4	19	38	193	147 326	3 877	763
5	28	37	177	169 608	4 584	958
6	18	34	128	99 178	2 917	775
7	34	50	222	165 350	3 307	745
8	24	49	159	117 453	2 397	739
9	18	37	137	108 632	2 936	793
10	19	35	130	99 015	2 829	762
合计	220	400	1 637	1 286 808	3 217	786

表3-4　1983年白塔村（大队）联产到户上交国家粮食明细表

组（队）别	户数/户	在队实际劳动力/人	水稻面积/亩	上交国家总产量/斤	每个劳力约贡献/斤	每亩田约贡献/斤
1	24	49	188	114 023	2 327	607
2	29	48	226	141 936	2 957	628
3	25	37	170	100 122	2 706	589
4	17	29	121	71 427	2 463	590
5	25	37	186	113 294	3 062	609
6	32	45	216	131 490	2 922	609
7	32	53	218	126 458	2 386	580
8	20	35	143	84 910	2 426	594
合计	204	333	1 468	883 660	2 654	4 806

五、收入与纳税

1969—1982年，共青、蔡家（白塔）两大队，随着粮油产量的增长，农业税收入和上缴国家农业税收也进一步增长。

表3-5为1969—1981年蔡家大队农业总收入和上缴农业税一览表。表3-6为1982年共青、蔡家（白塔）两大队稻麦油菜总收入表。

表3-5　1969—1981年蔡家大队农业总收入和上缴农业税一览表

年份	稻麦油菜全年总收入/万元	上缴农业税/万元
1969	17.86	1.14
1970	19.20	1.12
1971	21.50	1.11
1972	22.21	1.09
1973	25.60	1.10
1974	25.00	1.10

续表

年份	稻麦油菜全年总收入/万元	上缴农业税/万元
1975	22.24	1.09
1976	26.39	1.07
1977	20.26	1.06
1978	28.94	1.08
1979	34.83	1.26
1980	39.16	1.28
1981	33.42	1.27

表3-6　1982年共青、蔡家（白塔）两大队稻麦油菜总收入表

大队	稻麦油菜全年总收入/万元	上缴农业税/万元
共青大队	48.10	1.43
蔡家（白塔）大队	36.23	1.29

六、合作社经济

2014年，共青村为适应市场经济发展需要，深化改革，明确共青村村级集体组织财产的村属，充分发挥集体经济组织和社员两方面的积极性，巩固壮大集体经济，经昆山市农业农村局批准，成立玉山镇共青村股份经济合作社。理事长兼法人代表先后有李轶群、杨学明，理事为承云龙、闵雯娟、谭凤英、张忠。参股户数592户，参股人数2050人左右。

2018年，共青村股份经济合作社总体收入570万元，支出418万元，固定资产3080万元，总资产4763万元。2019年，共青村股份经济合作社总体收入556万元，支出527万元，经营性资产2922万元，总资产4670万元。

表3-7为2014—2019年共青村股份经济合作社股民分红表。

表 3-7　2014—2019 年共青村股份经济合作社股民分红表

年份	参股人数/人	每股分红/元	小计/万元
2014	2 048	300	61.44
2015	2 057	350	72.00
2016	2 058	450	92.61
2017	2 059	500	120.95
2018	2 058	550	113.19
2019	2 058	600	123.48
合计	—	—	583.67

七、政策性补偿

2001—2005 年，共青村被国家及相关部门共征用土地 3 241.4 亩，每年获得政府土地补偿金额 175.802 万元，全村 1 707 人获得补偿，其中，1998 年 7 月 31 日前获得土地确权证的村民，在 2001 年时，按 3、6、9 标准补偿。2004 年起，政府提高补偿标准，按 4、8、12 标准补偿，每年结算分上、下半年两次发放。对于 1998 年 7 月 31 日没有土地确权的村民，不享受责任田补偿。其中，2001—2003 年每年补偿款发放标准相同，2004—2015 年每年补偿款发放标准相同，到 2015 年土地补偿款全部发放完成。

2004 年，共青村土地补偿具体见表 3-8。

表 3-8　2004 年共青村土地补偿一览表

组别	征用土地/亩	人数/人	"三田"补偿款/元（按 4、8、12 标准结算）	上半年付/元	下半年付/元
1	163.50	90	97 968	49 785	48 183
2	137.00	78	80 247	40 404	39 843
3	199.00	96	103 014	51 507	51 507
4	195.00	105	108 936	54 468	54 468
5	180.00	80	80 403	40 482	39 921

续表

组别	征用土地/亩	人数/人	"三田"补偿款/元（按4、8、12标准结算）	上半年付/元	下半年付/元
6	129.50	92	92 784	46 392	46 392
7	225.00	110	113 179	56 870	56 309
8	162.00	73	71 466	35 733	35 733
9	139.00	78	80 810	40 405	40 405
10	132.00	76	79 608	40 365	39 243
11	203.18	113	117 508	58 754	58 754
12	241.92	122	126 600	63 300	63 300
13	185.42	114	116 702	58 351	58 351
14	129.28	55	59 180	29 590	29 590
15	200.22	107	107 282	53 641	53 641
16	231.88	119	123 196	61 598	61 598
17	234.04	110	113 217	56 889	56 328
18	153.06	89	85 924	42 962	42 962
合计	3 241.00	1 707	1 758 024	881 496	876 528

第二节 副业经济

一、集体副业

（一）蔬菜种植

1978年之前，共青、蔡家两大队的各生产小队利用旱地，种植南瓜、山芋、胡萝卜、豆荚等，为生产队养猪提供饲料。

（二）花卉苗木种植

1999—2006 年，村民蒋正权承包集体大田 32 亩，种植花卉苗木；姜鸣承包集体大田 53 亩，种植花卉苗木，扣除上交的集体承包金后，个人收入丰厚。

（三）果树种植

1975 年起，域内村民开始种植梨、桃、葡萄等果树。蔡家大队董正华等 60 户农户，种植果树面积约 25 亩，其中，梨树 15 亩，桃树 5 亩，葡萄树 5 亩左右，亩均收入约 500 元，至 1982 年不再种植。

（四）菌菇种植

1972 年开始，村域部分生产队为增加集体经济收入，安排劳力搭建菌菇房，培育、种植菌菇。域内共建菌菇房 40 000 平方米，种植菌菇 35 000 平方米，收入达 3 万元。至 1976 年，公社多种经营服务公司不收购菌菇后，停止种植。

（五）瓜类种植

20 世纪 60 年代末，村域各生产队在不影响粮油生产的前提下，在茬口安排种植西瓜。每个生产队一般用 3—4 亩水稻田种植西瓜，一是出售创收，二是分给社员食用，每亩纯利润 500 元左右。还有的生产队用一两块水稻田种植南瓜，作为集体猪饲料。

（六）"三水一绿"放养

20 世纪 70 年代，村域利用水面广的优势，在广积自然肥料的同时，大搞"三水一绿"放养。水花生、水浮莲、水葫芦与野草一样，可以在泥塘拌入翻潭，是农作物的优质有机肥。生产队养猪，水花生和水葫芦是好饲料。通过与精饲料搭配发酵，猪吃后易长膘，出圈率高，猪窠多，而猪窠又是农作物的优质有机肥。绿萍直接放养到稻田里，通过搁田后绿萍腐烂，可保持土壤滋润、激活地力、增加肥力，有利于水稻生产，增加粮食产量。

（七）禽畜饲养

村域内饲养禽畜的种类有牛、猪、兔、鸡、鸭、鹅等。

牛 亦称"耕牛"，是农家传统饲养的大型牲口。共青村域以饲养水牛为主。常言道：牛是农家宝，种田少不了。20 世纪 60 年代，域内有耕牛 45 头。70 年代后，农田翻耕用上拖拉机，耕牛逐渐减少。1985 年后，村域内耕牛消失。

猪 20世纪50年代末，村域发展集体养猪，各生产队办起养猪场，有几个生产队养猪百头以上，称"百头养猪场"。1973—1979年，村域内存栏猪10 500头，总收入达到52万元。2005年后，农户不再养猪。

鹅 20世纪60年代，共青大队利用集体旱地，搭建鸡栅8间400多平方米，推选有养鸡技术的社员，帮带弱一点村民，组织起来养鸡，5年共出售肉鸡38 000只。此举既解决了村域内弱劳力生活自给困难的问题，又壮大了集体经济。1995年，白塔村11小组挑选养鹅能手，养鹅300只，到1998年，养鹅1 000多只，4年出售成品鹅4 800只。进入21世纪，集体饲养家禽已不存在。

（八）水产养殖

鱼 20世纪80年代，共青、蔡家两大队共有的470亩集体河塘用于养鱼。鱼的品种有草鱼、花鲢、白鲢、鳊鱼、青鱼等。春季放养鱼苗，冬季年终捕捞，结合干河积肥，捕捞的鱼大多出售，用来增加集体经济收入，同时一部分鱼被分给社员改善生活。1975年开始，为提高鱼类养殖的经济效益，两个大队将215亩精养塘承包给有养鱼经验的社员养殖，签订承包合同，明确上交承包费。2005年，共青村土地全部被政府征用，鱼塘消失，村民不再养鱼。

河蚌 1975年，共青大队为发展多种经营，抽调几名吃苦耐劳、一心为公的青年到吴县学习鱼蚌混养经验和蚌珠接种技术，进行鱼蚌混合养殖。经过努力，村域内鱼儿肥壮，蚌珠丰收，鱼蚌混养成功。1976年，蚌珠开产量达到80多斤，出售后净收入30多万元，其中，一部分资金参加分配，增加社员收入；另一部分资金留作生产，壮大集体经济。蔡家大队与白渔潭大队合伙混养鱼蚌，接种蚌12 000只，获得较好收成。1983年后，农村分田到户，村域内不再养殖蚌珠。

蟹 1999—2001年期间，白塔村18组村民王炳根及8户异村农户，与白塔村村委会签订承包合同，承包蟹塘养蟹，开蟹塘367亩，其中，王炳根每年每亩蟹塘上交集体350元承包费。2002年后，白塔村土地被政府征用，村民不再养蟹。

表3-9为1995—1999年白塔村水产养殖业大户一览表。

表 3-9　1995—1999 年白塔村水产养殖业大户一览表

姓名	面积/亩	土地所属组别	姓名	面积/亩	土地所属组别
潘菊林	54	11 组	蔡荣根	46	12 组
周效良	42	11 组	郑金和	38	16 组
蔡三五	44	12 组	尤培宽	30	16 组
蔡良根	34	12 组	王炳根	12	18 组
孙小腊	67	12 组	合计	367	—

二、家庭副业

共青村域内农户的家庭副业主要是种蔬菜，养猪、羊、兔、鸡、鸭、鹅、蜂、鹌鹑、地壁虫（土鳖虫）等。

村域内农户长期以来种植水稻、"三麦"、油菜作物，在各生产队的旱地、社员自留地、宅基地四周的空地种植蔬菜、水果和林木。

社员自留地和农户屋前屋后主要种植蔬菜，蔬菜以自食为主，多余销售。其品种可分绿叶类、根茎类、瓜果类、茄豆类。绿叶类蔬菜有青菜、大白菜、菠菜、韭菜、荠菜、金花菜、雪里蕻、生菜、大蒜等；根茎类有山芋、马铃薯、萝卜、莴苣、茭白、菱等；瓜果类有西瓜、黄瓜、南瓜、丝瓜、冬瓜、葫芦、田鸡瓜、香瓜等；茄豆类有茄子、四季豆、蚕豆、豌豆、扁豆、辣椒、黄豆、绿豆、红豆、黑豆等。

养猪是农户家庭副业中的支柱。1950 年后，农村在贯彻"公养与私养并举"的方针后，养猪副业得到发展。当时村民有这样的观念：养猪虽然不太赚钱，但猪窠肥料多了，粮食自然能增产。肉猪出售还能增加家庭经济收入，养猪成为家庭生活开支的主要来源。也有社员养母猪培育仔猪，出售苗猪，收入要比肉猪出售更高一点。也有部分农户养羊、兔，鸡、鸭、鹅则是每户农户都饲养的家禽，多的养几十只，少的也有十多只。除自食外，多余出售。养蜂、养鹌鹑、养地壁虫的村民，两个村加起来也有十多户人家。村域属田多、劳动力少的纯农业地区，农业生产任务重，家庭副业难以发展。2005 年，因集中居住小区，村民不再有家庭副业。

第三节　工商经济

一、队办企业

（一）发展概况

1963—1974年，共青、蔡家两大队先后开办粮食饲料加工厂，以集体经营的形式，为村民加工口粮、粉碎饲料。1966年，蔡家大队在第1生产小队开办蔡家砖瓦厂，职工人数16人，方便社员购买建房所需的建筑材料，年利润达3 000元。1979年，蔡家大队投资近30万元，在蒋家台开办丝织厂，全厂职工人数最多时达110人，年平均获利近10万元，最多年累计获利18万元。20世纪80年代初，村域内大力发展社队办企业。共青村先后开办中联造纸机械厂（前身是城南镀铜厂）、昆山沪昆造纸机械厂、瑞升电机工业（昆山）有限公司、亚华印刷机械有限公司、潇麟金属制品有限公司。白塔村先后办起锯板厂、昆山县气枪铝弹厂、白塔铸件厂、玉山纺织纸管厂、永强彩钢厂。

20世纪80年代末，村（队）办企业呈现发展态势。村（队）办企业前后经过了"一包三改"（"一包"即实行厂长为主的经营承包制，"三改"即改干部任免制为选聘制、改工人录用制为合同制、改固定工资制为浮动工资制）和"五定一奖"（定产值、定利润、定销售、定上交、定费用，完成"五定"给奖励）的改革。其间，城内企业均为集体性质。1993年，企业开始体制改革并转制，先是租赁、半租半卖，后拍卖。2001年，村域内的村办企业全部转为民营企业。2019年年底，村域内的私营企业有21家。

（二）队办企业选介

城南镀铜厂　始建于1980年10月，位于共青大队知青点，厂房面积400平方米，负责人为孙春山，职工有7人，是一家队办企业，主要为上海第一造纸机械厂配套生产造纸机镀铜棍。1996年，城南镀铜厂更名为昆山中联造纸机械厂，厂更名后增添机械设备，聘请上海的技术师傅，生产规模扩大，社会经济效益进一步提高。1999年，企业转制为民营企业，法人代表孙春山。

白塔丝织厂 前身是蔡家丝织厂，始建于1980年7月，位于蔡家大队第2生产小队，是一家队办企业，第一任厂长为董正华。1982年，蔡家大队更名为白塔大队，厂更名为白塔丝织厂，设备有K611丝织机8台，K252P电子织机10台，主要生产民用化纤布。1986年，全厂占地面积3 000平方米，办公楼400平方米，职工人数108人，年付工资总额18万元，年产值500万元，年利润18万元，年上交国家税收2万元。1994年12月，因市场原因，白塔丝织厂关闭停产。

表3-10为1984—2019年共青村域内队办企业一览表。

表3-10　1984—2019年共青村域内队办企业一览表

企业名称	所在位置	开办年份	停办年份	企业面积/平方米	负责人	投资金额/万元	经营项目	职工人数/人
共青大队粮食饲料加工厂	共青3队	1963年	2005年	400	王德洪	0.50	粮食饲料加工	3
蔡家砖瓦厂	蔡家1队	1966年	1993年	1 000	蔡野男	0.85	砖瓦生产	16
蔡家大队粮食饲料加工厂	蔡家2队	1974年	2001年	160	施仁德	1.20	粮食饲料加工	3
蔡家锯板厂	蒋家2队	1976年	1993年	150	承锦湘	2.80	木材加工	3
蔡家丝织厂	蒋家2队	1980年	1994年	2 000	董正华	30.00	布料生产	108
城南镀铜厂	共青大队知青点	1980年	1996年	800	孙春山	5.00	造纸机械生产	7

二、民营企业

(一) 发展概况

20世纪八九十年代,共青村域内先后开办造纸机械、电机工业、印刷机械、金属制品等村办企业。白塔村域内先后办起锯板厂、气枪铝弹厂、铸件厂、纺织纸管厂、彩钢厂等20多家民营企业,其中,一醉集团有限公司、昆山中联造纸机械厂在昆山市有一定的影响力。

(二) 民营企业选介

一醉集团有限公司　始建于1994年9月,位于昆山市前进西路1277号。董事长张伯生(任职至2019年年底),集团是一个集餐饮、住宿、会展、娱乐、房产于一体的企业,下设皇冠国际会展酒店(昆山前进西路1277号)、一醉皇冠酒店(五星级酒店)(昆山前进中路216号)、一醉酒店有限公司(昆山亭林路33号)、一醉宾馆有限公司(昆山长江中路450号)、伟地置业公司(昆山前进中路216号)。总营业面积18万平方米,有员工1 100余人。

昆山皇冠国际会展酒店(2019年,罗英摄)

皇冠国际会展酒店是一座综合性建筑群，酒店拥有 3 600 平方米可容纳 3 000 人的会展中心、客房 700 间、可满足 20—500 人会议需求的大小会议室和高档宴会厅 40 间、风格迥异的豪华中餐包厢 80 间，还有 110 间顶级豪华 KTV、大型健身中心、室内游泳池、网球中心、酒吧、SPA 中心等配套娱乐设施。

一醉皇冠酒店坐落于昆山繁华的城中金融区，酒店高 12 层，总面积 26 800 平方米。酒店拥有 160 个餐位的西餐厅，提供以意式和韩式为主的自助餐；各类高档豪华 KTV 包厢 40 间，配置顶级音响及灯光，最大包厢可同时容纳 30 人；还有 42 间风格迥异的豪华餐饮包厢和 258 间（套）充满现代化气息的客房。

该集团一贯坚持"高雅品位、卓越超群"的企业理念，以及"酒醉、人醉、心更醉；专心、用心、聚众心"的企业文化，在 20 多年的探索和创造的过程中，逐步形成了核心价值理念——客户满意，相互尊重，追求成功，不断创新。公司先后获得"全国绿色餐饮企业""2006—2008 江苏省餐饮名店""2006 年度苏州市诚信单位""苏州市企业知名字号""2007—2008 苏州餐饮业著名品牌"等荣誉。

董事长张伯生因其卓越的经营和管理能力，被推选为省、市各类商会的会长、副会长。在经济效益和社会效益不断提升的同时，张伯生始终不忘承载的社会责任，热心公益和慈善事业。2000—2019 年，向社会各界共计捐款 470.61 万元（其中不包括个人捐款）。2003—2019 年，组织员工无偿献血 608 次，其中，2010 年 7 月，一次组织 125 人参加，无偿献血达 25 100 毫升，因而被业界引为佳话，被誉为昆山餐饮业、酒店业的领头羊。

一醉集团董事长张伯生（2019 年，罗英摄）

昆山星科纸质品有限公司 前身为昆山市玉山纺织纸管厂，创办于 1995 年 5 月，法人代表邱雪亮。原址位于白塔村 1 组，总建筑面积 600 平方米，其中租赁白塔村房屋 100 平方米，投资 26 万元，交年租金 3 888 元，有职工 16 人，产值300万元，利润15万元，主要产品为纸管和纸三角。1997年10月，租借白塔丝织厂原厂房，年净利润30万元，有职工25人。2002年，因昆山市政工程建设需要，搬迁到共青村，租赁共青村标准厂房624平方米、辅房300平方米，自建厂房600平方米，投入资金120万元进行厂内设备更新升级，年产值850万元，年利润80万元，有职工40人。2006年8月，搬迁至巴城红杨路，投资1800万元，自建厂房，更新设备，总建筑面积9800平方米，年产值5000万元，年利润280万元，有职工80人。邱雪亮在富起来的同时，曾出资帮助白塔创建省级卫生村，多次帮助村里经济困难的村民，连续十年出资邀请地方戏班子为共青村村民表演文艺节目。

昆山星科纸质品有限公司（2019年，罗英摄）

江苏华东造纸机械有限公司　原名昆山中联造纸机械厂，其前身为城南镀铜厂，开办于1984年。1999年转制后为民营企业，更名为江苏华东造纸机械有限公司。1999年，企业被评为"江苏省高新技术企业"。2000年，企业生产的"3200型"超成型半皮箱造纸机，被评为"江苏省高新技术产品""国家管理新产品计划"。2011年，企业规模扩大，投资3800万元，建设面积2800平方米标准厂房，职工人数上升到326人。主要产品有设计、制造幅宽在400毫米、车速在500毫米/分以下的各种型号规格的文化纸机、板纸机、高速卫生附纸机及配套的压光机、卷纸机等，全年销售收入5770万元，利润768万元。

1993年，该企业投资50万元建造活鲜多综合大楼，分三层，共28间918平方米，主要用于公司业务洽谈，招待业务人员，同时对外开放，是一幢集餐饮住宿娱乐办公为一体的大楼。大楼由昆山中联造纸机械厂直接管理，分包给部分人员负责各部门的经营。

2004年，因昆山市政工程建设需要，江苏华东造纸机械有限公司投资5亿元，迁移至昆山高新区大众村建厂。2007年，其名下的活鲜多综合大楼也因市政工程建设需要而拆除，停止营业。

江苏华东造纸机械有限公司（2019年，罗英摄）

昆山彩之源新材料有限公司　前身为昆山彩虹染料有限公司，始建于1995年，法人代表承忠。公司总部位于昆山市玉山镇南淞路303号，占地2万平方米，有职工50人。下设外贸部、内贸部、生产基地，在广东设立销售公司，并在国内多个城市设立经销点。

公司是国内专业的溶剂染料制造商。2019年，已形成溶剂涂料、有机颜料、无机颜料、塑料着色用助剂等上百个产品的销售，产品远销中国香港和台湾、东南亚及欧美等地区。2019年，实现销售收入8000多万元，上缴税收300多万元。

昆山彩之源新材料有限公司（2019年，罗英摄）

正艺照相馆 位于昆山市前进西路357号，营业面积95平方米，有职工4人，经营照相业务。2019年营业额40万元左右，上缴税收2万元左右。

该馆前身是地处正仪镇上塘街79号的羊城照相馆。法人为共青村12组（原白塔村2组）的陈国强，于1989年初中毕业后，进入位于昆山人民路的长城照相馆拜师学艺。1992年9月，因昆山市人民路改造，长城照相馆关闭。陈国强自主创业，是年，在正仪镇开办羊城照相馆，营业面积30平方米，有职工2人，全年营业额10万元左右，上缴税收约6 000元。陈国强既是照相馆法人代表，又是照相馆工作人员，负责摄影和冲洗业务。为扩大业务，2002年，陈国强在前进西路357号开设正艺照相馆，2019年，羊城照相馆全部经营转至正艺照相馆。

1992年，陈国强开办羊城照相馆以来，始终秉承诚实守信、服务至上的理念，凭着高超的摄影技术，业务范围几乎覆盖昆山市的所有学校、机关、事业单位，30年来，已从单一的照相发展到可以拍摄千人以上的大合影。

表 3-11　1984—2019 年共青村民营企业一览表

企业名称	所在位置	开办时间	停办时间	企业面积/平方米	负责人	止于2019年投资金额/万元	经营项目	职工人数/人	备注
江苏华东造纸机械有限公司	高新区大众村	1984年	—	103 000	孙春山	50 000	造纸机械	320	2019年迁至东台开发区
昆山县气枪铅弹厂	蔡家大队第6生产小队	1984年	1990年	92	林引喜	6	气枪子弹	6	—
正艺照相馆	昆山市前进西路357号	2002年8月	—	95	陈国强	200	摄影	4	—
白塔铸件厂	蔡家大队第4生产小队	1989年	2006年	800	胡德友	25	铸件	25	2006年迁至中华园西路
昆山沪昆造纸机械厂	共青大队第9生产小队	1989年	2006年	500	孙银锁	25	造纸机械	25	—
昆山市信靖水电暖安装工程有限公司	紫竹路1289号	1990年5月	—	8 200	季水良	3 200	水电安装	70	—
昆山市有色金属铸造厂	正仪工业区明珠路29号	1990年11月	—	3 500	伍吉发	3 000	铸件	42	—
亚华印刷机械有限公司	共青大队第2生产小队	1992年	2007年	800	康造泉	798	印刷机械	110	2007年迁至花桥开发区
瑞升电机工业(昆山)有限公司	共青大队第2生产小队	1993年	2007年	3 600	林端彬	420	电机	60	2007年迁至台虹路

续表

企业名称	所在位置	开办时间	停办时间	企业面积/平方米	负责人	止于2019年投资金额/万元	经营项目	职工人数/人	备注
一醉集团	前进西路	1994年	—	1 800 000	张伯生	36 000	餐饮服务	1 100	—
昆山彩之源新材料有限公司	南淞路303号	1995年	—	20 000	承 忠	4 000	溶剂染料	50	—
昆山星科纸质品有限公司	白塔大队第1生产小队	1995年	2007年	600	邱雪亮	26	纺织纸管	16	2007年迁至巴城红杨路
永强彩钢厂	白塔大队第8生产小队	1998年	2001年	1170	伍吉旺	400	彩钢板	20	—
昆山市裕华绣品有限公司	水秀路1911号	1996年8月	—	28 000	徐友兴	12 000	纺织用品	135	—
昆山中联造纸机械厂	共青大队知青点	1980年	—	500	孙春山	5	造纸机械	15	2004年转制并移至古城南路
昆山市玉塔机械模具厂	共青新村B区	2000年3月	2006年	350	董正堂	—	机械模具	32	—
昆山市共青园林绿化有限公司	共青村	2000年3月	—	120	王三宝	50	绿化工程	10	—
昆山市大得隆机械有限公司	正仪民主路	2000年3月	—	1200	王龙根	3 000	造纸机械	28	—
昆山市翔达轻工机械铸造有限公司	玉山镇古城中路378号	2000年3月	—	23 000	芦根林	3 500	铸造件	35	—

共青村志

续表

企业名称	所在位置	开办时间	停办时间	企业面积/平方米	负责人	止于2019年投资金额/万元	经营项目	职工人数/人	备注
苏州市鹿峰建设工程有限公司	开发区弘基财富广场	2003年3月	—	300	周雨林	2 180	市政工程	68	—
苏州工业园区大得隆机械有限公司	苏州工业园区界浦路	2005年3月	—	20 000	姚雪弟	3 000	机械制造	60	—
苏州发佳绿化园林市政工程有限公司	昆山市鹿城路	2005年5月	—	26	艾国华	—	市政工程	58	—
昆山市中联胜源机械有限公司	高新区华淞路58号	2006年4月	—	2 500	姚良生	600	机械制造	25	—
昆山市万利机械有限公司	北门路/成功路188号	2009年9月	—	13 000	谈荣兴	2 600	机械制造	78	—
昆山市华怡佳设备制造有限公司	中华园西路	2010年3月	—	1 300	周建华	500	机械设备制造	15	—
昆山市城南木器软垫厂	中华园西路1875号	2010年6月	—	48 000	虞阿二	6 000	办公用品家具	46	—
昆山市中南机电有限公司	高新区晨淞路636号	2013年3月	—	5 000	陈志高	500	机械制造	70	—
昆山市鲜果乐园	玉山镇越河北路488号	2017年3月	—	300	王根华	28	水果经营销售	8	—

续表

企业名称	所在位置	开办时间	停办时间	企业面积/平方米	负责人	止于2019年投资金额/万元	经营项目	职工人数/人	备注
昆山市龙飞霞机械有限公司	高新区燕桥浜长阳路9号	2017年10月	—	1 600	郑其龙	400	机械设备	18	
昆山市禹通非开挖市政工程有限公司	共青新村B区	2018年12月	—	26	刘古明	210	市政工程	38	—
昆山市中联机电材料有限公司	张浦镇岳浦路123号	2019年10月	—	3 500	唐水林	600	造纸机械	50	—

三、物业租赁

2001年,共青村、白塔村合并组建新的共青村,并村后,村委会积极发展村域企业,大力扶持私营企业,并根据所处的地理位置,建打工楼,建标准厂房和店面房,租赁创收。至2019年年底,村集体资产8 848万元,净资产8 608万元,其中,固定资产3 979万元,经营性资产2 922万元,年到账可支配收入1 212万元。

(一) 集体房屋出租

2002—2012年,共青村共投资2 864万元,建造标准厂房16 185平方米、打工楼12 000平方米、店面房5套579平方米,租赁创收。

2001年、2005年、2010年、2019年共青村房屋出租收益情况具体见表3-12。

表3-12　2001—2019年共青村房屋出租收益选年表

年份	房屋名称	面积/平方米	租金收入/万元	年份	房屋名称	面积/平方米	租金收入/万元
2001	标准厂房	630	3.18	2010	标准厂房	13 129	275.88
2001	打工楼	—	—	2010	打工楼	6 534	74.16
2001	店面房	1 250	5.15	2010	店面房	790	18.17
2005	标准厂房	7 878	82.38	2019	标准厂房	12 891	428.48
2005	打工楼	12 000	50.00	2019	打工楼	4 373	81.36
2005	店面房	240	1.82	2019	店面房	—	—

(二) 土地出租

2001—2008年,共青村先后出租土地356.9亩,分别租赁给瑞升电机工业(昆山)有限公司、亚华印刷机械有限公司、花木种植大户蒋正权、姜鸣,其中,2001年出租土地109亩,收益55.52万元;2005年出租土地135亩,收益19.02万元;2008年出租土地112.9亩,收益15.24万元。

（三）长期投资

2001—2019 年，共青村利用土地置换补贴和政府财政补贴共 4 646.84 万元，投资亚华印刷机械有限公司，收益达 1 682.18 万元。

2001 年、2005 年、2010 年、2015 年、2019 年共青村投资收益情况，具体见表 3-13。

表 3-13　2001—2019 年共青村投资收益选年表

单位：万元

年份	投资单位	投资金额	收益	年份	投资单位	投资金额	收益
2001	亚华印刷机械有限公司	271	38.00	2015	政府邻里中心	1 500	214.6
					政府强村公司	—	9.6
2005	亚华印刷机械有限公司	271	38.00		财政补助收入	—	422.8
2010	亚华印刷机械有限公司	—	249.20	2019	政府邻里中心	1 500	276.99
					政府强村公司	1 104.84	44.16
					财政补助收入	—	388.83

第四章 农 业

　　共青村域内地势低洼。中华人民共和国成立前,十年九涝,农业生产落后。中华人民共和国成立后,村域内农业生产走上农业合作化、人民公社化道路,依靠集体力量进行水利建设、农田改造,改变随心种植的做法,推广科学合理的种植技术;从精选种子着手,改进育秧方法;从水稻移栽之后的水浆管理、防病治虫、适时施肥等方面下功夫,并取得了成功的经验;在种植"三麦"、油菜方面,改变传统种植方法,学习塘桥等外地经验,不断创新、完善种植方法,为夺取"三麦"、油菜丰收奠定坚实基础。20世纪60—70年代,共青人民艰苦奋斗,大力推广"四新"农技,粮油亩产达到或超过1 000斤,万亩丰产方成为苏州地区的高产典范,成为全县农业战线上的一面旗帜,受到江苏省委、省政府的表彰。1989年,建立的玉山镇共青种子丰产方,更成为共青人民的骄傲。1998年10月5日,中共中央总书记江泽民亲临丰产方现场视察,并亲笔题词:"昆山共青丰产方。"

第一节　生产关系变革

一、土地改革

1951年,村域内实行土地改革,没收村域内地主、富农土地175亩及房屋农具等。通过土地改革,村域内的315户620人,人均分得土地3.1亩、房屋农具若干。为了维护农民分得土地、房屋的合法权益,是年,村域进行土地核查并颁发土地证。

二、互助组

土地改革后,分得土地后的农民虽一心一意种田,但时间一久也出现具体问题,如劳动力多的农户土地不够种,劳动力少的农户"种不熟"(来不及完成农事);生病农户出现抛荒现象;不少农户缺少大型农具等。为了有效解决以上问题,村域内农会号召农民走互助合作的道路。1952年,西湾自然村以周勤男为首的几户农户率先成立村域第一个互助组,称"共青互助组"。蔡家自然村蒋兆文等几户农户也联合起来,成立互助组。受互助组的影响,村域内又出现了临时互助组(农忙时组合起来的小组),也有的用盘工方式换得大型农具使用权。至1953年年底,村域内有常年互助组5个、临时互助组6个,差不多有一半以上的农户参加。

三、初级农业合作社

1954—1955年,村域内初级社诞生。共青的部分互助组并入共青初级社,社长姚海泉;蔡家的部分互助组并入蔡家初级社,社长邓大元、蒋金观。初级社以劳动力、生产农具"拌工"（劳动力和生产农具互相置换）生产的形式，农户收入按户结算。

四、高级农业合作社

1955年11月，根据中央《关于农业合作化问题的决议》精神，在共青初级社、蔡家初级社的基础上分别成立共青高级社、蔡家高级社。高级社既是组织生产的经济实体，又是基层自治单位。合作社选举产生管理委员会（以下简称"管委会"）和监察委员会（以下简称"监察会"）。管委会由7—11人组成，设主任、副主任、会计、委员；监察会由3—5人组成，设主任、委员。高级社将5%的土地作为社员的自留地，耕牛和大型农具折价归公，取消土地分配，实行按劳分配的方法。

五、人民公社

1958年10月，原城南乡、城北乡、玉山镇合并成立昆山县马鞍山人民公社。随之，共青高级社、蔡家高级社分别更名为共青大队和蔡家大队。人工统一调动，实行军事化管理，吃食堂，按平均分配的方法计个人收入。1962年，成立城南公社，共青、蔡家两大队为城南公社所辖，实行公社、生产大队、生产小队三级核算。1966年"文化大革命"开始后，采取"大寨式"评工计分：先评政治分，再评劳动分，然后确定工分值，出现"干活大轰隆"（干活不计件，干多干少一个样）、平均分配、干好干坏一个样的弊端。1972年2月，取消"大寨式"评工计分法，逐步恢复定额计分制度，调动社员的积极性。

六、家庭联产承包责任制

1982年2月，根据中共十一届三中全会的精神，农村实行经济体制改革，全面实行家庭联产承包责任制，即扣除社员自留地、人均0.6亩口粮地，其余按在职、非在职和劳动能力大小的方法划分家庭承包责任田。非在职人员得口粮地0.6亩，在职人员分得责任地约4亩。社员上缴大队"二金一费"（公积金、公益金、管理费）、农业税和出售核定的粮食数量，其余可作为自我收入或自由经营。1983年，共青、白塔两村有18个村民小组，农户424户，实际劳动力

729人，水稻面积3 105亩，全年向国家出售粮食108万多公斤。

20世纪90年代中期，农业发展适度规模经营。随着村域经济发展加快，出现劳动力向工、商、副业转移的现象。农民把原本自己承包的土地让出来，由承包大户耕种。共青村有季水根、张锦华、管玉林等14人承包土地面积1 499亩，白塔村有熊志强、蔡野男、李祖鞭等11人承包土地面积957亩（表4-1）。

表4-1　1995—1999年共青村、白塔村农业生产规模经营户一览表

村名	规模经营户户主	经营亩数/亩	承包农田所属组别
白塔	熊志强	109	1
	蔡野男	106	2
	李祖鞭	120	2
	蒋小弟	73	3
	曹苏根	84	5
	周春宝	70	5
	潘永宽	30	5
	方善术	113	6
	陈泉生	75	6
	张小弟	98	7
	施义祥	79	8
共青	季水根	115	1
	张锦华	180	1、8
	管玉林	114	1、8
	陈荷林	112	1、8
	孙月其	127	4
	王才龙	46	4
	钱星元	117	5
	王雨根	65	5
	姚阿惠	162	7
	龚福根	110	7
	李幸福	45	7
	王春泉	43	8
	李惠男	59	8
	王健	204	9

七、土地确权流转

1998年,共青村、白塔村坚持大稳定、小调整的原则,实行土地第二轮承包,延长农田承包时间,确保"经营权30年不变"。村域18个村民小组(共青村10个、白塔村8个),481户1 712人,有耕地面积3 724.52亩,发放确权证书481张,确权面积2 458.26亩,转让经营权面积1 487.38亩(表4-2)。

至2005年年底,共青村原有耕地均因昆山市城市建设需要而被征用。

表4-2 1998年共青村、白塔村土地承包经营确权发证统计表

村名	组别	总户数/户	确权人数/人	确权面积/亩
共青村	1	25	96	153.60
共青村	2	19	75	54.00
共青村	3	29	102	115.00
共青村	4	27	105	178.90
共青村	5	23	76	112.70
共青村	6	24	88	86.90
共青村	7	31	98	169.86
共青村	8	25	77	150.24
共青村	9	22	83	102.00
共青村	10	24	69	82.20
白塔村	1	28	109	176.01
白塔村	2	31	130	187.58
白塔村	3	35	121	154.75
白塔村	4	18	69	93.88
白塔村	5	28	102	177.63
白塔村	6	35	117	197.57
白塔村	7	35	119	180.97
白塔村	8	22	76	84.47
合计	—	481	1 712	2 458.26

 ## 第二节 作物种植

1949年前后，村域因地势低，地下水位高，多数田亩只种一熟作物，春季种植籼稻，冬季沤水休闲。20世纪50年代，随着水利建设的发展，农业耕作制度实行"三改"：一熟改两熟（稻—麦、稻—油菜、稻—绿肥），其时夏熟作物曾一度采取"三麦"与绿肥（紫云英，俗称"红花草"）轮作，对增肥改土、促进粮食增产起到积极作用；籼稻改粳稻，中稻改晚稻。1964年，农村开始种双季稻，以绿肥或"三麦"为前茬，连种两季水稻，实施一年三熟。由于前季早稻易遭低温烂秧，后季又易遭早霜，秕谷增加，因而播种面积不多。至70年代，在"以粮为纲"，片面追求复种指数的思想的指导下，域内开始扩种双季稻。1976年，域内双季稻种植面积达到100%。

双季稻的扩种带来时节紧张、秧田增多等诸多问题，不得不减少"三麦"的种植面积和控制油菜的种植面积，从而扩大绿肥田，且在播种"三麦"时，又扩大元麦、大麦面积，将部分单季稻改种为籼稻，以致经济价值较高的小麦、油菜和粳稻的种植面积相对减少。种植双季稻时，种子、化肥、农药、薄膜等成本上升，且农活用工量大，劳动强度大，米质差，经济效益低，农民得不到实惠。从双季稻种植高峰的70年代来看，农民的收入虽逐年有所增长，但其幅度总的来说，低于粮食总产和复种指数的增加幅度。正如村域内的老农民所说："三（三熟制）三得九，不如二（两熟制）五得十"。80年代初，域内停止种植双季稻。

一、作物布局

农作物的四季布局，须与季节相适应。村域的村民们在长期的农业耕作中，摸索出一套根据春夏秋冬四季的气候特点，种植相应不同农作物的经验，形成夏收夏种、秋收秋种的农事生产规律，并在作物种植面积的比例上也做到科学、合理，充分利用现有土地面积，获得最大的粮油种植收益。

（一）水稻

共青、蔡家两大队共有水稻面积3 100亩，1949年前后，以种植单季稻为主；20世纪60年代末，开始种植双季稻。一熟制逐步改为二熟制。70年代，双季稻面积不断扩大。70年代初，共青大队双季稻面积占大田水稻面积的20%—30%，到1974—1975年，双季稻种植面积达100%。蔡家大队双季稻种植面积占大田水稻面积的80%左右。种植双季稻，人力紧缺、时节性要求高、劳动强度大、成本花费高，两年后村域内逐步减少种植面积，直至80年代初停止种植双季稻，恢复种植一年一熟的单季晚稻。

（二）"三麦"

"三麦"种植面积占大田种植面积的50%—55%，其中，大麦、元麦占"三麦"面积的5%左右。大麦、元麦主要用作各生产队集体养猪场的饲料。

（三）油菜

油菜种植面积占大田种植面积的25%，其计划首先保证完成国家任务，其次留好社员"口油"（社员个人用油），多余议价卖给国家，增加集体收入。

（四）绿肥

20世纪70—80年代，花草种植面积占大田种植面积的20%，种植好绿肥，为搪泥翻潭增加有机肥料质量，用于来年的秧田。

（五）蚕豆

从20世纪60年代开始，各生产队利用集体旱地和零散地块种植蚕豆。收获后的豆萁用于搪泥、翻潭，提高肥料质量，为水稻、"三麦"、油菜生长增加肥力。

表4-3、表4-4为蔡家大队和共青大队1980年水稻、"三麦"、油菜等农作物布局统计表。

表4-3　1980年蔡家大队农作物布局表

单位：亩

队别	总面积	水稻面积	秧田面积	小麦面积	大元麦面积	绿肥面积	油菜面积	白田[1]
1	203	193.0	10.0	119	14	30	32	8
2	241	229.0	12.0	138	15	32	41	15
3	185	176.0	9.0	113	13	23	28	8
4	129	122.5	6.5	80	6	17	22	4
5	200	190.0	10.0	116	14	30	32	8
6	232	220.5	11.5	135	12	35	38	12
7	234	222.0	12.0	135	14	35	38	12
8	154	146.0	8.0	95	8	18	27	6
合计	1 578	1 499.0	79.0	931	96	220	258	73

注：白田，即没施基肥的大田。

表4-4　1980年共青大队农作物布局表

单位：亩

队别	总面积	水稻面积	秧田面积	小麦面积	大元麦面积	绿肥面积	油菜面积	白田
1	164	156.0	8.0	100	10	20	28	6
2	137	130.0	7.0	80	10	20	22	5
3	199	189.0	10.0	115	14	30	32	8
4	195	185.0	10.0	115	12	28	32	8
5	180	171.0	9.0	110	10	23	30	7
6	130	123.5	6.5	80	7	17	22	4
7	225	214.0	11.0	125	15	35	38	12
8	162	154.0	8.0	98	10	20	28	6
9	139	132.0	7.0	82	10	20	22	5
10	132	125.5	6.5	82	7	17	22	4
合计	1 663	1 580.0	83.0	987	105	230	276	65

二、栽培管理

(一) 水稻

精选良种 俗话说:"种地不选种,累死也是空。"由此可见,选择优良品种的重要性。选种一般安排在两个时间段:一在水稻成熟前,二在脱粒前。在选种方法上:去穗小、谷细、翘梢、变异的稻穗,另外也可向国家购买新品种。水稻推广的良种有"一时兴""老来青""农垦58""晚粳""苏粳1号"。共青大队把其中的"苏粳1号"作为常规品种。到90年代,中粳稻引进杂交稻、早稻、早粳、"昆农选"等品种。

水稻育秧 在4月清明节前后开始浸稻种,到谷雨前做秧田。水稻浸种前,先将精选的种子翻晒,促使出苗整齐。水稻秧田在秋收时就应落实,按大田面积的4%—5%留足。水稻秧田一般以花草田及蚕豆田为主。冬闲田早耕翻晒、熟化土壤。清明节前后翻耕花草田、蚕豆田、冬闲田,并以花草、猪窠灰草塘泥作基肥。谷雨后,秧田上水翻耕,用人工细作。

1950年以前,秧田做得比较粗糙,以脚印踏出痕迹作为秧板宽窄记号,秧板面宽2.5米为1栅,无秧沟,这是最原始的育秧办法,但不利于培育壮秧。1952年以后,推行复合式秧田,以1.5米左右为1栅,四周起沟,沟宽20厘米,便于灌排水,追肥拔草。

1964年后,推行空气秧田,干耕、干耙、翻晒、熟化土层,用除草剂除草,施足基肥。上水后耕翻,削平,起沟做垄,用木板将秧板推平,每栅2米宽,沟宽20厘米,这样易于治虫、拔草、水浆管理。20世纪70年代,单季稻推广陈永康的"稀落谷"的经验来培育壮秧,双季稻采用露地育秧,利用场地上的泥浆育秧。

20世纪80年代,水稻育秧推广肥床,采用温室薄膜育秧。方法为秧田做好,稻种催好芽后,撒种,在秧田表面浇上泥浆,种子若有露在外面的,再撒上秧灰(稻草灰),主要用来增加一点肥力和防止鸟吃稻谷。秧苗出齐后,再上薄水灌溉。无秧灰,则用薄水落谷(叫"水落谷")。后来,无秧灰,则浇上泥浆,用木板推,把种子压入泥中,保出苗齐,防鸟吃。

俗话说:"秧好稻好",秧的粗壮对水稻生长起到很大的作用,所以农事中

秧田管理是一个十分重要的环节。秧田管理要注意水浆的深浅，采用薄水勤灌，既能使秧苗吸收足够的阳光，又使秧板保湿润。待秧苗长至二叶一心时，就要追施"断奶肥"，以有机肥淡水粪为主（浓粪会烧死秧苗），并随时注意秧苗颜色，掌握三黄三黑的育壮秧原则。秧苗移栽前一星期，要施好起身肥，用好一次药，拔一次稗草，保证秧苗移栽到大田带色、带药、带分蘖，确保无病无杂草的壮秧移栽。

1990年后，推广散播，麦子收割后，直接把选好的稻种撒在麦田里，然后灌水，施肥除草。

2000年后，推广机器插秧，用薄膜育秧，掌握好秧龄，将育好的秧苗一块一块搬到插秧机上插秧。

秧苗移栽　移栽前，共青村村民会把麦田、花草田、冬闲田耕翻晒土，熟化土壤，上水浸泡，施足基肥。杜绝白田莳秧。撒开后用牛犁田平田，再耙平，然后开始插秧。

20世纪50年代前，单季中晚稻，习惯大棵稀植，行距不一，每亩1.5万—1.8万穴，每亩基本苗5万—7万株。60年代初期，推广陈永康的小株方形密植，经绳莳秧，株距12厘米、行距15—17厘米。60年代后期，每亩移栽2.5万穴，每穴4—5株，每亩基本苗约12万株。70年代初，每亩3万多穴，每亩基本苗12.8万株。总之，移栽技术不断改进，村民种植穗数增加，水稻产量也逐步提高。

除草　在水稻管理过程中，除草是不可缺少的一个环节。稻田中最容易生长稗草、三角草等杂草。20世纪60年代初期，水稻除草主要靠人工。方法为先耥稻，后耘稻。第一次耘稻叫扳耥岸，第二次耘稻促发棵，草多的田需第三次耘稻。等到水稻成行拔节，还要拔稗草。1976年，村民开始使用化学除草剂，既省工，效果又好。

防病治虫　共青村村民在面对水稻病害时一般会采用如下方法：

稻瘟病，用稻瘟净防治；

水稻纹枯病，用稻脚青井冈霉素防治；

水稻白叶枯病，用敌枯霜防治；

稻瘟病、恶苗病，用抗菌剂401防治；

纵卷叶虫、飞虱、叶蝉，用敌百虫粉防治；

稻蓟马，用苏化 203 药水防治；

黏虫、纵卷叶虫、稻苞虫，用二二三药水防治；

螟虫、纵卷叶虫，用杀虫脒防治。

适时施肥 在秧苗移栽前给大田施足基肥，肥料是以草搪泥、猪羊灰为主的有机肥，在水稻苗期还要兼施好面肥，以氮铵化肥为主，每亩施 50 斤，然后耙田、莳秧。移栽后，大田稻苗施肥大致有活棵肥，每亩氯化铵或尿素 15—20 公斤，中间时段要观苗"捉黄塘"（稻苗黄的地方还要继续施肥）；分蘖、长粗肥，每亩氯化铵或尿素 15—20 公斤；施拔节孕穗肥时，要看苗施肥，一般施氯化铵或尿素 15 公斤左右；抽穗肥，每亩施氯化铵或尿素 10—15 公斤。

水浆管理 俗语说："三分种，七分管。"水浆管理是贯穿水稻生长全过程的一项工作。水稻水浆管理可分为四个阶段：第一阶段，秧苗移栽后 7—10 天大田灌深水，促活棵，保全苗；第二阶段，水稻生长中期，水浆管理采取浅水勤灌，看天灌水搁好田；第三阶段，水稻生长中后期，水稻抽穗灌浆保持大田水分充足，有利于水稻粒重；第四阶段，水稻成熟期，灌"跑马水"，干干湿湿，以湿为主，以踏到田里不污脚、有弹性为宜。

（二）"三麦"

1949 年以前，村域内部分农田杂草、芦苇丛生，因荒田很少种麦。1949 年以后，外来农户增加，对荒田进行翻耕、除草，由一熟制改二熟制，除了种植水稻，也开始种植"三麦"，但种植面积很少。收割完水稻后，用人工或用牛犁成一垡一垡，犁成花泥片，深度约 10 厘米，垡阔约 2 米，麦垡沟阔浅。"三麦"播种采用撒播的方法。"三麦"品种多为农家土种，每亩播种约 30 斤，且粗耕粗种，基肥不足，沟渠不配套，露籽麦多，出苗不均匀，管理粗糙，因此，小麦产量每亩只有 100 来斤。1960 年以后，随着水利建设的发展，低产田得以改造，"三麦"种植面积逐步扩大。

品种选择 中华人民共和国成立后，小麦品种有"扬麦 4 号"等，大麦品种有"红筋大麦"。到 20 世纪 90 年代，小麦良种主要有"扬麦 5 号"，其中，1997 年开始大面积搭配"扬麦 9 号"，以优质良种"苏麦 6 号"当家，该品种的优点是春性早熟、抗倒伏、分蘖强、春发性好、成穗数多、面粉品质好、面筋率高。元麦以"沪麦4号""海麦1号"为主。

浸种播种 每年10月下旬开始种麦。先将麦种用多菌灵农药浸24小时后捞起晾干，然后以每亩30斤的标准播种，人工均匀播撒到精耕好的大田即可。

田间管理 播下种子后，就要对麦苗进行一系列管理。田间管理又分冬季田间管理和春季田间管理。

冬季田间管理 主要是让"三麦""吃饱穿暖"，不受渍害和草害的影响。"三麦"冬季田间管理主要是在越冬之前，施泥什肥或浇泥浆、压麦泥、清沟理沟、用化肥追施腊肥等农活。然后先抄麦沟，拍麦泥，后改为用碾子压麦泥。机械化后，用手扶拖拉机装上滚筒压麦，速度快、工效高，确保"三麦"保暖越冬。

"三麦"冬季田间管理的主要农活有以下几项。

追施好腊肥：一般用15—20斤氯化铵或尿素。

拍麦泥：压麦（滚压）保暖，护苗、壮苗、壮根。

清沟、理沟：使麦田三沟通畅，降低麦田的地下水，降低渍害。

除草：在1949—1970年之间，田间杂草主要靠人工拔除，70年代之后，逐渐使用化学除草剂，达到消灭草害之目的。

春季田间管理 寒冬过后，春季到来。由于越冬期内"三麦"底肥基本耗尽，须及时追施返青肥，每亩用氯化铵或尿素15—20公斤。发现田块中麦苗生长有不平衡的，补施肥料。3月中旬前后施好一次拔节孕穗肥，根据苗势情况，掌握施肥数量，还要拔除麦田杂草。由于春季雨水多，清沟、理沟工作不可少。俗话说："一尺不通，万丈无用。"

病虫防治

"三麦"病害 "三麦"赤霉病，20世纪60年代用硫制剂，70—80年代用多菌灵。"三麦"秆锈病，用粉锈宁防治。"三麦"纹枯病、赤霉病、白粉病、腥黑穗病，用多菌灵或井冈霉素防治。"三麦"白叶枯病，用敌枯霜防治。

"三麦"虫害 蚜虫虫害，用六六六混合粉剂防治，80年代后用有机磷药水防治；黏虫虫害，60年代用硫制剂防治，70年代后多菌灵防治。

（三）油菜

培育壮苗 油菜的苗龄约30天，为确保11月下旬顺利移栽，得提前1个月进行播种，一般每亩播种3斤。播种前要准备好苗床，并施上肥，再人工细作。下种后，要浇上大粪作盖子肥。出苗后，也要进行管理，如浇水、施肥、除草、拔去多余的苗等。

移栽 昆山解放初，域内在种植方法上采用菜花锤（俗称"菜花榔头"）打潭，然后拔苗移栽，每潭3—5株，每亩田种植约6 000棵，产量低，每亩产量70—80斤。

20世纪60年代后，油菜品种得以改良，由土油菜改为以胜利油菜（朝鲜菜）为主。菜苗基地要施足基肥，菜苗要矮壮有力，无病无虫（苗好产量高）。菜苗长到5—6片叶后，进行移栽。移栽前喷一次药，做到苗壮、无病、无虫，做到带药下田。

70年代后，油菜种植方法上由翻地做垄、套肋，改为稻板套肋，即用铁搭直接在稻板上套肋。一人排秧下肥培土，行距约40厘米，株距为20厘米，每亩8 000—10 000棵。后来，有了除草剂后，推行稻板田免耕移栽（俗称"板田油菜"）。方法是：竖行条栽，利用行距空间开沟壅土，每亩利用率达85%以上。移栽时利用稻茬行距、株距，即稻棵数决定每行的宽度，二人配合，一人用铁铲开缝隙，一人把油菜秧插入缝中，同时把磷肥一起施入，再用脚踏紧。免耕移栽有利于使菜苗早成活、早发棵，为夺油菜高产打下坚实基础。

冬季田间管理 油菜的冬季田间管理，从1949年前至今，基本方法不变。从移栽到收获，冬季田间管理基本上做四件事。① 松根除草。（脱菜籽）培根壅土，促使油菜根系变发达。② 施肥。大寒期间重施腊肥，旧时一般施大粪等有机肥，后则以化肥为主。③ 清沟。防渍害，清沟、理沟，确保沟沟通畅。④ 松土。越冬前做好松土除草工作，使油菜健康生长。

春季田间管理 越冬后，春季到来，油菜的底肥基本耗尽，加之寒冬摧残，菜叶落黄，春季要及时施好返青肥，做好清沟、理沟工作，还要除草、防治病虫害，使油菜的生长保持旺盛有力。施好返青肥之后一个月，就要施抽薹肥，一般每亩用磷肥25公斤或尿素15—20公斤。清沟、理沟属常态化管理，保持大田沟沟畅通，雨后不积水。

病虫害防治

油菜病害 油菜病害主要是菌核病、龙头病，20世纪60年代用硫制剂防

治，70—80年代用多菌灵药水防治。

油菜虫害 油菜虫害的来源主要是蚜虫、潜叶蛾、小虫蛾等。20世纪60年代，用肥皂水混合油防治，70—80年代用有机磷防治。

1960年以后，采取防治兼治，遵循以防为主、防治并举的原则。随着农业技术的发展，药物防治逐渐代替人工防治。70年代，建立农业技术队伍，公社成立农业技术推广站，农技员亲临田头监测农作物的病情、虫情，研究分析具体的防治时间、方法。如防治二化螟、三化螟，须掌握虫口密度、产卵高峰期，在虫龄2—3天时防治效果最佳。农技员根据观察情况，针对虫类在疯狂期或繁殖期进行有效灭杀。

除草 油菜杂草主要有看麦娘、野水豌、无霜草，以人工拔草为主。自20世纪70年代国家生产除草剂后，各生产小队便用农药除草。在给油菜松土壅根时，也同时使用除草剂。

 第三节 种植技术

进入20世纪70年代后，共青大队开展"农业学大寨"运动，从过去粗放型生产，逐步迈上"精耕细作、科学种田、科技兴农"轨道，全面推广"四新"（新品种、新农艺、新肥药、新农机）技术。1979年，共青大队被评为"江苏省农业先进单位"。

一、新品种

农村有句俗语："娘好囡好，秧好稻好。"夺取农业产量大丰收，关键要把好种子关，做到选好良种。

(一) 水稻品种

20世纪60年代后期,水稻良种以"农垦58"为主要品种,亩产在350公斤左右。70年代种植双季稻以"矮南早""桂花""武农早"为当家品种,亩产在250公斤左右。80年代,以杂交稻、"昆农选"为当家品种,亩产在450—600公斤。

(二) "三麦"品种

20世纪70年代,小麦品种以"扬麦5号"为主,亩产在200公斤左右;元麦品种有"矮三早"。80年代,小麦品种主要以"扬麦5号""宁麦"为主,亩产在250—300公斤;元麦主要以"海麦1号"为主。

(三) 油菜品种

20世纪60年代,油菜种植主要以"胜利52"为当家品种,亩产在80公斤左右。70年代后以"泰油"品种为主,亩产在120公斤左右。80年代后以"宁油""汇油50"为主要品种,亩产在160—200公斤。由于粮油品种不断更新,粮油产量逐年提高。

二、新农艺

(一) 水稻新农艺

20世纪60年代,共青大队的农业生产开始注重推广新农艺、新农技。70年代后,水稻播种推广陈永康的"稀落谷"经验,培育出的秧苗粗壮有力。每亩秧田播种量在55—60公斤,秧田与大田比例为1∶30—1∶28,使用这一新农艺,促使秧苗移栽后早活棵、早发棵、早分蘖,增加粒重。80年代推广机插秧、薄膜育秧,培育秧苗要符合机插秧的要求,并与时间节点相吻合。80年代末,水稻育秧推广肥床育秧。通过肥床育秧,秧苗在移栽前粗壮有力,确保秧苗移栽后不受损、不落黄,为水稻稳产、增产打下基础。

(二) 小麦新农艺

共青大队推广沙洲县"塘桥经验",阔垡深沟、一垡一沟、横沟竖沟,沟沟相通,沟深1.5—1.8尺。垡面泥块鸡蛋大小,确保出苗匀、齐。80年代推广板田麦,板田麦须在水稻收割前,把麦种播撒在稻田里,水稻收割时,麦苗已经长到二叶一心,确保季节上的不拖延,为冬季壮苗打下基础。这项新农艺的前提是必须在作物轮作的情况下进行，推广这一新农艺，能省工、保季节。

（三）油菜新农艺

20世纪60年代，共青大队油菜移栽的方式是耕翻、作垄、打潭、散布，后套肋移栽。70年代后，推广板田油菜移栽，移栽方法是以稻茬行距为准，"一铲一条缝，一把磷肥送，一穴一棵菜，一脚踏密缝"。这一新农艺不仅省工省力，而且保证肥料不流失，油菜成活率高，活棵早，发棵早，为夺高产夯实基础。

三、新肥药

20世纪60年代后，共青大队防病治虫应用新肥药。消灭虫类主要用甲胺磷、杀虫霜、杀虫脒、杀螟虫、敌百虫、"苏化203"等农药。新肥药推广后，原始的点灯捉虫、摘稻苞虫、拔枯心苗等作业由人工转为由新肥药替代。防治病害主要用多菌灵、5%井冈霉素等；防治瘟病主要用稻脚青、"抗菌剂401"、敌枯霜等；化肥主要推广使用氯化铵、尿素、碳酸氢铵、复合肥、硫酸铵等。有针对性地防治病虫害，灵活、适时地使用化肥，对夺取水稻、"三麦"、油菜稳产高产至关重要。

四、新农机

1966年8月，昆山农业机械化公司以实际行动支援域内的农业生产，赠送第一台东风12型手扶拖拉机给共青大队试用。大队派陶志友、于学贵去常州手扶拖拉机厂培训，学习有关手扶拖拉机使用的理论知识、维修保养技术、实践操作方法等。学习一个月回来后，城南公社请陶志友、于学贵到各大队田间，边讲解，边操作示范。通过操作辅导，群众对机械化有了全新的认识：种植机械化，工效大提高。共青、蔡家两大队18个生产小队，逐步购买东风12型手扶拖拉机18辆，还分别于1990年、1991年、1992年、1997年购买中型拖拉机6辆、收割机8辆、插秧机8辆、挂浆机18辆，并配有配套机具。为加强农机管理，1985年，各村成立农机服务队，配有农机队长和1名机务员，负责农机调配使用、维修保养管理等工作，并建造机房15间共350平方米。每年农忙前一个月，把一些业务水平高、工作吃苦耐劳的机耕手组织起来，对所有机械进行维修保养，做好大忙前的准备工作，保证农忙时做到歇人不歇机地加班劳作，并对一些易损坏的部件及时添置备货。农忙结束后，维修员和机耕手对所有机械进行维修保养——冲洗、擦干、上油，分类入库、堆放，确保来年农忙时顺利使用。农闲时，组织挂桨机搞运输，外出运肥，购买化肥农药等生产资料。农业机械的使用，既节省劳力、时间，又节约成本。

第四节　示范方建设

一、丰产示范方

（一）规划背景

1972年2月，共青大队广大干部群众艰苦奋斗夺高产的成功事例，得到城南公社党委的表彰，共青大队还被列为"城南公社农业学大寨样板大队"。

1973年3月，中共苏州地委、昆山县委决定设共青大队为丰产示范方，原因有：一是共青大队田多劳力少，粮食却能夺得高产；二是共青大队地处312国道旁边，交通比较方便。建设丰产示范方的决定一做出，中共苏州地委、昆山县委、城南公社党委分别带领100多人到共青大队分队蹲点指导，具体指导工作。蹲点指导的主要领导有苏州地委分管农业的常委范育明、昆山县委书记常明、城南公社党委领导等，同时还有一些农业科技人员。

（二）规划布局

1973年，共青大队丰产示范方（当时称"农业学大寨样板大队"）经过一年的实践，效果很好。1974年之后，昆山县委决定把共青大队周边相邻的江浦、蔡家、荣明、荣心等大队的部分农田也逐步纳入丰产示范方的规划范围，以带动这些大队共同步入丰产示范的行列。其间，丰产方面积达万亩，东至大西门虹桥大队，西到正仪公社的荣明、荣心大队，南接娄江河，北达庙泾河。丰产示范方工作队仍驻在共青大队，延续树立典范，带动周边的丰产示范效应。

(三) 规划建设

丰产方规划建设以实现在农业生产方面起到引领示范的作用的目标实施。

水利建设

灌溉站 1961年11月，城南公社水利部门在共青大队第3生产小队六里桥处建造共青站，1972年，昆山水利部门投资在共青大队第1生产小队塘家溇建造共和站，在此基础上，1973年12月，昆山水利部门在蔡家大队第7生产小队建造蔡家站。1981年，昆山水利部门投资又在蔡家大队第4生产小队建造蔡家站分站。是年，丰产示范方灌溉设施配套到位，满足承担丰产示范方的农田灌溉任务。

排涝站闸 1986年，在昆山水利局投资在蔡家港建造全县第一座提升式横移门闸排涝站的基础上，进一步配套提升丰产示范方域内的排涝设施和排涝能力。

共青村排涝站（2019年，罗英摄）

开河开沟 共青大队的芦青棵和蔡家大队的思常港是著名的低洼地，芦苇、杂草丛生，十年九涝，严重影响农业产量的提高。为改变这一状况，从1973年开始，城内多次修筑、加固九里桥港防洪圩堤（2千米），同时还用3年的冬季

农闲时间，开挖河道5条750米，挖土方9 000多立方米，并在每4块农田间开一条80厘米深的排水沟，使丰产示范方农田两头出水，四面托起。

良田改造 共青大队原来的农田有纵向、有横向，高低大小不一。1973年，共青大队将全大队1 623亩农田全部改造成朝南的纵向田块，每个田块设计为2亩左右的方格。在农田方格化进程中，结合开挖河道、平整坟墩和潭浜。至1976年，3年中，平整大小坟墩15个，挖平第3生产小队的宅基地1个，并利用挖出的土填河沟、溇浜，扩增农田18.6亩。

示范效应 1973年，共青大队被列为苏州地区农业丰产方之后，除了在农田建设方面起到示范引领的作用外，在水稻、"三麦"、油菜的种植方面更是起到了示范引领的作用。在全县各公社、大队进行大规模水稻移栽或"三麦"播种前，昆山县委首先组织三级干部、技术人员到共青大队示范样板田，召开现场会，推广共青经验，并形成了工作惯例。

水稻移栽 在水稻移栽前，首先由共青大队按标准做好平整好水稻田块、经好绳等前期准备工作。接着由昆山县委到各大队抽调插秧能手到共青样板田做插秧示范（插秧要求非常严格：行宽2.8尺，每米插秧11棵，每棵3—4株，插下的秧苗横平竖直）。样板田插秧结束，昆山县委召开全县三级干部会议。会议之前组织与会人员参观样板田，让与会人员了解插秧要求，然后集中开会。最后大会提出要求与会干部回到原单位务必按标准实施。

小麦播种 在小麦大面积播种前，按惯例由共青大队准备好空田块，然后抽调各大队开沟能手开沟。具体要求：每块田分作5垞，开竖沟4条，横沟2—3条，沟深1.2—1.5尺，沟形上宽下窄，沟底不留碎泥块，沟直如用尺画。沟开好后，再抽调各生产队妇女队长做麦垞。麦垞的要求同样极高：麦垞形如公路，中间高、两边低。中层泥块粗如鸡蛋，表层泥块细似豆板，目的是保证麦子出苗齐，不烂根。然后，由共青大队抽调农技员或播种能手播种。准备就绪后，昆山县委召开秋种三级干部会议，组织与会人员参观学习，介绍经验和播种要求。

示范成果 共青大队在1973—1980年间，粮油产量大幅度提高（表4-5）。用村民的话说："在将成熟的稻面或麦面上放一只老母鸡都不会掉下去。"由此可见，稻、麦的茎秆硬、密植高。其间，全大队10个生产小队中，有6个生产小队稻麦亩产超吨粮,其中,第5生产小队稻麦亩产达1650多公斤。在共青大队的示范引领下,丰产方范围的其他4个大队,也进行了大规模农田改造、水利建设,粮油产量有很大的提高。

表4-5　1973—1979年共青大队粮油产量一览表

年份	水稻			"三麦"			油菜籽		
	面积/亩	亩产/公斤	总产/公斤	面积/亩	亩产/公斤	总产/公斤	面积/亩	亩产/公斤	总产/公斤
1973	1 920.0	545	882 900	891	253	225 423	324	148	47 952
1974	1 636.4	597	976 930	900	315	283 500	330	198	65 340
1975	1 636.4	618	1 011 295	875	348	304 500	318	225	71 550
1976	1 636.4	685	1 120 934	878	339	297 642	320	198	63 360
1977	1 636.4	618	1 011 295	869	298	258 962	325	125	40 625
1978	1 636.4	608	997 120	857	425	364 225	325	248	80 600
1979	1 636.4	598	9 785 672	847	427	361 669	315	221	69 615

1976年10月,原南京军区司令员许世友到共青大队视察,参观丰产方。是年,中央召开南方十三省市农业水稻会议,参会人员到共青大队参观指导。10月,江苏省委召开农业先进工作会议,共青大队受到表彰,共青大队党支部书记陶志友受到省委书记、省长的接见,并获得省长惠裕宇签名的奖状。

在上级部门的直接领导下,在共青人民上下合力的艰苦努力下,粮油产量连年提高。

1979年,共青大队丰产方仍然起着引领作用。1982年,实行家庭联产承包责任制后,共青大队丰产方停止运营。

二、种子丰产方

(一)时间与规模

共青种子丰产方建成于1989年9月,当年设定地址在共青村紧靠312国道旁的89亩良田中。至1991年,种子丰产方面积扩大到380亩。

共青丰产方（2019年，昆山档案馆提供）

（二）任务与作用

共青种子丰产方的主要任务是利用规模效应，培育和推广水稻、"三麦"优良品种，供全昆山市使用。水稻品种主要培育苏粳型，小麦品种主要培育扬麦型。这些品种的特点是秆粗、抗倒伏、抗病能力强、穗大粒多、颗粒饱满。

（三）成果与荣誉

共青种子丰产方培育出的水稻、"三麦"种子深受全市镇、村农户的欢迎。1998年10月5日，中共中央总书记江泽民亲临共青种子丰产方现场视察工作，并题词："昆山共青丰产方。"

因共青村全部动迁，土地被征用，2005年，共青种子丰产方停止运营。

共青丰产方门楼（2019年，昆山档案馆提供）

第五节　积肥造肥

常言道：肥是农家宝，种地不可少。积肥是农民的四季活。20世纪60年代前，农家种田没有化肥，全靠自然有机肥料，如草搪泥、猪牛窠、人粪尿，被称为"农肥三宝"。此外，农家鸡、鸭、鹅家禽的粪肥，也是种瓜果、蔬菜的宝贵肥源。那时，为了积农家肥料，河底没有淤泥，河中看不见水草，河岸上没有荒草，人、禽、畜粪全部下田。1983年之后，实行家庭联产承包责任制，除在本地罱泥或拖泥外，其余的积肥活动基本不再进行。1990年后，土地实行规模经营，肥料主要依赖各种化肥和秸秆还田，积肥这项农活从此消失。

一、本地积肥

积肥一般在夏收夏种、秋收秋种大忙结束之后进行。域内积肥多采用拖、罱、扒、捞、造等方法。

（一）罱泥

罱泥也有一定的技巧。罱泥工具由2根网杆组成，上面一根叫豁杆（掌握方向），下面一根叫挺杆（用力把浮泥铲进网中）。先用2根网杆将网袋撑开，进入河底，再将网杆撑开使泥进入网中再合拢，用力挺起来后，将泥倒入船舱。每年农历正月十六第一天罱泥（称为"开禁"），罱泥积肥的辅料是稻柴，也有的用猪窠作辅料。罱泥是一项既要技巧又要体力的农活。一般载重4—5吨农船配备2人为一组，每天定额完成4舱泥为一工。

（二）拖泥

首先要有一个好的拖泥工具。拖泥工具分解为三样：用铁打的拖泥链条，一般在铁匠店购买的比较实用，拖得进泥；用水巾布做成的布袋；用稻柴打成的拖泥索。三样工具合起来，就是一整套拖泥工具。拖泥快慢有技巧，摇船也有一定的讲究，掌握拖泥拖袋，人力气要大，拖袋尽量往船艄后扔，越后越好（称"扔后袋"）。在拖袋起水时开始倒泥，船开始摇动，这样拖袋扔下去，船正好启动，加快前行速度。摇船也有技巧，摇船人首先要熟悉当地河道的情况，才能拖得到泥。拖泥也是2人一组，拖4舱泥为一工。

（三）扒草

扒草，用六齿头铁耙进行。河滩边水草带泥，扒满1舱加2个"枕头"（由泥、草垒起，形如一个长枕头），要沥干水。再用四齿小铁耙耙到田头岸滩上，然后用人工点（挑）泥，挑到潭里。

因搪泥"拌头"（与河泥混合的稻草、杂草）不够，生产队还要安排劳力开船出去捞"拌头"，为搪泥增加肥料资源。为了解决红花草种植面积不足的问题，生产队在秋季、春季农闲时，要安排妇女到处割青草，甚至要去上海飞机场割草。

二、外出积肥

外出积肥主要是指用帆船到上海运垃圾、罱黑泥、装猪粪或去苏州罱黑泥。外出积肥时，生产队事先要为帆船（乌篷船）配备配套设备，如帆杆、舵、篙子、橹等，才能外出运积肥料。

20世纪60—80年代初，域内农户多去上海运垃圾。生产队安排帆船1条、男劳力3个。去上海装运1船垃圾需3—4天的时间；去上海或苏州罱黑泥需1—2天的时间；去上海装猪粪，时间要根据实际情况而定。

三、养绿造肥

在春季，生产队组织女工和男弱劳力养水花生、水葫芦、水浮莲和绿萍。养"三水一绿"比较简单，先用稻草编绳，把水花生苗扎在稻草绳上，放在水滩边。随着河水中养分的滋养和太阳的光照，水花生苗开始发芽生长，它们的生长能力很强，几个月以后就长满半条河面。养水葫芦和水浮莲时，将水葫芦和水浮莲的小苗放入河里进行水养，它们繁殖能力也很强。还有养绿萍，冬季开好绿萍池，搭好绿萍棚，使其不受霜冻，春天开始大面积放养，到莳秧时把

绿萍放养到大田，作为肥料使用。绿萍不但能起到肥效，还有去除杂草的作用，使田面腐烂平滑。

堆肥。在农闲时，生产队组织女工脱草皮。用水沟泥浆，在宽阔的大岸上一层草皮一层泥浆堆起来，让其发酵腐烂成又肥又松的压麦粒好肥料。

第五章　教育卫生体育

　　1949年前后，共青村域内文化教育一校难求，缺医少药，群众体育活动空白。村域内仅有一所私塾，村民中识字者寥寥无几；生病靠"土郎中"扎针刮痧，服用"草头方"（中药）。50年代起，村域内学校教学、医疗卫生发生明显变化。五六十年代，村域内开展查螺、灭螺、查病、治病等一系列活动。1967年，共青、蔡家两大队成立农村合作医疗站，面积30平方米，医务人员2人（两大队各一人）。六七十年代，村域内开始兴建校舍，大办学校，学龄儿童入学率达到100%。2011年，共青小学并入具有现代化设施的昆山培本实验小学（西校区）。2019年，村（社区）医疗服务中心发展成集医疗、保健、中西医于一体的医疗服务中心，服务中心面积600平方米。与此同时，文化体育事业也由"冷"变"热"。2000年后，群众性体育健身活动亦蓬勃发展，村成立舞蹈队、长跑队，积极参与社会活动。传统的老鹰抓小鸡、跳绳、放风筝等趣味体育活动，亦成为时下的钟爱。

第一节 学校教育

一、私塾

中华人民共和国成立前，村域的教育形式主要为私塾。私塾形式有两种：一种是较富裕的家庭聘请一位文化素质较高的人来家任教，让自己的孩子在家中能得到良好的教育。另一种是自己有较高文化水平，本人任老师，开设一所私塾，收学生教课，学费约5斗或1石米（150斤左右）。每逢立夏，老师会送每位学生一把纸折扇，家长要回送大米5斤及粽子等礼物，以示谢意。

二、扫盲夜校

1952年前，村域内农民大多数是文盲或半文盲。1952年年初，政府提出开设夜校（利用夜晚时间为青年农民开设的扫盲班）进行扫盲。上级派来2位教师，在原共青六里殿办小学。1955年9月，蔡家初级社开办扫盲班，有2位教师，夜校地址安排在蒋家台，有泥墙草房2间，学生30名左右。男女青年对上夜校读书很有兴趣，学习的积极性也很高。那时读书没有课本，教师一般先在用木板做成的黑板上写上字，再一字一字地领着大家念。上课时间一般在晚上7—10点。到1965年，各生产小队都有识字的人，夜校就分散到各生产小队，由各生产小队中有文化的人担任夜校教师。夜校几经停开，于1970年正式停办。

三、幼儿教育

1978年之后，随着教育事业的发展，学前教育日益受到重视，蔡家大队和共青大队先后办起幼儿园，接纳本村幼儿。

（一）蔡家大队幼儿园

1958年9月—1963年7月，蔡家大队借用第4生产小队施仁德家民房30平方米，开办幼儿园。教师先后有汪碧云、吕玲珍，学生15—20人不等。至1966年7月，借用2队蒋金泉家民房30平方米，续办幼儿园。教师庞炳华，学生21—30人不等。

1966年9月—1969年7月，因"文化大革命"，幼儿园停办。

1969年9月—1982年7月，蔡家大队利用蔡家小学2间60平方米教室，开办幼儿教育。教师先后有潘琴、杨士英，学生30—45人不等。

1982年9月—2001年7月，将白塔村（蔡家/白塔大队）综合大楼60平方米房间用作幼教教室。教师刘秀莲，学生25—38人不等。

（二）共青大队幼儿园

1975年9月—1983年7月，共青大队利用共青小学30平方米教室，附设幼儿教育班。教师姚月芬，学生16—20人不等。

1983—1995年，在共青小学50平方米的教室里开设幼儿教育班。教师姚月芬、姚杏花、姚梅珍，学生20—30人不等。

1995年9月—2001年7月，共青村利用6组60平方米的公房作幼教教室。教师吴炳福、姚梅珍，学生20—32人不等。

（三）共青村幼儿园

2001年9月—2008年7月，共青村利用农机队车库作幼教教室，面积50平方米。教师刘秀莲、姚梅珍，学生30—38人不等。

2008年9月，共青村幼儿园并入城中幼儿园共青分园，办学地点在共青新村C区。

四、小学教育

（一）白塔（蔡家）小学

1957年，蔡家高级社在蒋家台建造草房2间开办小学，学生20多名，教师王爱之。1958年，蔡家小学搬迁至蔡家港，借村民张和生家房屋2间，开设1—4年级复式班，教师汪碧云、王爱之。1959年，蔡家小学搬到蔡家大队第4生产小队，用村民施仁德家的40平方米的泥墙草房作教室，开设1—4年级的复式教

育班，有教师2名。1967年9月，蔡家小学搬迁到蔡家大队第7生产小队，学校房屋为泥墙草房结构，共4间，约80平方米，开设1—4年级，有教师3名、学生45人。1973年3月，蔡家小学校舍在原地翻建，房屋结构为砖墙瓦房，面积250平方米，开设1—5年级5个班，学生160人。1980年3月，蔡家小学在原址扩建校舍300平方米，开设1—5年级5个班，有学生100人左右，教师6名。1982年，蔡家小学更名为白塔小学。1983—1988年，白塔小学开设1—4年级复式教育班，有教师2人（表5-1）。

1989年，白塔小学因生源不足，学生并入共青完全小学就读。

表5-1　1957-1988年白塔（蔡家）小学发展情况一览表

时间	学校	校址	教师姓名	校长	备注
1957年	蒋家台小学	蒋家台	王爱之	王爱之	以自然村名命校名
1958年	蔡家小学	蒋家台	汪碧云　王爱之	汪碧云	以大队名命校名
1959年	蔡家小学	蔡家大队第3生产小队	汪碧云　吕玲玲	汪碧云	
1967—1979年	蔡家小学	蔡家大队第7生产小队	汪碧云　蔡柏林　张祖蕴 顾庆龙　柳倩倩　张敏志 庄兆良　蔡梅英　庞炳华	汪碧云	教师先后调入
1980年	蔡家小学	蔡家大队第7生产小队	张雪弟　夏咸金　顾惠良 庞炳华　庄兆良　蔡梅英	张雪弟	
1982年	白塔小学	白塔村7组	庞炳华　蔡梅英 顾惠良　钱凤妹	钱凤妹	以大队名命校名
1983—1988年	白塔小学	白塔村7组	钱凤妹　庞炳华	钱凤妹	

（二）共青小学

1952年，上级派2名教师到共青村域办学，利用六里殿的3间草屋，开设1—4年级，学生45人，取名六里殿小学。1963年，原六里殿小学更名为共青小学。1963—1974 年，其间，共青小学在原址翻建瓦房教室 5 间，开设 1—4 年级，学生少则 50 人，多则 80 人。校长蒋金泉。

1975—1988 年，共青小学由共青大队第 3 生产小队搬迁至共青解放路新址，新建教室 12 间，开设 1—5 年级 5 个班级，最多一年学生 180 人，有校长及教师共 7 人。

1989—2008 年，共青小学由共青解放路旧址搬迁至共青村 5 组，学校更名为共青完全小学。新建教室 18 间，学校为两层楼，面积 800—900 平方米。学校开设 1—6 年级 6 个班级，有学生 250 人。校长先后由孙泽民、邱美珍、钱凤妹担任（表 5-2）。

2009 年 7 月，共青小学拆除，学生借读娄江实验学校小学部。2012 年 9 月，昆山培本实验小学（西校区）落成，共青村学生转入该校区就读。

表 5-2　1952—2008 年共青小学发展情况一览表

时间	学校	校址	教师姓名	校长	备注
1952 年	六里殿小学	六里殿	顾士新　庄兆良	顾士新	以自然村名命校名
1963—1974 年	共青小学	共青大队第 3 生产小队	蒋金泉　夏咸金　吴阿炳 梅秋萍　褚惠维　杨立新 夏维珍　周跃明　吴鸿立	蒋金泉	以大队名命校名；教师先后调入
1975—1988 年	共青小学	共青解放路	蒋金泉　胡继长　徐元谋 谈志成　孙泽民　梅秋萍 褚惠维	蒋金泉	
1989—2008 年	共青完全小学	共青村 5 组	孙泽民　蒋金泉　夏阿虎 蔡梅英　刘凤英　钱凤妹 庞炳华　方剑英　邱美珍 蔡祖华　管哲　卞琴芳	孙泽民 邱美珍 钱凤妹	白塔小学并入共青完全小学；教师先后调入

第二节 医疗卫生

一、医疗机构

共青社区卫生服务站，有昆山市卫生健康委员会颁发的医疗机构执行许可证，配有医务人员6名。2001年，卫生部部长张文康视察共青社区卫生服务站，对社区卫生服务工作给予充分肯定。

共青社区卫生服务站（2019年，罗英摄）

（一）成立与发展

1967年，共青大队、蔡家大队分别成立农村合作医疗站。共青大队合作医疗站的地点最早开设在第5生产小队，面积30平方米。1972年迁至共青大队小学校内，面积50平方米。1985年迁至共青村办公室，面积60平方米。医务人员先后有姚敖宗、王林根、陶士芬、夏梅香、谭凤英。蔡家大队合作医疗站的地点最早开设在第 7 生产小队，面积 30 平方米，医务人员有梅君圣、张和芬、施义祥。1980 年 10 月—1990 年 4 月，白塔村（蔡家/白塔大队）合作医疗站面积扩大到 40 平方米，医务人员有梅君圣、蔡东英、王芳。1990 年 5 月—2001 年 8 月，白塔村合作医疗站迁至白塔村综合大楼一楼，面积 80 平方米，医务人员有梅君圣、王芳。

2001 年 8 月，共青、白塔两村合并，合作医疗站开设在共青村综合大楼内，面积 80 平方米，医务人员有姚敖宗、谭凤英、王芳。2016 年，共青合作医疗站更名为共青社区卫生服务站，迁至共青新村 C 区共青·益家底楼，占地面积 600 平方米，医务人员有谭凤英、祁金忠、王亦君、蒋至珺、蒋思程。卫生服务站内开设候诊室、全科诊疗室、药房、注射室、中医室、观察室、资料室。

（二）医疗器材

表 5-3 为 2019 年共青社区卫生服务站医疗器材一览表。

表 5-3　2019 年共青社区卫生服务站医疗器材一览表

名称	作用
肩梯	肩关节训练、肩部的索伸
跑步机	心肺功能训练
股四头肌训练器	股四头肌肌力训练
站立架	站立姿势的训练
踩车	下肢肌力训练、协调的训练
木钉板	手功能的粗大运动训练
扶梯	步行及上下楼梯的训练
镜子	纠正患者站立及步行上的姿势，让偏侧忽略患者注意到忽略侧
哑铃	肌力训练
PT 床	背功能训练，提高功能
滚筒	肩肘关节的活动练习

二、医疗服务

中华人民共和国成立前,村民缺医少药,有病得不到及时治疗。中华人民共和国成立后,在党和政府的重视下,1967年10月,村域内成立医疗站,医务人员被称为"赤脚医生"。"赤脚医生"从群众中挑选出来,经过卫生机构的培训后,回到村(大队)医疗站为村民服务。医疗站成立后,农村常见病、多发病得到治疗,村民就医难、看病贵的问题得以缓解。医务人员还宣传科学卫生知识,培养农民的卫生意识。改革开放后,医疗卫生机构逐步健全,逐步实现"小病不出村,大病不出镇"。随之,村民有了医疗保险,减轻了医疗负担。

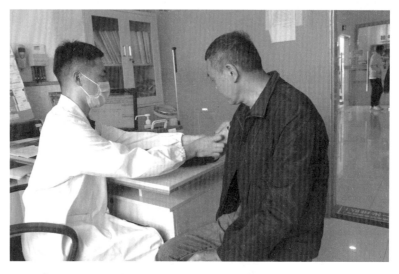

共青社区卫生服务站的医生为村民诊疗(2019年,罗英摄)

三、妇幼保健

中华人民共和国成立前,妇女分娩由接生婆接生,卫生条件差,产妇死亡率较高。当时流传这样一句话:"妇女生孩子,等于一只脚踏进棺材里。"中华人民共和国成立后,经过宣传教育,废除旧产婆,培训新型接生员,确保了产妇和婴儿的生命安全。

妇女劳动保护 20世纪50年代农业合作化后,地方政府对参加农业生产劳动的妇女实行"三调三不调",即经期调干(活)不调湿(活),孕期调轻

（活）不调重（活），哺乳期调近（活）不调远（活），由生产小队统一安排，深受妇女欢迎。70年代后期起，越来越多的妇女进入社队办企业工作，各个企业视工种不同，分别制定妇女劳动保护措施，妇女健康得到保障。

妇科病普查 20世纪六七十年代，村域内开始对妇女进行妇科病普查，建立登记册，对有病的妇女进行手术治疗和综合治疗。此后以预防宫颈癌为主，每年进行普查，一年查三分之一的人员，三年查完一轮，以此循环。80年代，根据普查，村域内各种妇科病发病率逐年下降。2009年，在农村妇女中开展宫颈癌和乳腺癌"两癌"免费检查，由省、市、县三级财政提供资金支持。"两癌"筛查项目的实施，有效保障了农村妇女的健康。至2018年，妇科病普查每年进行一次，普查率达100%。

孕产妇检查 20世纪八九十年代，村卫生室每年对孕妇做产前检查，在孕产妇怀孕12周内，即建立孕产妇联系卡；怀孕20周始，定期做常规检查，一般至临盆分娩要检查5次以上；对产前检查中发现的高危妊娠妇女，加强管理，送镇卫生院住院分娩；产后第7天、14天、28天各上门访视一次；产后42天，对产妇、婴儿做一次检查，并给予常识指导，落实避孕措施。村域村办企业给孕妇安排轻活，生产期给予产假，确保孕产妇身体健康。

儿童免疫接种 20世纪80年代，村域内对儿童实行计划免疫，免费接种"四苗"（卡介苗、百白破疫苗、脊髓灰质炎减毒活疫苗、麻疹疫苗），用以对"六病"（结核病、百日咳、白喉、破伤风、麻疹、脊髓灰质炎/小儿麻痹症）的预防与治疗。

四、医疗与保险

（一）缴费

1969年，村域内建立医疗保障制度（亦称"合作医疗"），由社员个人、生产小队共同筹集资金，简称"合作基金"，其中，参加合作医疗的社员，每人每年只需交2元，集体为每人交4元。社员在合作医疗室就诊，医疗费全免；重病到昆山县里的医院就诊，医疗费报销50%；到昆山人民医院、玉山医院就诊，医疗费可报销20%—30%不等。

1983年，参加合作医疗保险的人数减少，全村参保人数减至80%。

1992年起,村民参加合作医疗,每人每年只需缴纳3元,差额由昆山市、玉山镇两级政府拨款。在2000年前,最高报销金额不得超过3 000元。2000年开始,个人每人每年缴纳16元,昆山市、玉山镇财政各补贴每人20元。结算标准也不尽相同,超过千元补偿20%,超过3 000元不满5 000元补偿25%,5 000元以上补偿30%,住院患者补偿金额至6 000元封顶。

2000—2003年,昆山市政府在完善合作医疗的基础上,逐年完善大病风险基金制度,解决了农民看不起大病的问题,也避免了因病返贫的危险。

2004年起,昆山市政府提高农村医疗保险缴费标准,每人每年缴纳200元,其中,个人负担50元,60岁以上老人免缴,其余的由镇、村两级财政负担。

2009年,昆山市调整居民医疗保险档次标准,每人每年缴纳320元,个人缴纳80元,昆山市、玉山镇两级财政补助110元,共青村集体经济补助20元。调整后的居民医疗保险如下:

① 门诊、住院起付线与城镇职工医疗保险接轨,60周岁以下门诊起付线调整为600元;60周岁以上门诊起付线调整为300元。60周岁以下住院起付线按一、二、三级医院(包括转外地医院)的医院类别,分别调整为300元、600元、1 000元;60周岁以上根据一、二、三级医院(包括转外地医院)的医院类别分别调整为200元、500元、800元。

② 门诊、住院实行各分段统筹基金补助,报销比例在原有的基础上分别提高5%。

2012年,居民合作医疗缴费标准为每人每年550元,其中,个人缴费150元,集体180元,市补200元/人,村补20元/人。60周岁以上居民缴费由昆山市、玉山镇两级财政补贴,低保个人缴费由昆山市政府补贴,村级集体补贴由玉山镇负担。

至2019年年底,共青村参加农村医疗保险的有578人,其中,退休的农保老人68人;参加社会医疗保险的有1 973人,其中,托管人员1 333人。

(二)保险

大病保险 随着国家、地方政府财力增强,自2015年起,出台大病保险政策。

① 患糖尿病、肾病等大病,自付费用起付标准为5 000元,超过5 000元按

分段比例支付（表5-4）。

表5-4　2015年共青村大病费用支付比例一览表

费用分类	费用区间段	支付比例/%
自付费用	5 000（含）—10 000元（含）	30（+700元）
	1万（不含）—2万元（含）	40
自付和合规自费费用合计	2万（不含）—5万元（含）	50
	5万（不含）—10万元（含）	60
	10万（不含）—20万元（含）	70
	20万元（不含）以上	80

② 对符合恶性肿瘤（含白血病）经化疗、放疗、器官移植后抗排异治疗及尿毒症透析治疗等特殊病种的，适当降低起付标准，其在年度内发生的自付费用和合规自费，合计超过1万元至2万元的部分支付比例为50%，对应自付费用1万元封顶。

③ 对享受规定的实时救助人员实行"零起付"，并提高支付比例，除在年度内发生的"零自付"外，个人负担的合规医疗费用合计，按费用段，按比例支付（表5-5）。

表5-5　2015年共青村救助人员支付比例一览表

费用分类	费用区间段	支付比例/%
救助人员的个人负担合规医疗费用合计	0—2万元（含）	60
	2万（不含）—10万元（含）	70
	10万（不含）—20万元（含）	80
	20万元（不含）以上	90

普惠医疗　共青村在册户籍人员及享受村土地补偿的人员，享受普惠医疗。当年度患病就医支出较大的村民，在昆山市就医的，根据定点医疗机构医疗费用发票原件上的个人现金支付医疗费用金额，给予相应补助；在外地就医的，根据医疗费用发票原件上的个人实际支付医疗费用金额，给予相应补助（转院

治疗的提供劳动保障部门报销后的蓝色凭证原件）。

患有低保边缘户中规定病种的村民，确因疾病需要购买自费药品的，可凭公立医院主治医生开具的病历、对应处方和药品发票原件，给予相应的补助，其中，门诊发票单张个人现金支付金额必须大于200元（含），住院发票不限额度，补助标准以发票和总医疗费用支出金额为准。具体补助标准如下：自付部分2 000元至3 000元的给予自付部分的10%补助，自付部分2万—3万元的给予自付总额的15%补助，自付部分3万—5万元的给予自付总额的20%补助，自付部分5万元以上的给予自付总额的25%补助。当年度为低保户、低保边缘户、一户多残家庭中的残疾人员及重点优扶对象、劳动模范、失独父母的村民，本人患病医治发生的医疗自付部分，在上述标准的基础上再提高10%的补助比例。

自付部分补助比例中，总金额的尾十位数不满50元的补足50元；超过50元的补足100元；对已享受过医疗补助的村民在当年度继续治疗产生的医疗费用，且全年度自付部分总额累计超已享受补助比例的，按年度总额累计的比例补助，已享受补助的进行补差。单个村民当年度累计最高补助额度不超过5万元。

住院护工补贴　患有低保边缘户中重病种的村民住院，凭出院小结可享受住院期间每天30元的护工费补贴，个人当年度最多可享受护工补贴的天数为30天。凡当年度为低保户、低保边缘户、一户多残家庭中的残疾人员及重点优扶对象、劳动模范、失独父母的村民，本人患病住院的，可享受住院期间每天60元的护工费补贴，个人当年度可享受护工补贴的天数最多为30天。

五、血吸虫病防治

（一）查螺

血吸虫病是人畜共患的一种传染病，主要传染对象是人和牲畜。血吸虫病的毛幼虫寄生在钉螺之中，所以要消灭血吸虫病，首先要消灭钉螺。因此，查螺、灭螺成为消灭血吸虫病的首要环节。

1952年，村域内根据上级要求，与学校联系，发动师生捕捉钉螺。1953年，昆山县血防站、城南卫生院、血防领导小组到村域宣传血吸虫病的危害性及普及如何识别钉螺。是年，村域内掀起一场群众性的大规模查螺、灭螺运动。

1953 年，村域查出有螺面积 237.97 万平方米，约 3 569.6 亩；1954 年，查出有螺面积 211.9 万平方米，约 3 178.5 亩；1955 年，查出有螺面积 200.83 万平方米，约 3 012.5 亩；1956 年，查出有螺面积 191.56 万平方米，约 2 873.4 亩；1957 年，查出有螺面积 167.07 万平方米，约 2 506 亩；1958 年，查出有螺面积 166.53 万平方米，约 2 498 亩；1959 年，查出有螺面积 150.35 万平方米，约 2 255.3 亩；1960 年，查出有螺面积 147.07 万平方米，约 2 206 亩；1961 年，查出有螺面积 147.22 万平方米，约 2 208.3 亩；1962 年，查出有螺面积 156.07 万平方米，约 2 341 亩。共青、蔡家两大队在 1953—1962 的十年中有螺面积见表 5-6。

表 5-6　1953—1962 年共青、蔡家两大队有螺面积统计表

单位：万平方米

大队	年份									
	1953	1954	1955	1956	1957	1958	1959	1960	1961	1962
蔡家	113.57	102.07	98.83	91.53	79.87	79.53	69.13	68.42	68.47	69.93
共青	124.40	109.83	102.00	100.03	87.20	87.00	81.21	78.65	78.75	86.13
合计	237.97	211.90	200.83	191.56	167.07	166.53	150.34	147.07	147.22	156.06

1965—1966 年，根据上级指示精神，共青、蔡家两大队成立血防领导小组，蔡后成为蔡家大队血防工作负责人，工作人员有梅君圣。周阿二为共青大队血防工作负责人，工作人员有范和娣。各个生产小队落实一名人员专职查螺，村民称其"灭螺保健员"，全面开展对绿地、河道、溇、潭、浜的查螺工作。对有螺地方画出草图，标出记号，正确掌握螺情（表 5-7）。1969 年，将自然村、生产小队之间的交界处、电灌站、屋前屋后宅基地、竹园地等漏查区，以及"三石"（石驳岸、石桥墩、石河滩）、"五荒"（荒滩、荒坟、荒宅基、荒田、荒竹园）死角地段列为查螺重点区域（表 5-8 为 1965—1970 年共青、蔡家两大队有螺面积下降情况统计表）。查螺时均采取群众普查、大队专业队复查、公社专业队抽查、大队之间对口互查的方法。经过 10 年查螺、灭螺工作的开展，1976 年，城南公社对共青区域考核复查，基本查不到有螺面积。

表5-7　1965—1966年共青、蔡家两大队钉螺分布情况统计表

单位：万平方米

年份	大队	累计有过钉螺分布面积					
		河塘	沟渠	稻田	塘滩	其他	合计
1965	蔡家	2.18	1.49	69.93	1.52	2.13	77.25
	共青	2.82	1.17	86.13	1.86	2.57	94.55
1966	蔡家	1.96	1.34	62.94	1.37	1.92	69.53
	共青	2.53	1.05	77.52	1.67	2.31	85.08

表5-8　1965—1970年共青、蔡家两大队有螺面积下降情况统计表

单位：万平方米

年份	大队	累计有过钉螺面积						总计	下降
		河塘	沟渠	稻田	塘滩	其他	合计		
1965	蔡家	2.18	1.49	69.93	1.52	2.13	77.25	171.80	—
	共青	2.82	1.17	86.13	1.86	2.57	94.55		
1966	蔡家	1.96	1.34	62.94	1.37	1.92	69.53	154.61	20%
	共青	2.53	1.05	77.52	1.67	2.31	85.08		
1967	蔡家	1.37	0.94	44.06	0.96	1.34	48.67	108.23	30%
	共青	1.77	0.74	54.26	1.17	1.62	59.56		
1968	蔡家	0.82	0.56	26.44	0.57	0.81	29.20	64.93	40%
	共青	1.06	0.44	32.56	0.70	0.97	35.73		
1969	蔡家	0.41	0.28	13.22	0.29	0.40	14.60	32.47	50%
	共青	0.53	0.22	16.28	0.35	0.49	17.87		
1970	蔡家	0.14	0.11	5.29	0.11	0.16	5.81	12.95	60%
	共青	0.21	0.09	6.51	0.14	0.19	7.14		

（二）灭螺

1956年，域内响应毛主席"一定要消灭血吸虫病"的号召，把消灭血吸虫病工作当作当时的主要任务来抓，连续开展多次以土埋为主的群众性灭螺运动。

填平荒废、不用的沟渠、池塘、洼地，大搞农田水利，开沟铲草皮，达到"三面光"。用铲下的土压埋钉螺。1958年，共青、蔡家两大队结合农田水利，利用一切劳力，实际灭螺面积达到160.63万平方米。1959年，实际灭螺面积153.85万平方米。1960年，实际灭螺面积25.60万平方米。1961年、1962年，因处于困难时期，灭螺工作没有正常进行。1963年，实际灭螺面积18.58万平方米。1964年，实际灭螺面积11.84万平方米（表5-9）。

表5-9　1958—1964年共青、蔡家两大队灭螺面积统计表

单位：万平方米

大队	年份				
	1958	1959	1960	1963	1964
蔡家	73.63	72.64	12.56	8.64	5.37
共青	87.00	81.21	13.04	9.94	6.47
合计	160.63	153.85	25.60	18.58	11.84

1964年8月—1965年6月，江苏省血防研究所领导带领昆山县血防站的科技人员及公社血防站的人员，到共青大队开展消灭血吸虫病试点工作，组织大队专职人员、群众查螺骨干一起灭螺，并现场指导，同时培训查螺灭螺群众骨干。1964年10月—1965年4月，域内群众用半年时间，消灭村庄周围茭白塘、屋前屋后、竹园滩、荒滩等死角区域的钉螺。1965年5月开始，域内群众利用夏季，消灭河道、渠道内及两边的钉螺。同时，降低浜、溇、潭水位，采用挖、刨、铲土埋法灭螺。由电灌站站长（蔡家蒋金观、共青姚早生）负责，带领张维民、王大梅等10多名放水员，分段、分片铲草皮，再用五氯酚钠浸杀。与此同时，共青、蔡家两大队总结出铲草皮分段堵、浅水浸、清渠底、扫残余、进水池、排洪沟、节制闸一起灭螺的经验，加以推广。以后每年春季都要进行一次群众性的复查工作，对查出尚有钉螺的地段、渠道，都要用五氯酚钠浸杀。经过多年灭杀工作，至1993年，共青村、白塔村达到彻底消灭血吸虫病的标准。

（三）查病

诊断是否患有血吸虫病的方法主要是从粪便内检查是否有虫卵或是否能孵化毛蚴以及直肠黏膜活体组织内是否有虫卵。粪检主要借用直接涂片法、沉淀

孵化法、沉淀镜检法。1957年，在血吸虫病情调查中，主要为医生询问，结合体检情况来确定疑似血吸虫患者。1960年，为提高粪检受检率，将三送三检改为一送三检；1964年，又将三送三检和沉淀孵化相结合，进行查病。1970年，实践总结出粪便查病"把五关"（送检质量关、水质处理关、操作质量关、孵化观察关、清洗消毒关）的经验。1980年，已治愈大批患者，人群感染率明显降低，当时粪检很少查出血吸虫患者。医生采取询问病史、体检、皮试、环试相结合的综合查病方法，以此提高血吸虫患者的查出率。

检查患者 1964年，由江苏省血防研究所和昆山县血防站专业人员、城南公社血防分管领导，以及城南卫生院医生，共计60人，到蔡家大队、共青大队，逐队、逐人查病。是年，蔡家大队查出患者447人，共青大队查出患者432人（表5-10）。

表5-10 1964—1969年共青、蔡家两大队血吸虫患者统计表

单位：人

年份	队别	总人口	应检人数	实检人数	阳性数	晚血患者		累计患者
						脾	腹水	
1964	蔡家	564	525	512	425	7	15	447
	共青	545	514	506	410	8	14	432
1965	蔡家	620	578	558	410	4	9	423
	共青	589	508	498	378	3	7	388
1966	蔡家	682	572	552	406	2	4	412
	共青	687	581	541	431	1	3	435
1967	蔡家	750	685	615	365	1	2	368
	共青	755	645	585	325	—	1	326
1968	蔡家	825	630	592	182	—	—	182
	共青	831	651	573	203	—	—	203
1969	蔡家	858	710	685	68	—	—	68
	共青	867	717	627	39	—	—	39

检查病牛 血吸虫病是人、畜共患的一种病，相互间传染，因此，检查、

治疗病牛同样很重要。1964年开始，村域内连续9年对耕牛进行严格查治，到1972年，患病耕牛全部治愈（表5-11）。

表5-11　1964—1972年共青、蔡家两大队病牛检查统计表

单位：头

年份	蔡家大队				共青大队			
	头数	粪检数	阳性数	治疗数	头数	粪检数	阳性数	治疗数
1964	14	14	13	13	13	13	11	11
1965	14	14	10	10	15	15	9	9
1966	15	15	9	9	16	16	7	7
1967	15	15	8	8	18	18	6	6
1968	16	16	6	6	19	19	5	5
1969	16	16	5	5	20	20	4	4
1970	17	17	3	3	20	20	2	2
1971	18	18	2	2	21	21	1	1
1972	18	18	0	0	21	21	0	0

（四）治病

昆山解放初期，村域是血吸虫病严重的地区，村民们基本患有血吸虫病，病情轻重不一。处于中晚期的严重的患者，出现腹水、脾脏肿大的现象，骨瘦如柴，丧失劳动能力和生育能力。

1952年开始，从中央到地方各级政府投入大量的人力和物力，积极消灭血吸虫病。

治疗血吸虫病，采取面上治疗与短期集中治疗相结合的方法。药物主要有酒石酸锑钾及中草药。

1955年春节，由江苏省卫生厅挂帅，苏州市卫生局、昆山县卫生局及城南乡卫生院血防科联合组建了一支血吸虫病专业医疗队，由王志新、张济民医生带领8名医务人员进驻蔡家初级社；由周大刚医生带领12名医务人员进驻共青初级社。对查出的患者分期、分批集中起来，静脉注射1%的酒石酸锑钾，20天为一个疗程。每个大队分5批治疗，前后用时100天。

1956年春季，苏州市卫生局组织由昆山县卫生局抽调的县级医院及城南乡卫生院医务人员，由王志新、张济民等4名医务人员来到共青村域，采用中西医相结合的方法，使中晚期血吸虫患者得到治疗。

1964年，全面治疗血吸虫患者。一年中，蔡家大队治疗患者447人，共青大队治疗患者432人，两个大队共治疗患者879人。

1968年，根据专业医务人员的治疗方法，一段时间采用枫杨叶、小茴香、川椒治疗。后改用口服锑-273为主，部分患者用酒石酸锑钾治疗。一年中，蔡家大队治疗患者182人，共青大队治疗患者203人，两个大队共治疗患者385人。

1970—1976年，共青、蔡家两大队的剩余患者，按照专业医务人员的治疗计划，采用为期10天的呋喃丙胺与敌百虫肛检合并治疗方法。

蔡家、共青两个大队用10年时间，采用多种方法治愈患者。有的采用手术方法治疗，蔡家大队脾脏切除的有张炳生、张阿娥等7人，重症肝腹水患者张爱金、张七妹等15人得以治愈；共青大队脾脏切除的有吴阿富、徐阿毛等8人，肝腹水患者吴阿仁等14人得以治愈。

1976年，蔡家大队967人，共青大队968人，两个大队共计1 935人，通过粪检，全为阴性。是年，防疫部门对各项指标进行考核，达到基本消灭血吸虫病的要求。

1993年，白塔村、共青村通过昆山市防疫部门考核，各项指标全部达到消灭血吸虫病的标准。

第三节　群众体育

共青新村住宅小区内，健身器材品种众多，有肩关节康复轮、下肢训练器、平椎训练器、云梯、滑梯、伸背架、单杠、双杠等。共青村每年都对体育健身设施加以建设、完善和更新。共青村村委会对体育活动非常重视，鼓励村民积极参加各项体育活动。2010年12月，昆山高新区总工会举办乒乓球比赛和迎新长跑等活动，共青村均派运动员参加，并在比赛中取得了较好的成绩，捧得了奖杯。

一、活动场所

共青村的活动室设在共青·益家内，有台球室、乒乓球室，面积200平方米。共青新村A区有活动场地2个，面积分别为360平方米和150平方米；篮球场1个，面积760平方米。共青新村B区有活动场地2个，面积为250平方米。共青新村C区有活动场地1个，面积为160平方米；篮球场1个，面积为768平方米。

共青村活动场地（2019年，罗英摄）

老年活动室 1989年10月，原共青村办起了老年活动室，地点设在共青农机队的一间房子内，面积30平方米。当时经费不宽裕，活动室内仅放几张桌子、几条凳子。管理人员王德洪不仅负责烧水，还负责打扫卫生等工作。

1990年，白塔村办起了老年活动室，地点设在白塔小学内的两间教室里，面积50平方米。当时活动室设施比较简单，仅有几张桌子、几条凳子。管理人员承锦湘，负责茶水供应，打扫卫生。老年人空闲时间可去老年活动室喝茶、聊天，享受晚年生活。

2002年，白塔村老年活动室搬到共青中转房（共青村5组）内，两间房60平方米。管理人员蔡菊林，由于经济条件得到改善，老年活动室内增添了电视机、桌子、凳子，还增添了麻将桌5张，丰富了老年人的业余生活。

2006年，共青村老年活动室搬迁到共青新村B区新建的老年活动室内，活动室为两间房子80平方米。由居雪弟负责管理，活动室内有电视机1台，立式空调1台，麻将桌6张，卫生间设施配套齐全。2011年12月，居雪弟退休。2012年1月由吴阿炳负责老年活动室的管理工作。

随着共青村经济收入增长，为使老年人有更好的活动场所，增加活动内容，丰富文化娱乐生活，老年活动室于2016年1月搬到共青新村C区老年人活动中心，有影视室、棋牌室、休息室、图书室、台球室等。管理人员张雪弟。

2018年开始，共青村老年人活动室委托共青·益家服务中心管理。

老年人活动室（2019年，罗英摄）

二、体育活动

掼菱角（卢智昱绘）

掼菱角 掼菱角是村域内小孩常玩的一种游戏，兴起于20世纪30—40年代，50年代成为一种时尚。该游戏是将一段硬质木头做成一个直径5厘米、高5厘米左右的圆锥形菱角，主体呈橄榄形，上部比下部略长，上端留有倒凹形子，便于绕绳，使绳不易滑落。小孩玩此项游戏时，用一根细绳沿菱角端子规则缠绕，倒捏菱角于手中，手指用力抽绳，将菱角掼在画好的圈内，菱角自然正立在地上旋转，两个转动的菱角相互对撞，被撞停的那个就输了。20世纪60年代末，该游戏逐渐消失。

车铁箍 20世纪30—40年代，村域男孩就学会了车铁箍。50—60年代时渐兴，60年代末逐渐消失。车铁箍是一种很简单的游戏，只需选用1只铁箍，另用1根30厘米的铁丝，一头弯成凹形钩子，一头扎在一根不到一米长的细竹竿上，然后用凹形铁钩钩住铁箍往前推。借助推力，铁箍便向前滚动，并发出"哐啷哐啷"的声音。叉得熟练的孩子会在小田岸上进行车铁箍比赛，看谁叉得既快又稳。铁箍先掉在田里为输。

车铁箍（卢智昱绘）

打铜板（卢智昱绘）

打铜板 打铜板源起于清末，时兴于20世纪50年代，80年代之后，该游戏逐步消失。该游戏由2个以上男孩玩，人越多越有趣。首先选一个比较宽敞平坦的场地，找一块比较大的平方砖。参加者每人出一个铜板，放在方砖上，然后用猜拳的方法，决定出场的次序。第一个出场者在方砖边选择一个合适的位子，站好不许移动，第二个出场者将每人拿出的铜板叠在方砖中间。先进行的出场者用铜板照准方砖中间的铜板猛打一次，如果把铜板从方砖上打落到地上，铜板就归自己。再将剩下的铜板叠好，依次打，一直到方砖上的铜板打完为止。

滚铜板 滚铜板也是域内男孩常玩的游戏，参加人数不限。滚铜板源于清末，兴于20世纪50年代，70年代逐渐消失。这种游戏需要先选一块十几平方米的比较平整的场地，再找2块砖头，一头垫高，使砖形成30度左右的坡度。活动时，在离砖台5—8

滚铜板（卢智昱绘）

米的地方画一条横线，然后用猜铜板正反面决定出场次序。出场者捏住铜板，对准砖面，使巧力，将铜板松手，铜板向前滚（用力的方法不同，铜板滚的方向不同），如铜板滚出横线外，则算越过规定范围，只能等下一轮（本轮取消资格）。待参与者全部滚完后，看谁的铜板离横线最近，最近者为胜者，可拿起自己的铜板，击周围离自己最近、最容易击中的铜板。被击中的铜板归自己，并可以连击，直至击不中，再将机会让予后者。以此类推，直到击完为止。在滚铜板的过程中，也要讲究策略，如大局对自己不利，可以用巧妙的方法，滚得离人家的铜板远些，让人家击不中，称作"逃避"。

踢方格（卢智昱绘）

踢方格 踢方格是域内男女孩都喜爱的游戏。兴起于 20 世纪 60 年代，80 年代逐渐消失。该游戏一般由 2 个以上的人玩，对场地要求不高，选择一块比较平整的场地就可以，画竖 7 格，横 2 排 14 格，每格是约 0.5 平方米的正方形。参加者每人自选一块比较合适的（3—5 厘米大小）瓦片。出场者将瓦片放在第一格，一鼓作气踢完 14 格者为胜者。中途瓦片压线、出格或脚踏线即停赛。参加者踢完后，看踢的格子多少排名次。

打弹子 打弹子兴起于 20 世纪四五十年代，70 年代逐渐消失。这是一种农村男孩玩得比较多的游戏，人数不限。玻璃弹子是从货郎那儿换来的。活动前先在玩的场地上挖 4 个比弹子大一点的泥洞，前 3 个洞距离相等，最后一个洞相隔远一点（根据场地大小而定），称"老虎洞"。再用猜拳的方法，确定出场的先后次序。规则为弹子滚进第 4 个洞，即"老虎洞"，然后"老虎"在洞边守着，未当"老虎"的弹子滚到哪儿，就停在哪儿。滚完后，"老虎"开始击弹子，击中的弹子归自己，并可连续击。击不中的弹子停在那儿不

打弹子（卢智昱绘）

再动,让后面未进"老虎洞"的弹子,继续向"老虎洞"进军。当上"老虎"的人可以击别人的弹子,依次进行,直至场上弹子击完为止。

削水片 削水片是域内自古以来就有的一项游戏,20世纪初逐渐消失。该游戏是村民平时散步或劳动歇息、一时高兴时开展的。活动前,村民在河边、墙角捡一块碎瓦片(缸片也可)。手捏瓦片或缸片,走到河滩边,使劲将瓦片或缸片甩向水面,随着"嗒嗒嗒"的声音,水面上出现一

削水片(卢智昱绘)

串漂亮的水花。削水片看似简单,却很有讲究,要有一定的技巧。一是扔得人要有力,二是要使瓦片或缸片紧贴水面,掠水而行,出没跳跃,能在水面上激起一片片涟漪,飞出的涟漪由近及远、由小而大,在水面上画出一朵朵美丽的莲花,给人以无穷的乐趣。

跳橡皮筋(卢智昱绘)

跳橡皮筋 跳橡皮筋兴起于20世纪70年代初,至今仍然流行。该游戏也叫跳牛皮筋,是女孩子们特别喜欢的一项活动。在不少弄堂、院落里,经常可以看到女孩子们哼着童谣、和着节奏,在跳橡皮筋。活动前,把参赛者分成两组,每组高手分别率领自己的队伍参加比赛,哪个组全体队员均闯过关,那么这个组便获胜。

扇洋片 洋片又叫娱乐片,源于20世纪80年代,90年代后逐渐消失。"洋片"为一种彩色的卡片,上多为《三国演义》《水浒传》等中的人物。要想全部攒齐各类兵器的"洋片"很

扇洋片(卢智昱绘)

不容易。货郎担上有整板、成条出售，孩子们买回来将其剪成单张，用橡皮筋绷住并藏好。每当放学后，一帮顽童蹲在墙角边的空地上，或庭院、路边，进行活动。将自己的洋片按单张、多张正面朝下摞起，参与者先猜拳决定出场先后，然后用手掌扇洋片。将洋片的正面扇出，即赢（根据各人掌握的技巧与力度，利用手掌扇动时产生的风力将洋片翻过来）。

挑绷绷 挑绷绷源起于20世纪初，现今极少出现。该游戏女孩玩得较多。活动前，活动者先取一根长0.8米的扎底线（棉线），把线的两头打结拴住，然后你来我往，利用自己双手的十个指头，钩出各种形状，再让别人挑，即可变成另一种形状。形状的变化多样，有大方砖、梭子块、

挑绷绷（卢智昱绘）

大手巾。解开者即为赢者，解不开者便输。

跳绳 跳绳源起于清末，历史悠久，男女皆宜。跳绳加伴唱的游戏，娱乐性很强，能促进儿童灵敏度、速度、弹跳力及耐力等的提高，因此，跳绳运动一直流传至今。跳绳活动简便，随时随地都可以开展，只要有一根绳即可，是一项适合大众的体育健身运动。跳绳花样繁多，可简可繁，冬天农闲时，村民们经常开展这项活动。

跳绳（卢智昱绘）

放风筝 放风筝也叫放鹞子，源于20世纪初，至今仍流行。风筝的制作比较简单，用竹篾做成骨架，再将纸或绢布糊在骨架上，最后在骨架上系一根长线就成了。用纸或绢布可以做成蝴蝶、蜈蚣、蜻蜓等各种形状的风筝。现在风筝多在玩具店购买。放风筝时，要选择有微风的晴天，找一块空旷的地方，乘着风势，放出多米长线，逆风时就用抖动的方法来牵引风筝，让风筝得到风力后飞起来。待风筝起飞，逐渐放线，风筝会越飞越高。这时，放风筝者捏紧长

线，随风筝奔跑，煞是有趣。

放风筝（卢智昱绘）

老鹰捉小鸡（卢智昱绘）

老鹰捉小鸡 该游戏源于20世纪初，至今仍存在，是好多孩童一起玩的游戏，七八个小孩一起玩为宜。参加者先推荐两个比较灵活、个子高一点的孩子，一人作老鹰，一人作母鸡，其余小孩依次抓住后面一个人的衣边，连成一条龙作小鸡。小鸡跟随母鸡转来转去，母鸡挡住老鹰的进攻，小鸡跟着母鸡，躲来躲去，只为不让老鹰捉住。直到一只只小鸡被老鹰捉完，游戏即结束。

随着社会的进步、科技的发展，传统的游戏活动除跳绳、踢毽子、放风筝等仍在流行外，其余的活动项目都被现代的智能游戏代替。

第六章　精神文明建设

共青村始终坚持把精神文明建设贯穿于村域经济社会建设的全过程。20世纪50年代，主要体现在"破四旧，立四新"、农民当家作主、妇女解放等方面。60年代，村域内共青、蔡家两大队倡导"学雷锋、做好事、积公德"。70年代，在全国开展"农业学大寨"运动的背景下，共青、蔡家两大队党支部积极组织党员干部和群众学大寨，把大寨的鼓足干劲、艰苦奋斗的精神落实到劳动生产中。80年代，共青、白塔两村积极宣传讲文明、讲礼貌。90年代以后，共青、白塔两村的精神文明建设朝着为现代化、综合化服务方向发展。进入新时代，村域重点宣传学习党的十九大精神、习近平新时代中国特色社会主义思想。共青村先后获得"江苏省文明村"等省、市级荣誉称号。进入21世纪，精神文明建设进入崭新的、立体式发展的新时代，共青村充分利用文化主题、文化空间、多媒体、互联网等，构筑社会主义精神文明建设的新阵地，先后被苏州市、昆山市表彰为文明村建设先进集体。

第一节 思想道德教育

20世纪50年代开始，共青村域内的党组织坚持把思想道德教育工作作为精神文明建设的一项重要工作来做，先后开展党员教育、群众教育，提高共青村党员村民的文明素质。

一、党员教育

20世纪50年代中期，共青大队、蔡家大队党支部组建。两个大队的党支部始终把党员教育作为工作的重中之重。进入21世纪以后，共青村党总支部以党建为引领，振兴村级经济，开展各项活动，提高党员的思想觉悟，"不忘初心、牢记使命"是每个共青村党员的基本准则。

共青党课 党课是提高党员思想教育的主阵地。20世纪80年代以来，共青村党支部坚持每年邀请乡镇党校、上级党委及村支部的领导来村会议室为共青村党员上党课，针对不同时期、不同主题对党员进行思想、政治形势教育。

2005—2019年，共青村党总支部开设了多堂内容丰富的党课，具体见表6-1。

表6-1 2005—2019年共青村党总支部开设党课一览表

年份	上课日期	主题	参加人数/人	主讲人
2005	7月1日	庆祝建党84周年——党的光辉历史	62	姚小星
	12月27日	让党的先进性在"昆山之路"上闪光	61	曹新平
2006	1月18日	建设社会主义新农村，保持共产党员先进性	62	苏洪根
	6月9日	维持党章权威，保持党员先进性	49	苏洪根
2007	1月15日	构建和谐社会就是将生活中不和谐改变过来	60	苏洪根
	12月24日	每一个共产党员必须坚持实事求是	57	陈志兴

续表

年份	上课日期	主题	参加人数/人	主讲人
2008	5月21日	抗震救灾众志成城	51	陈志兴
	7月1日	党员生活作风与党员形象建设	53	苏洪根
2009	1月10日	《中国共产党党员教育管理工作条例》	59	李轶群
	12月12日	共产党员要树立和落实科学发展观	52	苏洪根
2010	1月17日	学习《中国共产党章程》——党的方针政策和法律法规	64	李轶群
	5月15日	学习党的农村方针政策	53	李轶群
2011	1月22日	党员自我修养	70	李轶群
	7月2日	观影党课《建党伟业》	65	李轶群
2012	1月7日	新时期共产党员的修养	67	李轶群
	6月30日	提振精神气,决胜现代化	67	潘月琴
2013	9月14日	同心共筑中国梦	58	潘月琴
	9月28日	共产党员要争当弘扬社会正气、净化社会风气的带头人	64	苏洪根
	10月19日	重温党史,再创辉煌	69	钱燕华
2014	1月7日	学习党的十八大精神,紧跟形势步伐	73	潘月琴
	12月27日	观影党课《苏联共产党解体》	59	吴雪元
2015	6月27日	学习"党要管党,从严治党"电视党课	71	吴雪元
	10月20日	学习十八届五中全会精神专题党课	55	吴雪元
2016	6月26日	学习习近平总书记系列重要讲话	59	吴雪元
	11月6日	"四讲四有""两学一做"电视党课	43	吴雪元
2017	5月14日	学习"两学一做"精神	47	吴雪元
	12月17日	"学习十九大,迈进新时代,踏上新征程,奔向现代化"专题宣讲	65	苏洪根
2018	1月25日	"党的十九大精神"宣讲报告	52	刘秋峰
	11月3日	学习贯彻习近平新时代中国特色社会主义思想主题教育	56	苏洪根
2019	2月16日	党员亮承诺,砥砺前行	68	杨学明
	2月23日	学习党章	65	杨学明
	6月12日	学习《中国共产党党员教育管理工作条例》	70	杨学明

主题教育 2005—2019年，共青村党总支部多次组织党员进行主题、宣传教育活动（表6-2）。

表6-2　2005—2019年共青村党总支部主题宣传教育活动一览表

年份	主题宣教活动内容	参加活动人数/人	主持人
2005	"两个率先""三个代表"主题宣传	68	姚小星
2006	"八荣八耻"主题教育宣传	65	陈志兴
2007	"讲文明话、办文明事、做文明人"主题宣传	65	陈志兴
2008	"社会主义核心价值观"宣传教育	67	陈志兴
2009	"三访、三解、三促"教育宣传	68	李轶群
2010	"三严三实"专题教育	70	李轶群
2011	"一个支部是堡垒，一名党员是其中"宣传教育	70	李轶群
2012	"两学一做"主题教育宣传	68	李轶群
2013	"纪念龙州起义80周年"宣传活动	65	吴雪元
2014	"学习党的十八大精神，共筑中国梦"主题宣传	68	吴雪元
2015	"讲党性、强责任、树正气、守纪律"主题宣传	70	吴雪元
2016	"缅怀革命先烈，重温入党誓词"主题教育	70	吴雪元
2017	"推动科学发展，服务人民群众"主题宣传	69	吴雪元
2018	"不忘初心、牢记使命"主题宣传	67	吴雪元
2019	"党员先锋十带头和农村党员十带头"教育宣传	70	杨学明

说明："两个率先"即率先全面建成小康社会，率先基本实现现代化。

"三个代表"指的是中国共产党要始终代表中国先进生产力的发展要求，中国共产党要始终代表中国先进文化的前进方向，中国共产党要始终代表中国最广大人民的根本利益。

"八荣八耻"指的是以热爱祖国为荣，以危害祖国为耻。以服务人民为荣，以背离人民为耻。以崇尚科学为荣，以愚昧无知为耻。以辛勤劳动为荣，以好逸恶劳为耻。以团结互助为荣，以损人利己为耻。以诚实守信为荣，以见利忘义为耻。以遵纪守法为荣，以违法乱纪为耻。以艰苦奋斗为荣，以骄奢淫逸为耻。

"社会主义核心价值观"指的是富强、民主、文明、和谐、自由、平等、公正、法治、爱国、敬业、诚信、友善。

"三访、三解、三促"指领导干部深入一线走访基层企业、走访基层组织、走访基层群众，了解民情民意、破解发展难题、化解社会矛盾，促进党群干群关系融洽、促进基层发展稳定、促进机关作风转变。

"两学一做"指学党章党规、学系列讲话，做合格党员。

"农村党员十带头"是指：① 带头宣讲惠农政策，助推乡村振兴；② 带头创业勤劳致富，推动农村小康；③ 带头遵守村规民约，完善乡村治理；④ 带头整治环境卫生，共建美丽家园；⑤ 带头规范农房翻建，服从规划管理；⑥ 带头爱护公共设施，优化村居环境；⑦ 带头汇集村情民意，联系服务群众；⑧ 带头化解矛盾纠纷，促进邻里和谐；⑨ 带头劝阻赌博迷信，引领乡风文明；⑩ 带头支持扫黑除恶，共创平安法治。

组织活动　2019年，共青村党总支部通过共青党课、主题宣传教育活动，进一步提高共青村党员的政治思想觉悟，同时还组织各类学习活动，进一步深化教育内容（表6-3）。

表6-3　2019年共青村党总支部组织活动一览表

日期	内容	地点	参加人数/人	主持人
2月15日	文化、科技、卫生"三下乡"	共青村会议室	200	杨学明
2月26日	观看电影《红海行动》	保利电影院	60	王　芳
3月20日	观看微电影《风起江南》	共青村会议室	65	杨学明
4月2日	参观"昆山之路"	昆山科技文化博览中心	60	杨学明
4月2日	学习《平"语"近人——习近平总书记用典》第六集	共青村会议室	60	杨学明
5月18日	学习《平"语"近人——习近平总书记用典》第十一集	共青村会议室	60	杨学明
7月17日	慰问困难老党员	—	43	杨学明
7月28日	迎"八一"拥军优属，创先争优	共青村会议室	48	马　涛

续表

日期	内容	地点	参加人数/人	主持人
7月28日	观看主题片《铁血军魂》	共青村会议室	60	杨学明
9月5日	共青村喜迎中秋活动	共青·益家	40	陈小红
11月4日	便民献爱心活动	共青村	50	陈小红
12月4日	党员志愿者帮困扶困	"三无老人"家	4	陈小红
12月4日	宪法的法制宣传	共青村	100	季晓芸

注:"昆山之路"以"艰苦创业、勇于创新、争先创优"为主要精神内涵。

二、群众教育

开展"学雷锋"活动 1963年3月,毛主席向全国人民发出"向雷锋同志学习"的号召。村域内各大队、各生产小队组织青年团员、中小学生开展"学雷锋"活动,成立毛泽东著作学习小组,村域内好人好事层出不穷。"文化大革命"结束后,1979年,村域内再次重启"学习雷锋"活动,重新提倡团结友爱、无私奉献的社会精神,广大青年团员积极支持、踊跃参与,树立崭新的社会风气。

2019年12月4日,共青村组织党员志愿者来到村困难残疾人家中,在书记杨学明的带领下,志愿者们帮助他们收拾房屋、打扫卫生,传承和践行雷锋精神,让困难群众感受到村里的关怀和社会大家庭的温暖。活动中,志愿者们鼓励困难群众要积极面对生活中的困难,同时表示会竭尽所能帮助他们解决生活中存在的困难和问题,使雷锋精神在社区传递,让社会主义核心价值观在社区传播。

开展"五讲四美三热爱",争创"四有新人"活动 20世纪80年代初,共青村域开展以"五讲四美"为主要内容的精神文明建设活动。1983年后,精神文明建设活动增加"三热爱"、学习张海迪和争做"四有新人"新的活动内容。通过这些学习活动,许多种田能手涌现出来,白塔大队第1生产小队社员蔡野男就是其中的代表。

蔡野男(蔡家港自然村人),1947年3月出生,1962—1983年担任第1生产小队队长。在他的带领下,全生产小队稻麦产量连续稳产高产。1983年后,分田到户，实行家庭联产承包责任制后，蔡野男家庭承包 106.15 亩农田，全年售给国家商品粮达 2.32 万公斤，超额完成国家征购任务的 38%，按时足额上缴国家农业税和集体"二金一费"，成为全村的售粮大户。1999 年秋粮入库中，获玉山镇规模经营户亩均售粮数第六名，受到玉山镇政府的表彰，成为实践"五讲四美三热爱"、做"四有新人"活动的带头人。

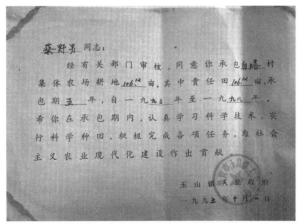

蔡野男获得的荣誉证书（2019 年，共青村村委会提供）

"垃圾分类，从我做起"宣传活动 2019 年 11 月 29 日，为积极响应《苏州市生活垃圾分类管理条例》，在村域内逐步推行定时定点分类投放管理制度。昆山市爱德社会组织培育中心联合共青村村委会，在共青小区开展"垃圾分类，从我做起"主题宣传活动，将垃圾分类环保的思想印烙在每一位居民的心中。活动还设置了背景签名墙，由党员带头签名，提高社区居民的参与度。

第二节　文明实践站

一、组织机构

2019年，共青村成立新时代文明实践站，站长为杨学明，副站长为承云龙，专兼职工作人员有闵雯娟、季晓芸。文明实践站通过开展活动，丰富村民的文化生活，提升村民对共青村的认同感和归属感。

二、组织功能

文明实践站的组织功能包括：聚焦宣传群众，建设"线上+线下"理论讲堂；聚焦教育群众，建设"传扬+互动"教育阵地；聚焦关心群众，建设"团结+和谐"暖心阵地；聚焦服务群众，建设"网络+队伍"服务铁军。

三、实践活动

文明实践站的活动宗旨是在共青村党总支部统筹推进下，由昆山市爱德社会组织培育中心实施，坚持"以人为本，服务村民"的原则，以丰富共青村村民生活为切入点，开展各种活动。

（一）志愿者服务

2019年开始，共青村党总支和村委会贯彻落实《昆山高新区建设新时代文明实践中心工作实施方案》，结合共青村实际，大力开展丰富多彩的新时代文明实践活动，积极培育和践行社会主义核心价值观。共青村充分挖掘村内有爱心、有热情、有号召力和影响力的人员，成立由30人组成的志愿者服务队伍，开展各类志愿服务，志愿者队伍不断壮大。

志愿者成员　队长杨学明，副队长季晓芸，志愿者衡艳华、承云龙、陈良滨、陈小红、王清、王芸、王建珍、蒋海云、张忠、张梦娇、张蓓丽、张雪弟、邱凌、邱洁、邱雪亮、丁玉芳、张凡、马涛、闵毅、闵雯娟、吴阿炳、吴育津、沈彬、虞志强、姚敬林、姚生吾、熊立军、陶志友。

志愿者的权利　志愿者参加志愿服务活动，接受相关的志愿服务培训，获得从事志愿服务的必需条件和必要保障。优先获得他人提供的志愿服务。对志愿服务工作提出意见和建议，享受相关法律、法规、政策所赋予的权利。

志愿者的义务　志愿者必须遵守国家法律法规和志愿者组织的相关规定，履行志愿服务承诺，传播志愿服务理念。自觉维护志愿者组织和志愿者的形象，自觉维护服务对象的合法权益，自觉抵制以志愿者身份从事营利活动或其他违背社会公德的活动（行为）。在志愿者服务过程中，服从志愿者管理部门的安排，注意人身、财产安全，保守服务对象的秘密和隐私，维护他人的法律法规规定的其他义务。

（二）志愿者服务项目

2019年共青村新时代文明实践站志愿服务项目见表6-4。

表6-4　2019年共青村新时代文明实践站志愿服务项目

序号	项目	时间	地点	联系人
1	"三下乡"	1月7日	共青新村C区	张　忠
2	整顿"僵尸车"	2月18日	2楼会议室	王　清
3	爱耳日	3月3日	2楼会议室	陈小红
4	参观"昆山之路"	4月1日	昆山市科技文化博览中心	季晓芸
5	"扫黑除恶"宣传	5月23日	共青小区	马　涛
6	功夫扇活动	6月30日	2楼会议室	陈小红
7	车库整治宣传	7月18日	共青小区	张　忠
8	"331"车库整治	8月5日	共青小区	张　忠
9	急救知识讲座	8月7日	2楼会议室	陈小红

续表

序号	项目	时间	地点	联系人
10	健康知识讲座	9月25日	2楼会议室	马　涛
11	春圃读书会	10月25日	2楼会议室	陈小红
12	便民爱心服务	11月4日	小区内	陈小红

四、活动载体

自2001年白塔村、共青村合并，组建新的共青村以后，共青村在发展城镇化建设和村域经济的同时，更加注重党风和民风建设，充分利用各种载体和媒体形式，进行思想道德教育，构建新时期精神文明建设崭新风采。

宣传牌　至2019年年底，村域内共建宣传牌307块，其中，文明城市宣传牌3块，"331"专项整治宣传牌6块，垃圾分类宣传牌10块，楼道宣传牌288块。每年各条线宣传投入8万—10万元。

横幅　2018—2019年年底，村域内平均每年悬挂横幅40—50条，重点以消防安全、村规民约为主。

宣传栏　至2019年年底，村域内共建有宣传栏14个，其中，共青新村A区3个、B区8个、龙泉山庄3个。根据精神文明建设需要，大型主题宣传每季度更新1次，常规公示每月都有。这些都使村民能够在第一时间了解村内发生的重大事项，也可普及精神文明建设。该项宣传每年投入3万元左右。

电子显示屏　至2019年年底，村域内共建有电子显示屏2块，其中一块是彩色显示屏，为上级政府投放，主要用于天气预报、菜场价格实时播报及其他各类宣传展示；另外一块为黑白屏幕，为村委会投资购买，主要用于播报各类活动通知、灾害预报等，投资额为3万元。

共青·益家　前身为共青会所，于2016年1月18日正式启用。一楼为老年活动中心，含棋牌室、活动室、休息室。二楼为公共活动场地，用于村内红白喜事的承办。三楼为综合服务中心，设有道德讲堂、未成年人活动室、家长学校、妇女儿童之家。2019年，应昆山高新区要求，在原共青会所基础之上创建"共青·益家"。是年7月，重新装修。重新规划后的共青·益家功能更加丰富，服务更加完善。其中，一楼设有日间照料中心、老年人按摩中心、影视中心、图书室；二楼除继续承办村内红白喜事外，还可举办各类主题活动；三楼继续设有道德讲堂、未成年人活动室、家长学校、妇女儿童之家，同时开设学生放学托管服务。以上旨在规范和提高村内公共服务水平，打造共青村精神文明建设品牌和高新区精神文明建设样板。

网络媒介 2019年1月起，共青村开始利用共青农村社区股份专业合作社微信公众号和微信群，进行精神文明建设宣传，拉近了党群距离，提高了服务效率。

五、活动安排

文明实践站的活动主要分为4个类型：一是大众型，服务整体村民（开展义诊、清洁小区环境卫生等）；二是夕阳型，主要服务村内老年居民，丰富老年人的生活，开展手工活动比赛（插花比赛、DIY手工比赛、茶话会、清洁老年人家中卫生、上门体检等）；三是特殊型，在特殊节日开展的亲子活动、退伍军人活动（交换会、手工比赛、退伍军人篮球比赛等）；四是雏鸟型，针对学龄儿童（开展课业辅导、少儿功夫扇、手工活动等），弘扬志愿服务"奉献、友爱、互助、进步"的理念。

奉献：从细节着手，针对中青年的工作、生活特点，把各项活动融入他们的工作、生活之中，起到示范、引领、指导的作用，身体力行地感染着下一代，营造出幸福家庭的氛围，以点带面，打造一个和谐幸福的共青村。

友爱：弘扬中华优秀传统文化，培育和践行社会主义核心价值观，开展村民认知传统、尊重传统、弘扬传统、孝老敬老、弘扬文明新风等系列活动。

互助：倡导辖区良好精神风貌，为辖区老年人提供更便捷、更贴近生活的志愿服务，邀请志愿者理发师、医护人员定期帮助辖区内老年人免费理发、体检、打扫居住室卫生及特殊家庭上门心理疏导等。

进步：培养孩子的综合能力，促进亲子关系的提升，加强家庭关系的融合，从而促进全村和谐氛围的营造；开展科普工作，增强未成年人的科学意识，培养未成年人探索未知世界的兴趣，提高未成年人的创新和实践能力。

第三节 文明村创建

一、创建组织

自2015年起,共青村加大文明村创建力度,为确保文明村创建的常态化,成立了共青村文明村创建领导机构(表6-5)。

表6-5　2015—2019年共青村文明村创建领导小组情况一览表

年份	组长	副组长	成员
2015	吴雪元	承云龙	季晓芸、王清、闵雯娟、张忠、陈小红、陈娟、王芳、衡艳华
2016	吴雪元	承云龙	季晓芸、王清、闵雯娟、张忠、陈小红、陈娟、王芳、衡艳华
2017	吴雪元	承云龙	季晓芸、王清、闵雯娟、张忠、陈小红、陈娟、王芳、衡艳华
2018	吴雪元	承云龙	季晓芸、王清、闵雯娟、张忠、陈小红、王芳、衡艳华
2019	杨学明	承云龙	季晓芸、王清、闵雯娟、张忠、陈小红、王芳、衡艳华、马涛

二、班子建设

创建文明村,关键在领导。共青村切实加强村班子建设,以"群众满意不满意、赞成不赞成"为标准,组织党员干部认真学习毛泽东思想、邓小平理论、"三个代表"重要思想、科学发展观、习近平新时代中国特色社会主义思想，开展学党章、找差距、明责任、树形象活动，以身子正、工作实、作风廉来赢得群众的信任。同时，加强对党员和干部的教育培训，进一步健全"三会一课"制度、民主评议、村干部工作制度，积极培养村后备干部和入党积极分子。

三、环境美化

2003年，根据共青村实际，因地制宜，统筹规划，从美化村容村貌、优化村环境出发，投入资金补绿补花，村庄绿化面积达4.3万平方米；投入资金用于村老年人协会、村办公室建设，用于扩充停车位、安装电瓶车充电桩、改造龙泉山庄路口。

四、文明制度建设

在共青村党总支的领导下，村全体党员、干部统一思想，统一认识，做到原原本本地学、结合实际地学。加强党员教育，集中组织党员干部，开设"加快农村社会主义精神文明建设"及农业和农村现代化教育专题辅导课，使党员的精神面貌、思想观念、工作作风等发生很大变化，增强了党性，提高了党组织的凝聚力和战斗力。共青村党总支始终以加强农村精神文明建设为主要内容，广泛开展"敬老爱幼""五好文明家庭户"评选等一系列活动，通过学先进、争上游，全村呈现社会主义新风尚。

五、民主法治建设

为使村民安居乐业，教育村民遵纪守法，强化治安调解工作，确保一方平安，共青村"两委"会主要做以下工作。

落实治安干部责任制，明确任务，不激化矛盾，做到就地消化，做好社会防范工作，节日期间组织志愿者、党员干部巡逻值班。

大力进行宣传"三五"普法，提高村民的法律意识，通过教育形成一种惩恶扬善、扶正祛邪的社会风尚，赌博和封建迷信活动得以禁止。

形成尊老爱老的风气，建造村老年活动室，成立村老年协会，老年人以老

年协会为阵地，开展健康向上的有趣活动，使村老年人老有所尊、老有所养、老有所乐。

开展普法教育。按照开展普及法制宣传教育的规划，制订年度实施计划，签订责任书。发放《企业安全生产手册》，使群众的法治观念和防范意识得到增强。

六、创建成果

2000年以后，文明村创建卓有成效，村级综合治理、帮教领导小组、护村队活动正常，各成员都能遵纪守法；村规民约完善健全，综合治理委员会、民生调解委员会规范化建设得到加强，调解率达98%。"平安社区"创建全覆盖，达到"治安安全村""治安安全小区"标准。共青村的经济实力得到了加强，村容村貌有了很大的改善，党群、干群关系更加密切。共青村得到上级党委、政府的肯定，获得了很多荣誉。

表6-6为1959—2019年共青村域（村、大队）集体荣誉一览表。

表6-6　1959—2019年共青村域（村、大队）集体荣誉一览表

年份	荣誉
1959	蔡家大队被江苏省政府评为"农业社会主义建设先进单位"
1960	蔡家大队幼儿园被江苏省政府评为"江苏省先进集体"
	蔡家大队被昆山县政府评为"昆山县农业社会主义先进单位"
	共青大队被昆山县政府评为"昆山县农业社会主义先进单位"
1963	共青大队被评为"苏州市农业先进单位"
1976	在全省学大寨先进单位表彰大会上，共青大队受到江苏省政府通报嘉奖并授予奖状
1979	共青大队被江苏省政府评为"江苏省农业先进单位"
1983	共青村、白塔村分别被昆山县政府评为"血防工作先进集体"
1992	共青村被昆山市委、市政府评为"昆山市加强村级组织建设加快集体经济发展"的先进集体

续表

年份	荣誉
1993	共青村被昆山市委、市政府授予"昆山市文明村"称号
	共青村被苏州市统计局评为"苏州市综合实力百强村"
	共青村被苏州市爱卫委评为"苏州市爱国卫生先进单位"
	共青村被苏州市政府评为"苏州市农村现代化建设示范村"
	共青丰产方被江苏省科委会命名为"江苏省现代化农业科技示范园区"
1994	共青村被昆山市委、市政府授予"昆山市文明村"
1995	共青村被昆山市政府评为"昆山市双文明村"
1996	共青村被昆山市政府评为"昆山市双文明村"
	共青村被昆山市委、市政府授予"昆山市双文明村建设示范村"
1997	共青村被昆山市委、市政府授予"昆山市双文明村"
	白塔村被江苏省农业普查办公室评为"江苏省第一次农业普查先进集体"
	共青村被江苏省精神文明建设指导委员会授予"江苏省文明村"
	共青村被苏州市爱卫委评为"苏州市爱国卫生先进单位"
	共青村被苏州市政府评为"苏州市农村现代化建设示范村"
1998	共青村被昆山市委、市政府评为"昆山市文明村"
	共青村被昆山市政府评为"昆山市双文明村"
	共青村被江苏省民政厅授予"1997—1998年省文明村"
1999	共青村被苏州市政府评为"1998年度农村绿化工作先进单位"
	共青村被苏州市委、市政府评为"苏州市加强农村基层组织现代化建设示范村"
	共青村被昆山市委、市政府评为"昆山市社会治安综合治理先进单位"
	共青丰产方,即"江苏省现代化农业科技示范园区",被列为"省级重点园区"
2000	共青村被江苏省民政厅、省环保厅评为"江苏省百佳生态村"
	共青村被昆山市民政局评为"昆山市村民自治模范村"
	共青村被苏州市精神文明办评为"苏州市文明村"
	共青村获得苏州市政府优质高效农业示范竞赛二等奖

续表

年份	荣誉
2001	共青村被江苏省农林厅、省环保厅被评为"江苏省百佳生态村"
	共青村被昆山市政府评为"2001年度昆山市双文明建设先进单位"
	共青村被昆山市政府评为"昆山市农业结构调整特色村"
2002	共青村被昆山市委、市政府评为"昆山市双文明村"
	共青村被昆山市委评为"昆山市先进基层党组织"
2003	共青村被昆山市委评为"昆山市先进基层党组织"
2004	共青村被评为"玉山镇'新昆山人'计划管理与服务工作先进集体"
2006	共青村被苏州市委评为"苏州市实现'三个代表'实现'两个率先'先锋村"
	青村被昆山市消费者权益委员会评为昆山市"农村消费维权先进集体"
	共青村被昆山市精神文明建设委员会评为昆山市"农村精神文明建设先进村"
2007	共青村被昆山市依法治市领导小组评为昆山市"民主法制示范村"
	共青村被昆山市关心下一代工作委员会评为昆山"关心下一代'五有五好'先进单位"
2008	共青村被昆山市关心下一代工作委员会评为"市零犯罪社区（村）"
	共青村被江苏省环境保护委员会评为"江苏省生态村"
	共青村被苏州市司法局、民政局、依法治市领导小组办公室评为"苏州市民主法制村"
	共青村被苏州市委评为苏州市"先锋村"
	共青村被江苏省依法治省领导小组评为"民主法治示范村"
2010	共青村被昆山市司法局评为昆山市"人民调解先进集体"
	共青村投诉站被苏州市政府评为"苏州市消费维权先进集体"
2011	共青村"闵氏伤科"被评为"江苏省级非物质文化遗产"
	共青村被昆山市社会治安综合治理委员会评为"2008—2010年度昆山市零犯罪社区（村）"
2013	共青村被苏州市司法局评为"苏州市规范化村（社区）人民调解委员会"
	共青村被昆山市社区教育委员会评为"昆山市学习型党组织"
2015	共青村被苏州市委评为基层党组织建设"苏州市先锋村"
	共青村被昆山市社区教育办公室评为"昆山市级学习型社区"
2017	共青村被昆山市司法局评为"昆山市2014—2016年人民调解先进集体"
	共青村荣获昆山高新区文化体育站2017年度美好节目二等奖
2018	共青村文艺舞蹈队荣获高新区2018年度展演活动节目三等奖

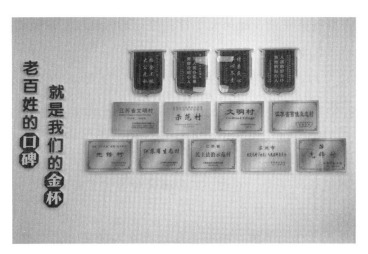

共青荣誉墙（2019 年，罗英摄）

附：
共青村村规民约

第一条　社会道德规范

1. 坚决拥护中国共产党领导，紧密团结在以习近平同志为核心的党中央周围，严格遵守党纪国法。

2. 严禁参加邪教组织，不搞宗派活动。各村民要自觉抵制邪教宣传。

3. 村民之间要团结友爱，和睦相处，坚决杜绝一切打架斗殴、酗酒滋事、撒泼骂街行为。

4. 严禁以发传单的方式侮辱、诽谤他人，严禁利用网络等平台造谣惑众、拨弄是非。

5. 坚决维护社会稳定。坚持小事不出村、大事不出镇原则。有事逐级反映解决问题。严禁非法煽动、串联他人信访，严禁阻碍公务人员执行公务。

6. 严禁偷盗、敲诈、哄抢、损坏国家、集体、个人财物。严禁损坏水利、道路交通、供电、通信生产等公共设施。严禁黄、赌、毒。

7. 维护社会安全。严禁在户内、村内堆放易燃易爆物品，严禁私拉乱接电线。

8. 讲究公共卫生，保护生态环境。严禁随意堆放、焚烧垃圾杂物。严禁乱砍滥伐树木。严禁随地吐痰，随地大小便，随地乱倒垃圾，垃圾要分类入箱。

第二条　村风民俗规范

1. 提倡勤俭节约。婚丧喜事简办，只待内亲，不待乡亲，丧事乐队拒绝低俗表演，发丧只限内亲小辈。

2. 宴请限定一事一天一地办理。坚决反对以分批次、多地方或化整为零的方式大操大办，反对铺张浪费。

3. 严禁封建迷信。不听、不看、不传播淫秽书刊、音像。

第三条　传统孝道行为规范

1. 弘扬中华民族传统美德。子女应尽赡养老人的义务，父母应尽抚养教育未成年子女的义务。积极参加各项孝老敬亲活动。

2. 倡导新老二十四孝。维护和保障好老年人的合法权益。子女要主动关心老年人的精神需求。鼓励和支持老年人参加文体娱乐活动。

3. 积极开展"文明家庭"活动。婆媳之间要真心相待，每年年底推介评选"好媳妇""好婆婆"。

4. 自觉遵守生育法律、法规、政策。改变传宗接代的老旧思想，提倡男女平等，优生优育。

第四条　党员干部行为规范

1. 党员干部要率先遵章守纪，不得违反社会公德。敢于同坏人坏事做斗争，争做新风表率。

2. 严禁党员干部利用职权谋取不正当利益或为亲朋好友谋取利益。禁止损害群众利益和党群、干群关系。

3. 党员干部要积极参加每周的清洁家园义务劳动，为广大村民做好先锋带头作用。

第五条　违约处理

凡违反本村规民约的，除触犯法律的由有关部门依法处理外，村民委员会可做出如下处理：

1. 予以批评教育，责令改正。

2. 要求写悔过书，并在村内通报。

3. 取消享受或者暂缓享受的优惠待遇。

4. 每违反一条，分情节轻重做出相应处理。

5. 凡违反本村规民约要进行处理的，必须在调查核实后，经村民委员会（或村民代表会）集体讨论决定，不得擅自处理。凡被依法处罚或违反本村规民约的农户，在本年度不得参与评选先进文明户、五好家庭户等荣誉称号。

外来人员在本村居住的，参照执行本村规民约。

共青村村民委员会

2019 年 10 月

第四节 文明标兵典范

2013—2019 年，共青村村民张忠被昆山市委、市政府评为"昆山好人"，姚兴泉、蒋斌章等家庭被昆山市、昆山高新区文明委员会评为"昆山市文明和谐家庭""昆山高新区文明和谐家庭"。孟祥民、高玉琴等人被评为"凡人善举楷模"。

一、道德模范

张忠　1972 年出生，共青村 11 组人，中共党员。他是一个平凡而普通的村委会工作人员，平时经常帮助村民做一些力所能及的事情，在村里有着很好的口碑。2019 年 7 月，张忠在巡查小区的时候，无意中发现前面电瓶车上掉下一沓百元大钞，但车主并没有意识到，张忠急忙捡好钱，数了数竟有 5 000 元。他当机立断，马上到警务室调取监控，恰巧辅警认识失主，是一位外来打工人员，便帮忙联系失主，了解了情况，确定失主身份，随即归还了钱。

"昆山好人"张忠
（2019 年，共青村村委会提供）

事后，失主冯素琴来到共青村村委会，带上水果、锦旗来向张忠表示感谢。2019年，张忠被昆山市委、市政府评为"昆山好人"。

二、文明和谐家庭

姚兴泉家庭 姚兴泉，1954年出生，共青村5组人。他平时喜欢利用业余时间练习毛笔，研究书法，参加过村里的多场书法比赛活动，屡获好评。2014年，他又迷上了篆刻，姚兴泉的爱好得到子女的支持，他们到处帮他收集或者买一些好的材料让他篆刻，全家都参与书法撰写、篆刻和手工艺品的制作，村内有活动也总是邀请姚兴泉书写标语、题字等。每到春节，邻居、亲戚都争相要求姚兴泉帮忙写春联。有时候，他为了自己的爱好将家里的事情都撂给了妻子姚根妹，尤其是两个老人的衣食住行，都是妻子肩负起来的。2015年，80多岁的妈妈摔跤后瘫在床上，都是姚根妹一个人侍奉左右，而她从不抱怨，还一直支持姚兴泉的爱好。除了书法爱好外，姚兴泉平时还喜欢做些手工艺品，例如木雕、竹编等。2015年，姚兴泉家庭被评为"昆山市文明和谐家庭"。

董正堂家庭 董正堂，1963年出生，共青村12组人。董正堂家庭是一个和睦的五口之家。妻子为人忠厚老实，一心为善，邻里关系相处融洽。女儿、女婿工作中要求上进，孙子勤奋好学，多次被学校评为"三好学生"。妻子桑金凤是人人称赞的好妻子、好媳妇、好奶奶，为了丈夫的工作，妻子主动承担了家里的所有家务活。桑金凤还特爱帮助老年人，楼下居住的王大爷年近85岁了，身体一直不好，桑金凤经常帮忙打扫卫生。村里只要有志愿者活动，她都积极参加。正是一家人的全力支持，桑金凤才能义无反顾地投入邻里建设和志愿服务中。2019年，董正堂家庭被评为"昆山市文明和谐家庭"。

蒋斌章家庭 蒋斌章，1940年出生，共青村12组人。其家庭父慈子孝，从来没有因为琐碎的事情而争吵，是个让人十分羡慕的家庭。蒋斌章的儿子常常说没有父母的爱，也就没有他幸福的生活。2013年，蒋斌章家庭被评为"昆山高新区文明和谐家庭"。

王长根家庭 王长根，1945年出生，共青村15组人。王长根是一个乐于助人的老人，在小区里不管谁家有事，只要一声"老王，明天没事的话，来我家

帮忙""老王，我家水电费没时间交，你帮我去交一下"，他从来没有拒绝过。看到有些人将杂物乱堆放时，他就会上前制止，或者一起把杂物堆放到村里集中堆放之处。有些商店将垃圾放在门口时，他会及时去清理。子女对于父亲的做法很是支持，家里也是父慈子孝、和乐安融。2015年，王长根家庭被评为"昆山高新区文明和谐家庭"。

李小桂家庭 李小桂，女，1942年出生，共青村3组人，她的公公和丈夫因生病瘫痪在床上10多年，子女都在外上班，无暇照顾家人，家务活全都落在她一人身上，她一边悉心照料病人，一边照顾年幼的孙女。生活的重担使得她的背都弯了，然而她从不叫苦，默默地尽着自己应尽的本分，家中始终洋溢着欢声笑语。2013年，李小桂家庭被评为"昆山高新区文明和谐家庭"。

孙才女家庭 孙才女，女，1952年出生，共青村15组人。孙才女的婆婆是个将近90岁的老人，患有高血压、心脏病等，丈夫在外工作，家里就靠她一人操持。她是个孝顺的人，婆婆一旦发病就侍奉左右，端茶送水，嘘寒问暖，无怨无悔。邻居都夸她是一个好媳妇，而她总是笑着说："人都会老，都有儿女，这是做人最基本的道理。"他们夫妻之间也是相敬如宾，家庭和睦又和谐。2013年，孙才女家庭被评为"昆山高新区文明和谐家庭"。

姚良生家庭 姚良生，1963年出生，共青村7组人。姚良生家庭是一个其乐融融、幸福的六口之家，夫妇俩、女儿、女婿，还有可爱的孙子、孙女，一家人和睦温馨。夫妻之间相互尊重信任，和邻里相识相知，团结友善。姚良生评价其女婿比女儿都好，老伴患有慢性胃炎，时常复发，有时在饮食方面只要一不注意就会腹痛呕吐，严重时还会腹泻。老姚由于单位很忙时常在外，家里很难照顾周到，这时就靠女婿忙前忙后，看病、配药、陪伴输液。在姚良生的家庭中，没有女婿只有儿子的称呼。2016年，姚良生家庭被评为"昆山高新区文明和谐家庭"。

三、凡人善举典型

见义勇为的孟祥民 2019年7月10日，共青村辖区的池鱼泾河有老人落水，紧急关头，烨德物业服务管理有限公司的保安队队长孟祥民不顾个人安危，第一时间跳入河内，奋力相救。

共青村志

孟祥民
（2019年，共青村村委会提供）

高玉琴
（2019年，共青村村委会提供）

孟祥民，山东籍，1977年3月出生，1994年12月应征入伍。在部队3年，他深知军人的使命和责任。孟祥民退伍后，一如既往地以军人的行为标准要求自己。在共青小区工作期间，孟祥民多次第一时间施救与处理住户因忘记关煤气而引起的小火灾，保障了小区居民的生命、财产安全。2017年7月，他因成功抢救辖区内掉入桥与煤气管道缝隙的孩童，获得"昆山市见义勇为"荣誉证书和"昆山好人"的荣誉称号。

孝老爱亲的高玉琴 高玉琴，女，1971年10月出生，共青村9组人。多年来，她始终恪守"百善孝为先"的原则，关心父母，孝敬公婆，尽自己最大的能力满足长辈的要求与期望。她这么做并不是为了让人交口称赞，而是遵从本心，遵从孝道。

高玉琴与丈夫相敬如宾、举案齐眉。对两个孩子无微不至地照顾、呵护，但从不纵容孩子，给他们树立正确的世界观与价值观，培养他们成为更加合格的文明人。

乐于助人的伍春龙 伍春龙，1974年5月出生，共青村14组人，高新区城西派出所辅警。伍春龙好学、乐于助人，尤其关爱老人。他自学理发，有一门好手艺，但他并不为了赚钱，而是为他人服务。他自备一个记录本，记录着村内需要理发的困难老人，定期为老人上门服务。除了服务村里外，他还定期到敬老院免费为老人服务，若遇着伍春龙工作忙，村民可以先预约，他准不忘记。伍春龙的事迹曾被昆山电视台报道过，感动了昆山人。

爱岗敬业的张雪弟 张雪弟，1954年出生，共青村11组人，中共党员。1994年前，在白塔丝织厂做会计；1994—2009年，先后担任白塔村、共青村会计；2019年，任共青村村务监督委员会主任。担任厂、村会计期间，他敬业爱岗、勤勤恳恳、任劳任怨地为村民服务，负责财务管理，他一丝不苟，照章办事，做到零错账。2009年退居二线后，他负责共青村会所的管理工作，每天起早为村民开门，风雨无阻，开门后便烧水、打扫卫生、整理桌椅等，一刻不停，为村民营造一个良好舒适的活动场所。张雪弟于1998年获得"玉山镇统计系统先进工作者"称号，1999年、2001年获得"玉山镇优秀共产党员"称号，1999年、2000年获得"玉山镇村级经营管理工作先进个人"称号，2007年获得"苏州市第一次全国农业普查先进个人"称号，2006年、2007年、2013年被玉山镇委、玉山镇政府评为"先进个人"。

张雪弟
（2019年，共青村村委会提供）

第七章　习俗礼仪

共青村历史悠久、人杰地灵，享有"江南宝地"之美誉。共青村的先辈受儒家思想的影响，在长久以来的生产生活中，形成了富有地域特色，并适合自己的生产生活习俗，如婚姻习俗、丧葬习俗、岁时习俗等，而且在继承先人传统习俗风情的基础上，又加以挖掘和发展，废除劣习，简化丧葬习俗和造房习俗。同时，共青村村民在庆祝现代节日的活动中，更是巧妙地把节庆活动和当代人文活动相结合，顺应潮流。丰富的农耕习俗，随着城乡一体化的进程，逐渐成为人们的记忆。

第一节 生活习俗

一、婚嫁习俗

旧时域内婚俗，男婚女嫁讲究的是"父母之命，媒妁之言"。择偶双方讲究门当户对、年龄相近，且托人说媒。女方请媒人将女儿"庚帖"（生辰八字）送往男方家，男方将儿子的"庚帖"一并交给算命先生排八字，占卜"合婚"与否。如不合，将"庚帖"退回；如合，还需通过双方媒婆（域内人常称媒婆有把稻柴嚼成金条的嘴巴，俗称"花嘴媒人"），想尽各种办法，说服双方父母。

订婚，称"定亲"或"请口生"。男方择定吉日，将"求"字帖、首饰、衣服等送往女方家，称"行盘"。女家收帖受礼，称"采纳"，并将"允"字帖和"年庚帖"交来人归报男方家。此后男方家再择日，备聘帖、礼金送往女方家，称"行聘"。聘金多少，视经济条件而定。

结婚由男方择期，遣媒人征得女方同意后，到吉日举行结婚典礼，俗称"道日"，也称"请期""请庚"。结婚之日，男女双方门庭张灯结彩。男方发轿（花轿），新郎随轿并带领扛嫁妆队伍，前往女方家迎娶。女方家用瓜子、糖果、汤圆等款待。新郎带主要迎亲人员入席，吃糯米汤圆（寓意"团团圆圆"）。此时，新娘子正在做上花轿前的准备工作。新娘子穿上花衫、花裙，坐上花轿，面盖红巾起轿。由于当时陆路交通不便，男方家多用木船娶亲（用两橹快船或三橹船）。在鼓手的箫呐声中，把花轿抬上船后，鸣炮启程。快到新郎家，迎亲船在河中三次打回（"三个泼水"），此时，男方事先派一人，双手持提桶，瞅准涌浪到河滩的一瞬间，舀起两桶水，往男方家的厨房跑，口中还大声说："饭镬（饭锅）浦了，饭镬浦了！"寓意"发财吉利"。花轿到男方家，鞭炮鼓乐齐鸣。喜娘搀扶新娘出轿,踏着红毯,步入喜堂。接着,新人同拜天地(俗称"拜堂"),对长辈行跪拜礼,最后夫妻交拜,新郎新娘各握红绿绸缎的一端,在双烛燃尽前步入洞房,称"红绿牵襟"。洞房地上,铺着青布袋,一对新人踏布袋走过,不断往前传送,称"传代"。入新房后,新娘坐于床沿,新郎用秤杆挑去新娘头上的红巾,称"挑红巾"。随后,新婚夫妻同饮合欢酒,称"花筵夜饭"。宴罢,闹新房、索喜果、逗新娘。当晚,堂前放着庚筵(祭拜祖先的一桌菜肴),新郎引导新娘参拜祖先,称"庙见"。翌日,女方家备礼物,送往男方家"做三朝"。婚后数天,新夫妻到女方家看望长辈,称"归宁"。婚后满月,女方备礼物回娘家,称"做满月"。至此,婚嫁礼节完成。

20世纪70—80年代,青年人找对象、谈朋友大多瞒过父母及邻居的眼睛,偷偷摸摸地谈情说爱。一旦男女双方同意结婚了,男方摇船接新娘。在婚船上放一些农耕工具,如草篮、镰刀、土筥、扁担、铁搭等,作为符合时代要求的嫁妆。

20世纪90年代后,青年人公开谈恋爱,且无人会指指点点,自由恋爱成了热潮。结婚时,男方要付一定的彩礼,女方要陪嫁电视机、四喇叭录音机、自行车、床上用品等。男方用挂机(装发动机的农船)接新娘,请厨师在自己家中烧菜,或借用邻居客厅摆酒席,招待亲戚朋友。

进入21世纪,娶新娘时,旧风俗、旧习惯被彻底废除。弘扬新风尚,只要结婚日子确定,男家组织车队去娶亲。在领头汽车中央贴一个"囍"字,车身两侧贴彩带、彩花、彩球等。男方搭木椽堂安排酒席,有的包酒店,请婚庆公司主持婚礼,新郎新娘向长辈和亲朋好友敬酒以示感谢。随着生活水平的提高,婚嫁更加讲究,费用也水涨船高,光酒席费用每桌3 000—5 000元不等,彩礼一般在8万—20万元不等。如果两家并家(男方不是独立讨媳妇,女方也不是出嫁)的话,聘礼双方免收,仅收定亲首饰品一类的。

附:

婚俗陋习的取缔

旧时重男轻女,妇女地位低下,男子可以休妻、纳妾。女子受旧礼教"三

从四德"的束缚，饱尝缠足之苦。寡妇再嫁受限制，易遭人非议。

童养媳。贫苦人家的女孩抚养不起，从小被有钱人家领去做童养媳，待成年后完婚。

指腹为婚。婴儿尚在母腹中，双方父母就议婚联姻，产后果真是一男一女，即定婚配。

抢亲。儿女幼年订婚，后有男穷女富，女方若有赖婚之意，男方就去抢亲；也有双方清贫，无钱办婚事，双方同意成婚，就一抢了事。

抱牌做亲。未婚夫死后，未婚妻抱亡夫牌位成婚。一般为男方有钱有势，迫使女方接受。

纳妾。官绅富豪纳宠"娶亲"，一夫多妻，正妻称"花烛"，又称"大老婆"，再娶称"小老婆"。

中华人民共和国成立后，国家于1950年颁布《中华人民共和国婚姻法》，提倡婚姻自主，自由恋爱。规定一夫一妻制，禁止纳妾，禁养童养媳，禁止干涉寡妇再婚。共青村域领导贯彻落实，共青村村民积极响应，严格遵守。从此，陋习绝迹。

二、丧葬习俗

昆山解放前，丧葬仪式烦琐，贫富悬殊，迷信色彩浓厚。中华人民共和国成立前后，老人死后实行的都是棺木土葬。老人或病人弥留之际，家属必须守候在床前，包括配偶、子女和晚辈，都要在现场看着老人或病人咽气，本地人称"送终"。人死后，葬礼按当地传统习俗礼仪操办，主要分为入殓、吊唁、安葬、回丧、做五七等。

入殓，即将死者放进棺材，旧时入殓前后有五个过程。

死者亲属及时向亲朋好友报丧，也叫"发丧"，本地称"吊唁"。在外地的子女，不管路途多远，一定要在死者入殓前日夜兼程地赶回。主家往往要等外地子女到家后，才将死者入殓。人死后出殡前，亲人要给亡人喂饭，意思是不能让亲人饿着肚子离去，要做饱鬼。在亡人手中放些黄豆、稻谷，意思是不能让亡人空手而去。有条件的人家，在亡人嘴里塞一点银器，意为转世投胎要有人气。家属用黄纸将死者头脸盖上，放爆竹，并把死者床上的蚊帐取下，扔到门前小屋上。同时，烧"出门裤"，即将死者穿过的一条裤子，放在大门外侧，裤管内塞上豆萁或稻草，套上死者穿过的袜子和鞋子，点火焚烧。烧一碗饭，一个荷包蛋，插一双筷子放死者头前，并点燃香烛和一盏灯草油灯，称"头边火"。而后，请道士念"上路经"，并由死者子女扎"拖头白巾"，手提灯笼，到附近的土地庙为死者烧"回头香"，焚化纸钱，叩头祈祷，算是替死者向阴间报到，俗称"报土地"。道士或土工领着死者家属和子女，带上盛水用的吊子或碗、爆竹、零钱，到河边祭拜河神，放爆竹，烧纸钱，将零钱投入河中，用吊子或碗舀水带回家中，称"买水"。最后，将死者平放至门板上，移至中堂，由子女用"买"来的水加温后为死者洗脸、洗手、擦身。请理发师为死者剃头、刮胡子。如死者为女性，则由子女为其梳头。然后为死者更换寿衣，俗称"着衣裳"。着衣裳前，先要"简衣"。按民间风俗，死者上身穿七件衣服，称"七领头"。穿衣服必须由死者亲生子女完成，无亲生子女的由直系亲属替代。为死者穿戴完毕后，再以黄纸盖于死者脸上，准备入殓，同时，赶制孝服、白捆头、白束腰。入殓时间没有具体规定，需要根据本家的实际情况而言。有当天入殓的，也有死后第二天入殓的。如逢尴尬时候（大年三十、初一这种特殊情况），也有闭丧的。入殓必须等子女全部到齐后才能进行。入殓前，根据棺材大小，在棺内装上几块由黄泥做成的土坯，寓意"金砖"。放上数叠黄纸和数百斤石灰（石灰主要起吸水防腐的作用）。上铺垫被，称"材褥"，垫被上放七枚"垫背铜钱"，然后由长子或长孙（亦可次子、次孙）捧着死者的头，次子或次孙捧着死者的脚，在亲朋的帮助下，将遗体头南脚北放入棺内，盖上被子，俗称"材被"。再在棺内放些金银器（一般富有人家才会这样）和死者生前喜爱之物作为随葬品，然后亲属绕棺瞻仰遗容，准备盖棺，俗称"抿材"。道士念指令经，嫡系亲属要披麻戴孝，孝子头戴"三梁草冠"，腰束草绳，手拿"戳骨棒"，脚穿麻鞋，绕棺三周，痛哭呼号。晚辈行告别跪拜礼，哀乐齐鸣，气氛肃穆。入殓完毕，便要在中堂布置灵堂，即搁置灵柩的厅堂，俗称"孝堂"。

　　设灵台，俗称"座台"。灵台上置牌位，点"长明灯"，请道士做法事，超度亡灵。晚间，子女穿孝服寝于棺柩旁草苫上守灵。出殡前的凌晨，媳妇、女儿要哭灵，称"闹五更"。吊唁、开丧之日，吹鼓手奏哀乐，家属尽哀痛哭，道士诵经。对前来吊唁的亲友宾客要各送一根白布束腰，并佩戴白花里套。

吊丧的亲友们要送丧礼或丧事用品，称"出白份"（出纸钿），丧家有专人登记在册。吊唁过程中，进行最后一次家葬，子女给亡者吃"千年饭"。家属、亲友、邻居对亡者遗像进行最后一次跪拜，孝男孝女则跪于棺木两旁。前来吊唁的亲友依次绕灵柩走三圈，与亡者进行最后的告别。

安葬，灵柩放在墓坑内称"落葬"。主家请风水先生择定墓地，俗称"坟地"，并预先安排专人在墓地挖好用于埋放棺材的长方形深坑，称"开金井"。灵柩到达墓地后，孝子下到坑里，将一把稻草散放于坑底四周，并将其点燃，民间称为"暖坑"。送葬者绕墓坑一圈，并向坑内撒些纸钱。棺柩按照死者头南脚北的位置放入墓穴，由孝子先倒进一畚箕土，随后送葬者纷纷向坑内撒土。等土填平后，再向上垒起一土墩，再在坟墩上安上"坟帽子"，并于坟前立一墓碑，安葬即告结束。

安葬结束后，全体送葬人员返回，称"回丧"。当地习俗是原则上回丧不从原路返回。到家时，主家放爆竹，并燃起一堆稻草火，送葬者进门前应先跨火堆，有专人递上糖、饼干、豆腐干、米糕、甘蔗等，寓保生者"日子甜蜜，登高发禄"之意。回丧后还要坐中堂，意为与死者告别，求保佑安康太平之意。

为纪念亡灵，要做"五七"。做"五七"的日期，即从死者死亡之日起算，第五个"七"的最后一天（第35天）。"五七"这天，已出嫁的女儿要准备米饭和荤素小菜，还有水果糕点数十样供品，带回娘家斋祭已故之人，称"摆庚饭"。是夜五更时分，子女们打开自家大门，由孝子手持扫帚，面向西北方向召唤死者，回家吃糕茶，俗称"喊吃糕茶"，也有称"喊五更"的。同时，主家要请"扎库人"用芦苇秆和彩纸扎住宅、家具等八大件。"五七"当天，道士做法事。道士一般6人左右为一个班子。法事程序繁多，依次为摆祭桌供品，请码子（各种神仙佛爷），诵经拜忏，发符，斋十殿王，破地狱血湖，为死者亡灵沐浴，渡桥，除灵（撤去灵台），焚库（烧毁冥器），放水灯，跪五方，卸孝解宽结，镇宅，洒净水送佛，等等。"五七"过后，还有"新清明""新十月朝"之俗，即要为亡者上满七次坟，三年之中每逢清明上坟祭祀。

中华人民共和国成立以后，域内丧葬程序逐步从简。1967年10月，昆山县建成火化场（火葬场），动员村民取缔土葬，推行遗体火化。一般人死后"三朝"，主人请来邻居帮工摇船、挂机船或用汽车将遗体送到殡仪馆。家属、亲戚随船或随车送葬。火化后，骨灰盒由孝子捧回，安葬于坟地，或存放于安息堂。殡仪馆回丧后，跨过烟火圈，吃糖茶糕点（寓意"免除晦气"）。"文化大革命"期间，丧事中的陈规陋习尽被破除。20世纪80年代开始，请道士诵经拜忏，超度亡灵重新兴起，流行请军乐队主持葬礼，送葬时，道士吹打一并参与，并设冰棺材（冰柜）、花轿、灵车，除遗体火化、无木制棺材和落葬环节有所不同外，其基本礼仪与旧俗大体相仿。请佛太（会念经的妇女）念经、邀道士做"五七"等悼念亡者的习俗至今仍在村域内盛行。

三、建房习俗

中华人民共和国成立初期，农村的住房十分简陋，以泥巴作墙，俗称"泥打墙"；以毛竹作梁，俗称"空心梁"；屋顶上盖稻麦柴。这样的房子经不起风吹雨打，下雨时，"外面落大点，屋内落小点"。这种房子结构简陋，低矮压抑，阴暗潮湿，当时有首民谣唱得好："朝天睡，看见天上星。侧着睡，看见河里摇船人。趴着睡，看见地上冰。"20世纪60年代后期，随着生活条件逐步好转，少数农户开始翻建住房。翻建新房的第一件事是请风水先生看风水，确定新房的方位及朝向。

动土开挖之前，风水先生挑选好时辰，东家置办香烛、三牲等贡品，斋祭天神、地神、土地神后，鸣放爆竹。房主先用锄头挖起一块土，然后施工人员才可以挖土动工，挖墙基。

经过水作工（泥水匠）辛苦劳作，房型雏形已成，上梁钉架椽（其目的是固定梁与梁之间的距离，不让梁木晃动），唯独有一根正梁放在边上，名为"寄梁"，梁上贴有"上梁巧遇紫微星，立柱正逢黄道日"的对子。木匠、泥水匠作头早已分左右方向站立，手托红漆盘，盘内存放香烟、喜封、馒头、糯米糕、定胜糕、糖果等。只听到"良辰吉时到，上正梁"，随后爆竹声四起。上手的木匠作头（左手）唱道："脚踏富贵地，手扶金步梯……"上手的木匠作头刚落音，下手的泥水匠作头接着唱道："今日吉辰来上梁，东家修的好华堂……"木

匠、泥水匠作头唱罢，便异口同声地说："请东家接万年梁，放高升，抛梁开始。"两位作头把红漆盘里的馒头、糕点、糖果、香烟大把大把地抛向四方，亲朋好友、男女老少邻居、帮忙的人互相争抢，笑声大作，一派喜庆吉祥热闹的景象。

2000年以后，随着生活观念的改变，尤其是年轻人观念变化，烦琐的造房习俗也渐渐简单化，只是在进屋日（乔迁新居时）请直系亲属吃个晚饭。2005年以后，土地被征用，村民住进新小区，基本不再造房，所有的造房习俗成了回忆。

四、馈赠

域内人家如遭火灾后，亲友都有馈赠粮食和生活用品的习俗。特别是受灾主妇娘家，要购置碗、筷、勺、箩、笆斗等日用品，并煮一锅饭，用竹饭箩盛着，中间插一株祥和万年青，放上芋艿、百合等物，以示吉祥如意、富足有余。中华人民共和国成立后，此风俗逐渐淡薄。

五、拜师

自中华人民共和国成立前到20世纪60年代，年轻人学生意或学手艺，如学木工、泥工、裁缝、理发等，都要拜师。拜师仪式比较讲究。拜师时，不但要送礼金，还要行跪拜礼，并要办酒席宴请师父、师兄等。拜师完毕，跟师父学艺3年。满3年出师后，学徒要办谢师酒，再帮师父做3年，即所谓的"学三年，帮三年"。20世纪70年代后，拜师习俗从简，进工厂的学徒要学技术活，由车间指定师傅带，无拜师礼仪。个体行业拜师，还是要办拜师酒的，还要付给师父一定的酬金。平时逢年过节，还要请师父吃喝、送礼。

第二节 生产习俗

一、百花生日

农历正月十二为百花生辰,本地称"生花十二",又称"稻箩头生日"。有的村民在自家门前果树上系一张红纸和结一根红头绳(俗称"挂红"),祈求花盛叶茂;有些村民则将红纸或福字贴在囤稻的家用器具(筜条、笾等竹器)上,祈求五谷丰登。

二、照田财

旧时,农历正月十五,域内人认为这天是田财娘娘的生日。是日,农家用稻草扎成火把,入夜由孩童跑向自家田里,点着火把在田块中奔跑,边喊边唱:"照田财,田财娘娘到我家来,我家稻箩闪天高。汰汰田角落,每亩要收三石六;汰汰水缺口,鲫鱼滚成一大堆。祈求农业丰收,来年有个好收成。"此习俗自20世纪70年代之后逐渐消失。

三、开禁

正月十六是开禁日,所谓"开禁",是指上年十二月廿四停工,至当年正月十五之间,禁止全体农户在河里罱泥,到正月十六方可统一动船罱泥。在此之前,各农户都要做好罱泥前的准备工作,如为农船做一些必要的修理,在船头贴好红布条;维修罱泥工具,如做好或修好罱泥网、罱泥的网杆;修理或准备好粪桶、粪勺。正月十六那天,万事俱备,各农户都将农船摇出船坊(建造在河浜头供农船停歇的大型凉棚),等待老者或族长一声令下。笃悠悠的老者一手

托着长嘴烟筒,一手捏着 2 个爆竹,看看太阳,差不多到时辰时(即上午 8 点),便点燃爆竹,宣布开禁。早有准备的罱泥壮士听到爆竹声,立即下橹摇船,一齐出发,开始了一年的积肥工作。

四、开秧园

旧时,农户家在莳秧第一天,莳的第一把秧,称"开秧园"。有条件的人家邀请邻居、亲朋好友参加,庆贺"开秧园",以示圆满顺利。丢秧把时,不可丢在人身上,以免遭殃(秧),寓意不吉利;秧把不能用手接,接了不吉祥,不然会接"祸殃",人要倒霉。

五、烧发禄

旧时,域内家家户户要养猪建圈,猪圈建成后,先要点燃一捆稻柴,把圈内四周墙壁用旺火烧过一遍,意思是猪肥膘壮,生长快,顺利发禄,俗称"烧发禄"。每年除夕,家家都要上供品斋猪圈,以祈来年猪养得"兴旺发禄"。

六、斋砻头

秋收后,甩稻牵砻要"斋砻头"。有的农户把稻穗系在屋檐下,称"镇宅谷神",可驱邪保福。

七、其他习俗

母猪生小猪,属虎之人不能去看,传说看后小猪要被母猪吃掉。
竹园里出竹笋时,不能用手指点,传说手指点后,笋会烂掉。
播苋菜籽时不能拍手,传说拍了手要到打麦时才发芽。
播菠菜籽不能回头,否则发芽迟。
播韭菜籽后要拍拍手,传说它是聋子,拍手以唤醒它早发芽。

 第三节 节日礼俗

一、传统节日

（一）春节

初一 农历正月初一，俗称"新年"，万象更新。凌晨开始燃放炮仗，直至天明，"开门炮仗"以示吉利。家家户户门上贴上春联、"福"字，大门背后贴上红纸，写上"开门大吉"。河里提水称"财水"。室内果壳不让倒，称"聚财"。男女老幼均穿戴一新。有的人家把先祖图像挂于客堂，正中的搁几与双拼台作为"利市台"，放上纸马供品、烛台、香炉。小辈要给长辈拜年，长辈要给压岁钱。早餐有的人家吃小圆子（俗称"百岁圆"），以求福寿；有的吃糕团汤、赤豆汤，以求甜蜜团圆；有的吃面条，以求长寿；还有的吃南瓜、鸡蛋、百合汤、莲子汤等，视各家经济条件及族规而定。招待客人，泡橄榄茶（又称"元宝茶"），有吉祥之意。遇到熟人，互相拱手道贺"恭喜发财"。年初一，一般不出门，合家团聚，封井三日，不动刀、不扫地、不讨债、不骂人、不打小孩。吃饭时不允许喝汤，寓意这一年里，办事不会糟糕，出门不会遇雨，以图吉利。不允许在自己家里说"老鼠"两个字，避免家里招来更多的老鼠。年初一，妇女一般不挡灶，由男的操持家务。晚上早早睡觉，谓之"拦鸡上栅，关日头困"。初一至初五，商店不开门营业。年初二域内人家开始走亲访友，互相拜年，馈赠礼品，互请吃饭。初三有"小年朝"之称，也不扫地，"利市台"上点香烛。正月初五为"五路财神"诞辰。开店店主争先早接财神。也有的隔夕迎接，即在年初四，谓之"抢路头"。商店均要供财神，供桌上空吊有一条活鲤鱼，称"元宝鲤鱼"，供毕，将鲤鱼放生于河中，谓之"鲤鱼跳龙门"，视为

吉祥之兆。晚上老板招呼职工一起参拜财神，吃财神酒，未被招呼的职工即被辞退。是日，商店开市半天，曰"应市"。过了年初五，商店正常营业。

中华人民共和国成立后，农历正月初一，改名"春节"，为法定假日。节日期间各种陋习割除，保留着除夕夜放爆竹、放烟花、贴春联、贴福字的习俗。亲戚朋友互相拜年，请吃年酒。年初一，小孩子三个一群、四个一伙串门拜年，吃糖果、蚕豆、瓜子等。老人给至亲小孩赠送压岁钱。在村间的空场上还要舞龙灯、跳狮子、唱春、打莲厢，热闹非凡。

正月初七 正月初七，农村里盛行走七座桥，并且走过桥后不回头，寓意不走回头路。

正月初八 旧时的正月初八，农家上午到村庙里烧香，晚上在自家场地上打扫，俗称"扫夜场"，一边扫，一边默念："手拿金扫帚（竹丝扫帚），场上扫一扫。扫到东，自家屋里有青龙，青龙盘米囤，白米吃不尽。扫到南，自家屋里显黄龙，黄龙盘水缸，大小元宝两人扛……"寓意盼望新的一年里自家种田、经商均发财致富。

元宵节 正月十五为上元，上元之夜也叫"元宵节"。元宵节，家家吃汤圆，也有吃馄饨的，称"馄饨兜财"。习俗有大街小巷张灯结彩，家家户户焚火点灯。这天家家都在灶台上陈设贡品，如糖果、团子、糕点等。元宵晚餐后，开展民间娱乐活动，有挑花灯、荡湖船、踩高跷、猜灯谜等。孩子们拖着兔子灯，提着花、虫、鸟、兽各式花灯游玩。农村有"汰田角"的习俗，即用稻柴点火，在田里四处奔走，嘴里念着来年五谷丰登的吉祥话。

（二）二月初二

本地民谚有"二月二，蛇虫百脚全下地"，意味着过了二月初二，天气渐暖，冬眠动物开始活动，要注意避虫蚁。在这天，还有吃"撑腰糕"的习俗，所以家家户户蒸"撑腰糕"，也有人家把隔年所蒸的年糕用油煎后食用。据说吃了"撑腰糕"后，能撑腰健身，妇女插秧腰不疼。此外，还有俗称"龙抬头"的，这天域内有为小儿剃头的习俗，据说可防痄夏不生疮疥。"二月二，龙抬头"的说法流传至今。

（三）清明节

清明节，在公历四月四日或五日，这天是祭祀先人的日子，清明前一日为寒食日。旧时这一日，家家户户不生火、不杀生，吃的是前天准备好的食品。清明前后，民间有踏青扫墓的习俗，绝大部分人家都要扫墓。这一天，长辈带上全家人，准备糕团、水果等供品，前往墓地扫墓祭祖，这是对已故亲人的尊敬、怀念。清明节，域内人家还有吃螺蛳的习俗，认为吃螺蛳眼目清亮。家家户户要在门前屋后插柳条，种植树木。20世纪60年代始，提倡火化，有的把骨灰盒寄存在殡仪馆，有的置放于墓地，清明节亲人到殡仪馆或墓地祭扫。清明节当天，机关、学校、团体单位还会组织机关干部、青年团员、学生到烈士墓举行悼念革命烈士的活动。

（四）立夏

"立夏"意味着春天即将过去，夏天将要来临，此时一些时鲜蔬菜应时而出。域内有"立夏见三鲜"之说，大家把梅子、樱桃、枇杷称为"树上三鲜"，把蚕豆、竹笋、麦"蚕"称为"田里三鲜"。麦"蚕"是指元麦穗，其形似蚕，放在火里烤或炒熟后食用，吃起来清香可口、味道鲜美。域内有的人家在清明节时，将折回来的柳条串上大饼，挂在屋檐下风干，立夏当天，将风干的"柳条饼"蒸软分食，据说吃了可以防疰夏。

（五）端午节

农历五月初五为端午节，也称"端阳节""天中节"。常言道，"端午节，天气热，五毒醒，不安宁"。"五毒"指蝎子、蜈蚣、毒蛇、蛤蟆、壁虎五种毒虫，故端午有防疫驱毒之习俗。从五月初一开始，各家门上将蒜、艾草、菖蒲扎在一起，悬挂门首、床头等处，以示"辟邪驱鬼"。端阳正午，域内人家在室内用苍术、艾草、白芷烟熏，意在驱蛇虫。白芷香气浓烈，可薰杀害虫，兼以雄黄酒洒遍各阴暗角落。也有的人家会在孩童额上用雄黄酒书写"王"字，或涂抹于耳朵、手足心，据说夏天可以不被蚊虫叮咬。还有的给小孩穿虎头鞋、老虎衣，胸前挂蒜头或装有樟脑丸的丝线小粽子香袋、八卦包等，以避瘟邪。大人中午还要喝雄黄酒，此皆为驱瘟邪、驱赶蛇虫。是日，家家户户裹粽子，粽子形式有三角粽、小脚粽、棱粽，馅料有糯米、红枣、鲜肉、赤豆等，煮熟食用。

（六）七月七日

农历七月初七谓"七巧节"，又称"巧日"，相传此日为牛郎织女鹊桥相会

之日。是日，域内人家会给女孩子绣制细巧简易玩物或装饰品。年满 13 岁的女孩"留头发"，亲戚送礼庆贺。域内人家会以面粉炸制"巧果"，分食家人，馈送亲友。入夜可看彩云，人们对着一弯新月，看天上双星相会，祈求人间幸福。这一日，少妇和未婚女子有用蓬仙花捣烂后染红指甲的习俗。

（七）七月半

农历七月半为中元节，亦称"鬼节"。旧时这一日夜间，小孩不可外出，晚间睡觉的床前鞋子要底朝天，衣服不可晾在外面过夜，等等。各家要祭祀祖先，并吃蟹壳饭。新亡故人家还要请僧道诵经超度。农家还有祀田神的习俗，即各拿糕团、鸡、鸭、瓜枣、蔬菜，供于田岸的交叉口，叩拜祈祷，谓之"斋田角"。解放后，此俗基本消失。

（八）七月三十日

传说，该日是地藏王菩萨的生日。这天晚上，家家户户于门口两旁或沿墙角插满棒香，也有小孩手提满插棒香的茄子、瓜果，犹似元宵节的提灯。晚上，村庄沿路两旁布满如繁天星斗的香火，民间称此为"烧狗屎香"。

（九）中秋节

农历八月十五为中秋节，俗称"八月半"。此日，天上月圆，人间团圆，民间视为团圆节。月饼为中秋节的特色食品，全家聚在一起吃月饼、糖芋艿、鲜藕、菱、柿子等，一派团圆祥和的景象。中秋节，每家每户一般都要吃月饼、藕、菱，饮桂花酒，等等。

吃月饼　中秋吃月饼，是我国流传已久的传统风俗。风清月明，桂香沁人，家家尝月饼、赏月亮，喜庆团圆，别有风味。月饼作为一种外形如圆月、内含馅的食品，在北宋时候就已出现。诗人兼美食家苏东坡就有"小饼如嚼月，中有酥与饴"的诗句。

饮桂花酒　每逢中秋之夜，人们仰望明月，闻着阵阵桂香，喝一杯桂花蜜酒，欢庆合家，欢聚一堂，甜甜蜜蜜，已成为过节的享受。

吃芋头　中秋食芋头，在民间寓意辟邪消灾，并有表示不信邪之意。

食藕　中秋食藕，也是寄团圆之意。尤其是吃藕，域内好多人家都将藕切成片，每两片间下端相连，中间夹以肉、文蛤等调制而成的馅，外拖面煎至金黄，此又称"藕饼"，与月饼有异曲同工之妙。目前市场上藕的品种主要有两种，即七孔藕与九孔藕，这些藕质地优良，肉质细嫩，鲜脆甘甜，洁白无瑕。中医认为，藕经过煮熟以后，性由凉变温，对脾胃有益，有养胃滋阴、益血的功效。

吃菱 生食菱角会品尝到爽脆的清甜，味道自然清新、微涩，吃起来也别有风味。煮老菱角，煮熟的菱角剥开来要费一番工夫，但菱肉更加香甜。每当菱角煮熟，儿童常顾不得滚烫，迫不及待地咬开一只，直吃得满手乌黑才罢休。菱角烧肉这道菜里菱角的作用和栗子差不多，菱角也是肉类的最佳搭档，用它入汤、做菜，可以补脾胃、健力、益气。

（十）重阳节

农历九月初九，为重阳节。旧时以九为阳数，阳兆祥瑞，故九月初九为重九日，又称"重阳节"，民间食重阳糕以庆之。是日，家家户户都要蒸重阳糕。糕分五色，象征东西南北中的大地。糕有两种，一种吃块头糕，糕上有"福、禄、寿、喜"四字；另一种用大蒸笼，蒸制后切成小块。重阳节时秋高气爽，人们有登高之举。旧时迷信，有登高避邪之说，还有"秋高气爽，登高眺望，有益于身心健康"之说。因"糕"与"高"谐音，域内人家以吃糕代替登高，据传，少年登高长大可有高就，读书人登高能够高中状元，老年人登高会有高寿。重阳吃糕习俗流传至今。

自2001年开始，共青村村委会在每年重阳节为60周岁以上老人发慰问金，提倡发扬敬老爱老、敬老赡老的优良传统，使老年人能安度晚年。2019年重阳节，共青村村委会给60周岁以上的老人每人发300元，给70周岁以上的老人每人发400元，给80周岁以上的老人每人发600元，给90周岁以上的老人每人发1 000元。全村有老人533人，合计发放慰问金21.01万元。

（十一）十月朝

农历十月初一的前一日为十月朝，是一年中三个"鬼节"中的最后一个（另两个为清明节和中元节）。旧时官府要设台祭典，而民间则有墓祭习俗。这一日，域内人家不分贫富，皆祭其祖。祭新亡故者和三年内的死者，要在上坟时号啕大哭。

（十二）冬至

冬至既是一个节气，也是重要的传统节日，民间有"冬至大似年"的说法。

冬至前夜叫作"冬至夜",域内人家都要喝酒,称为"节酒"。冬至的到来,意味着冬天到来,天气会越来越冷,寒冬将至。

冬至夜,家家户户都有祭祖的习俗。弄上几个好菜,供上一盘团子及几样水果,焚上香,点燃火烛,感恩祖宗庇佑全年太平、风调雨顺,希望来年有一个好收成。冬至夜,全家团聚,大吃大喝,当地有句古话,叫"有钱吃一夜,无钱冻一夜"。出嫁的妇女在去娘家的当天必须回转夫家,不可以待在娘家。待在娘家对双方不利,会穷得"十只饭箩九只空"。

冬至这天白天时间最短,夜间时间最长,民谚有"冬至一日短,梳头揩面当一工。冬至隔夜长,一夜好比二夜长"。

冬至还有吃馄饨的习俗,"冬吃馄饨夏吃面",更有"天圆地方"之说,馄饨皮子是方的,代表地;馄饨的馅是图案的,代表天,包在一起,寓意着"天地不分,天地相融"的混沌世界。

冬至起九,域内流传有《数九歌》。头九暖;二九寒;三九廿七树头冻得毕咧;四九三十六,摇航船连路宿;五九四十五,太湖里冻煞大鲤鱼;六九五十四,杨柳青紫紫;七九六十三,棉絮两面甩;八九七十二,黄狗躺阴地;九九八十一,韭芽炒白叶(还有其他《数九歌》版本)。

(十三)腊八

十二月(称"腊月")初八,人称"腊八"。此日有吃腊八粥的习俗。据传,旧时有诸僧在此日煮七宝五味粥,名曰"腊八粥",斋供以作功德。民间仿效,以若干种干果、豆子、薏仁米煮粥,域内人家有用湘莲、南塘芡、米、蜜枣、桂圆、栗子、胡桃、松子等作为"细腊八"的;也有用银杏、慈姑、荸荠、红枣、芋艿、赤豆、绿豆、花生、扁豆作为"粗腊八"的。其实各家用何干果、各用多少种来煮粥各不相同。

(十四)灶神节

农历十二月二十四,俗称"廿四夜",传说这天是送灶君回天的日子。灶君为各家辛苦了一年,故每家都要感谢灶君。域内人家的习俗是在灶台前放一张小桌,桌上放着大团子、水果等供谢,还要烤糊涂(有米粉的甜粥)、糖元宝,以糊住灶君的嘴,让灶君上天只言说好事。贡品供毕,焚化。至正月半,再请灶君。解放后,域内人家廿四夜送灶君的习俗仍流传。域内人家在廿四夜还要掸灰尘、大扫除，准备干干净净过个年。每家每户要磨粉，做各种馅的大团子。家家户户吃团子，邻居之间还互相赠送，品尝各家团子的味道。

（十五）除夕

农历十二月三十为除夕，亦称"大年夜"，是一年中的最后一天。除夕，域内人家要举行年祭，也称"作享"，祭祀祖先。家家户户忙于张贴对联，贴"福"字，准备菜肴，备年夜饭。中午，每家每户用鸡、鸭、鱼、肉、笋干、黄豆芽、芹菜祭祀神灵和祖先。这几道菜看似简单，实则大有来历。

鸡，古今称"凤凰"，寓意女儿出人头地，能成凤凰。

鸭，音似"甲"，望子连中三甲，寓意望子成龙。

鱼，寓意年年有余。

肉，出于猪，汉代以猪为财富。

笋干，寓意节节高升。

黄豆芽，形似如意，食之，来年事事"如意"，吉祥平安。

烧年夜饭，老人关照要多淘一升罗米，寓意来年"有吃有剩"。域内人家还有"守年"的习惯，希望天官施财纳福。

是夜，零点钟声敲响，家家户户鸣放爆竹，彻夜不眠，迎接新春的到来。

二、现代节日

现代节日有元旦、劳动节、儿童节等，以下选择和共青村村民息息相关的三大节日做介绍。

（一）元旦

1949年9月27日，中国人民政治协商会议第一次全体会议在决定建立中华人民共和国的同时，也决定采用世界通用的公元纪年法，并将公历1月1日正式定为元旦。解放初至改革开放前，村域在元旦这天，多数生产队社员继续参加生产劳动，少数生产队放假一天，社员主要在家搞卫生，做家务；也有的社员走亲访友；个别家庭利用元旦节假，进行订婚、结婚、做寿等传统活动。

改革开放后，特别是20世纪90年代后，国务院推行元旦小长假，共青村村民因不再从事农业生产，主要是务工或从事经营性工作，因而通常享受三日小长假。村委会所在地会张贴"庆祝元旦"的标语，村民们有的在家看元旦联欢晚会，有的参加昆山市级及高新区组织的元旦迎春健身活动，有的利用假日组织全家三日游，有的操办喜事，也有的带上礼品、红包走亲访友。一到晚上，一家人聚在一起观看庆元旦、迎新年文艺晚会。

（二）劳动节

劳动节，又称"五一国际劳动节""国际示威游行日"，定在每年的5月1日，是世界上80多个国家的全国性节日，是全世界劳动人民共同拥有的节日。1949年12月，中央人民政府政务院将这一节日定为法定节日，放假一天。

改革开放前，共青村村民主要从事农业生产，劳动节时期，是春耕备耕时刻，农事紧张，所以各生产小队社员一般都不会休息，最多休息半天。

改革开放后，特别是1999年后，国务院发布《关于修改〈全国年节及纪念日放假办法〉的决定》，劳动节放假加上调休，共7天，形成"五一黄金周"。共青村村民因不再主要从事农业劳动，大部分年轻人在企业工作，因而就利用黄金周外出旅游。后来，国务院又多次修改五一劳动节的放假时间，2008年，五一劳动节调整为休息一日加双休日，共休3天，称"五一小长假"。共青村村民通常自驾，就近旅行，有的家庭利用假日走亲访友，有的家庭操办喜事，也有的在家里休闲娱乐。晚饭后，一家人聚在一起吃零食、看文艺晚会。

（三）国庆节

1949年12月2日，中央人民政府委员会第四次会议通过决议：自1950年起，每年的10月1日为中华人民共和国国庆日，即国庆节。

改革开放前，共青村域社员会在国庆节休息一天，大队部挂上国旗，请字写得比较好的人写上"庆祝国庆"等标语。大队组织社员观看文艺宣传队演出。各生产队为社员放假一天。每家每户会利用休息日晾衣被、搞卫生，到自留地上种菜浇水；有的家庭利用这一天举行定亲或结婚仪式，先定好亲还不到年龄结婚的家庭，就要请毛脚媳妇或毛脚女婿吃一天饭；有的人家走亲访友。无事者则聚在一起说说笑笑、闲聊娱乐。

改革开放后，特别是1999年后，国庆节的法定休假日改为3天，并将前后两个双休日调在一起，成为7天小长假，俗称"国庆黄金周"。共青村村委会所在地、主干道、小区里悬挂国旗，电子显示屏会呈现国庆标语，一派喜气洋洋的节日景象。旅游是域内人家在国庆节的首选，共青村村民会利用黄金周出去旅游。有的组团旅游,有的合家旅游,有的就近观光,也有的到农家乐赏景就餐。还有些家庭会利用十一长假举行婚礼、寿庆等。空闲时,域内村民则观看国庆文艺节目,充分享受国庆7天长假给自己带来的快乐。

第四节 生辰寿俗

一、催生

待怀孕的女儿产前月余,母亲携带益母草、婴儿衣服、鞋帽、尿布、红糖、面等到女儿家,馈赠怀孕女儿,称"催生"。母亲到女儿家后,先是到女儿房间,将事先打好的包裹扔到床上,以测试女儿将生男孩还是女孩。定神看包裹的正和反(包裹打结的一面为正面,另一面则为反面),如果包裹为正面,则将生女孩,反之为男孩。饭后,母亲还要下面条,赠送给街坊邻居。面上还要放上肉浇头。现在,由于居住分散,无法将面送于邻居,改发双浇面票,以示感谢邻居们对女儿的照顾和关心。同时,也是向大家报喜——某家媳妇将生孩子啦。晚上,男方还要邀请本家至亲一起吃晚饭,以示庆贺。

二、三朝

婴儿出生第三天,主人宴请亲友,并煮面条,加上鸡、肉、鱼等浇头,称吃"三朝面"。亲友馈赠礼品以示庆贺。

三、满月

20世纪80年代后,吃"三朝面"或"送汤面"有了变化,一般在婴儿出生后满月、双满月或一百天办酒贺喜。家长设满月酒,宴请亲友,另外以红蛋、

团子、糕相赠。舅父抱满月外甥（女）请理发师给理发，理下的头发称"胎发"，将其珍藏。外婆家赠小孩衣裳、鞋袜、帽子、童车、婴儿摇篮或床等。

四、周岁

孩子出生一周年要举行庆贺活动。当天，面条是必吃的。经济宽裕的家庭备佳肴宴席招待至亲。20世纪90年代后，幼儿办生日宴之风盛行。主家邀请亲戚好友相聚共餐，吃生日蛋糕，蛋糕上插生日蜡烛，共唱生日歌，过生日者默默许愿，然后吹灭蜡烛，分食蛋糕。

五、庆寿

庆寿习俗在域内源远流长，成年以30岁为始。古人言：30岁不庆，40岁不发。所以30岁就要庆寿，办酒席，邀请亲戚朋友赴宴，互赠礼品。成年人也有极少数庆50岁不庆60岁，但绝大多数人从60岁开始庆寿。庆寿时，点燃大红喜烛，堂前挂大"寿"金字，张贴"寿比南山松不老，福如东海水长流"对联，挂于大堂两边。晚辈向长辈拜寿，吃寿面，庆祝长者生日快乐。生活水平提高后，80岁庆寿更加热闹，因为小辈多，人气更旺。

第八章　村落文化

　　共青村这片沃土，有着深厚的文化底蕴。旧时，村民们为方便交流，创造了词简意明而又生动形象的地方语言。村民们在长期的生产生活中，通过观察气象变化，总结出带有天气变化规律的气象谚语。在漫长的农耕时代，村民们根据季节与农作物之间的关系，总结出了农耕谚语。为丰富娱乐生活，村民们以生活为题材，创作了民歌民谣，自编自演，开展文艺宣传活动。自从有了广播、电影、电视后，村民们积极参与各类文化建设活动，热情高涨。在科技兴国的今天，共青村又办起图书阅览室，引导村民们学科技、用科技，参与新农村建设。

 第一节　群众文化

一、文艺宣传

宣传队　20世纪60—70年代，共青、蔡家两大队都成立文艺宣传队，而且搞得热火朝天。宣传队员坚持劳动、排练两不误，白天参加劳动，利用晚上或雨天休息时间排演节目。排演的节目内容主要是宣传好人好事、表演样板戏及根据本地题材自编说唱等。形式上有说快板、唱山歌民谣、朗诵毛主席语录及舞蹈等。

1964年，共青大队组建俱乐部，由大队团支部书记季祥岐牵头，团支部委员姚小林负责具体工作，人员有姚敖宗、张益弟、姚生吾等。俱乐部根据本地题材，编、唱、说。1966年，大队又成立毛泽东思想文艺宣传队，队长为姚小林，队员有殷友珍、丁珍娣、姚敖良、周雪妹等。队员们根据各生产队的实际情况，编排节目，宣传党的方针政策，宣传好人好事，还编排舞蹈、唱《毛主席语录》，演唱《大海航行靠舵手》《洪湖赤卫队》《东方红》等革命歌曲。这些节目激发了广大干部群众抓革命、促生产的热情，为推动农业生产起到了一定的鼓动作用。为解决资金困难，团支部还组织宣传队员参加义务劳动。

1966年冬天，蔡家大队也成立了毛泽东思想文艺宣传队，队长为顾志来，队员先后有邱田珍、顾志富、承林风等。排练的样板戏有《沙家浜》《红灯记》《智取威虎山》等。演出时间在节假日或晚上。通过队员们的共同努力，演出节目得到了广大干部群众的好评。1967年1月，在蔡家大队第7生产小队和蔡家小学操场上搭台的两次演出，除了本大队男男女女前来观看外，其他公社、大队的男女老少利用春节走亲访友的机会，也前来看演出。那时人头攒动，大家带着凳子，有序坐着。演出期间，演员们精彩的表演，时常获得观众的鼓掌声。20世纪60年代末，共青、蔡家两大队宣传队解散。

舞蹈队 2008年，共青村舞蹈队成立，王宁被推荐为舞蹈队队长，队员有戈文妹、张建平、侯美芳等。王宁热心公益事业，一心扑在舞蹈队的各项事务上，在她的带领下，十多名舞蹈队员个个肯吃苦，认真排练节目。2017年，在昆山高新区"新农村、社区优秀节目选拔赛"上，共青村舞蹈队创作的《美好的生活跳起来》节目，获二等奖。在2018年"昆山高新区社区（村）优秀节目展演"的选拔赛中，《欢乐秧歌》获自创节目三等奖。

获奖节目《美好的生活跳起来》（2017年，季晓芸摄）

展演节目《欢乐秧歌》（2018年，季晓芸摄）

二、广播、电影、电视

广播 共青、蔡家两大队有线广播安装于1967年,当时由乡设广播站,统一负责施工,各大队抽调1—2人为广播线路维护员。广播站借用312国道沿公路的电线杆,把广播线延伸到各个大队。大队用树棍、水泥杆作为电杆,把广播线通到各自然村。广播线主线材为10号铁丝,辅线材为12号—16号铁丝。第一只广播喇叭先装到各生产队仓库里,许多老人、小孩端着凳子,围坐在喇叭旁边收听。社员都要求尽快安装到户。当时每户出资2.5元的安装费,其余费用由大队统一支付。在不到一年的时间里,家家户户都装上喇叭,两个大队共安装舌簧喇叭380只。

1970年以后,为提高收听效果,改善喇叭音质,村域内各大队又将各农户的舌簧喇叭改为音箱式动圈喇叭。1979年,各大队设广播室,添置一台100瓦功放机,外通4条线路,每条线路安装2.5瓦高音喇叭1只,两个大队共装8只。人们在田间劳动,都能听到新闻、天气预报、文艺节目和农技知识,比如,水稻、"三麦"、油菜防病治虫时如何用药等。公社、大队还利用广播,召开关于农业生产方面的会议。通过广播会议,大家都懂得稳、准、狠防病治虫及农田用肥知识。1985年以后,电视逐步普及,广播因功能逐渐淡化而被淘汰。

电影 中华人民共和国成立前,农村的文艺生活极其匮乏,难得有机会到集镇上看电影(本地人称"西洋镜"),看过的人感觉不可思议,常在人前夸耀"西洋镜"的好看。20世纪60年代初,开始有公社电影放映队下乡为群众服务。因受交通和场地等因素的限制,放映电影要选择合适的地方。因为电影有极强的吸引力,男女老少都喜欢,所以村民看一场电影往往要跑好多路。待到放电影时,生产队大多会安排早收工、早准备,让大伙准时看电影。

当时电影放映队有水陆之分,水路有放映船,陆路用自行车队,放映队为全公社各大队轮流放映。共青大队放映地点大多设在共青小学操场上,蔡家大队放映地点设在蔡家小学操场上。每场电影的放映费为20—40元,由大队包场,差不多一个月放映一场。每逢放电影时,人们早早吃好晚饭,带些自制的瓜子、蚕豆当零食。当时,电影胶卷紧张,须交叉放映,此谓"跑片"。放映的电影中有战斗片《南征北战》《上甘岭》《地道战》《地雷战》《闪闪的红星》《洪湖赤卫队》《铁道游击队》等,有惊险反特片《古刹钟声》《永不消逝的电波》等,有传统舞台艺术片《梁山伯与祝英台》《红楼梦》《天仙配》等。"文化大革命"期间,共青村域放映了《红灯记》《沙家浜》《智取威虎山》《红色娘子军》等样板戏。1969年,一部国产片《苦菜花》在昆山放映,轰动昆山城,各大队组织社员包场去昆山电影院人民剧场观看。20世纪60—70年代,是农村电影放映的鼎盛时期,进入80年代,由于电视的出现,乡村电影的放映次数逐渐减少。到80年代后期,随着电视普及,乡村电影最终不再在村域内放映。

电视 20世纪70年代,共青、蔡家两大队的个别村民家开始购买电视机。当时蔡家大队第6生产小队购买了一台14寸上海"飞跃"牌黑白电视机,轰动全自然村。社员每天吃过晚饭,就到有电视机的社员家或生产队仓库里看电视,夜夜爆满。80年代,电视机的显像管尺寸有所增大,从9寸扩大到14寸,电视机由黑白变为彩色。90年代初期,两个大队的彩色电视机普及率不足65%。像上海产"金星"牌彩色电视机仍属紧缺商品,必须凭券购买。90年代中期,为改善收视效果,昆山市广电局将各农户的无线电视改为有线电视,收视效果大大提高。2000年,电视机更新为彩色直角平面显像管,每台3 000元左右,村民置换率达85%。2003年前,原白塔村有线电视入户率已达100%,原共青村有线电视入户率达95%。至2010年,液晶电视大量上市,货源充足,价格下跌,液晶电视机得以普及。至2015年,32寸普通液晶电视机每台售价在2 500元左右,一般农户都有2台电视机,基本满足一房一台,有的农户多达3—4台。据统计,2015年,共青村有液晶电视机1 500台左右。

三、图书阅览室

2007年,共青村村委会在村委办公楼的底楼开设图书阅览室,面积320平方米。图书阅览室陈列有自然科学、社会科学、文学书籍及各类报纸杂志等1 500多册。图书阅览室开放时间为每天上午9点至下午3点。图书管理人员为李轶群。图书阅览室建档立卡,损坏要赔偿,阅览按时归还。

2018年,图书阅览室搬迁到共青新村会所底层,面积100多平方米。由共青·益家服务中心统一托管,方便村民看书阅览。图书阅览室内设有书架、电脑、空调、桌椅等设施,主要有科技类、农业类、生活类、文化类、健康类书籍。

共青村图书阅览室一角(2019年,罗英摄)

第二节 方 言

一、口头词

闹猛:热闹。

白相:玩玩。

讲张:(无拘束交谈)聊天。

慢慢叫:慢慢地。

嘞浪:在。

落场:收场。

脚馒头:膝盖。

该搭:这里。

作兴:可能,或许。

响勿落:无话可说。

闲气:无聊。

几花:多少。

无清头:无脑子。

交关:蛮多、许多。

酒水：宴席。
日头：太阳。
桅亮：月亮。
亮月：月明之夜。
天打：雷击。
霍显：闪电。
开年：明年。
旧年：去年。
热天式：夏天。
春三里：春季。
秋场里：秋季。
寒场里：冬季。
上昼：上午。
下昼：下午。
日昼醒里：中午。
姜喊：刚才。
垂夜快：傍晚。
老底子：过去。
揩面：洗脸。
汰浴：洗澡。
汰脚：洗脚。
做生活：干活。
荡白相：散步。
毫稍：快一点。
小后生：男青年。
男人家：老公家。
小倌：小孩。
老老头：老头子，老头。
大相公：女婿。

秋拉洒：秋雨连绵。
阵头雨：阵雨。
阴丝天：阴天。
热昼心：中午。
蒙花雨：毛毛雨。
今朝：今天。
昨日：昨天。
响春：立春。
啥辰光：什么时候。
明朝：明天。
后日：后天。
黄昏头：黄昏。
夜里响：晚上。
昨夜里：昨晚。
该歇：现在。
有辰光：有时候。
该抢世里：这个时候。
阿嘞浪：是否在。
啥场化：在何处。
混陶陶：许多、很多。
洋葱头：不精明。
有亲头：懂事。
小娘头：小姑娘。
阿伯：父亲。
阿爹：爷爷。
姆妈：母亲。
好婆：奶奶。
外甥：外孙。
老末拖：最小儿子或女儿。

作头：包工头。

脚班：搬运工。

客帮人：外地人。

半吊子：说话半句头。

告花子：乞丐。

老娘：接生婆。

老小姐：老处女。

二婚头：再配之人。

贼骨头：小偷。

纪娘：干妈。

丈母娘：妻子的母亲。

小官人：丈夫。

阿姐：姐姐。

孙囡：儿子的女儿。

瘪三：身无分文、囊空如洗的人。

吃素：比喻不厉害，好惹。

冲头：形容不明真相而上当，被人敲竹杠的人。

搭浆：做事马虎，敷衍了事。

搭子：一起打牌、搓麻将的人。

动气：生气、闹别扭。

格点：这点，这些。

几化：多少。

几时：什么时候，哪一天。

结棍：身体结实；做事厉害。

加二：更加，如"加二勿好"。

家当：财产，物件。

家生：器具、工具、物品。

搞七廿三：胡搅蛮缠。

花里百啦：花纹杂乱，色彩繁多。

老伯伯：伯父。

嫚嫚：伯母。

嗯娘：婶婶。

爷叔：叔叔。

蛮爷：继父。

蛮娘：后妈。

老亲家：亲家公、亲家母。

老丈人：妻子的父亲。

老伯伯：父亲的哥哥。

家子婆：妻子。

姐妹婿：妹夫。

新官人/新相公：新郎。

新娘娘：新娘子。

标致：形容人容貌美丽、漂亮。

夯髈郎当：总共，义同"一塌刮子"。

浑天糊涂：糊涂到极点，或者杂七杂八混在一起。

几几化化：很多很多，许许多多。

看样学样：看到别人做什么，自己也跟着去做什么。

空心汤团：让人空欢喜一场。

哭出呜啦：悲苦含泪，欲哭无声。

啰哩八嗦：不断唠叨，也作啰哩啰唆。

乱话三七：胡说八道，瞎说一通，也作"瞎话三七"。

赤刮蜡新：完全新的，非常新。

书雾腾腾：说话文绉绉，书生气十足。

添油加醋：歪曲别人的话。

贪财乌龟：爱财如命的人。

脱头落攀：办事不认真、不负责，说话没根据。

挖空心思：竭力思索或用尽心机。

脱底棺材：吃光用光，无可救药。

喳拉喳拉：形容说话声音响而快。

小落会：也叫"小乐惠"，原指书场里的短暂休息，这里指自得其乐。例：一杯老酒，一盘花生米，小乐惠。

大发脉：没心机，大大咧咧，好说大话，常打肿脸充胖子；乱花钱，摆阔气。

勿适意：身体不舒服；心里不高兴。

勿上路：说话做事不合规格，让人看不惯。

木知木谷（觉）：毫无反应或反应迟钝。

阿木林：呆滞，笨头笨脑。

吃勿消：承受不了。

暗头里：没有光亮的地方。

吃闲饭：不干活，混饭吃。

懊闷痛：懊悔。

吃开口饭：泛指教师、演唱家、说书的等人。

巴不得：追切希望。

第八章 村落文化

吃辣火酱：吃苦头。

插当：插队。

白鼻头：坏人、奸刁之人，亦指搬弄是非的人。

吃现成饭：不劳而获。

摆大王：称王称霸。

吃相难看：态度恶劣。

摆噱头：使花招。

吃用开销：日常生活支出。

扳错头：故意寻别人错处。

一板三眼：无变通余地。

隔口嘴：搬弄是非。

一本万利：投资少，收利高。

吃独食：独占利益。

一搭一档：互相配合。

吃钝头：被人挖苦嘲弄。

吃耳光：面孔上挨打。

吃搁头：吃批评，吃排头。

一拍抿缝：完全吻合。

吃官司：坐牢。

吃生活：挨打。

一塌刮子：全部。

吃老本：不劳而获，花原来的钱财。

吃赔账：赔钱。

吃勿开：没本事，不受欢迎。

一家头：一个人。

一家门：全家人。

一刮二响：说话、办事果断爽快。

一天世界：一塌糊涂。

一句闲话：没二话，说到做到，保证完成。

一式一样：形容完全一样。

迷露：雾。

冰排：冰雹。

日显：室内或背阴处受阳光反射引起的暑气。

落雨：下雨。

空阵头：阴云密布，电闪雷鸣，但不下雨。

麻花雨：毛毛雨。

云爿雨：局部飘洒的雨。

长脚雨：连续不停下的雨。

吊西风雨：冷空气来临前下的雨。

黄梅天：梅雨季节。

还潮天：空气湿度大的天气。

落沙天：类似于沙尘暴。

拗春冷：倒春寒。

冷汛：冷空气来临。

冰凌荡：水滴下时结成的冰凌。

小白脸：长得秀气的年轻的男孩。

小儿科：小气的人。

小牌位：孩子的戏称，不带恶意。

小乖人头：精打细算，不肯吃亏。

有喜娘娘：孕妇。

拖油瓶：寡妇改嫁带到男方家的孩子。

自家人：自己家庭的人员。

熟自人：熟悉的人。

老板：有钱人，或指企业经营者。

小开：老板的儿子。

嫩头：没有经历、经验的人。

青肚皮猢狲：不长记性的人。

好囝徒细：老实巴交的人。

好吃果子：容易被人欺负。

二、口头语

白脚花狸猫：形容人坐不定，喜欢走动。

板板六十四：为人固执呆板，少交流。

拆穿西洋镜：完蛋，落空。

趁势踏沉船：船在下沉，用力踩踏，唯恐船不沉。比喻别人危难之时，还加以陷害。

恶人先告状：有过错的一方却抢着先告状。

吪啥花露水：没有啥本事，没有好处。

割卵勿出血：刀不锋利；办事无效。

鸡毛当令箭：把本来的小事当成重要的事情去做，小题大做，借题发挥。

久病成良医：患者在就医用药中积累经验，时间一长，也会识病选药。

临时抱佛脚：形容一些人平时没有准备，临时慌忙应付的行为。

撸撸算盘珠：算总账时不亏也不赢。

碰着个赤佬：事情做得不顺利，叹息自己运气差。

忘记大自吃苦：记性不好，害处大。

要争气气不争：人很努力，想把事情办好，结果却不妙。

矮子肚里疙瘩多：身材矮小的人主意多；别人的主意总不如他意。

吹牛皮不打草稿：信口编造，任意编造。

打开天窗说亮话：毫无隐瞒地说出来。

老虎屁股摸不得：不要挑逗或招惹强悍者。

卵子落嘞冰缸里：一个人啥事情都不着急。

说嘴郎中无好药：能说的不一定做得好。

逃脱鳗鲡臂膊粗：失去的事情总是特别美好。

抱着黄狗当马骑：将派不了用场的人当有用的人用，说明找错对象。

歪戴帽子掘壁洞：帽子歪戴的人往往被人认为不正派的人。

山歌只只会，只只勿到头：比喻做事不内行，不能有始有终。

若要亲眷断，三千铜钿缠：亲眷之间也要明算账。

第三节　俗语、谚语、歇后语

一、俗语

公要馄饨，婆要面。

拼死吃河豚，怕死吃芦根。

今年巴望明年好，明年仍是一件破棉袄。

开出门来七件事，手里无钱伤心事。

马屁拍嘞马脚上。

雷声大，雨点小。

大勿当心小勿管。

黑铁黑榻，吃俚勿煞。

要么楼上楼，要么楼下搬砖头。

小洞不补，大洞吃苦。

十句九嘟噜，一句勿着落。

歪理十八条，条条站勿牢。

天要落雨，娘要嫁人。

猪头肉，三不精。

越吃越馋，越歇越懒。

从小看看，到老一半。

说人话人，勿如别人。

心急吃勿得热粥。

牛头勿对马嘴。

家丑不可外扬。

丈母娘看女婿，越看越有趣。

到啥山，砍啥柴。

河水宽，井水满。

急紧疯，碰着慢郎中。

乡里好，胜金宝。

六十六，烧火不发禄。

一张嘴两爿皮，翻来翻去全是理。

村里有个狐狸精，村里村外勿太平。

黄毛丫头十八变，临时上轿变三变。

善有善报，恶有恶报。为啥勿报，时辰勿到。

吃饭防噎，走路防跌。

家无主，扫帚顶到竖。

钱是身外之物，生不带来，死不带去。

为官一任，造福一方。

坐得正，站得稳，和尚、尼姑合板凳。

只要功夫深，铁棒磨成绣花针。

油嘴郎中卖假药。

城头上出棺材，远兜远转。

眼泪嘟落落，两头掉勿落。

做官一阵子，做人一辈子。

金杯银杯，不如民众口碑。

山歌好听口难开，白米饭好吃田难种。

鲜鱼汤好尝网难张。

老大多，驶翻船。

无债一身轻，干起活来也有劲。

螺蛳壳里做道场。

村里出自好嫂嫂，一村姑娘全学好。

种田不着一熟，讨老婆不着一世。

二、谚语

(一) 气象谚语

春天不烂路,雨过就行程。

霜下南风一日晴。

东忽忽,西忽忽,地上干卜卜。

落得早,不湿草;落得晚,一直落到天明吃中饭。

春二三月冷落,秋季八月热落。

早雾晴,晚雾阴,迷露不散就是雨。

雨落黄梅脚,灌水车断黄牛脚。

小暑一声雷,倒转大黄梅。

春雾日出夏雾雨,秋雾西风冬雾雪。

东风阵头一吓,落起雨来一尺。

发尽桃花水,心定旱黄梅。

清明断雪,谷雨断霜。

燕子低飞有雨到,蜜蜂早出天气好。

莳里东风,雨落阵阵。

上看初二三,下看十五六。

曲蟮唱山歌,有雨不会多。

咸菜缸里翻泡泡,大雨落勿光。

伏里东风海底干,伏里西风海里满。

九月南风连夜雨,十月南风干到底。

朝看东南,夜看西北。

蚂蚁作坝要落雨。

日出胭脂红,勿落雨,定起风。

中午太阳现一现,一定没有大好天。

久雨西风晴,久晴西风雨。

头九暖,二九寒,三九冻得瑟瑟钻。

小满日头,晒开石头。

三时三送，低乡人家白弄。（有水灾）

芒种火烧天，夏至雨绵绵。

伏里西北风，腊里船不通。（结冰）

春分秋分，昼夜平分。

大暑小暑不是暑，立秋处暑正当暑。

（二）农耕谚语

雨打秧田烂，秧苗出匀齐。

莳秧六棵，毛病最多。

谷雨前后，种瓜种豆。

过了惊蛰节，春耕不停歇。

头莳黄秧三莳豆，三莳里头种赤豆。

六月勿热，五谷勿结。

昏咚咚，六月初三浸稻种。

夏至门前鸪鸠叫，勤力给懒的笑。

小暑莳秧大暑耥，三石一亩稳当当。

小熟要抢，大熟要养。

秋前勿搁稻，秋后喊懊恼。

寒露无青稻，霜降一齐倒。

种麦敲铫锣，割麦倒秆棵。

冬雪是宝，春雪似刀。

腊肥一滴，春肥一勺。

冬季浇河泥，麦田如盖被。

麦熟过条桥，稻熟过三朝。

种早不慌，起早不忙。

三年不选种，产量要落空。

无肥荒一年，有草荒三年。

一熟红花草，三年田脚好。

稻要养，麦要抢。

种田人不识天，哪能种好田？

寸麦不怕尺水，尺麦倒怕寸水。

麦怕清明日日雨，稻怕寒露一朝霜。

娘好囡好，秧好稻好。

麦秀风来摆，稻秀雨来淋。

三、歇后语

种田三样宝——猪灰、河泥、红花草。

抬头求人——不如低头求地。

勿怕土不好——就怕人不勤。

人勿亏地皮——地皮勿亏肚皮。

只有懒人——没有懒地。

肉骨头敲鼓——昏咚咚。

瞎子吃馄饨——心里有数。

粪坑里的石头——又臭又硬。

石头浪掼乌龟——硬碰硬。

蛇吃黄鳝——活屏煞。

豁嘴拖鼻涕——顺路。

飞机上钓蟹——荡空八只脚。

比上不足——比下有余。

偷鸡不着——蚀把米。

船到桥——直瞄瞄。

小痢子撑伞——无法（发）无天。

吃里爬外——胳膊朝外弯。

肥田粉——化肥。

新砌粪坑——三日香。

臭鸭蛋——自家赞。

公要馄饨婆要面——难服侍。

弄堂里拔木头——直来直去。

鸡毛当令箭——像煞有介事。

王小二过年——一年不如一年。

烂泥萝卜——吃一段揩一段。

杨树头——随风倒。

牛吃稻柴鸭吃谷——各人头上一爿福。

敲锣卖糖——各做一行。

青肚皮猢狲——记不牢。

癞痢头伲子——自家的好。

江西人钉碗——自顾自。

和尚讨老婆——无望。

墙头上刷白水——白说（刷）白话。

船头上骑马——走投无路。

隔年蚊子——嘴老。

芦席郎爬到地郎——相差不多。

橄榄活（核）垫台脚——活里活络。

昆山城隍——眼开眼闭。

卫生口罩——嘴上一套。

鸭吃砻糠——空欢喜。

麻子拍粉——蚀煞老本。

瞎子磨刀——快来哉。

棺材里伸手——死要。

三婶婶嫁人——摆心不定。

木匠打家婆——一斧（副）头。

顶仔石臼做戏——吃力不讨好。

脚炉盖当眼镜——看穿。

哑子困嘞一横头——呒商量。

六月里格腊肉——显格格。

驼子跌跟头——两头不着实。

江北人摇船——没得橹（路）。

老孵鸡生疮——毛里有病。

背心浪拉胡琴——挨不着（轮不到的意思）。

叫花子吃死蟹——只只鲜。

棉花店里死脱老板——勿能谈（弹）。

 第四节　山歌民谣

一、民歌

《莳秧歌》

莳秧要唱莳秧歌，两腿弯弯泥里拖。

泥里拖啊泥里拖，手捏黄秧莳六棵。

莳六棵啊莳六棵，莳下秧苗就发棵。

发的棵啊钵头粗，割一棵啊掼一箩。

歌词唱出了莳秧时的艰辛，劳作者脸朝黄土背朝天，脚踩田泥，头顶烈日，为了生活，他们起早摸黑，不辞辛劳。当一片片水田在他们手下被插满了秧苗的时候，他们的心中充满了希望和憧憬，似乎看到了"钵头粗"的稻穗，获得了"割一棵，掼一箩"的丰收喜悦。

《上梁歌》

脚踏富贵地，手扶金步梯。

脚踏扶梯步步高，一步更比一步高。

身登凤凰台，面对紫金梁。

抛梁抛到东，东方日出满堂红。

抛梁抛到西，麒麟送子桂双喜。

抛梁抛到南，子孙代代做状元。

抛梁抛到北，米满囤，人增寿。

今日吉辰来上梁，东家修的好华堂。

高升一步：一品当朝为丞相；

高升两步：双凤朝阳，成双成对；

高升三步：三元及第，三阳开泰；

高升四步：四季发财，日进斗金；

高升五步：五谷丰登，家畜兴旺；

高升六步：六合同春，如意吉祥。

二、唱春

唱春的历史久远，始于汉代。共青村13组有两位唱春艺人，一位姓任，另一位姓徐。村民们尊称为徐先生、任先生。他们两人喉音清脆，为人和气，深得村民们的喜爱。任先生的唱春艺术是有师承的，经三年学徒期，满师回乡，见到村中的变化不大，他的亲朋好友还是那么清贫，决心收徒成组，先后收学徒3名，每组2人，跟他去说唱，以维持生活，后成立一个以任氏为领班的唱春小组。

唱春人有三样工具：一是春锣，它起奏乐作用，还可存放食物。谢春（唱毕后），主人家会给唱春人一些酬劳，但不能用手拿，只能伸出春锣，让主人家将酬劳放在其中，再倒进"龙袋"。二是敲板，即敲春锣的一块板。敲板一般以榉木为主，长约1尺3，意为南方十三省，可以到五湖四海唱。敲板的正面刻有"龙凤春官"，反面刻"吉祥如意"。在唱春艺人的春锣和敲板上均刻印有当时县衙的印章，意思在本县城乡可自由说唱。三是"龙袋"，所谓"龙袋"，就是一只布做的背袋，用来存放唱春艺人得来的报酬，如大米、糕、团子等物。

唱春艺人卖艺有一定的规矩，当人走到墙角，必须敲响春锣，让东家知晓有唱春到，做好谢春的思想准备。当唱春人离东家大门2—3尺远，敲响春锣，唱起春曲，曲调以老调、老腔和新调为主，也有自编曲调、随口哼唱的。每支春歌，一般以七字四句不等的格式，周而复始地演唱。唱春人的曲子、调门必须迎合农村人的文化程度、口味及喜好，大多为乡土气息浓厚，又带有押韵、顺口溜的句段，常见的有《十根扁担》《十把扇子》《十张台子》《十姐梳头》《十条手巾》等。

《十张台子》

第一张台子四角方，岳飞枪挑小梁王。
武松手托千斤石，姜太公八十遇文王。
第二张台子凑成双，辕门斩子杨六郎。
诸葛亮要把东风借，三气周瑜芦花荡。
第三张台子桃花红，百万军中赵子龙。
文武全才关夫子，连环巧计是庞统。
第四张台子四角平，吕蒙正落难破窑中。
朱买臣上山樵柴卖，何文秀落难唱道情。
第五张台子逢端阳，莺莺小姐烧夜香。
红娘月下偷棋子，勾结张生跳粉墙。
第六张台子荷花放，阎婆惜活捉张三郎。
宋公明逼到梁山上，金沙滩救驾小唐王。
第七张台子是七巧，蔡状元打造洛阳桥。
观音龙女来作法，四海龙王早来潮。
第八张台子只只好，昆仑月下闹江啸。
判断阴阳包文正，张飞踏断灞陵桥。
第九张台子菊花黄，王婆药死武大郎。
潘金莲结识西门庆，武松杀嫂是英豪。
第十张台子唱完成，唐僧西天去取经。
孙行者领路前面走，山中棒打女妖精。

《十把扇子》

第一把扇子七寸长，一人扇风二人凉。
扇坏家中少年郎，哎哎有少年郎。
第二把扇子骨里黄，一面姐来一面郎。
一面郎来一面姐，哎哎唷一面郎。
第三把扇子骨里青，一面兔来一面鹰。
二人相思命归阴，哎哎唷命归阴。
第四把扇子四角遮，一面鱼来一面虾。

第八章 村落文化

一面金鱼来取水,一面草虾岸上爬。

第五把扇子乌里乌,大伯伯要配弟媳妇。

上床有了亲姐妹,下床还有弟媳妇。

第六把扇子六枝花,情哥爱我我爱他。

情哥爱我年纪小,我爱情哥一枝花。

第七把扇子狗咬狗,情哥哥拖住小妹妹。

小妹叫道情哥来松手,闲人看见大拍手。

第八把扇子八根丝,上面写有二首诗。

郎要相思爱写诗,姐要相思郎不知。

第九把扇子骨里黄,情哥拿起烟筒框。

烟筒框来烟筒框,情哥吃扎("穿衣"的意思)姐风光。

第十把扇子骨里红,留郎妹妹拍蚊虫。

拍了蚊子干搁起,留郎来年活狂风。

《十根扁担》

第一根扁担梅花香,猪猡挑起麸皮糖。

一年过去从头起,大熟肥料靠猪羊。

第二根扁担灰上场,灰堆虽臭稻谷壮。

肥多稻好收势好,巴望来年田稻旺。

第三根扁担两头长,红花河泥填草塘。

禾稻好比一枝花,全靠肥料把家当。

第四根扁担挑黄秧,黄秧连根六寸长。

落在田里蓬蓬长,莳开黄秧望爷娘。

第五根扁担日头旺,耥稻捋萍是白忙。

热汗出得嗒嗒嘀,东家茶馆听滩簧。

第六根扁担心欢畅,霜里头挑稻夜打场。

金谷满场自家少,公粮租米入他仓。

第七根扁担种麦忙,大麦小麦种两样。

种好麦田等落雨,明年收势有巴望。

第八根扁担两头光,一头白米一头糠。

摇船装稻牵砻忙，卖脱白米做衣裳。

第九根扁担忙停当，缴脱公粮剩勿多。

一年粮食半落空，红花野草度饥荒。

第十根扁担两头扛，丢掉只扁担到城里厢。

城里穷人多多少，找勿到帮工转家乡。

《十姐梳头》

大姐梳头爱插花，隋炀皇帝看琼花。

保驾李元霸，哎唷哎哎唷保驾李元霸。

二姐梳头爱贪红，刘备招亲保驾赵子龙。

孔明借东风，哎唷哎哎唷孔明借东风。

三姐梳头三分难，三战吕布虎牢关。

张飞直声喊，哎唷哎哎唷张飞直声喊。

四姐梳头养蚕忙，杨五郎落发做和尚。

守关杨六郎，哎唷哎哎唷守关杨六郎。

五姐梳头五端阳，许仙官结识白娘娘。

小青青做梅香，哎唷哎哎唷小青青做梅香。

六姐梳头六月中，盘肠大战是罗通。

保驾尉迟恭，哎唷哎哎唷保驾尉迟恭。

七姐梳头七秋凉，唐伯虎招船追秋香。

搭仔一道行，哎唷哎哎唷搭仔一道行。

八姐梳头木樨香，孟姜女万里送寒衣。

一路苦凄凉，哎唷哎哎唷一路苦凄凉。

九姐梳头菊花红，薛仁贵跨海去征东。

军师徐茂公，哎唷哎哎唷军师徐茂公。

十姐梳头心里慌，梁山大盗是宋江。

三打祝家庄，哎唷哎哎唷三打祝家庄。

《十条手巾》

头条手巾绣起头，刚刚绣好郎来偷。

偷我手巾倒也罢，多少私情在后头。

第八章 村落文化

第二条手巾是蓝青，湖州染只再加青。

加青手巾甩嘞缸，沿浪揩干玉手伴私情。

第三条手巾红线穿来绿线穿，隔窗笃根郎曲腰。

曲腰曲在三环三，根根丝线缠郎腰。

第四条手巾四尺长，端盒清水摆中央。

清水里照见小奴正有样，郎去千里姐思量。

第五条手巾五色纱，五色绒线绣山茶。

山茶水小奴绣嘞胸膛浪，情哥摸姐看山茶。

第六条手巾六尺长，姑嫂两个绣鸳鸯。

大嫂嫂绣只成双对，小姑娘绣只配成双。

第七条手巾玫瑰红，拨嘞情郎去游山。

手巾落在山弯里，外私情拾只就担还。

第八条手巾八尺齐，情哥郎曲只满街飞。

八字桥头、十字桥头走一埭，十个蛟娘九个寻。

第九条手巾九重阳，重阳美酒满房香。

罗帐里厢想情哥，巴望媒人早来配成双。

第十条手巾促崭新，情哥前来问音讯。

相思痛苦剩三分，奴奴织巾也放心。

三、儿歌

（一）

一记伲（耳）光，敲到里床。

里床有只缸，缸里有只碗。

碗里有只蛋，蛋里有个黄。

黄里有根刷帚芒，庚煞嫩格小和尚。

（二）

月亮荡荡，姐妹双双。

大姐嫁嘞上塘，二姐嫁嘞下塘。

三姐呒人要，一顶花花桥。

(三)

姐姐妹妹，坐嘞门口。

一道唱歌，大家听听。

啥个弯弯在天边？月亮弯弯在天边。

啥个弯弯在眼前？眉毛弯弯在眼前。

啥个弯弯头浪过？木梳弯弯头浪过。

啥个弯弯嘞水边？小船弯弯嘞水边。

(四)

今朝礼拜三，老师上昆山。

碰着一个猪头三，肚皮痛得不来三。

马上送昆山，医生配仔苏化二〇三。

(五)

杠铃杠铃马来头，隔壁大姐转来了。

拗朵菜花，田鸡踏煞老丫。

老丫告状，告拨和尚。

和尚念经，念拨观音。

(六)

笃笃笃，卖糖粥。

三斤蒲桃四升壳，吃脱嫩个肉，还拨嫩个壳。

(七)

一根葱，两头空，

通来通扣全是侬。

(八)

妈妈来，街浪扣（去），

买只小马桶，开开来，

里厢十七八只小老虫。

(九)

阿一哇，做啥？

蚊子咬吾。

快点爬上来，呒不梯，
借拔嫩，勿碍格。
斗斗鸡，拱拱飞，
飞到天浪吃白米。

（十）

金锁银锁，嘎啦一锁。
锁到啊里，锁到嫩格嘴巴里。

（十一）

一撸麦，二撸麦，三撸麦。
姐姐开始种大麦。
噼噼啪，噼噼啪。
大麦热，大麦香。
磨面做馒头。
馒头热，馒头香。
雪白馒头请先生。

（十二）

癫痢癫，偷鸡杀。
偷仔鸡，供菩萨。
菩萨勿吃荤，癫痢吓得辣豁豁。

（十三）

嫩姓啥？吾姓黄。
啥格黄？草头黄。
啥格草？青草。
啥格青？碧沥青。
啥格碧？毛笔。
啥格毛？三毛。
啥格三？高山。
啥格高？年糕。
啥格年？一九六八年。

（十四）

冬瓜皮，西瓜皮，

小娘头（小女孩）赤骨里勿要皮。

（十五）

东面过来一只羊，西面过来一只羊。

一道来到小桥浪，嫩勿让来吾勿让。

一道跌嘞河里厢。

（十六）

今朝礼拜三，吾来买阳伞。

特脱（丢了）三角三，只好做瘪三。

打只电话三零三，寻个医生猪头三。

吓得吾进马鞍山，前山勿走翻后山，

跌得屁股两爿爿。

 第五节 谜 语

一、物品类

一只脚拎咚拎，两只脚喊开门。

三只脚不会走，四只脚绕村奔。

（谜底：一只脚的是榔头，两只脚的是公鸡，三只脚的是香炉，四只脚的是狗。）

一根木头造幢屋，拔脱门闩就塌屋。

（谜底：伞）

蓬蓬松松，挂在家中。猜得出新相公，猜不出肚皮痛。

（谜底：蓑衣）

远看乌云，近看乌轮。打开城门，吃脱活人。

（谜底：房子）

婆鸡婆嘞手里，倪巴跷到嘴里。

（谜底：烟筒）

婆鸡婆嘞地朗，倪巴跷到梁朗。

（谜底：灶头）

圆圆娘，唰唰娘，光头络托扁头娘。

（谜底：铜勺、洗帚、菜刀）

有脚不会走，无脚到处跑。有嘴不会讲，无嘴闹汪汪。

（谜底：凳、球、壶、锣）

小小两只船，没桨又没橹。白天到处游，夜里停在床前头。

（谜底：鞋）

丁零零，丁零零，一头说话一头听。

（谜底：电话）

驼背老公公，困在河当中，人来人往爱驮车。

（谜底：桥）

天上一只鸟，用线拴得牢。不怕大风吹，就怕细雨飘。

（谜底：风筝）

二、自然类

兄弟六个本同娘，相貌身材弗一样。

老大眼泪汪汪，老二素衣白裳，老三无影无踪，老四骨头硬，老五打鼓出场，老六浑身闪光。

（谜底：雨、雪、风、雹、雷、闪电）

千条线，万条线，落到河里看不见。

（谜底：雨）

弯弯一座彩色桥，高高挂在半山腰。七色鲜艳真好看，一会工夫不见了。

（谜底：彩虹）

枪打没洞，刀劈无缝。

（谜底：水）

有时候圆又圆，有时候弯又弯，有时晚上出来走，有时晚上看不见人。

（谜底：月亮）

说像糖它不甜，说像盐它不咸，冬天有时一片，夏天谁都不见。

（谜底：雪）

到处乱跑捉不到，跑过树林树弯腰，跑过大海浪又高。

（谜底：风）

用手拿不起，用刀劈不开，烧饭、洗衣请我来。

（谜底：水）

三、器官类

一张芦，两个棚，两只黄狗吹风凉。

（谜底：流鼻涕）

十条田岸九条沟，条条田岸上有瓦盖头。

（谜底：十根手指）

左一片，右一片，一生一世看不见。

（谜底：耳朵）

早上开箱子，夜上关箱子，箱子角落里有颗黑枣子。

（谜底：眼睛）

四、动物类

身披花外袄，唱歌呱呱叫。田里捉害虫，丰收立功劳。

（谜底：青蛙）

头戴大红花身，穿什锦衣，好像当家人，一早催人起。

（谜底：公鸡）

嘴像小铲刀，脚像小扇子。走路左右摆，水上划船快。

（谜底：鸭子）

小小姑娘满身黑,秋去南方春来家。从小立志除害虫,身带剪刀满天飞。

(谜底:燕子)

好像一架小飞机,前后翅膀挨一起。睁大眼镜找小虫,吞到细细肚子里。

(谜底:蜻蜓)

生一碗,熟一碗,吃脱一碗,还有一碗。

(谜底:螺蛳)

弯背老公公,一烧就要红。

(谜底:虾)

五、植物类

爷蓬头,娘蓬头,养个儿子尖头。

(谜底:笋)

兄弟七八个,围着柱子坐,只要一分开,衣服就扯破。

(谜底:大蒜头)

一个小姑娘,生在水中央,身穿粉红衫,坐在绿船上。

(谜底:荷花)

一身绿衣裳,肚里水汪汪,生的子儿多,子黑脸膛红。

(谜底:西瓜)

高高个儿一身青,金黄圆脸喜盈盈,天天对着太阳笑,结的果实数不清。

(谜底:向日葵)

戳天、戳地、上吊、诈死。

(谜底:戳天是笋,戳地是萝卜,上吊是黄瓜,诈死是南瓜。)

红面子,白夹里,八个小娘轧了里。

(谜底:橘子)

哈打哈里过,长远勿到苏州过。

蹊跷蹊跷真蹊跷,外生骨头里生毛。

(谜底:栗子)

红漆马桶黑漆盖,十人走过九人赞。

(谜底:柿子)

第九章 物产美食

  共青村地处太湖流域的东北部,是典型的江南水乡。村域气候四季温和,土地肥沃,河流纵横,物产丰富。村域内的土地上,一年四季均有许多自然生长的野生植物和村民们合理利用季节种植的水稻、"三麦"、油菜、蔬菜、瓜果等土特产。水生动物繁多,有各种水产、贝类、软体生物等。共青人充分运用丰富的食材资源,做出适合本地人口味的美食,有农家佳肴,有特色小吃。共青村村民在尊重自然、保护自然、利用自然、和大自然和谐共生的同时,也尽情地享受着舌尖上的快乐,其乐无穷。

 **第一节 物 产**

共青村域南靠娄江，西临思常港，北濒庙泾河，村域内水系如网，土地肥沃，物产富饶，粮油作物以稻、麦、油菜为主，还生长有20多种林（竹）木和10余种瓜果。村域内动物资源也十分丰富。

一、动物

村域内动物众多，主要品种有：

禽鸟类 鸡、鸭、鹅、麻雀、雁、鸽、燕子、杜鹃、黄莺、斑鸠、画眉、白头翁、啄木鸟、布谷鸟、乌鸦、猫头鹰、老鹰、喜鹊、野鸡、鹌鹑、十姊妹。

兽类 猪、牛、羊（山羊、绵羊）、兔（肉兔、长毛兔）、狗、猫、黄鼠狼、刺猬、田鼠、猪獾、狗獾。

蛇类 水蛇、赤链蛇、青稍蛇、秤星蛇、蝮蛇。

昆虫类 蜜蜂、黄蜂、蝴蝶、蜻蜓、纺织娘、萤火虫、螳螂、蚱蜢、天牛、蚜虫、稻螟、稻飞虱、蝗虫、红铃虫、牛虻、蟋蟀、蟑螂、蚂蚁、蜈蚣、蜘蛛、蚰蜒。

两栖动物 青蛙、蟾蜍。

水产类 青鱼、草鱼、鲢鱼、鳊鱼、鲫鱼、鲈鱼、鳜鱼、川条、鳑鲏、白丝鱼、黑鱼、鲇鱼、鳗鲡、鲃鱼、黄鳝、河虾、白米虾、赤虾、河蟹。

贝壳类 乌龟、甲鱼、河蚌、三角蚌、田螺、螺蛳、海蛳、钉螺、蚬。

1958年"大跃进"时期，村域的树木和竹园被砍，庙宇、古建筑被拆毁，飞禽无栖息之处，以致常见的喜鹊、乌鸦、猫头鹰、野鸡等被迫迁徙，或濒临绝迹。20世纪70年代初，各生产大队农田施用农药和用药粉灭钉螺，使域内河流遭污染，不少水中生物遇到严重的生存危机，白米虾一度濒临绝迹。乌龟亦少见，鳜鱼等水产品种类锐减。1976年，农村平整土地，荒坟、荒滩被铲平，躲藏其间的獾和野鸡、野鸭等多已绝迹。进入21世纪，上级政府号召保护生态，一些飞禽又重新"回家"，甚至还带来了"新朋友"。

二、植物

村域内植物资源较为丰富，主要品种有：

水生类 茭白、藕、菱、水芹、荸荠、慈姑、水花生、水葫芦、水浮莲、绿萍。

粮食类 水稻（粳稻、籼稻、糯稻）、大麦、小麦、元麦、高粱、玉米、蚕豆、豌豆、黄豆、绿豆、赤豆、山芋。

经济类 油菜、芝麻、向日葵、黄麻、棉花、甘蔗。

蔬菜类 白菜、小白菜、青菜、胡萝卜、大蒜、冬瓜、蒲瓜、丝瓜、南瓜、土豆、扁豆、豇豆、四季豆、辣椒、茄子、番茄、菠菜、甜菜、芹菜、蕹菜、莴笋、苋菜、韭菜、雪里蕻、卷心菜、大头菜、竹笋、生姜、金花菜。

竹木类 蒲基竹、红头竹、燕来竹、芦竹、泡桐、楝树、榆树、榉树、杨树、柳树、桑树、梧桐、冬青、樟树、棕树、水杉、木槲、宝塔松、雪松、马尾松、柏树、黄杨。

瓜果类 西瓜、甜瓜、梨、桃、葡萄、石榴、橘子、枇杷、草莓、桑葚。

药草类 益母草、半边草、金钱草、车前草、陈皮、蒲公英、薄荷、莲心、地丁草。

花卉类 月季、芍药、菊花、凤仙、牡丹、玫瑰、荷花、美人蕉、鸡冠花、牵牛花、绣球、蜡梅、水仙、蔷薇、芙蓉、桂花、紫云英。

2019年年底，共青村村民全部居住到共青新村或龙泉山庄，所有耕地被政府征用，上述植物在村域内已不常见。

第二节 农家特色菜

一、毛豆子面拖蟹

毛豆子面拖蟹（2019年，罗英摄）

选毛蟹若干只（约 300 克）、青毛豆约 250 克、面粉一小碗，调料（老抽、盐、白糖、料酒、葱、姜丝）少许。

做法：先把青毛豆煮熟，捞出备用，将毛蟹清洗干净，放在砧板上，按住，用刀从中间一斩为二，在断口处蘸上准备好的面粉糊，以防蟹黄流出。往锅内倒入适量调和油，将油煮熟，把蘸上面粉的蟹断口处放入油锅里炸，让面粉凝结冷却，再炸一下，依次炸完。往炸过蟹的油中放入葱、姜丝爆炒后，放入炸过的毛蟹煸炒，倒上少许料酒，盖上锅焖一小会，开锅倒入适量的老抽、盐少许、糖一大勺，放入炸过的毛豆及一定量开水，炒匀，盖上锅盖小火煮 15 分钟，再把剩下的面粉加凉水搅匀，倒进锅内，用勺子推锅底，防止煳锅。开中火再煮一会，一边煮，一边用锅铲推锅底，防止锅底烧焦，直到面粉变稠、发亮，将其盛入碗中，一盆面色金黄的毛豆子面拖蟹便做好了。其面糊特别鲜美，咬上一口蟹，蟹黄即流，让人食欲大增。

二、走油东坡肉

选用约 1 公斤五花肉，调料（酱油、糖、葱、油、盐、料酒、八角、香叶、桂皮）少许。

做法：肉切大块，长宽各 18 厘米，洗净冷水下锅焯水，等水烧开 15 分钟后倒出，用冷水冲洗干净。再放一锅清水，将葱打成结后和姜、料酒一起加入，倒入肉，盖锅盖大火煮开转

走油东坡肉（2019 年，罗英摄）

小火焖煮约 1 小时，至肉六七成熟捞起沥干。开始烧热油锅，锅内放约三分之二的油，等油温达九成热后，取一块肉沥干，马上入油锅炸（一定要小心油飞溅），炸约 6 分钟，期间要不时翻动，防止炸焦粘底。炸到肉皮表面起色捞出，炸完的肉立刻浸入冷水两小时以上，让肉结皮。全部炸完后，倒去油锅里的油，加香料、酱油、盐、糖和之前炖肉时候的肉汤熬成汤汁，将肉块稍微煮一下即可。取出置于大盆子里晾干，要吃的时候，将走油肉切成片状扣在碗底，按自己的口味适当再加盐、糖、油等调味，蒸 1 个小时左右。上桌时，再倒扣过来即可。

共青村的走油东坡肉是浓油赤酱的典型代表。上等的走油东坡肉做好以后，肉皮起皱、色泽红润且酥烂鲜香，酥烂而不腻。

糖醋小排（2019 年，罗英摄）

三、糖醋小排

糖醋小排是共青村村民置办婚丧喜事餐桌上的主菜之一。原共青大队第 3 生产小队的周阿二、第 7 生产小队的姚敖宗，蔡家大队第 16 生产小队的张东良、第 17 生产小队的张炳元做的糖醋小排更是让食者赞不绝口。

选用肋排近0.5公斤，调料（油、醋、食盐）少许。

做法：先将肋排放在清水中泡半小时，后擦干水，倒入5克食盐拌匀，腌半小时，在锅里放入适量油煮沸，将肋排切成小块，放入锅中，中火煎至排骨表面金黄，将其捞起。准备冰糖、醋，按3∶2比例倒入锅中，同时烧开水；小火炒糖色，迅速倒入炸过的小排，再加入足量开水，没过小排即可。大火煮开，转小火炖煮，大概20分钟后汤底变浅，倒入95%的食醋，转中火开盖煮，至汤汁浓稠，再沿着锅边倒入剩下的食醋，大火收汁即可。上桌前给糖醋小排撒少许白芝麻，色泽红亮。炸过的小排酥软入味，即使凉了也很美味。

红烧黄鳝（2019年，罗英摄）

四、红烧黄鳝

做法：取约半斤重的黄鳝，开肚皮去肠，用热水洗净身上滑黏的污物，切成约3厘米长的段块，放在加热的油锅里煸炒，加入黄酒、生姜、大蒜头、酱油，烧熟后放入适量的糖，稍微收汁，端上餐桌老少皆喜食。

五、百叶包

选用薄百叶、肉末、葱、姜末、料酒、盐、鸡蛋、生抽、生粉、色拉油。

做法：先将肉末放入大碗中，加一个鸡蛋、生粉、生抽、盐、葱、姜末，倒入少许色拉油，充分搅拌均匀。将百叶切成15厘米大小见方，将百叶铺平，一端放入拌好的肉末，在朝另一个方向卷的同时，两边多余

百叶包（2019年，罗英摄）

的部分百叶也折进去包好，尾部用蛋液涂一下，黏合成条状，全部包好放入碗中，入锅蒸熟即可。

六、咸肉蒸土豆

选用土豆 1—2 个，咸肉约 250 克，葱花、料酒、姜丝少许。

做法：先将咸肉（最好是五花肉），切成 1.5—2 厘米厚的肉片，放入约 30 摄氏度的温水中浸泡 10—20 分钟，冲洗掉多余盐分，再将土豆削皮切成约 3 厘米厚的长方形薄片，清洗后，将土豆按片放置在盆里，咸肉放在土豆上面，放在蒸锅里大火蒸 15 分钟，出锅后撒上葱花，蒸熟即可。土豆滑爽，咸肉肥而不腻，是一道上等好菜。

咸肉蒸土豆（2019 年，罗英摄）

七、爆炒螺蛳

爆炒螺蛳（2019 年，罗英摄）

每年 3 月底，村域内河出产螺蛳。村民先将河滩边上拾回来的螺蛳（500 克左右）洗净，放入清水中，再适量放一点菜油养两天，让螺蛳吐出泥沙等，两天后用剪刀或钳子，剪掉螺蛳屁股，用清水清洗干净，装盘备用。

做法：在锅中放入一定量的食用油，加入少量葱、姜等起油热锅；待油锅匀烫后，将螺蛳倒入锅内，加调料（料酒、食盐少许）翻炒出香味，放水，大火加锅盖煮 10 分钟（中途翻匀），最后放入蚝油、生抽、葱花，放点香油更好，数分钟后出锅即可食用。爆炒好的螺蛳用嘴轻轻一吸，鲜美的螺蛳肉即从壳中吐出。

八、全鸡

全鸡（2019年，罗英摄）

做法：取村民家散养的约1.5公斤的草鸡1只，杀好，除去鸡毛、内脏等，洗净，放入砂锅中，加入白开水，放入生姜1块、盐适量、黄花菜1把（炖鸡时，将干黄花菜泡好后，把水挤干）、葱几根，其中2根葱打结；大火炖开，转中火炖一个半小时，出锅即可食用。

每逢农历七月初七，有小孩的家庭都会烧1只全鸡让小孩吃，尤其是鸡心一定要看着孩子吃下，原因是"鸡"和"记"音相似，吃鸡心就是让孩子长"记性"。

九、清蒸鳜鱼

20世纪70年代以前，域内河水清澈，水中鳜鱼较多。每逢冬季，鳜鱼有钻窠过冬的习惯。村民利用鳜鱼的这一习性，捕捉鳜鱼。食用鳜鱼时，清蒸更为理想。

做法：将一条1斤左右的鳜鱼去鳞，取出内脏洗净，在鱼背上划几刀，再在鱼上加入少许盐

清蒸鳜鱼（2019年，罗英摄）

揉搓，使鱼更入味，配以姜丝、料酒，腌制15分钟后洗净，再放入酱油、食盐、料酒、姜丝、蒜头，上锅蒸10—15分钟，即可食用。

十、油焖春笋

选用春笋 4 根,调料为白糖半勺、生抽 1 勺、老抽几滴、蚝油 1 勺,食盐、鸡精、葱花少许。

做法:共青村村民每年春季会挑选没有露土、笋壳白白的笋,将笋剥壳后切成横条,热锅下油(油要比平时烧菜时多点),下春笋,中火翻炒,待微

油焖春笋(2019 年,罗英摄)

微发黄,加糖炒 30 秒,后加入生抽、蚝油、干辣椒,再中火焖 5 分钟。待到汁收得差不多时,加少许鸡精及食盐,撒入葱花,出锅即可食用。

十一、红烧油泡

红烧油泡(2019 年,罗英摄)

做法:先将 500 克夹心猪肉洗净,沥干水,剁成碎末,再将生粉撒到肉末上搅拌均匀。取两个鸡蛋打破,将蛋清蛋黄拌匀后,加入食盐、葱花、姜末少许,做成肉馅。把买回来的油泡用剪刀在中间开个小洞,把肉馅塞入油泡中,直到塞满(1 斤夹心猪肉做成肉馅后可塞约 12 个油泡)。开大火热油后,放入几片姜。把塞满肉馅的油泡放入锅中,肉面朝下,煎至金黄色,加入食盐、老抽、糖,加水,盖上锅盖,大火烧开,小火慢炖收汁,加入鸡精,撒入葱花,出锅即可食用。

十二、红烧老鹅

红烧老鹅（2019年，罗英摄）

做法：取重量2.5—3公斤的老鹅半只，切成适量大小的块状。用凉水稍微浸泡一会，待出血水后，反复冲洗2—3次，晾干。锅中倒入适量的色拉油，中火加热后放入葱、姜、蒜、辣椒、香叶、八角，炒香30秒，将鹅肉倒入汤内，中大火翻炒，炒至鹅肉全部变白，表面略有焦黄，加入老抽、生抽，翻炒均匀上色，再倒入一罐啤酒，继续加水500毫升，淹没肉块，大火至沸腾；盖上锅盖，转小火，继续煮1小时后，放入白砂糖拌匀，继续关盖煮40分钟，开盖转中火收汁即可。

十三、葱油蚕豆

做法：用2斤新鲜的蚕豆，剥去壳，把剥好的蚕豆放在清水里，以保证蚕豆质嫩肉鲜。锅内加油，大火烧至油面起波纹，倒入蚕豆，盖上锅盖，防止爆油溅伤。片刻爆油声变小后，开盖翻炒，加少许食盐、糖和水，转中小火焖3—5分钟，开盖，再撒点葱花，翻炒几下，出锅即可食用。

葱油蚕豆（2019年，罗英摄）

第三节　农家点心

一、香葱鸡蛋面衣

香葱鸡蛋面衣是共青村村民常做的一道做法简单、来料方便、经济实惠，又能耐饥的点心，它是在摊面衣的基础上逐步提高手艺而做成的。进入21世纪，共青村村民工作生活节奏日益加快，早晨上班之前，常以面衣作为早餐。

做法：选用约100克面粉，两个鸡蛋的蛋清、蛋黄、葱花、少量食盐，加适量

香葱鸡蛋面衣（2019年，罗英摄）

水，均匀搅拌成糊状。在锅里放入两小勺油，刷好锅底，把面糊快速加至锅中，铺平锅底，面皮可以在锅底移动时，快速翻数十秒后，待略微焦黄，即可食用。

南瓜饼（2019年，罗英摄）

二、南瓜饼

20世纪90年代前，每年春节前共青村村民家家都要做数十个南瓜饼作为零食。进入21世纪，随着生活水平的提高，村民家里做南瓜饼已不讲季节，随时可以做。

做法：取2—3斤的南瓜1个，洗净去皮，切成条状，上锅蒸约6分钟后，沥水，

将南瓜倒入盆内压成泥状,加入 4 勺白砂糖(喜欢吃甜口的可以多放点白砂糖),与糯米粉搅拌均匀,成干面团后,取干面团搓成小球,放在手掌上压扁,厚度约 3 厘米。将压好的南瓜饼放在油锅中炸成金黄色即可。

三、草头饼(花草饼)

草头饼(花草饼)(2019 年,罗英摄)

草头饼是共青村村民家的家常点心。做草头饼最主要是采摘草头,制成汁液。

做法:采摘比较嫩的草头 500 克,处理干净,将草头放在开水中烫后并捞出来,烫后的水可根据口味,加入一定量的食盐,再用 1 000 克糯米粉和草头汤搅拌,另外再加入两个鸡蛋继续搅拌,翻拌成一个糯米团,压成饼。开火,倒少许油,放入草头饼,小火煎至两面微微焦黄。出锅后的草头饼趁热吃口感更好。

四、青团子

青团子是正仪特产,共青村与正仪相邻,通婚现象比较普遍,从正仪嫁入共青的媳妇将制作青团子的技艺带到共青,使青团子成为共青村村民特别喜爱的点心,也是清明扫墓时的必备祭品。

做法:将浆麦草捣烂取汁,加少量石灰稀液点浆,然后待青水澄清后,按一定比例,倒入糯米粉,揉成粉团,捏成团壳,加入各种馅心,做成青团子。上笼蒸熟,出笼后涂上熟菜籽油,使团子鲜艳光亮,其味醇美,细腻可口。

青团子(2019 年,罗英摄)

五、粽子

每逢端午时节，共青村每家每户都要包粽子。粽子式样越来越多，有小脚粽、三角粽、长方粽、枕头粽、秤砣粽，味道有咸、有甜、有淡。一般白粽和豆粽蘸白糖吃；咸的粽有鲜肉、腊肉、咸蛋黄粽。

做法：将糯米淘净，放水泡一下，然后将用备好的泡软的粽叶，卷在手里，塞满糯米，用线捆扎成不同形状的粽子，放在锅内煮，一直煮到熟为止。也有的人家用压力锅蒸制，待粽子蒸熟、蒸醒才能食用。进入 21 世纪，共青村村民包粽子、吃粽子已是平常事。

粽子（2019 年，罗英摄）

六、米饭饼

米饭饼（2019 年，罗英摄）

做法：往 1 斤米糕粉里加入 8 克发酵粉，加水 1 斤，搅拌均匀成块状，铺上保鲜膜，放置 12—15 小时（放在室内桌子上即可，不能用冰箱冷冻或冷藏），发酵完后，闻有甜酒味，这种发酵后的米粉称为"老粉"。根据口味往老粉和米粉的混合物中放适量白砂糖，按一定比例加水搅拌均匀成稀糊状，然后放在锅里开始蒸，15 分钟后就可以出锅，开花状态的米饭饼特别好吃。

共青村 2 组村民朱珍米做的米饭饼在村内颇有名气，一些村民经常模仿朱珍米的方法做米饭饼。

七、桂花酒酿圆子

桂花酒酿圆子（2019年，罗英摄）

做法：用2斤水磨糯米粉加温开水揉成团，取三分之一搓长，另外三分之二留在碗里，盖上湿布，把搓长的米粉条切成大小一样的小段，搓圆。在碗里放点糯米粉防粘，搓好圆子，放在锅里，锅里加两大碗水，放冰糖，水沸后加入团子，加勺酒酿及枸杞，煮开后再加入葛根粉或藕粉兑水化开，再次将其煮沸，最后撒上桂花，一碗热腾腾的桂花酒酿圆子就做好了。趁热吃，有糯糯酸酸、软绵绵的口感。

第四节　土特产

一、糯米酒

糯米酒是从江阴传入共青村的，距今有120多年的历史，可称为共青村的名优特产。因为土法酿造，酒味醇香可口，人人喜爱。

做法：将30—50斤新糯米浸24—36小时（以新糯米做酒，出酒率高、含酒精度高，酒色清白透彻），水浸糯米1天

糯米酒（2019年，罗英摄）

半后，最好淘一下（也有人不淘米）再上笼蒸；待糯米成饭后，稍凉拌入酒药；加入适量的水，倒入缸中（"带浆水"）；用稻草围缸或用棉被盖住，起保暖作用，一昼夜以后，酒的香味扑鼻而来，尝一下，又香又甜，亦有黏唇的感觉，别有风味。

共青村村民还有一种习惯，每当酒缸盖被盖好后，必须在上面放一点铁器或刀剪之类的东西。

二、西瓜

20世纪60年代，为了改良土壤，共青大队部分生产小队开始种植西瓜。成熟后的西瓜大部分被拉到市场上出售，增加集体经济收入，一部分质量差的收尾瓜被分给社员吃。域内农户种瓜很有经验：施的是鸡窠、猪窠有机肥料，西瓜的质量好、个头大、口感好，从而赢得顾客青睐。70年代后，水稻生产一熟改二熟，为了使茬口搭配，生产队普遍扩大西瓜种植面积，一般生产小队种植3—4亩，多的生产小队种植4—5亩。西瓜收完后，瓜藤可以作肥料翻潭搪泥，增加稻田肥力，使水稻粒子饱满，减少稻田病虫害，提高千粒重和产量。80年代，农村实行土地承包责任制，生产队种植西瓜的面积逐步减少。到1983年，集体不再种植西瓜，但农户种植幅度增加，一般每亩西瓜年成好的话，产量在2 500—3 500公斤，到市场上出售，收入可达千元以上。

三、南瓜

南瓜是村域内农户常种的一种土产、优质的食材，域内大部分南瓜都被用作猪饲料。共青村村民种植的优质南瓜甜糯，状若牛角的品质最好。作为猪饲料的南瓜要求产量要高，主要种植偏圆形的大南瓜，亩产可达6 000公斤。

20世纪60年代，各生产小队办起养猪场，为解决猪饲料短缺问题，生产小队利用旱地、杂边地种植南瓜。当时，一般每个生产小队都要种上3—4亩地。每当南瓜开花结果时，要请专业人员入田为南瓜人工传粉，提高成果率。待到南瓜成熟时，一个个金黄色的大南瓜躺满地面，社员们甚是兴奋。1983年开始，共青村域集体与农户均不再种植。

四、马铃薯

马铃薯,又名土豆,是村域内农户饭桌上的常见蔬菜。20世纪60年代后,各家各户利用自留地种植一部分,既解决吃菜问题,又能代替部分主食。种植土豆比较简单,传统的种植方法是将作种子的土豆,看准有芽痕的用刀切下来,一般一个土豆可切出2—3块种子块,然后将种子块埋在施好基肥、做成垄的泥土里,并压结实,浇上水,盖上薄膜即可。从出苗到进入生长期只需浇水、除草,一般无须再施肥。成熟后的土豆将泥垄开,新土豆围着原苗周围生长,结出一大串。每棵可有5—6个,多的甚至有10来个。1983年,农村实行土地承包责任制后,特别是共青村实行大农户经营承包农田后,农民没有植边地,很少有人种植。2005年以后,农户土地被征用,也就不再种土豆了。

五、山芋

山芋即红薯,是域内人家常种的一种蔬菜品种。山芋容易栽种,产量高,可做菜,烧山芋粥、山芋茶,蒸煮后既能当菜又能当粮食,还可作猪饲料。通常在每年的9月下旬至10月中旬就能收获。20世纪60—70年代,农户们都会用自留地、边角地种上一些。那时,市场上有山芋苗种,0.3—0.5元1把,每把有50—100根山芋苗。山芋最好种在生地(尚未种植或使用的土地)上,生地上长出的山芋个数多、体大,而且山芋光滑无虫疤。收获的山芋除大部分食用外,留一小部分放到冬季生吃。山芋久存后失去水分,散去其本身的异味,切片食用,甜如苹果。2005年,村民土地被征用,不再种植山芋。

六、茭白

茭白别名"茭瓜""茭笋",南方地区又名"水笋",属禾本科菰属多年生宿根性水生草本植物。茭白是饭桌上的常见蔬菜,茭白炒肉丝、油焖茭白,都是域内人家喜欢的菜。茭白容易种植,村民多找河边、水塘边种植。茭白易活,但是在茭白3个多月的生长过程中,既要多次除草,还要清除茭白在生长过程中逐渐老化的叶子,也要用药除虫,中途施加肥料。域内人家种植的茭白个大肥壮，人们常说："稻熟茭白嫩朵朵，甜津津。"2005年村庄动迁后，大部分农户不再种植茭白。

七、菱

共青村域溇浜众多，水面广阔，具有种植菱角的天然条件。菱的品种很多，2只角的称"两角菱"，4只角的称"四角菱"，青色的四角菱称"四角大青菱"，红色的四角菱称"四角大红菱"，没有角的菱称"馄饨菱"。共青村域一般种两角菱、四角大青菱的人家居多。1976年，共青大队种菱水面有50亩。采摘的菱大多数被卖到城里。四角大红菱成熟期最早，在农历八月十五上市，其他品种在农历八月下旬上市，到农历九月中旬结束。因此，有句民谚叫，"九九重阳，菱塘销烊"。不通外河的死水溇潭，中途一般不采鲜菱，留作老菱，留到年终将溇潭抽干水，捉鱼又收菱。此时收起来的老菱，农家统称"浆菱"，容易储存。老菱若焐来吃，口感糯甜，香如栗子，耐饥。老菱还可以被加工成菱粉，用来增加村民的经济收入，剩下部分可留作种子。

第十章　乡村人物

　　共青村人杰地灵，人才辈出。随着历史的发展、社会的进步，在共青村这片沃土上，孕育出一代代、一批批优秀人士。他们虽生活的年代不同、所处的社会环境不同、从事的行业不同，但他们均能扎根共青沃土，服务共青人。他们中间有早在清嘉庆、同治年间创立"闵氏伤科"的闵籍，其子闵思启继承父业，精益求精，把"闵氏伤科"不断发扬光大；有1951年参军入朝保家卫国，退役后又呕心沥血建设家乡的老兵；有在中华人民共和国成立后的不同年代参加工作，并且成绩卓著的优秀新老干部；有学成归来，服务父老乡亲的教师、医生；有在文化知识传播上做出贡献的下乡知识青年；有饱读诗书工作在各条战线上的大学生；还有心灵手巧、服务百姓的能工巧匠。

第一节 人物传略

一、闵籍

"闵氏伤科"传承人在起源地昆山白塔港（现为共青村）留影（2016年，闵毅摄）

闵籍（1801—1874年），字坚亭，"闵氏伤科"创始人，新阳白塔港村（今昆山玉山镇共青村）人。闵氏先贤头脑活络，种地行医，经营有方，家底殷实。闵籍从小习武，多年苦练，益精武艺，又悉心研究治伤术，加之自幼帮助收埋暴露尸骨，对人体骨节部位熟视详明，更得家传治伤科秘方，为提高治伤技术打下了坚实的基础。后又与一位山东高僧结成莫逆之交，高僧传授其武艺和治伤绝技，尤精点穴术。更蒙高僧赠以治伤秘方，结合家传秘方，吸取各家精髓，形成疗效卓著的治伤方药和伤膏药。清道光十一年（1831），闵籍开设专治伤科门诊，就医者应手辄愈，名震苏沪间。年74岁卒，传医术于子思启和女闵姊。

二、闵思启

闵思启（1852—1915年），字迪甫，伤科名医闵籍之子，"闵氏伤科"第二代传人。清末民初，新阳白塔港村人。由父传授伤科医技，尽得其术，在白塔港村老宅继承父业。由于兼精武术，尤擅柳枝接骨秘技，医效卓著，患者盈门，名播苏浙。清光绪十年（1884），青浦金泽镇遭特大风灾，倒塌房屋无数，村民断肢破腹数以百计。青浦知县特邀闵思启前往救治。闵思启运用自己独特的柳枝接骨秘技，连续几天救治伤者，绝大多数伤者痊愈。知县大喜，欲以丰厚酬金相送。闵思启将酬金留下用于青浦灾民家园的重建。

清光绪二十五年（1899），"闵氏伤科"迁居苏州娄门内仓街89号（今内仓街128号），在此建造住宅，开设"闵氏伤科"门诊，且连续几代人在此行医。至此，"闵氏伤科"已成为苏州伤科界的主流，在吴中医派伤科专业中具有重要地位。闵氏高超的医技享有盛誉，名声远扬苏浙沪一带。闵氏先后在上海、浙江、常熟一带开设分诊所。

由于闵思启医术超高，求医者络绎不绝，这也为他带来了丰厚的收入。但他为人慷慨，时常救济贫困家庭，每年捐赠达1万元。闵思启去世时年仅64岁。

"闵氏伤科"起源于昆山，兴盛于苏州，经历五世，至今有近200年的历史，声名远播苏浙沪一带。"闵氏伤科"世医在祖传家学的基础上，研究吸收了其他流派的治疗方法，运用中医药学理论整体辨证方法治疗各种内外损伤疾病，都有独特疗效。自2009年起，"闵氏伤科"分别入选江苏省、苏州市、姑苏区非物质文化遗产名录。

三、居阿水

居阿水（1921—1987年），共青村6组人，初小文化程度，中共党员。居阿水出生在中华人民共和国成立前，他饱受苦难，深感幸福生活来之不易。1951年，美国将战火烧到鸭绿江。是年3月，居阿水正式入朝参战，成为一名运输兵。在运输途中，他冒着敌机的狂轰滥炸，机智灵活，巧妙躲避，一次次出色地完成任务。1953年，朝鲜战争停战，居阿水复员回乡，担任生产队队长，带领村民大搞农业生产，后升为江浦排涝站副站长、共青大队治保主任。

四、姚金生

姚金生（1923—1997年），共青村7组人，初小文化程度，中共党员。1950年，姚金生参加中国人民志愿军。1953年秋，复员归国。姚金生回乡后，积极带领村民走农业合作化道路，热心帮助生产中有困难的家庭，由此被村民推荐担任共青初级社社长。他工作积极，乐于助人，大公无私。1958年，任共青高级社党支部书记。

五、孙春山

孙春山（1948—2014年），共青村2组人。1975年4月—1994年3月，孙春山先后任共青大队第2生产小队队长、民兵营营长和城南镀铜厂负责人。1994年3月，任共青大队党支部书记、城南镀铜厂厂长。

1983年3月，共青大队开办第一家微型队办工厂——城南镀铜厂，孙春山担任该厂负责人。城南镀铜厂初办时，全厂仅有工人12名，在他的带领下，工厂站住脚跟，逐步发展。从1985年与外厂合作生产造纸机械附件开始，发展到1992年具有两条生产造纸机械的生产线。1998年以后，该厂成为造纸机械行业的龙头企业。

孙春山带领昆山中联造纸机械厂创业发展，他本人也先后被授予"全国乡镇企业家""江苏省优秀民营企业家"称号，还先后多次获得苏州市、昆山市颁发的荣誉证书。

孙春山获"江苏省优秀民营企业家"荣誉证书（2019年，罗英摄）

"江苏省质量放心用户满意十佳诚信企业"荣誉证书（2019年，罗英摄）

六、姚早生

姚早生（1928—2020年），共青村7组人，初小文化程度，中共党员。1951年年初，姚早生响应"抗美援朝，保家卫国"的号召，参加中国人民志愿军。经过短暂训练，他被编入志愿军团入朝参战。1953年停战，姚早生服从命令留朝3年，帮助朝鲜人民建设家园。1956年，复员归国。回到家乡后，正逢农村大兴水利，姚早生随之在水利工作岗位上尽心尽职40年。

第二节 人物简介

一、叶玉善

叶玉善，1927年出生，江苏泰兴人。1948年，他孤身一人来到昆山小西门外的芦青棵（原共青大队第1生产小队）落脚。忙时务农，闲时为当地人理发。叶玉善手艺精湛，工作认真，为人和善，吃苦耐劳，一年四季提着理发工具走村串户。他手艺虽好，但收费不高，遇到手头紧的顾客少付钱他也从不计较。即使是为死者服务，他也不多收钱。他高尚的艺德获得众人的赞许。

二、方长林

方长林，1933年出生，共青村17组人，1949年10月参加工作，1952年8月入党。曾任城郊乡和正仪东荡乡农会主任、乡长、党支部书记。1958年10月，方长林任马鞍山公社党委副书记，是年10月27日，负责建造江浦圩河网络化工程，他带领域内村民苦战35天，开挖中心河2条、配套河61条，改造支河7条，总挖方132万立方米。1978年7月—1994年1月，他任昆山县（市）人事局局长、市委组织部副部长、中共昆山市委委员。2009年，获得"中国人才学30年研究实践贡献奖"，并先后被评为"昆山市劳动模范""苏州市人民先进工作者""江苏省人事系统先进工作者"，被昆山市政府记大功1次。1995年1月退休。

三、刘正祥

刘正祥，1937年出生，昆山解放前，随父亲避难至昆山，定居蔡家大队第6

生产小队，初中文化程度。刘正祥1955年入伍，入伍后先后担任战士、副班长、军械员、副排长。每年被评为政治、军事优秀士兵，并加入共青团。1958年1月，刘正祥退伍回乡，担任大队团支部书记、民兵营营长、治保主任。1959年，刘正祥加入中国共产党，先后担任大队党支部副书记、书记。1985年，上级安排他去城南乡当玻璃厂厂长，被他婉拒，他坚决要求留在农业第一线。1998年退休。

四、景学义

景学义，1946年出生，共青村9组人。1964年10月参加工作。1973年加入中国共产党。1969—1998年，景学义先后担任苏州军分区昆山武装独立团连指导员、共青大队党支部副书记、城南公社农科站站长、昆山市玉山镇党委副书记、玉山镇人大主席团主席等。其间，1983年3月，景学义任城南乡农村合作经济组织联合会副主任，兼任城南乡农业公司经理、党支部书记。景学义在城南乡任职期间，根据以工养农的精神，大力创办乡镇工业，先后办起了昆山造纸机械厂、昆山舒乐家具厂、昆山轻工机械厂、昆山复合肥厂等。1988年，城南乡农业公司工业利润突破100万元。1992年，景学义任昆山县玉山镇农工商总公司副总经理。在玉山镇工作期间，他创建了玉山镇良种推广站，逐步扩建百亩经济园、千亩蔬菜基地、万亩丰产方。1992—2000年，景学义完成国家、省、苏州市、昆山市农业科技项目38个，工作成绩得到中央、省委领导同志的肯定。2006年4月退休。

五、顾友忠

顾友忠，1947年随父母到蔡家大队（白塔港）定居。1960年，跟随父亲学习木工手艺，修船、造房、打家具样样精通。1983年，顾友忠开始自学模具制作技术。几年后，他从一个木匠转行成一个模具师。从普通模具的制作到精密模具的设计和制造，如今70多岁的他仍在从事模具制作工作。

六、邵巧男

邵巧男，1949年出生，共青村6组人，中共党员。1966年，进入城南公社建筑站，跟随师傅学习木工手艺，3年后学成。邵巧男学习刻苦，又得师傅精心授教，学得一门好手艺。他参加过昆山县办公大楼、县住宅大楼、昆山汽车站的建造工程，担任项目负责人。1979年7月，邵巧男任城南建筑安装工程公司第三分站副站长，1980年任站长。2006年4月，邵巧男获得高级工程师职称，2008年获得一级建筑师、一级项目经理职称。2011年3月，被江苏省住房和城乡建设厅、江苏省总工会表彰为江苏省建筑业"有突出贡献项目经理"。

邵巧男获奖证书（2019年，邵巧男提供）

七、范永章、姚炳荣、张巧男

范永章、姚炳荣1952年出生，张巧男1955年出生，都是共青村人。他们参军入伍后，于1971年随部队出国参加抗美援老，1973年下半年回国。范永章退伍回乡在昆山煤炭石油有限责任公司工作，2012年退休。姚炳荣1979年12月退伍后，任职于昆山县多种经营管理局、昆山阿里斯空压机有限公司，2012年退休。张巧男1977年3月复员回乡，在昆山煤炭石油有限责任公司工作，2015年退休。

八、张大祥

张大祥，1954年出生，共青村14组人，大专学历，1974年7月加入中国共产党。张大祥1972年12月入伍，先后任战士、班长、排长、副指导员、连长、副营长，1985年12月转业。1986年1月—2014年2月，他先后任昆山县委经案办案件检查组副组长，中共昆山市纪委检查员、检查室主任，市纪委常委（1990年8月—1991年7月挂职蓬朗镇党委副书记），昆山市千灯镇党委副书记、镇长，昆山市司法局党组副书记，昆山市信访局局长，昆山市事业单位登记管理局局长，昆山市人事局副局长，昆山市人大常委会委员、内务司法工作委员会主任等。2014年3月退休。

九、林引喜

林引喜，1955年出生，共青村人。1966年，他先跟随温州师傅学习弹棉胎技术，后重新拜师学习缝纫技术。他学习刻苦，深得师傅的真传，学得一门好手艺，成为本地有名的缝纫师。1991年，林引喜在苏南小商品市场租了个摊位，边卖布料，边为顾客量身定制各种服装，生意红火。2005年，家宅动迁，他利用自家分得的20多平方米的车库，继续从事缝纫工作。他制作的男式中山装、夹克衫，女子旗袍、裙子、古装，均能让客户称心如意。

十、景惠中

景惠中，1970年出生，共青村9组人，研究生学历，1996年2月加入中国共产党。1991年8月参加工作。自1997年9月至今，他先后担任昆山市巴城镇副镇长，昆山市周市镇党委副书记、镇长，昆山市水利局局长，昆山市水务局局长，昆山市交通运输局局长，昆山市港口管理局局长，昆山市花桥经济开发区党工委委员、管委会副主任。其间，他参加同济大学建筑工程专业（本科）、中共江苏省委党校世界经济专业（研究生）的学习。

第三节　人物名录

一、退役、转业军人

1955—2019年，共青村先后有70名返乡后在各条战线上默默奉献的退役、转业军人（表10-1）。他们中有赴朝（朝鲜）参战、赴老（老挝）参战、抗灾救民的英雄，有立功、提干转业的优秀军人，更多的是维护世界和平、祖国安宁的人民子弟兵。

表10-1　1955—2019年共青村退役、转业军人一览表

序号	姓名	组别	文化程度	政治面貌	出生时间	入伍时间	退伍转复时间	备注
1	姚金生	7	初小	群众	1923年6月	1951年1月	1955年5月	援朝，已故
2	居阿水	6	初小	群众	1924年7月	1951年2月	1955年2月	援朝，已故
3	姚早生	7	初小	群众	1928年4月	1951年3月	1956年3月	援朝，已故
4	刘正祥	16	小学	党员	1937年3月	1955年3月	1958年1月	
5	姚大毛	5	初小	群众	1943年5月	1964年11月	1968年3月	已故
6	周阿龙	17	初小	群众	1947年11月	1968年3月	1971年2月	
7	朱根元	10	初中	党员	1951年11月	1969年4月	1975年3月	
8	谭月根	4	初小	群众	1947年8月	1969年4月	1973年2月	
9	范永章	9	初中	群众	1950年3月	1969年12月	1975年3月	援老
10	姚炳荣	5	初小	群众	1952年3月	1970年1月	1979年12月	援老
11	张巧男	17	初中	党员	1955年4月	1970年1月	1977年3月	援老
12	范根林	3	初中	群众	1953年3月	1971年1月	1975年5月	
13	周小军	3	初中	群众	1948年6月	1971年1月	部队病故	已故
14	王培坤	6	初中	党员	1953年1月	1971年1月	1975年3月	
15	姚宗林	7	初中	群众	1952年8月	1972年12月	1976年3月	
16	张大祥	18	大专	群众	1954年2月	1972年12月	1985年12月	
17	居林弟	6	小学	群众	1951年3月	1972年12月	1977年3月	已故
18	陈阿根	18	小学	群众	1954年8月	1973年1月	1977年1月	
19	陆朝富	2	初中	群众	1956年12月	1974年12月	1978年4月	
20	周阿山	17	初中	群众	1955年7月	1975年3月	1977年3月	
21	姚祥弟	7	初中	党员	1957年1月	1976年3月	1981年12月	
22	吴炳良	8	大专	党员	1958年7月	1977年1月	1981年1月	
23	薛海根	11	初中	群众	1955年4月	1977年1月	1980年12月	
24	叶培龙	1	初中	群众	1959年11月	1978年3月	1981年1月	

续表

序号	姓名	组别	文化程度	政治面貌	出生时间	入伍时间	退伍转复时间	备注
25	陈良滨	2	初中	党员	1958年6月	1978年3月	1982年10月	
26	徐友良	8	初中	群众	1960年7月	1978年12月	1985年1月	已故
27	夏培光	2	初中	群众	1960年12月	1979年1月	1983年1月	
28	谢建兴	13	高中	群众	1960年6月	1979年1月	1982年1月	
29	姚银林	5	初中	党员	1964年10月	1979年12月	1985年1月	
30	潘永根	15	初中	群众	1961年9月	1979年12月	1986年1月	
31	姚福荣	5	高中	群众	1963年8月	1980年11月	1983年10月	
32	曹雪宝	16	初中	群众	1962年12月	1980年12月	1986年1月	
33	王培弟	6	高中	群众	1961年7月	1980年11月	1982年12月	
34	张祖坤	12	初中	群众	1963年1月	1981年11月	1986年1月	已故
35	姚小星	5	大专	党员	1963年8月	1981年11月	1987年1月	
36	朱秀兰	18	初中	群众	1964年1月	1982年10月	1987年1月	
37	黄炳根	3	初中	群众	1964年11月	1982年11月	1987年1月	
38	张志宏	13	高中	党员	1964年10月	1984年11月	1989年3月	
39	王忠林	14	初中	群众	1966年2月	1985年10月	1989年3月	
40	景振中	9	初中	党员	1967年1月	1985年11月	1989年2月	
41	姚柏明	7	初中	群众	1968年9月	1986年10月	1990年2月	
42	王根华	9	初中	群众	1969年11月	1989年3月	1993年3月	
43	刘训庭	12	初中	群众	1971年10月	1991年12月	1996年12月	
44	吴洪勇	13	高中	党员	1974年4月	1992年12月	1995年12月	
45	朱建华	16	高中	群众	1975年1月	1993年12月	1997年12月	
46	陈 虎	2	初中	群众	1975年12月	1993年12月	1996年12月	
47	唐金旗	8	初中	党员	1976年2月	1995年12月	1998年12月	
48	蒋海民	13	高中	群众	1977年12月	1997年12月	1999年12月	
49	朱一平	10	高中	党员	1979年1月	1998年12月	2000年12月	
50	王 寅	6	大专	党员	1978年9月	1999年12月	2001年12月	

续表

序号	姓名	组别	文化程度	政治面貌	出生时间	入伍时间	退伍转复时间	备注
51	韩常伟	7	大专	党员	1982年3月	2000年12月	2005年12月	
52	虞志强	3	中专	党员	1982年6月	2001年12月	2003年12月	
53	周剑锋	17	本科	群众	1984年5月	2002年11月	2004年11月	
54	周成林	14	初中	群众	1982年12月	2002年12月	2004年12月	
55	谢文斌	13	中专	群众	1984年7月	2003年12月	2005年12月	
56	熊立军	11	中专	党员	1985年2月	2003年12月	2008年12月	
57	邓勤伟	15	大专	群众	1987年5月	2005年12月	2007年12月	
58	邱洁	11	高中	党员	1988年9月	2006年12月	2008年11月	
59	陆云飞	17	大专	党员	1988年9月	2006年12月	2008年12月	
60	王清	6	中专	党员	1987年10月	2007年12月	2009年11月	
61	周剑欣	17	高中	党员	1988年6月	2007年12月	2009年11月	
62	张欢	13	大专	党员	1990年6月	2009年12月	2011年11月	
63	黄咚	17	大专	群众	1990年5月	2010年12月	2012年12月	
64	董安杰	12	大专	党员	1993年5月	2011年12月	2013年12月	
65	熊勇	11	本科	党员	1993年7月	2012年12月	2014年11月	
66	张凡	18	大专	党员	1990年5月	2012年12月	2014年12月	
67	张一帆	13	大专	群众	1993年5月	2013年9月	2015年9月	
68	王晨	6	中专	党员	1996年6月	2014年9月	2016年9月	
69	周勇	3	大专	党员	199年5月	2015年9月	2017年9月	
70	朱振翼	10	大专	群众	1995年10月	2015年9月	2017年9月	

二、教师

至2019年年底，共青村共有大学、中学、小学校教师53人，其中，在原共青、蔡家（白塔）大队任教的有35人（含代课人员4人），在外任教的有18人。

（一）在村（大队）任教教师

表10-2为1952—2008年共青、蔡家（白塔）在村（大队）任教教师一览表。

表10-2　1952—2008年共青、蔡家（白塔）在村（大队）任教教师一览表

序号	姓名	性别	任教时间	任教单位	校址
1	王爱之	男	1957年9月	蔡家小学	蒋家台
2	汪碧云	女	1958年9月	蔡家小学	蒋家台
3	吕玲珍	女	1958年9月	蔡家小学	蔡家大队第4生产小队
4	张祖蕴	男	1967年9月	蔡家小学	蔡家大队第3生产小队
5	蔡伯林	男	1967年9月	蔡家小学	蔡家大队第3生产小队
6	吴鸿立	男	1970年9月	蔡家小学	蔡家大队
7	柳倩倩	女	1973年9月	蔡家小学	蔡家大队第7生产小队
8	张敏志	男	1973年9月	蔡家小学	蔡家大队第7生产小队
9	顾庆龙	男	1973年9月	蔡家小学	蔡家大队第7生产小队
10	庞炳华	女	1975年9月	蔡家小学	蔡家大队第7生产小队
11	蔡梅英	女	1975年9月	蔡家小学	蔡家大队第7生产小队
12	张雪弟	男	1980年9月	蔡家小学	蔡家大队第7生产小队
13	顾惠良	男	1980年9月	蔡家小学	蔡家大队第7生产小队
14	钱风妹	女	1983年9月	共青小学	白塔村7组
15	顾士新	男	1952年9月	六里殿小学	共青大队第3生产小队
16	庄兆良	男	1952年9月	六里殿小学	共青大队第3生产小队
17	蒋金泉	男	1963年9月	共青小学	共青大队第3生产小队
18	吴阿炳	男	1968年9月	共青小学	共青大队第3生产小队
19	梅秋萍	女	1969年9月	共青小学	共青大队第3生产小队
20	杨立新	男	1970年9月	共青小学	共青大队第3生产小队
21	褚惠维	男	1971年9月	共青小学	共青大队第3生产小队
22	夏维珍	女	1971年9月	共青小学	共青人队第3生产小队
23	周跃明	男	1971年9月	共青小学	共青大队第3生产小队

续表

序号	姓名	性别	任教时间	任教单位	校址
24	谈志成	男	1975年9月	共青小学	解放路
25	胡继长	男	1975年9月	共青小学	解放路
26	夏咸金	男	1975年9月	共青小学	解放路
27	徐元谋	男	1978年9月	共青小学	解放路
28	徐元谋	男	1978年9月	共青小学	解放路
29	孙泽民	男	1985年9月	共青小学	共青村5组
30	夏阿虎	男	1985年9月	共青小学	共青村5组
31	刘凤英	女	1985年9月	共青小学	共青村5组
32	卞琴芬	女	1985年9月	共青小学	共青村5组
33	蔡祖华	男	1988年9月	共青小学	共青村5组
34	方剑英	女	1989年9月	共青小学	共青村5组
35	管哲	男	2008年9月	共青小学	共青村5组

（二）在外任职教师

表10-3为2004—2019年共青村籍在外任教教师一览表。

表10-3　2004—2019年共青村籍在外任教教师一览表

序号	姓名	性别	任教时间	任教单位
1	桑秋逸	女	2004年9月	昆山市千灯炎武小学
2	居敏芳	女	2005年9月	昆山高新区西塘实验小学
3	王越	女	2008年9月	昆山市星空艺术幼儿园
4	包淯婷	女	2010年9月	昆山高新区东方幼儿园（共青分园）
5	孙兴芳	女	2011年9月	昆山市娄江实验学校
6	朱丽娟	女	2011年9月	昆山陆家中学
7	顾艳娉	女	2011年9月	昆山市周市镇永平小学
8	潘佳琪	女	2012年9月	昆山国际学校
9	邵梦婷	女	2012年9月	昆山市高新区前进幼儿园
10	郭强	男	2012年9月	昆山玉山镇振华实验小学

续表

序号	姓名	性别	任教时间	任教单位
11	王振林	男	2013年9月	昆山高新区汉浦中学
12	王 君	女	2013年9月	昆山市花桥职业中学
13	吴 越	女	2015年9月	昆山高新区南星渎幼儿园
14	朱倩慧	女	2015年9月	昆山市花溪小学
15	承慧兰	女	2015年9月	昆山培本实验小学（西校区）
16	潘诣欣	女	2015年9月	昆山市大市中心小学校
17	孙艳蓉	女	2017年9月	昆山市第一职业高级中学
18	朱艳泓	女	2019年9月	昆山高新区汉浦中学

三、医生

1968—2019年年底，共青村有医护人员11人（表10-4）。他们中有的是第一代的乡村医生，有的是近年参加医务工作的。

表10-4　1968—2019年共青、蔡家（白塔）村（大队）医务人员一览表

序号	姓名	性别	工作单位	工作时间
1	姚敖宗	男	共青大队	1968年6月
2	居林弟	男	共青大队	1970年7月
3	陶士芬	女	共青大队	1973年5月
4	夏梅香	女	共青大队	1974年8月
5	程文英	女	共青大队	1977年8月
6	谭凤英	女	共青大队	1979年8月
7	梅君圣	男	蔡家大队	1969年5月
8	张和芬	女	蔡家大队	1970年5月
9	施义祥	男	蔡家大队	1973年3月
10	蔡东英	女	白塔村	1987年2月
11	王 芳	女	白塔村	1994年1月

四、下乡知青

1968—1970年，共青村域累计安置上山下乡知识青年两批63人。其中，第一批37人（表10-5），1968年下乡，1978年返城；第二批26人，1970年11月下乡，1978年返城。他们都来自苏州，这群从小生长在城市的知识青年和农民群众打成一片，为发展农村的教育事业、提高农民的文化水平起到了积极的作用。

表10-5　1968年共青、蔡家两大队插队知青一览表

姓名	性别	落户地	姓名	性别	落户地
顾仲年	男	共青大队第2生产小队	王锦琪	男	共青大队第8生产小队
蒋直午	男	共青大队第2生产小队	钱家兴	男	共青大队第9生产小队
唐能义	男	共青大队第3生产小队	严小燕	女	蔡家大队第1生产小队
宋国胜	男	共青大队第3生产小队	沈雪琴	女	蔡家大队第1生产小队
江惠林	男	共青大队第3生产小队	谈文熙	男	蔡家大队第2生产小队
卫小龙	男	共青大队第4生产小队	吴自健	男	蔡家大队第2生产小队
袁震初	男	共青大队第4生产小队	柳　漪	女	蔡家大队第3生产小队
程文英	女	共青大队第4生产小队	柳　箐	女	蔡家大队第3生产小队
夏维贞	女	共青大队第4生产小队	汤爱耐	女	蔡家大队第4生产小队
杨立新	男	共青大队第4生产小队	冯爱平	女	蔡家大队第4生产小队
胡鸿立	男	共青大队第5生产小队	陆培英	女	蔡家大队第4生产小队
汪其民	男	共青大队第5生产小队	张敏志	男	蔡家大队第5生产小队
顾新生	男	共青大队第6生产小队	荣守德	男	蔡家大队第5生产小队
钱家平	男	共青大队第6生产小队	薛红英	女	蔡家大队第6生产小队
梅秋萍	女	共青大队第8生产小队	杨小红	女	蔡家大队第6生产小队
奕国华	男	共青大队第8生产小队	潘其生	男	蔡家大队第6生产小队
张培元	男	共青大队第8生产小队	潘　琴	女	蔡家大队第7生产小队
王倍芳	女	共青大队第8生产小队	王　蓓	女	蔡家大队第7生产小队
周耀明	男	共青大队第8生产小队	—	—	—

1970年11月，苏州市第二批插队知青李红珍等26位青年落户共青大队。其中，男性13人，女性13人。共青大队根据上级安排精神，设知青点，集中居住。大队为其建造2层楼400多平方米作集体宿舍，有厨房2间。还建造生产车间500多平方米，用来加工"苏州"牌手表零件。知青在知青点一起生活，共同劳动。知青点负责人季祥岐。1978年9月，第二批知青返城。

知青名单：

女性（13人）：李红珍、杨宝珍、周玉润、许桂珍、王秋萍、冯珏、姚丽萍、宋美芬、周菊珍、王勉、章静燕、秦文佳、沈妹。

男性（13人）：张建国、孙苏、陈镇荣、尤建荣、郭镇春、陈菊伟、陆文伟、尤以民、吴培新、黄建松、肖成荣、张文勇、李荣民。

五、能工巧匠

至2019年，共青村域内有能工巧匠113人（表10-6），其中，木匠57人、瓦匠26人、漆匠10人、理发师9人、裁缝（缝纫师）9人、竹匠2人。他们心灵手巧，利用自己的一技之长，服务于百姓。

表10-6　2019年共青村能工巧匠一览表

组别	姓名	出生年月	性别	类别	组别	姓名	出生年月	性别	类别
1	叶玉寿	1929年3月	男	理发	3	周秀根	1964年1月	男	木匠
1	沈荣根	1963年1月	男	漆匠	3	虞小弟	1965年2月	男	瓦匠
1	吴国明	1967年4月	男	木匠	3	黄炳良	1967年5月	男	瓦匠
1	吴炳元	1968年4月	男	瓦匠	3	陈惠革	1967年7月	男	瓦匠
1	唐金华	1970年1月	男	瓦匠	3	蔡国明	1972年2月	男	木匠
1	朱建芳	1970年1月	女	理发	3	蔡国荣	1973年8月	男	木匠
1	丁福元	1971年3月	男	木匠	4	虞阿三	1948年12月	男	木匠
2	陆三孝	1932年1月	男	木匠	4	谭林根	1961年4月	男	木匠
2	陆良奋	1947年9月	男	竹匠	4	朱野男	1961年6月	男	木匠
2	孙国明	1969年5月	男	瓦匠	4	谈荣兴	1962年11月	男	木匠
3	蔡炳荣	1949年7月	男	木匠	4	谭小良	1964年12月	男	木匠

续表

组别	姓名	出生年月	性别	类别	组别	姓名	出生年月	性别	类别
4	朱宗明	1965年1月	男	瓦匠	9	殷菊妹	1968年6月	女	理发
4	黄雪弟	1965年12月	男	木匠	10	邵巧男	1949年12月	男	木匠
4	朱小林	1967年2月	男	木匠	10	朱林元	1950年4月	男	木匠
4	田拥林	1970年1月	男	木匠	10	邵品良	1962年4月	男	木匠
4	田拥青	1975年6月	男	理发	10	邵友良	1962年11月	男	木匠
4	罗来兰	1975年6月	女	理发	10	邵引根	1962年12月	男	木匠
5	姚二男	1934年1月	男	竹匠	10	邵品华	1964年1月	男	木匠
5	姚小毛	1949年1月	男	瓦匠	10	邵引生	1965年3月	男	木匠
5	姚大弟	1955年6月	男	瓦匠	11	刘凤山	1909年6月	男	木匠
6	居福元	1961年12月	男	瓦匠	11	张雪良	1965年1月	男	瓦匠
6	居金凤	1962年7月	女	裁缝	11	张雪林	1966年1月	男	瓦匠
6	王凤明	1964年1月	男	瓦匠	12	邵春良	1963年2月	男	木匠
6	王金根	1964年4月	男	瓦匠	12	董正堂	1963年9月	男	木匠
6	居凤生	1964年12月	男	瓦匠	12	周小林	1965年6月	男	裁缝
7	姚敖良	1949年7月	男	瓦匠	12	承林芬	1965年6月	女	裁缝
7	唐忠良	1960年7月	男	木匠	12	张祖新	1966年5月	男	木匠
7	浦建国	1968年4月	男	木匠	12	陈志红	1966年5月	女	裁缝
7	庄雪明	1969年11月	男	瓦匠	12	承伟	1967年3月	男	漆匠
7	姚凤仙	1970年1月	女	理发	12	周志刚	1967年4月	男	瓦匠
7	庄友明	1970年2月	男	瓦匠	12	董正林	1968年11月	男	木匠
8	丁坤良	1964年3月	男	木匠	13	张金龙	1963年3月	男	瓦匠
8	季根良	1964年4月	男	木匠	13	花小三	1963年9月	男	木匠
8	王兴良	1966年2月	男	瓦匠	13	谢建忠	1965年6月	男	裁缝
8	季建林	1967年9月	男	木匠	13	王长林	1965年8月	男	木匠
8	季文明	1968年5月	男	木匠	13	张金林	1965年9月	男	瓦匠
9	朱桂芳	1941年1月	女	裁缝	14	顾庆安	1904年3月	男	木匠
9	景振建	1965年1月	男	木匠	14	顾友忠	1944年5月	男	木匠

续表

组别	姓名	出生年月	性别	类别	组别	姓名	出生年月	性别	类别
14	顾红根	1946年3月	男	木匠	16	刘秀龙	1964年7月	男	瓦匠
14	朱恒明	1946年3月	男	木匠	16	刘秀根	1966年11月	男	漆匠
14	顾小红	1953年12月	男	木匠	16	庄根弟	1966年12月	男	瓦匠
14	周爱华	1962年7月	女	理发	16	刘永军	1968年5月	男	木匠
14	顾双喜	1968年9月	男	木匠	16	周柏林	1968年6月	男	木匠
14	伍春龙	1974年5月	男	理发	16	陈根福	1969年7月	男	瓦匠
15	施友林	1935年2月	男	木匠	16	王炳强	1970年3月	男	漆匠
15	施金锁	1955年11月	男	木匠	16	张文龙	1970年6月	男	漆匠
15	施金华	1958年1月	男	木匠	17	张海福	1941年3月	男	木匠
15	潘大弟	1966年5月	男	木匠	17	张水林	1954年4月	男	木匠
15	王成红	1970年12月	男	木匠	17	张 青	1961年3月	男	木匠
16	张巧林	1933年9月	男	理发	17	周雨青	1965年7月	男	木匠
16	王阿三	1943年4月	男	漆匠	17	邵三男	1967年4月	男	木匠
16	闵金毛	1946年1月	男	木匠	17	黄 明	1967年11月	男	裁缝
16	王阿四	1947年3月	男	漆匠	17	张 良	1968年7月	男	木匠
16	林引喜	1955年7月	男	裁缝	17	谭小弟	1969年6月	男	漆匠
16	闵 毅	1956年7月	男	木匠	17	张 生	1970年1月	男	木匠
16	闵泉元	1962年9月	男	裁缝	17	张文龙	1970年1月	男	漆匠
16	王炳根	1963年12月	男	漆匠	—	—	—	—	—

说明：孙国明、陆三孝、虞小弟、姚二男、姚敖良、邵引根、刘凤山、顾庆安、施友林、潘大弟、王阿四、闵泉元均已故（至2019年年底）。

六、大学生（本科及以上）

1977年9月，国家恢复高考。至2019年年底，共青村有169人考入全国本科院校（表10-7）。

表 10-7　2019 年共青村村籍本科及以上大学生一览表

序号	姓名	性别	组别	入学时间	学校名称	毕业时间
1	吴金风	女	1	1996 年 9 月	苏州大学	2000 年 7 月
2	徐春生	男	1	1996 年 9 月	齐齐哈尔工程学院	2000 年 7 月
3	叶春华	男	1	2003 年 9 月	连云港理工大学	2007 年 7 月
4	季玲娟	女	1	2003 年 9 月	南京理工大学	2007 年 7 月（是年 9 月，攻读英国华威大学硕士）
5	唐敏华	男	1	2005 年 9 月	南京理工大学	2009 年 7 月
6	陈燕华	女	1	2005 年 9 月	北京司法学院	2009 年 7 月
7	孙兴芳	女	1	2006 年 9 月	扬州大学	2010 年 7 月
8	陈昌平	男	1	2006 年 9 月	南京信息工程大学	2010 年 7 月
9	殷 蕾	女	1	2007 年 9 月	盐城师范学院	2011 年 7 月
10	叶 芸	女	1	2007 年 9 月	南京师范大学泰州学院	2011 年 7 月
11	郭 强	男	1	2007 年 9 月	天津体育学院	2011 年 7 月
12	吴 迪	女	1	2009 年 9 月	江苏大学	2013 年 7 月
13	沈 洁	女	1	2010 年 9 月	苏州大学	2014 年 7 月
14	丁嘉倩	女	1	2012 年 9 月	江苏理工学院	2016 年 7 月
15	沈 峰	男	1	2013 年 9 月	江苏理工学院	2017 年 7 月
16	吴江慧	女	1	2013 年 9 月	苏州大学	2017 年 7 月
17	路 琦	女	1	2015 年 9 月	扬州大学	2019 年 7 月
18	丁嘉瑶	女	1	2017 年 9 月	南京中医药大学	在读
19	孙国强	男	2	1998 年 9 月	吉林大学	2002 年 7 月
20	毕宣书	男	2	2000 年 9 月	南开大学	2004 年 7 月
21	王 燕	女	2	2001 年 9 月	苏州大学	2005 年 7 月
22	仲梦杰	男	2	2001 年 9 月	苏州大学	2005 年 7 月
23	张 易	女	2	2001 年 9 月	南昌航空大学	2005 年 7 月
24	唐静芳	女	2	2012 年 9 月	南京财经大学	2016 年 7 月

续表

序号	姓名	性别	组别	入学时间	学校名称	毕业时间
25	章玮峰	男	2	2005年9月	淮北理工学院	2009年7月
26	沙志华	男	2	2006年9月	哈尔滨工业大学	2010年7月
27	陈伟	男	2	2010年9月	常州大学	2014年7月
28	吴越	女	2	2011年9月	西安外国语大学	2015年7月
29	孙艳蓉	女	2	2012年9月	扬州大学	2016年7月
30	陈思远	男	2	2013年9月	江苏科技大学	2017年7月
31	王健	男	2	2014年9月	常州大学	2018年7月
32	石雨辰	女	2	2018年9月	南京晓庄学院	在读
33	孙泽浩	男	2	2019年9月	南京特殊教育师范学院	在读
34	林涛	男	3	2001年9月	苏州大学	2005年7月
35	周菊仙	女	3	2001年9月	河海大学	2005年7月
36	谭萍萍	女	3	2003年9月	三江学院	2007年7月
37	姚卫华	男	3	2004年9月	南京工程学院	2008年7月
38	陈洁	女	3	2004年9月	南京医科大学	2008年7月
39	周婷	女	3	2009年9月	上海海洋大学	2013年7月
40	周琪	男	3	2011年9月	大连理工大学	2015年7月
41	周毅	男	3	2015年9月	宿迁学院	2019年7月
42	周钲超	男	3	2018年9月	英国伯明翰大学	在读
43	朱晨嘉	男	3	2019年9月	常州大学	在读
44	沈雪刚	男	4	2003年9月	南京工业大学	2007年7月
45	文雯	女	4	2004年9月	东南大学成贤学院	2008年7月
46	黄丽萍	女	4	2007年9月	南京中医药大学	2012年7月
47	谭凤娟	女	4	2008年9月	苏州科技大学	2012年7月
48	朱丽娟	女	4	2009年9月	扬州大学	2013年7月
49	田杰	男	4	2013年9月	扬州大学	2017年7月
50	虞张雯	女	4	2017年9月	浙江大学	在读
51	谭鑫莹	女	4	2018年9月	中国矿业大学	在读
52	姚志林	男	5	1998年9月	复旦大学	2002年7月
53	姚丽君	女	5	2005年9月	苏州大学	2009年7月

续表

序号	姓名	性别	组别	入学时间	学校名称	毕业时间
54	居敏芳	女	6	2005年9月	江苏第二师范学院	2009年7月
55	王志伟	男	6	2011年9月	盐城师范学院	2015年7月
56	王越	女	6	2016年9月	西南大学	在读
57	姚玉良	男	7	1987年9月	南京财经大学	1991年7月
58	姚亮	男	7	2000年9月	武汉理工大学	2004年7月
59	唐丽华	女	7	2000年9月	武汉理工大学	2004年7月
60	姚芳	女	7	2000年9月	苏州大学	2004年7月
61	杨光辉	男	7	2001年9月	江西财经大学	2005年7月
62	姚月琴	女	7	2006年9月	东北师范大学	2010年7月
63	姚萍	女	7	2008年9月	南京财经大学	2012年7月
64	成和明	男	7	2009年9月	淮阴工学院	2013年7月
65	张神琦	女	7	2011年9月	南京师范大学泰州学院	2015年7月
66	张俊毅	男	7	2012年9月	苏州大学（硕士）	2019年7月
67	姚梦娟	女	7	2014年9月	苏州大学	2018年7月
68	姚洵	女	7	2015年9月	苏州大学	2019年7月
69	张俊杰	男	7	2015年9月	南京财经大学红山学院	2019年7月
70	姚健	男	7	2019年9月	南京林业大学	在读
71	徐建	男	8	2000年9月	南京林业大学	2004年7月
72	周君	女	8	2001年9月	苏州大学	2005年7月
73	吴晓燕	女	8	2001年9月	南京人口管理干部学院	2005年7月
74	吴育津	男	8	2007年9月	南京农业大学	2011年7月
75	丁玉芳	女	8	2007年9月	南京农业大学	2011年7月
76	陆文君	女	8	2009年9月	南京审计大学	2013年7月
77	陆文青	女	8	2010年9月	常州大学	2014年7月
78	王晓东	男	8	2010年9月	常州大学	2014年7月
79	徐俊	男	8	2015年9月	苏州大学	2019年7月
80	俞银芝	女	8	2016年9月	南京大学	在读
81	季灵炜	女	8	2017年9月	南京中医药大学	在读
82	陆俊辉	男	8	2018年9月	苏州科技大学	在读

续表

序号	姓名	性别	组别	入学时间	学校名称	毕业时间
83	王卫强	男	9	2001年9月	扬州大学	2005年7月
84	王玲	女	9	2001年9月	苏州大学	2005年7月
85	王娟	女	9	2006年9月	南京工业大学（硕士）	2012年7月
86	王振林	男	9	2008年9月	淮阴师范学院	2012年7月
87	徐雯	女	9	2009年9月	常州工学院	2013年7月
88	陆一叶	男	9	2013年9月	宿迁学院	2017年7月
89	徐健	男	9	2013年9月	江苏科技大学	2017年7月
90	王昕	男	9	2014年9月	扬州大学	2018年7月
91	姜永刚	男	9	2015年9月	皇家墨尔本理工大学	2019年7月
92	姜永倩	女	9	2016年9月	扬州大学	在读
93	邵静	女	10	2006年9月	扬州大学	2010年7月
94	朱晓莺	女	10	2008年9月	上海大学	2012年7月
95	居永良	男	10	2008年9月	南京大学	2012年7月
96	邵燕萍	女	10	2009年9月	东南大学	2013年7月
97	袁静	女	11	2005年9月	宿州学院	2009年7月
98	顾艳娉	女	11	2007年9月	江苏第二师范学院	2011年7月
99	张洁	女	11	2010年9月	南京晓庄学院	2014年7月
100	朱倩慧	女	11	2012年9月	淮阴师范学院	2016年7月
101	张文杰	男	11	2013年9月	扬州大学广陵学院	2017年7月
102	熊勇	男	11	2013年9月	西南财经大学	2017年7月
103	顾文婷	女	11	2014年9月	苏州大学	2018年7月
104	张文芸	女	11	2015年9月	苏州大学	2019年7月
105	赵铭嘉	男	11	2018年9月	福建师范大学	在读
106	承佳栗	女	12	2001年9月	中北大学	2005年7月
107	承佳伟	男	12	2005年9月	淮海工学院	2009年7月
108	承晓娇	女	12	2007年9月	扬州大学	2011年7月
109	承慧兰	女	12	2011年9月	南京师范大学泰州学院	2015年7月
110	陈培恩	男	12	2013年9月	扬州大学	2017年7月
111	刘岑	女	12	2016年9月	华中科技大学	在读

续表

序号	姓名	性别	组别	入学时间	学校名称	毕业时间
112	周宋赟	女	12	2017年9月	苏州大学应用技术学院	在读
113	张峥	男	12	2018年9月	南京邮电大学	在读
114	董道伟	男	12	2018年9月	北京外国语大学	在读
115	赵娄锦	男	13	2000年9月	宁波大学	2004年7月
116	计云	女	13	2001年9月	天津财经大学	2005年7月
117	何伟义	男	13	2001年9月	南京工业大学	2005年7月
118	王兰英	女	13	2002年9月	苏州科技大学	2006年7月
119	谢文婷	女	13	2003年9月	南京大学	2007年7月
120	蒋杰	男	13	2004年9月	江南大学	2008年7月
121	王燕婷	女	13	2006年9月	南通大学	2010年7月
122	夏金	男	13	2006年9月	南通大学	2010年7月
123	蒋海云	男	13	2006年9月	南京信息工程大学	2010年7月
124	王君	女	13	2009年9月	扬州大学	2013年7月
125	孙伟	男	13	2009年9月	南通大学	2013年7月
126	张伟	男	13	2010年9月	江苏大学京江学院	2014年7月
127	王洁	女	13	2012年9月	南京艺术学院	2016年7月
128	张俊	男	13	2018年9月	吉林大学	在读
129	张敏	女	13	2018年9月	吉林大学	在读
130	葛琼玉	女	14	2006年9月	南京工程学院	2010年7月
131	顾爱青	男	14	2011年9月	江苏警官学院	2015年7月
132	顾翔	男	14	2014年9月	淮阴师范学院	2018年7月
133	伍子衡	男	14	2016年9月	南京工程学院	在读
134	沈高峰	男	15	2003年9月	苏州大学	2007年7月
135	邵芳洁	女	15	2003年9月	盐城工学院	2007年7月
136	施萍芳	女	15	2004年9月	苏州大学	2008年7月
137	余丽莹	女	15	2007年9月	哈尔滨师范大学恒星学院	2011年7月
138	潘佳琪	女	15	2010年9月	江苏第二师范学院	2014年7月
139	潘诣欣	女	15	2011年9月	温州大学	2015年7月
140	艾云婷	女	15	2013年9月	扬州大学	2017年7月

续表

序号	姓名	性别	组别	入学时间	学校名称	毕业时间
141	张梦娇	女	15	2015年9月	上海杉达学院	2019年7月
142	吴　超	男	15	2017年9月	江南大学	在读
143	陈　虹	女	15	2019年9月	东北师范大学	在读
144	林雅芳	女	16	2000年9月	中国政法大学	2004年7月
145	闵雯娟	女	16	2001年9月	江苏开放大学	2005年7月
146	季　海	男	16	2001年9月	江苏开放大学	2005年7月
147	吴庆芬	女	16	2009年9月	徐州工程学院	2013年7月
148	朱　燕	女	16	2010年9月	南京财经大学	2014年7月
149	林子杨	男	16	2013年9月	江苏科技大学	2017年7月
150	朱艳泓	女	16	2013年9月	南京师范大学	2017年7月
151	张　斌	男	16	2018年9月	苏州大学	在读
152	刘叶培	女	16	2018年9月	南京师范大学泰州学院	在读
153	周　鹏	男	17	2003年9月	东南大学	2007年7月
154	谭海霞	女	17	2006年9月	扬州大学广陵学院	2010年7月
155	张蓓丽	女	17	2011年9月	三亚学院	2015年7月
156	殷　莹	女	17	2014年9月	南京师范大学	2018年7月
157	谭皓元	男	17	2016年9月	英国利物浦大学	在读
158	林冰清	女	17	2017年9月	南京大学	在读
159	张　瑜	女	17	2018年9月	南京信息工程大学	在读
160	张国荣	男	17	2018年9月	福建师范大学	在读
161	戚　明	男	18	2000年9月	南京师范大学	2004年7月
162	陈伊玲	女	18	2006年9月	苏州大学	2010年7月
163	王小鹏	男	18	2008年9月	南京工业大学	2012年7月
164	施　雯	女	18	2008年9月	苏州大学	2012年7月
165	桑秋逸	女	18	2009年9月	南京师范大学泰州学院	2013年7月
166	施文豪	男	18	2011年9月	陕西师范大学	2015年7月
167	张媛媛	女	18	2012年9月	江苏师范大学	2016年7月
168	俞梦婷	女	18	2013年9月	江苏师范大学	2017年7月
169	周澄宇	男	18	2015年9月	徐州医科大学	2019年7月

七、荣誉榜

（一）共青村先进模范

1960—2019 年，共青村域涌现出众多优秀人物。其中，受到省级表彰的 3 人，受到苏州市级表彰的 2 人，受到昆山市级表彰的 6 人（表 10-8）。

表 10-8　1960—2019 共青村域获市（县）级以上荣誉人物统计表

年份	获奖人员	荣誉称号	授予单位	备注
1960	承仁妹	三八红旗手	昆山县人民政府	据玉山镇城南卷 1949—1986 年荣誉篇
1960	丁巧凤	三八红旗手	昆山县人民政府	据玉山镇城南卷 1949—1986 年荣誉篇
1978	姚炳泉	劳动模范	昆山县革命委员会	据玉山镇城南卷 1949—1986 年荣誉篇
1978	陶志友	先进工作者	昆山县革命委员会	据玉山镇城南卷 1949—1986 年荣誉篇
1982 1983	梅君圣	血防先进个人	昆山县人民政府	据玉山镇城南卷 1949—1986 年荣誉篇
1983	王德洪	血防积极分子	昆山县人民政府	据玉山镇城南卷 1949—1986 年荣誉篇
1986	景学义	农业先进个人	昆山县人民政府	
1989	朱惠伯	百亩丰产方达标奖	苏州市农业农村局	
1990	吴阿炳	第四次人口普查奖	江苏省人口普查领导小组办公室	
1993	朱惠伯	省农林厅"吨粮杯"全年高产二等奖	江苏省农林厅	
1997	张雪弟	第一次农业普查先进个人	苏州市农业普查办公室	
1998	姚小星	优秀村民委员会主任	江苏省委组织部	

(二)共青村人大代表

1981—2019年,共青村域当选为市(县)人大代表的有11人(表10-9)。

表10-9 1981—2019年共青村市(县)人大代表统计表

姓名	年份	昆山市(县)人大代表	代表地址
陶志友	1981	第八届昆山县人大代表	原共青大队
张海福	1984	第九届昆山县人大代表	原蔡家大队
景学义	1987	第十届昆山县人大代表	玉山镇政府
梅君圣	1987	第十届昆山县人大代表	原白塔村
孙春山	1990	第十一届昆山市人大代表	原共青村
姚宗根	1993	第十二届昆山市人大代表	原共青村
梅君圣	1993	第十二届昆山市人大代表	原白塔村
孙春山	1998	第十三届昆山市人大代表	原共青村
王 芳	1998	第十三届昆山市人大代表	原白塔村
姚小星	2003	第十四届昆山市人大代表	共青村
杨学明	2017	第十七届昆山市人大代表	原赵厍村

第十一章　村民忆事

共青村历史悠久，人文底蕴深厚。在历史的长河里，共青这片土地承载着共青人耕耘、生活中包罗万象、形形色色、褒贬不一的故事。这些故事，有的随风飘散，淡出了人们的视线；有的沉淀了下来，成为今天的回忆。入志记录的故事中，有老屋传奇、雍皇山庙，有智斗土匪的香山木匠，有村民杂记——共青村域传统的生产工具和村民日常的生活用具等。它们从不同层面折射出共青人生活的方方面面，同时也反映出共青村深厚的文化底蕴。

 第一节 故事传说

一、老屋传奇

清朝咸丰年间，昆山县有一位姓蔡名佑福的地主，是蔡家老屋（位于共青村11组，今属昆山城市生态森林公园管辖，其坟址在昆山城市生态森林公园东）的主人，他请多位能工巧匠，用约两年的时间，在大西门外湾塘里建造前后两个大厅，另有小屋10余间（小屋用作长工宿舍、厨房间、劳动工具间、牛棚、猪舍、鸡鸭棚、酒坊、粮仓、粮食加工、放置石臼木杵等）。大厅及内厢房富丽堂皇。在朱漆大门的西侧设有门当（门墩），红漆房柱一抱有余，下端填有花岗岩鼓墩，地面铺有抛光方砖，房梁有金龙凤及牡丹花卉托木雕刻，确是一派兴旺景象。

后蔡佑福染上种种恶习，还结交了善于走歪门邪道的女子。该女子搞得家里乌烟瘴气，蔡家的日子也一落千丈。幸得茅山道观张真人救助，赶走了该女子。

事后，张真人告诉蔡佑福："此宅地不宜再居。我已为你镇过宅，放心去造吧。"不久，蔡佑福把后厅卖给三官堂一户人家，到前宅建新房。新房子落成后，诸事吉祥如意，顺风顺水，子孙满堂，兴旺发达。

这个故事奉劝世人：不贪财，不贪色，不染恶习，勤俭持家。

二、雍皇山庙

雍皇山庙原址在共青大队第7生产小队（姚家浜），据白塔大队第5生产小队张惠芬回忆，以白塔大队第3生产小队谢和元宅前、蒋宝根宅后一条水沟为界线，水沟南归共青大队第 7 生产小队姚家浜雍皇山庙管辖；水沟北为城北洪观音堂庙。当时洪观音堂庙属三观堂庙管辖，因三观堂庙庙大、敬香人多，香火盛，人气旺。根据原庙主人（共青大队第 8 生产小队）徐阿毛陈述，雍皇山庙有观音菩萨、周太太菩萨、猛将菩萨。

2001 年，昆山市开发建设城市生态森林公园，雍皇山庙拆迁至前进路、虹祺路东侧。2016 年 12 月，再因开发需要，雍皇山庙又搬迁至民新路右转朝东 50 米处，庙内分设共青庙、白塔庙。

三、蔡家港河

据蔡家村老人回忆，清末民初，蔡家港河叫"渤浪河"。河东岸居住的农户基本上以蔡姓为主，从蔡家的老宅基和湾塘里（地名）所建造房屋，一直向南延伸到共青大队第 7 生产小队的后浜，其中，以蔡小良（娘）和蔡家根两户为名门望族，是有财有势的大户人家，两户人家说话办事一言九鼎，所有农户都听他们的话，所以渤浪河也就更名为"蔡家港河"。1958 年"大跃进"运动期间，江浦圩大搞河网化水利工程，该河经过疏通改造，全长约 2 千米，面宽约 31 米，底宽约 15 米，北通庙泾河，经庙泾河朝东接张家港河，西经庙泾河通傀儡湖，南接共青六里港河出娄江河，东去上海，西去苏州，交通十分方便。

四、蔡家村上的香山木匠

1944 年，由于国民党政府腐败，祸国殃民，盗贼四起，民众苦不堪言。当时，共青一带的强盗船在夜间经常出没在蔡家港河、姚家浜抢劫。村民也想了很多办法，阻止强盗侵害，却不奏效。有位聪明的老木匠是苏州香山人，人称"香山木匠"，姓蒋（名小二），填房到蔡家港，以木工为生。蒋木匠知道此事后，就想了一个办法，在蔡家港最窄处，用一根大圆木，在圆木上钉满枣核钉，在河的两端各固定一根木桩，将钉好的枣核钉圆木横在河面上，两端用铁链锁在木桩上，成为一个可拦船的土装置。使用此装置，空船可以进出，重船要将一端铁链打开才能出行。该装置有效控制贼船猖狂盗窃，使民众生活得到安宁。

 ## 第二节 村事忆往

一、耥稻

20世纪50—60年代，稻田除草没有除草剂，主要是靠人工，耥稻是一项专为水稻除草松土的农活，须有专门的工具和技术。耥稻的工具叫"耥"，用树板和铁钉制成。耥由耥板和耥竿组成，耥板长约1尺6，板下有五排方头大铁钉，中间三排各有5枚，前后两排各钉4枚，耥板上装有"耥仙人"和"耥撑根"，其上斜装一根长梢竹竿，叫作"耥竿"，5—6米长，起平衡作用。耥者双手握住耥竿，在6棵稻肋（每两棵稻之间的空隙称为"肋"）里依次反复推拉，耥松泥土，挫断杂草根茎，然后逐段纵向推进。插秧后，第一次除草就是耥稻。耥者高卷裤管、赤脚下田，两脚分立于稻行之间，双手前后一正一反地握着耥竿，使耥竿前后基于平衡，将耥板置于前一行的稻横之间，前手轻按，两手同时推拉5—6个来回。耥好一横，向前换一横，脚也随之往前移一小步。以此循环，耥了一横又一横，一直将一片稻田耥光。

耥稻是一项辛苦的劳作活，既要拼力气，也要有技巧。手握那特长的耥竿不住地晃动，当耥板换横时，应趁耥竿下沉之势，将耥板往前下方拍送下去，啪的一声，水花飞溅，耥板着泥。又紧随着耥竿的上下晃动，耥板前推后挪。这一推一挪，均须根据竿梢的晃动之势，耥梢下沉，耥板前推、上翘，即在后挪与推挪之间，耥板头尾的泥水会前激后涌，掀起重重波浪，涌得两侧稻苗左右摇晃，同时发出哗哗的激水声。合着耥竿的送拉，耥者的身躯也不停地前后晃动。耥得兴起时，农民便会和着"啪—哗—哗"的激水声节律，唱起民歌，哼起小调，消除劳作时的疲劳。

二、掼稻

20世纪50年代，在农业机械化之前，村域内各农户水稻、"三麦"脱粒，以人工掼为主。掼稻的工具叫"稻床"，稻床的构造很简单，基本是正方形，长、宽约1.3米，由4根木头制成四周脚，高约60厘米，中间有一根横梁，内侧两端各凿15—16个小孔，用竹片两端嵌在孔里。

在掼稻时也要进行分工，弱劳力负责搬稻、捆柴，铲去稻床下面的稻谷堆，再安排劳力筛谷，抢晴天翻晒。掼稻也要有技术，双手抓住稻把，稻根朝上而穗在下，双手同时发力，侧肩挪腰，将稻子往后拽。以右肩和稻茎为半径，使稻穗做圆周运动——经过右腿外侧，扫过地面，绕到背后，飞过头顶，顺势身子前俯，屈膝微蹲，三力合一，将稻子重重地掼在稻床背上。稻穗突然受阻，谷粒因惯性而从稻床的竹缝间飞溅出去，也有的飞到远处。掼几下，将稻把抖动一下，抖掉裹在里面的稻粒，直至掼净为止。然后将掼净的柴堆起来，人称"柴罗"。掼稻是体力活，劳动强度高，左右手可以互相交换，使身体用力均匀。八九个社员一起掼稻，场面亦为壮观，如一圈彪悍武士表演大刀舞金刀黄缨，下拽上挥，挪腰奋臂，左盘右施：稻子掼下，噼噼啪啪，金谷飞溅，残叶横飞……不久稻床下积满金灿灿的稻粒，这时要用钉耙将稻粒扒到场中心，这一农活叫"出床"。扬净，晒干入仓。

三、制沼气

1976年，上级号召以生产队为单位挖沼气潭、建沼气池，所需水泥、砖、黄沙等材料，由国家统一支持供应。昆山县沼气办派技术员到村域现场开会、指导。沼气池的容积5—8立方米不等，沼气池要做到绝对不漏水，而且要能承受一定立方水的压力，要保证一次试水成功。一漏水就报废了。建沼气池要留两个口子——出料口和进料口，出料口要留在沼气池的上部位，进料口要贴近沼气池的下部位，这样便于操作。沼气池用料主要是猪窠、羊窠、青草等有机肥料，投的料好，气就足。由于与大田争夺肥料，所以不到半年，域内沼气池就停止建设和使用了。

1986年，为解决能源不足问题，上级发动社员每家每户挖沼气潭、建沼气池,解决家庭照明、烧饭问题。1990年后,形势好转,农村电力资源逐步丰富,沼气便停止使用。

四、防震棚

1976年,唐山发生大地震,一度引起村域内人们的恐慌。8月中下旬,江苏省、苏州市、昆山县地震办公室相继发出地震预报,要求各地在露天场地搭建简易防震棚。共青大队、蔡家大队遵照上级指示精神,召开防震抗灾会议,大队干部挨家挨户动员做好思想工作。有些老年人不愿意搭防震棚,干部就分工包户、子女包家庭,做好老年人的思想工作。大队广播里,一天到晚播送有关地震的预兆:老鼠搬家、井水翻泡、动物乱窜、鸡鸭夜不归宿等。家家备足干粮,昼夜大门敞开,全部住宿防震棚里,家中不留人,好多人家把大衣橱、镜台等家具也移至门外。大队组织民兵成立由主要领导带班的安全小组,轮流昼夜值班,到各生产队检查安全,确保不发生事故。直至解除警报后才搬进屋内,前后历时月余。

五、"泥腿子"演员

电影《车轮滚滚》拍摄于1974年,导演今欣、严一青。该片主要讲述了抗日战争中,冀中军民展开地道战抗日,冲破黎明前的黑暗,迎来大反攻的故事。其中有一段介绍的是在1948年冬,胶东解放区的一支民工小车队,在老民工耿东山及养女——指导员耿春梅的带领下,运粮支前的情景。

在拍摄民工小车队支前运粮的镜头时,幸运的是导演选中在共青和白塔大队的地域拍摄。演员除了剧中的主角耿东山和耿春梅由正式演员担任外,其余担任运粮民工的演员均在当地挑选。两个大队中,每个生产队选2位,共青大队的吴冬生、夏梅香,蔡家大队的闵水英等三十多位担任运粮的群众演员。拍摄时间在1974年5月中旬一个晴朗的早晨,油菜花还盛开的时候。运粮镜头分陆地运粮和水上运粮两个。陆地运粮地点选在共青大队(现鹿城路口,原来为畜牧场),水上运粮地点选在白塔大队的九里桥处的娄江河。

拍摄分水、陆两块进行。当天,剧组准备了10多辆独轮车、担架、梯等道具,给每位群众演员发一块白色的毛巾,在空旷的场地上装轨道、架摄像机。

正式开拍时,河道、道路两头封闭,禁止车、人、船通行。来观看拍摄的人极多,都挤在场地的四周。

陆地拍摄:拍摄前,导演安排2~3人负责一辆独轮车,每辆车上装上3~4袋"粮食"(砻糠),用绳子前后左右拉紧系住。1~2人撑住车的手把在后推,另一个用绳子系住独轮车的前端在车前拉。还有的扛着梯或担架,跟随运粮队伍一起前行。导演手持话筒,吩咐大家:每人手中的毛巾要叠成长条,系在脖子上,行走过程中用来擦汗;推车或拉车的人,身体要前仰,脚后跟要演出使劲的样子;每人的脸上要有微笑的表情,以体现老百姓乐意支前抗日。一切准备就绪,导演先让大家在场地上试演,出现问题,导演再为大家纠正、辅导。演员们试演了2次,导演满意了,才让摄影师正式开拍。运粮队伍浩浩荡荡地走出场地,踏上那时还是石子路面的锡太苏公路(现震川路)。运粮队伍在演员耿东山和耿春梅的指挥下,一路西行,走了三四百米,直到镜头拍摄得到导演满意为止。

水上拍摄:拍摄前,共青大队领导向生产队借来4条载重5吨左右的农用木船,船停到九里桥口。导演让大家在船上装上一袋袋"粮食"。每条船上配4人,分船头和船艄站着。准备就绪后,导演让演员竖起桅杆,拉上风帆起航。拍摄那天正好是3级左右的西风。拉满帆,船速比较快。为了使船减速,便于拍摄,导演让每条船的后面拖一块石头。运粮船队从九里桥朝东缓缓行驶,船速正好符合导演的拍摄要求。摄影师扛着相机在娄江河的北岸,离船队30—40米的距离拍摄。这些船工神情专注,有的叉腰注视着前方,有的手捏毛巾擦汗。掌舵人则目不斜视,全神贯注。船行至近六里桥时,导演满意地叫停。

整个拍摄历时3个小时,两个大队的群众演员圆满完成了表演任务。

六、"农业学大寨"

1964年,毛主席提出"自力更生,艰苦奋斗"的号召,在全国范围内开展"农业学大寨"运动。共青大队全体干部、群众响应毛主席、党中央的号召,积极开展"农业学大寨"运动。在大队党支部书记陶志友的带领下,共青大队涌现出一批"农业学大寨"先进人物,共青大队成为城南公社学大寨样板队。共青大队第 5 生产小队为共青大队农业学大寨样板队,队长姚小珠从 1958 年起担任队长,他认真贯彻落实党的方针政策,在苏州地区农技员张杏芬、吴县龙桥大队老农技术员顾金根和昆山县农业农村局技术员的指导下,与生产队副队长姚节生、生产队技术员姚炳泉一道带领全队社员,以大寨精神开展"水稻学龙桥""'三麦'学塘桥"等生产方式,推广新品种、新农艺,连续多年夺取全年稻麦亩产超吨粮。姚小珠工作积极,热爱集体,1974 年当选中共昆山县委委员。1978 年,姚炳泉成为昆山县劳动模范。1972 年后,书记陶志友多次在昆山县、城南公社召开的农业会议上发言,1976 年参加江苏省"农业学大寨"表彰会议。

附:
陶志友 1973 年在城南公社农业会议上的发言

鼓足干劲学大寨,实现低产变高产
——城南公社共青大队党支部

我们共青大队,原来是低产单位,在毛主席革命路线的指引下,以"批林整风"为纲,深入开展农业学大寨运动,依靠群众的力量,初步改变了低产面貌。近几年来,粮食产量年年提高,水稻平均亩产从 1962 年的 543 斤,到 1972 年提高到 1 027 斤,今年 1 036 亩前季稻,平均亩产 826.7 斤。9 个生产小队,队队超过"纲要"。目前,单、后季稻长势良好,丰收在望,我们决心再接再厉,加强后期管理,实现粮食亩产达"双纲",争取全年粮食生产有较大幅度的增长。

加强路线教育,树立低产变高产的雄心

我们大队共有 9 个生产小队,1 620 亩耕地,851 人,414 个正常劳动力,是一个田多劳少、地势低洼、自然条件比较差的单位,历年来产量很低。"文化大革命"后,产量逐步提高,去年水稻亩产超过了千斤,低产的面貌有所改变,但是能不能继续增产、能不能把低产变为高产,当时一部分同志还信心不足,

认为"亩产已过千斤关,再要高产更困难",缺乏继续革命的雄心壮志。为了提高干部、群众继续革命的思想和夺高产的信心,我们遵照毛主席关于"路线是个纲,纲举目张"的教导,以"批林整风"为纲,以大寨为榜样,在群众中广泛进行党的基本路线和建设社会主义总路线的教育,组织群众学习《人民日报》上《鼓足干劲学大寨,加快步伐赶昔阳》的重要文章,围绕如何加快农业学大寨步伐,实现低产变高产的问题,开展了大讨论。联系实际,狠批林彪一伙鼓吹的"唯条件论"的形而上学的观点,大破懦夫懒汉世界观,引导群众对照大寨、龙桥、华西等先进单位的革命精神,找出差距,看到问题,认真总结经验教训,排出漏洞,看到增产的潜力。干部、群众重温了两年前毛主席亲自批发的《国务院关于北方地区农业会议的报告》中的指示,昔阳能办到的,我们为什么办不到?一年不行,两年不行,三年不行?四年、五年总可以了吧。这使大家受到了鼓舞。通过大讨论,我们认识到,大寨人能在石头缝里夺高产,为什么我们河网地区不能"大跃进"?龙桥大队年年亩产一吨粮,我们为什么不能低产变高产?干部、群众订计划、排措施,开展革命竞赛,决心"前季大增,后季大跳,单季大超,全年大上",实现亩产达"双纲"。我们大队党支部的5个支委,采取分片蹲点、定队劳动,切实加强了具体领导。干部带群众、群众促干部,掀起了大上快上夺高产的群众运动。

抓紧农田建设,创造低产变高产的条件

"水利是农业的命脉,肥料是植物的粮食,土壤是作物生长的基础。"只有从根本上搞好农田基本建设、创造条件,才能达到低产变高产的目的。我们大队原来是一个低田圩区,许多圩子是"落雨一片白,芦苇满田生"的老荒田。解放后,特别是开展"大跃进"运动以来,全大队整修和新开了12 600多公尺长的24条大小河道,建了电排灌站,初步改善了水利条件,基本上达到能排、能灌,解决了旱涝灾害。去年开始,我们从高产的要求出发,发动群众,大打小型水利、积肥造肥和改良土壤之仗。采取综合措施,建设高产农田。秋天,我们结合秋种,花了1 800多个劳动日,平整了450多亩土地。冬季,又突击半个月,新开和整修了85条沟渠,总长17 500多公尺,做到排灌分开,使300多亩"锅底田"能排能灌,提高了抗灾能力。在抓紧水利建设的同时,我们又大

积大造自然肥料，利用水面放养水花生、水浮莲、水葫芦160多亩，总产达500多万斤。全大队基本上实现了一人一头猪，还办了三个百头养猪场。加上经常性的积肥造肥，有机肥料数量增加，质量提高，采取肥水综合治理措施后，土壤得到了改良，增产效果显著。例如，第8生产小队的"石蒲溇"圩子，有50多亩圩田，是合作化期间开垦出来的荒田，历年水稻亩产只有三四百斤。去年秋种时，这个队的干部、社员大战"石蒲溇"，奋战了10个昼夜，花了400多个劳动日，开了2条横沟、5条竖沟，把原来高低不平的10多块东西田改成46块南北田。接着又大积自然肥料，施肥量比去年每亩增加30担草塘泥、1 000斤青草、20担猪窠肥和50斤磷肥，粮食产量显著提高。今年小麦亩产比去年增产五成，早稻亩产达820斤，比去年增产七成多。群众反映："低产田里闹革命，荒田一年大翻身。"实践使群众增强了低产变高产的信心。

实行科学种田，落实低产变高产的措施

实践中我们体会到，在我们田多劳少、条件差的单位，只有实行科学种田、领导正确指挥，把有限的人力、物力用在刀口上，才能达到低产变高产的目的。近几年来，随着耕作制度的变化，我们围绕田多劳少、条件差、如何种好双季稻的问题，发动群众，学习科学知识，搞好科学实验，不断提高科学种田的水平。大队党支部总结了群众的经验，经过反复实践，在指导科学种田方面有了以下三点体会。

一、学习外地经验，必须结合本地实际情况，把外地经验变为自己的经验

这一点，我仍在早稻生产上体会比较深。我们大队种植双季稻是一个新区，从1969年开始试种，面积逐步扩大，今年种植面积已占总面积的三分之二。多种好做到，种好很难办。吴县龙桥大队是我们的老师。我们经常看、跟着学、照着做，运用了龙桥经验，指导自己的实践，取得了一定的成绩。但是单产提高不快，一直是500多斤。这样就使我们考虑一个问题："龙桥怎样做，我们也怎样做，为什么产量会相差这样多？"开始我们弄不懂，后来我们认真学习毛主席的哲学著作，毛主席说："认识的能动作用，不但表现于从感性的认识到理性的认识之能动的飞跃，更重要的还须表现于从理性的认识到革命的实践这一个飞跃。"这使我们认识到龙桥的经验是宝贵的。要把龙桥的经验变为自己的经

验，还有一个转化的过程，需要下一番功夫。从1972年开始，我们在早稻生产上，根据龙桥的经验，针对地势低洼、土质差的实际，遵循早稻的生长规律，采取了具体措施，取得了显著的效果。

前期要措施配套攻早发。几年来，我们大队在早稻生长前期，最大的问题是措施不配套，早期发不起，不少田块还出现僵苗，结果成穗少、穗型小、产量低。今年，我们接受了教训，在前期的栽培管理上，以早发、争穗为主攻方向，采取培育壮秧保早发、精细整田促早发、适时移栽抢早发、早施足肥攻早发、一种就管促早发等五条措施。我们普遍推广通气秧田，秧田面积扩大到1∶8，有的甚至达到1∶12，每亩秧田播种量减少至250—400斤，培育的秧苗粗壮有力，群众说："秧苗扁蒲粗壮，种到田里返青快。"今年插秧前普遍进行干耕干耙，做到面平下松，有水有气，栽插后长根、活棵快，并且做到施足基肥，增施面肥，加施磷肥，特别是低田、圩田，加施磷肥的效果比较显著，消灭了僵苗。我们坚持带土移栽，把每亩的栽插密度提高到5万株，基本苗30万—50万株。做到一种就管，栽后5天追肥耘稻，25天之内结束耨稻，6月20日前结束追肥。由于坚持从实际情况出发，落实增产措施，今年早稻的返青发棵提早，一般在移栽后20天左右就发足50万株苗。第5生产小队"小东来圩"上的13亩"渍水田"原来一直发苗最差，今年种的矮南早一点品种，5月7日移栽，28天开始搁田，苗数发到71万株，平均亩产达到948.7斤。

中后期要肥水配合保稳健。过去我们在早稻中后期管理上有过两个教训：开始我们没有经验，施肥迟，搁田晚，稻苗徒长，结果无效分蘖增加，纹枯病严重，群众说：看看稻苗蛮好，收收产量不高。后来，我们学习龙桥经验，掌握在45万—50万株苗开始搁田，但掌握不住火候，搁田后稻苗落黄，虽然施上一点化肥，但转色很慢，分蘖退化很多，结果成穗率低、穗型小，产量还是不高。群众说：好像天平称上架货——轻重不得。不搁烂糟糟，一搁就黄苗，不知哪样好？实践后我们看出一个问题：搁田一定要根据实际情况，因地制宜，灵活掌握。在我们青紫土厚、黏性重、土层薄、肥力差的地区，脱水后苗色容易落黄，苗数容易下降。今年我们针对这种情况，根据苗情，掌握在移栽后25天前后，开始脱水，并补施7—8斤化肥，"吃饱肚皮搁田"，又接连用药2—3次，防治纹枯病，效果很好。群众反映："饱肚子搁田好，苗色变化小，分叶退化少，成穗比较高。"今年矮南早一号穗数普遍在45万—50万之间，矮三九都在40万穗左右。

二、搞好科学实验，就要研究解决大面积生产中的问题，把小型试验取得的成果变成指导大面积生产的措施

如何搞好后季稻生产是近几年大家普遍关心的问题。后季稻在我们大队是面积最多、潜力最大的一季。但是，由于生长时间短，受到自然条件的限制，也是风险最大、教训最多的一季。教训最深刻的是，几年来由于气候变化和栽培管理不当，出现小穗头、翘穗头和不出头三个问题，严重影响了产量，也严重影响了多种、种不好双季稻的信心。

能不能种好后季稻，关键在于能不能发挥人的主观能动作用，克服"三头"。我们遵照毛主席关于"要认真总结经验"和"吃一堑，长一智"的教导，从去年秋季开始，对后季稻生产的问题，认真进行了实地考察和总结讨论，从外因到内因，从客观到主观，从理论到实践，进行了认真的研究。通过总结，大家认识到，气温偏低是造成翘穗头的客观因素，但是播种期、移栽期偏迟和早期管理失时、后期肥料偏重，也是造成翘穗头的重要因素。比如，去年我们做的播栽期实验中可以看出这样问题。

品种	播期/天	移栽期/天	齐穗期/天	穗数/万穗	粒数/粒	实粒/粒	不实粒/粒	产量/公斤
农垦58	6.90	7.27	9.23	34.95	34.6	31.9	7.2	615.0
农垦58	6.18	7.27	9.27	30.60	30.6	26.0	15.0	430.0
沪选1	7.20	8.30	9.23	30.52	50.3	37.8	73.8	572.2
沪选1	7.20	8.14	9.28	34.00	38.4	23.9	37.8	409.0

接受以往的经验教训，在防止一种倾向的时候，注意掩盖着的另一种倾向，制订今年后季稻的生产计划，确定以争"三穗"（早穗、多穗、大穗）为主攻方向，采取稳中求高的战略措施，做到合理布局争主动，适期播种保安全，培育壮秧争早发，适时移栽抢季节，合理密植争多穗，早管早发争大穗。布局上，扩大"桂花黄""农虎6号"等早熟、高产、抗病、耐低温的品种；淘汰了易感

染稻瘟病的迟熟晚粳"农垦58"。各种品种的播种期比去年提早5~7天，晚粳品种6月12日前播种，用作关门品种的"沪选19"，也在6月底前播种结束。为了防止小穗，我们注意培育壮秧，普遍推广通气秧田，长龄秧的秧田面积一般控制在1:7~1:6，每亩200斤左右净种下田，促使秧苗健壮，弥补了大田生育期短的不足。"三抢"期间，我们集中力量以抢种为主，大面积在8月12日前结束移栽，比去年提前了5天；每亩插足5万株，35万株以上的基本苗争得了主动。做到了一种就管，坚持早施肥、早加工，争取早发。从实践的结果来看，后季稻的长势同往年比较，有了显著改变，基本上克服了"三头"，争得了"三穗"。

各种品种齐穗的时间，虽然9月中上旬遇到阴雨，温度偏低，但仍比去年提早3天左右；穗数除"桂花黄"品种与去年基本相同外，其余品种都增加3—5穗，穗也较大，今年初步考察记载情况如下：

品种	类型	秧令/天	移栽期/天	齐穗期/天	每亩穗数/万穗	每穗总粒数/穗
桂花黄	试验田	32	7.22	9.80	30.0	66.0
桂花黄	大田	36	7.30	9.15	31.9	56.3
农虎6号	试验田	57	8.30	9.25	42.6	52.0
农虎6号	大田	68	8.90	9.24	39.3	43.0
沪选19	试验田	43	8.10	9.25	40.8	46.0
沪选10	大田	45	8.12	9.00	38.0	41.0

三、搞好科学种田，必须从全局观点出发，做到季季增产

共青村是个单、双季稻并存的单位。今年单季晚稻的面积有406亩，仍占总面积的四分之一。过去一度重单轻双，双季稻的产量搞不上去。1970—1978年，随着"双三制"的推行，又出现忽视单季稻的情况，种子退化，栽培管理不善，1967年后的五年时间里，单产还没有超过1966年的水平。去年我们下了决心，才达到861斤。处理好单季与双季的矛盾，争取季季高产，成为科学实验中的一个突出问题。从上年开始，共青村在抓好双季稻生产的同时，又注重研究了单

季晚稻的增产措施，做到"三个统一""四个改"。"三个统一"是：统一认识，克服重双轻单的思想，做到一视同仁，同样重视；统一规划，克服顾此失彼的毛病，布局、肥料、劳力、季节做到一起安排；统一指挥，克服各不过问的缺陷，领导精力、技术力量做到协同作战，步调一致。"四个改"是：一改劣种为良种。1972年，共青村引进了早熟晚粳"昆农8号"、晚粳"苏粳2号"，试种结果都获得高产。试种的2.5亩"苏粳2号"，亩产达1 235斤，全大队17.6亩，平均单产1 040斤。今年以"苏粳2号"当家，搭配"昆农8号"，淘汰了"农垦58"。二改瘦苗为壮秧。往年为了扩大"双三制"面积，减少了单季稻秧田，结果播种密度高，秧苗瘦弱。近两年，我们坚持稀落谷，秧田面积留足1∶8，每亩播种量控制在120—150斤，施足基肥，有效培育了壮秧。三改粗作为精管。以往一到"三抢"期间，就放弃单季稻管理。今年，我们统一安排劳力，及时加工耘耥，适时开沟搁田，"三抢"开始前搞好二耘一拔草，施上长粗肥，"三抢"开始后做到合理安排，专人管理。四改轻肥为重肥。"双三制"面积扩大后，单、双季争肥的矛盾突出，特别是长粗肥不足，退化严重，影响了产量，今年，除了施足基肥、养好绿萍外，每亩施上75斤菜饼、10担猪窠或30担草搪泥作长粗肥，巩固了有效分蘖，争取了大穗。

根据对典型田块的考察，基本上达到穗多、穗大的要求。

品种	每穴数/万穴	每穴株数/万株	每亩穗数/万穗	每穗总粒数/粒
昆农8号	3.9	8.10	31.6	89.1
苏粳2号	4.0	7.95	31.8	86.5

以上是我们在农业学大寨运动中初步得到的一点体会，错误一定很多，请领导和同志们批评指正。我们决心乘十大胜利召开的强劲东风，继续抓紧"批林整风"，深入开展农业学大寨运动，以优异的成绩迎接四届人大的召开。

1973年9月25日

（陶志友提供）

第三节 用具用品

从清末到民国初年，直至20世纪末，共青村村民沿水而居，依水生息，依田劳作，在日常生产、生活中创造了富有智慧型、创新型的传统生产和生活用具。进入21世纪，随着科学技术的创新发展和新材料、新工艺、新用品、新用具的出现，一些传统用具虽然已经被现代生产、生活器具替代，但它是村民们生产生活演变的见证。

一、生产用具

挽子　20世纪50年代，村民搬运粮食时使用的器具，2003年后不再使用。

栈条　20世纪50年代，村民家庭储粮时使用的器具，2003年后不再使用。

挽子（2组陶志友提供，2019年，罗英摄）　栈条（4组朱惠伯提供，2019年，罗英摄）

大筛　20世纪50年代，村民用于筛去稻谷、小麦等里面的小杂物时使用的器具，2001年后不再使用。

拔秧凳　1968年，村民开始用于拔秧时坐的器具，方便省力，2000年后不再使用。

大筛（11组张雪弟提供，
2019年，罗英摄）

拔秧凳（16组闵毅提供，
2019年，罗英摄）

铡刀 20世纪40年代，村民用来铡牛吃的饲料，积肥时铡稻柴，等等，1983年后不再使用。

土大 20世纪40年代，村民用于一年四季挑泥使用的器具，也是80年代造房子挑砖头的主要工具，2003年后基本不再使用。

铡刀（4组朱惠伯提供，2019年，罗英摄）

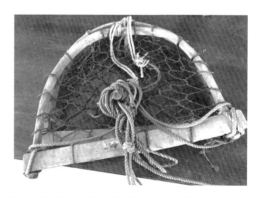

土大（2组陶志友提供，2019年，罗英摄）

木犁 20世纪30年代，村民用来耕翻土地时使用的器具，1983年后不再使用。

手摇风车 20世纪40年代，村民用于水稻、"三麦"扬净籽粒时使用的器具，1980年后不再使用。

木犁（16组闵毅提供，
2019年，罗英摄）

手摇风车（4组朱惠伯提供，
2019年，罗英摄）

菜花柱　20世纪30年代，村民用于种油菜打潭时使用的器具，1967年后不再使用。

磨子　20世纪30年代，村民用于碾米和小麦，碾黄豆、做豆腐时使用的器具，1997年后不再使用。

菜花柱（11组张雪弟提供，
2019年，罗英摄）

磨子（11组张雪弟提供，
2019年，罗英摄）

塘桥锹　1973年起，村民用于"三麦"、油菜开深沟时使用的器具，1998年后不再使用。

铆欠　20世纪30年代，村民用于田岸、大岸四周铆平、开沟时使用的器具，2003年后不再使用。

铁搭　20世纪初，村民垒田、翻田、整田、做麦轮的主要工具，2019年仍在使用。

塘桥锹（2组陶志友提供，2019年，罗英摄）　　铡欠（12组蒋斌章提供，2019年，罗英摄）　　铁搭（11组张雪弟提供，2019年，罗英摄）

喷雾机　1968年开始，村民用于人工喷雾，防治水稻、"三麦"、油菜病虫害时使用的器具，2019年还在使用。

大风力电风扇　1970年起，村民用于扬谷、扬麦、扬草秸时使用的器具，2001年后不再使用。

喷雾机（11组张雪弟提供，2019年，罗英摄）　　大风力电风扇（11组张雪弟提供，2019年，罗英摄）

罱泥网　20世纪30年代，村民用于积肥时使用的器具，1983年后不再使用。

粪桶　20世纪初，村民用于积肥、挑污泥、挑粪、挑水时使用的器具，2003年不再使用。

罱泥网（12组陈志兴提供，
2019年，罗英摄）

粪桶（4组朱惠伯提供，
2019年，罗英摄）

弥雾机 1980年起，村民用于水稻、"三麦"、油菜防病治虫时使用的器具，2003年后不再使用。

翘头扁担 20世纪50年代，少数村民用于挑泥、运货时使用的器具，1998年不再使用。

弥雾机（4组朱惠伯提供，
2019年，罗英摄）

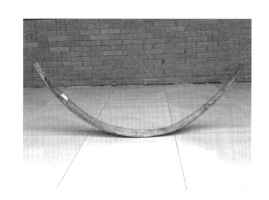

翘头扁担（16组闵毅提供，
2019年，罗英摄）

鱼叉 20世纪初，村民捉鱼的工具，2019年村上仍有人使用。

鱼笼 20世纪初，村民用于捉鱼、存放鱼时使用的器具，2019年村上仍有人使用。

竹匾 20世纪50年代，村民用于晾晒物品时使用的器具，2000年后很少使用。

鱼叉（16组闵毅提供，2019年，罗英摄）　　鱼篓（16组闵毅提供，2019年，罗英摄）　　竹匾（2组陶志友提供，2019年，罗英摄）

摇草绳车　20世纪50年代，村民用于收稻、收麦时使用的器具，2001年后消失。

木榔头　明清时期，村民用于捶稻草、打桩时使用的器具，2001年后不再使用。

摇草绳车（2019年，罗英摄）　　木榔头（2019年，罗英摄）

牛压头　明清时期，村民用于压在牛颈部的农具，1983年后不再使用。

耥耙　20世纪50年代，村民用于耥稻时使用的器具，1970年后不再使用。

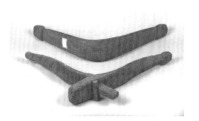 

牛压头（2019年，罗英摄）　　耥耙（2019年，罗英摄）

二、生活用品

樟木箱　19世纪初，少数村民使用，2019年有部分村民仍在使用。

风箱　19世纪初，村民使用的生活用具，1980年后逐步消失。

樟木箱（2019年，罗英摄）

风箱（2019年，罗英摄）

猪食槽　19世纪初，村民养猪时使用的器具，2020年后不再使用。

鸡罩　19世纪初，村民用于罩鸡、鸭时使用的器具，2001年后消失。

猪食槽（2019年，罗英摄）

鸡罩（2019年，罗英摄）

鱼笼　19世纪，村民用于捕鱼的工具，1983年以后逐步消失。

藏篮　20世纪30年代，村民担年夜饭时使用的工具，70年代后消失。

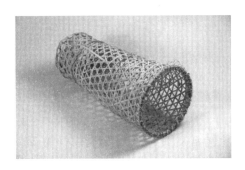

鱼笼（2019年，罗英摄）

藏篮（12组陈志兴提供，2019年，罗英摄）

称凳　20世纪初，村民乘凉时使用的家具，90年代后消失。

古式标沿床　20世纪30年代，富裕人家结婚时使用的器具，70年代后消失。

称凳（16组闵毅提供，2019年，罗英摄）

古式标沿床（12组蒋斌章提供，2019年，罗英摄）

古式二门大衣橱　20世纪30年代，村民用于存放衣被时使用的家具，现村上仍有少数老年人在使用。

美孚灯（煤油灯）　20世纪50年代起，村民用于照明时使用的器具，70年代后消失。

大米桶　20世纪初，村民盛米用时使用的器具，70年代后消失。

古式二门大衣橱（12组蒋斌章提供，2019年，罗英摄）

美孚灯（煤油灯）（2组陶志友提供，2019年，罗英摄）

大米桶（4组朱惠伯提供，2019年，罗英摄）

长凳 20世纪初，村民配八仙桌时使用的器具，2019年村上仍有人家在使用。

桅灯 20世纪50年代起，村民用于照明时使用的器具，80年代后消失。

面盆、面盆架子 20世纪70年代，村民用于放置脸盆时使用的家具，2019年村上仍有少数老人在使用。

长凳（11组张雪弟提供，2019年，罗英摄）　　桅灯（2组陶志友提供，2019年，罗英摄）　　面盆、面盆架子（12组陈志兴提供，2019年，罗英摄）

坐车 20世纪50年代，给小孩使用的器具，80年代中期被童车取代。

坐便桶 20世纪50年代，给小孩使用的器具，70年代后消失。

马桶 20世纪初，村民如厕时使用的器具，2001年后不再使用。

坐车（12组蒋斌章提供，2019年，罗英摄）　　坐便桶（16组闵毅提供，2019年，罗英摄）　　马桶（16组闵毅提供，2019年，罗英摄）

手提便桶 20世纪初，村民如厕时使用的器具，2001年后不再使用。

木摇篮 20世纪初，小孩睡觉时使用的器具，80年代后消失。

脚桶 20世纪30年代，村民洗澡时使用的器具，90年代后消失。

 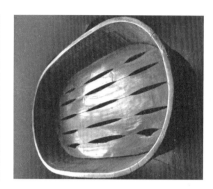 

手提便桶（11组张雪弟提供，2019年，罗英摄）　　木摇篮（1组吴阿炳提供，2019年，罗英摄）　　脚桶（1组吴阿炳提供，2019年，罗英摄）

竹摇篮　20世纪40年代，小孩睡觉时使用的器具，80年代后消失。

米库　20世纪初，村民盛米时使用的器具，70年代后消失。

竹摇篮（1组吴阿炳提供，2019年，罗英摄）　　米库（11组张雪弟提供，2019年，罗英摄）

立桶　20世纪30年代，小孩站立时使用的器具，70年代后消失。

大茶壶　20世纪初，村民盛酒盛茶用的器具，80年代后消失。

猪头篮　20世纪初，村民上街出市时使用的器具，90年代后村上很少再有人使用。

立桶（16组闵毅提供，2019年，罗英摄）　　大茶壶（11组张雪弟提供，2019年，罗英摄）　　猪头篮（16组闵毅提供，2019年，罗英摄）

洋匾　20世纪初，村民晒东西时使用的器具，2003年后弃用。

提桶　20世纪初，村民在河里取水用的器具，2003年后弃用。

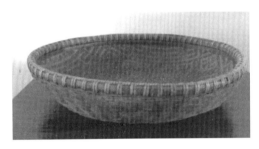 

洋匾（12组陈志兴提供，2019年，罗英摄）　　提桶（16组闵毅提供，2019年，罗英摄）

盛水缸　20世纪初，村民在灶间盛水使用的器具，90年代后村上人家不再盛水，极少村民用于腌肉、腌鸡。

铜勺、广勺　20世纪初，村民在灶头上取水用的器具，2003年后消失。

盛水缸（12组蒋斌章提供，2019年，罗英摄）　　铜勺、广勺（11组张雪东提供，2019年，罗英摄）

铜铲刀 20世纪初，村民盛饭、炒菜时使用的器具，2003年后村上很少人家使用。

盐钵头 20世纪初，村民在灶头上盛盐时使用的器具，2003年取消灶头时消失。

铜铲刀（11组张雪东提供，2019年，罗英摄）

盐钵头（12组蒋斌章提供，2019年，罗英摄）

木面盆 20世纪初，村民洗脸时使用的器具，70年代后不再使用。

蓑衣 20世纪初，村民下雨天防雨使用的器具，1975年后消失。

佛台（长台） 20世纪50年代，村民客厅点香烛时使用的器具，2019年村上少数村民还在使用。

木面盆（16组闵毅提供，2019年，罗英摄）

蓑衣（12组陈志兴提供，2019年，罗英摄）

佛台（长台）（2组陶志友提供，2019年，罗英摄）

火钳　20世纪前，村民用来夹住稻草或木材，放在灶膛里的器具，2003年后不再使用。

烫婆子　20世纪初，村民用来取暖时使用的器具，1990年后不再使用。

脚炉　20世纪初，村民用来取暖时使用的器具，1990年后不再使用。

火钳（16组闵毅提供，2019年，罗英摄）　　烫婆子（11组张雪东提供，2019年，罗英摄）　　脚炉（11组张雪东提供，2019年，罗英摄）

灶台　2005年之前，村民以柴禾为燃料，用来烧饭炒菜。

灶台（16组闵毅提供，2019年，罗英摄）

 编后记

  《共青村志》编纂工作于2019年6月启动，几易其稿，至2021年10月定稿。这是共青村历史上前所未有的一件大事，也是遵照中央"乡村振兴"指示精神，加强乡村文化建设的一项重大成果。

  《共青村志》的付梓，是在昆山高新区党工委、管委会及有关部门的高度重视和正确领导下，是在共青村"两委"会人员和共青村村民的支持、帮助下，也是在《共青村志》编纂组同志的通力合作、共同努力下取得的。成绩是集体的，荣誉是大家的。

  村志编纂组的同志为征得第一手资料，克服困难，不辞辛劳，采取了"请进来、走出去"的办法，多次召开"五老"人员（老干部、老教师、老同志、老党员、老村民）座谈会，多次外出上门采访，实地踏勘现场，力争记述真实、数据准确、语言规范。

  《共青村志》在编纂过程中，得到了史志专家、昆山市地方志编纂委员会办公室的悉心指导，得到了昆山高新区（玉山镇）村志系列丛书编纂委员会领导和工作人员的鼎力相助。艾荣富、陈志兴、吴阿炳、周品刚、姚小星、曹苏根、谭凤英、蔡梅英等同志对志书编纂提出了许多宝贵的意见，彭红同志参与了前期志稿的撰写，在这里一并表示衷心的感谢。

  由于历史年代久远，史料繁杂，资料缺失，口述回忆或许有所出入，尽管编者竭尽所能，但受阅历水平所限，志书中的错误、疏漏或欠妥之处在所难免，敬请各界有识之士、专家及广大读者批评指正。

《共青村志》编纂组
2022年10月

昆山高新区（玉山镇）村志系列丛书

共青村志

村民家庭记载

GONGQING CUNZHI CUNMIN JIATING JIZAI

昆山高新区（玉山镇）村志系列丛书编纂委员会 编

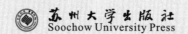

图书在版编目（CIP）数据

共青村志. 村民家庭记载 / 杨学明主编；昆山高新区（玉山镇）村志系列丛书编纂委员会编. — 苏州：苏州大学出版社，2022.12
 （昆山高新区（玉山镇）村志系列丛书）
 ISBN 978-7-5672-4160-2

Ⅰ.①共… Ⅱ.①杨… ②昆… Ⅲ.①村史-昆山 Ⅳ.①K295.35

中国版本图书馆CIP数据核字（2022）第240825号

共青村志　村民家庭记载

编　　者	昆山高新区（玉山镇）村志系列丛书编纂委员会
主　　编	杨学明
责任编辑	杨　柳
装帧设计	刘　俊
出版发行	苏州大学出版社
地　　址	苏州市十梓街1号
邮　　编	215006
电　　话	0512-67481020
网　　址	http://www.sudapress.com
邮　　箱	sdcbs@suda.edu.cn
印　　刷	苏州市深广印刷有限公司
开　　本	787 mm×1 092 mm　1/16　插页16　印张36(共两册)　字数611千
版　　次	2022年12月第1版 2022年12月第1次印刷
书　　号	ISBN 978-7-5672-4160-2
定　　价	120.00元(共两册)

版权所有　侵权必究

目 录

村民家庭记载

001 / 一、共青村村民小组、户数、人数一览表
002 / 二、共青村村民家庭记载
002 / 共青村第 1 村民小组
014 / 共青村第 2 村民小组
024 / 共青村第 3 村民小组
038 / 共青村第 4 村民小组
052 / 共青村第 5 村民小组
061 / 共青村第 6 村民小组
073 / 共青村第 7 村民小组
087 / 共青村第 8 村民小组
098 / 共青村第 9 村民小组
108 / 共青村第 10 村民小组
116 / 共青村第 11 村民小组
130 / 共青村第 12 村民小组
144 / 共青村第 13 村民小组
160 / 共青村第 14 村民小组
168 / 共青村第 15 村民小组
182 / 共青村第 16 村民小组
197 / 共青村第 17 村民小组
211 / 共青村第 18 村民小组

村民家庭记载

2019年年底，共青村有自然村10个，划分村民小组18个。昆山市城西派出所户籍在册登记471户共2 159人，其中，男1 027人，女1 132人。

本家庭记载将471户家庭逐户列表，悉数载入其中。《共青村志·村民家庭记载》中所载家庭成员以常住户籍登记为准，本着村民自愿的原则，亦将部分家庭的非在籍人员载入。"家庭大事记"栏目所记内容为家庭住房、生活用品、交通工具、个人奖状等，不作为动迁安置、财产统计等事项的佐证资料。

一、共青村村民小组、户数、人数一览表

2019年共青村村民小组、户数、人数一览表

村民小组	户数/户	总人数/人	其中		村民小组	户数/户	总人数/人	其中	
			男/人	女/人				男/人	女/人
1	24	120	54	66	10	18	80	43	37
2	24	107	49	58	11	31	154	73	81
3	27	140	65	75	12	30	131	63	68
4	29	135	71	64	13	34	159	74	85
5	21	94	48	46	14	16	79	36	43
6	24	108	47	61	15	27	140	64	76
7	30	141	66	75	16	30	132	69	63
8	21	104	42	62	17	37	131	68	63
9	25	94	43	51	18	23	110	52	58

二、共青村村民家庭记载

▶ 共青村第1村民小组

共青村第1村民小组人员统计表

单位：人

序号	户主	人口	其中		序号	户主	人口	其中	
			男	女				男	女
1	丁桃弟	7	3	4	13	杨成英	4	1	3
2	吴炳元	3	1	2	14	杨丽丽	4	1	3
3	丁国良	7	5	2	15	唐小龙	7	4	3
4	沈荣根	6	2	4	16	吴炳福	4	2	2
5	吴阿炳	5	3	2	17	桂月红	5	1	4
6	唐水林	6	2	4	18	叶小龙	6	4	2
7	季水根	6	4	2	19	陈桂良	7	2	5
8	叶培龙	6	4	2	20	吴国明	4	1	3
9	殷宝根	6	1	5	21	沈宝元	3	2	1
10	郑宝如	5	3	2	22	路建国	2	1	1
11	季水良	4	2	2	23	沈宝林	6	2	4
12	赵 保	4	2	2	24	吴国兴	3	1	2
合 计					24	120	54	66	

	姓名	与户主关系	性别	出生年月	民族	已故家属		
						称呼	姓名	去世年月
现有家庭人员	丁桃弟	户主	男	1951年8月	汉	父亲	丁巧根	2000年8月
	沈雪芹	妻子	女	1950年1月	汉	母亲	丁金翠	2010年9月
	丁福元	儿子	男	1971年3月	汉			
	张建芬	儿媳	女	1977年9月	汉			
	丁嘉倩	孙女	女	1994年5月	汉			
	丁嘉瑶	孙女	女	1994年5月	汉			
	葛予安	曾孙	男	2019年12月	汉			
家庭大事记	1987年3月，翻建三上三下楼房； 2003年2月，购大众汽车1辆； 2006年8月，分到动迁房3套； 2012年9月，丁嘉倩考入江苏理工学院； 2017年9月，丁嘉瑶考入南京中医药大学。							

	姓名	与户主关系	性别	出生年月	民族	已故家属		
						称呼	姓名	去世年月
现有家庭人员	吴炳元	户主	男	1968年4月	汉	父亲	吴根如	1984年4月
	张莉芳	妻子	女	1975年8月	汉	母亲	吴杏英	2016年8月
	吴 悦	女儿	女	1998年12月	汉	祖父	吴生林	1953年10月
						祖母	吴周氏	1986年5月
						曾祖父	吴金求	1948年3月
家庭大事记	2000年7月，购商品房1套； 2006年8月，分到动迁房1套。							

	姓名	与户主关系	性别	出生年月	民族	已故家属		
						称呼	姓名	去世年月
现有家庭人员	丁国良	户主	男	1969年1月	汉	祖父	丁阿泉	1976年7月
	朱建芳	妻子	女	1970年10月	汉	祖母	丁马氏	1968年3月
	丁 超	儿子	男	1991年9月	汉			
	丁皓羽	孙子	男	2014年12月	汉			
	赵惠民	父亲	男	1946年9月	汉			
	丁白妹	母亲	女	1949年1月	汉			
	丁桃根	伯父	男	1946年8月	汉			
家庭大事记	1988年10月，翻建三上三下楼房； 1998年5月，购商品房1套； 2006年8月，分到动迁房3套； 2010年9月，丁超考入昆山登云科技职业学院（专科）； 2014年3月，购大众汽车1辆。							

	姓名	与户主关系	性别	出生年月	民族	已故家属		
						称呼	姓名	去世年月
现有家庭人员	沈荣根	户主	男	1963年10月	汉	父亲	沈忠生	2010年6月
	周秀妹	妻子	女	1962年2月	汉			
	沈 彬	儿子	男	1986年8月	汉			
	孙兴芳	儿媳	女	1988年11月	汉			
	沈梦溪	孙女	女	2012年6月	汉			
	唐林娣	母亲	女	1932年5月	汉			
家庭大事记	1989年10月，翻建三上三下楼房； 2006年8月，分到动迁房3套； 2006年9月，孙兴芳考入扬州大学； 2009年8月，购马自达汽车1辆； 2012年3月，购商品房1套。							

	姓名	与户主关系	性别	出生年月	民族	已故家属		
						称呼	姓名	去世年月
现有家庭人员	吴阿炳	户主	男	1952年2月	汉	父亲	吴根如	1984年4月
	虞彩林	妻子	女	1953年4月	汉	母亲	吴杏英	2015年8月
	吴金风	女儿	女	1977年12月	汉	祖父	吴生林	1953年10月
	徐春生	女婿	男	1977年10月	汉	祖母	吴周氏	1986年5月
	吴瑞晗	外孙	男	2006年3月	汉	曾祖父	吴金求	1948年3月

家庭大事记	1987年2月，吴阿炳加入中国共产党； 1989年9月，翻建三上三下楼房； 1996年9月，徐春生考入齐齐哈尔工程学院； 1996年9月，吴金风考入苏州大学； 2007年1月，吴金风被评为江苏检验检疫协会摄影作品优秀奖； 2008年7月，吴金风加入中国共产党； 2010年9月，吴金风获苏州市"江南嘉捷杯"职工歌手优秀奖； 1997年5月，购商品房1套； 2006年8月，分到动迁房3套； 2007年8月，购别克汽车1辆。

	姓名	与户主关系	性别	出生年月	民族	已故家属		
						称呼	姓名	去世年月
现有家庭人员	唐水林	户主	男	1963年11月	汉	父亲	唐龙法	2014年8月
	俞雨珍	妻子	女	1963年7月	汉			
	唐敏华	儿子	男	1986年3月	汉			
	梁 丹	儿媳	女	1986年5月	汉			
	唐艺暄	孙女	女	2013年4月	汉			
	张秀英	母亲	女	1943年1月	汉			

家庭大事记	1990年4月，翻建三上三下楼房； 2005年9月，唐敏华考入南京理工大学； 2010年7月，唐敏华加入中国共产党； 2006年8月，分到动迁房3套； 2016年10月，购宝马汽车1辆。

	姓名	与户主关系	性别	出生年月	民族	已故家属		
						称呼	姓名	去世年月
现有家庭人员	季水根	户主	男	1955年8月	汉	母亲	冯杏宝	2015年4月
	吴炳妹	妻子	女	1956年4月	汉			
	季春香	女儿	女	1981年6月	汉			
	项 群	女婿	男	1979年12月	汉			
	季项安	长外孙	男	2003年9月	汉			
	季项一	次外孙	男	2012年6月	汉			
家庭大事记	1987年10月，翻建三上三下楼房； 1996年9月，季春香考入苏州财经学校（专科）； 2006年8月，分到动迁房3套； 2011年1月，购斯柯达汽车1辆。							

	姓名	与户主关系	性别	出生年月	民族	已故家属		
						称呼	姓名	去世年月
现有家庭人员	叶培龙	户主	男	1959年11月	汉	母亲	季兰芳	1991年10月
	高巧英	妻子	女	1959年7月	汉			
	叶春华	儿子	男	1984年10月	汉			
	潘澄鹰	儿媳	女	1985年8月	汉			
	叶竣永	长孙	男	2010年10月	汉			
	潘竣文	次孙	男	2012年11月	汉			
家庭大事记	1978年12月，叶培龙加入中国共产党； 1988年4月，翻建三上三下楼房； 2003年9月，叶春华考入大学； 2006年8月，分到动迁房3套； 2010年10月，购本田汽车1辆。							

	姓名	与户主关系	性别	出生年月	民族	已故家属		
						称呼	姓名	去世年月
现有家庭人员	殷宝根	户主	男	1964年11月	汉	父亲	殷金生	1978年8月
	沈五妹	妻子	女	1963年5月	汉			
	殷 蕾	女儿	女	1988年9月	汉			
	殷周琦	长外孙女	女	2012年2月	汉			
	周殷涵	次外孙女	女	2015年4月	汉			
	殷玲妹	母亲	女	1931年10月	汉			
家庭大事记	1987年4月,翻建三上三下楼房; 2006年8月,分到动迁房3套; 2007年9月,殷蕾考入盐城师范学院; 2011年3月,购大众汽车1辆。							

	姓名	与户主关系	性别	出生年月	民族	已故家属		
						称呼	姓名	去世年月
现有家庭人员	郑宝如	户主	男	1938年12月	汉			
	赵六小	妻子	女	1942年8月	汉			
	郑洪伟	儿子	男	1968年3月	汉			
	郑 超	孙子	男	1993年5月	汉			
	王翊晗	曾孙女	女	2018年8月	汉			
家庭大事记	2006年8月,分到动迁房2套; 2017年5月,购本田汽车1辆。							

	姓名	与户主关系	性别	出生年月	民族	已故家属		
						称呼	姓名	去世年月
现有家庭人员	季水良	户主	男	1960年8月	汉	母亲	冯杏宝	2015年4月
	姚彩英	妻子	女	1961年10月	汉			
	季玲娟	女儿	女	1984年11月	汉			
	季雅男	父亲	男	1932年12月	汉			
家庭大事记	1989年3月，翻建三上三下楼房； 1999年2月，购本田汽车1辆； 2003年9月，季玲娟考入南京理工大学，2007年9月到英国华威大学攻读硕士； 2006年8月，分到动迁房3套。							

	姓名	与户主关系	性别	出生年月	民族	已故家属		
						称呼	姓名	去世年月
现有家庭人员	赵 保	户主	男	1979年5月	汉			
	吴金芬	妻子	女	1979年3月	汉			
	赵 杰	儿子	男	2001年7月	汉			
	赵 萍	女儿	女	2009年6月	汉			
家庭大事记	2006年6月，分到动迁房1套； 2019年5月，购斯柯达汽车1辆。							

	姓名	与户主关系	性别	出生年月	民族	已故家属		
						称呼	姓名	去世年月
现有家庭人员	杨成英	户主	女	1940年3月	汉	丈夫	顾伟宝	2009年12月
	路建权	儿子	男	1967年4月	汉			
	徐建琴	儿媳	女	1974年7月	汉			
	路 琦	孙女	女	1997年6月	汉			
家庭大事记	2006年8月，分到动迁房2套； 2015年9月，路琦考入扬州大学； 2019年3月，购斯柯达汽车1辆。							

	姓名	与户主关系	性别	出生年月	民族	已故家属		
						称呼	姓名	去世年月
现有家庭人员	杨丽丽	户主	女	1965年5月	汉			
	路 希	儿子	男	1987年9月	汉			
	顾菊芬	儿媳	女	1988年4月	汉			
	路伊贝	孙女	女	2018年8月	汉			
家庭大事记	2003年9月，路希考入常州信息职业技术学院（专科）； 2006年8月，分到动迁房1套； 2017年10月，购本田汽车1辆。							

	姓名	与户主关系	性别	出生年月	民族	已故家属		
						称呼	姓名	去世年月
现有家庭人员	唐小龙	户主	男	1942年12月	汉	父亲	唐大宝	1977年10月
	李凤英	妻子	女	1945年10月	汉	母亲	毛妹娣	1994年8月
	唐金华	儿子	男	1970年1月	汉			
	丁国珍	儿媳	女	1971年6月	汉			
	唐永强	孙子	男	1992年10月	汉			
	沈 华	孙媳	女	1990年10月	汉			
	唐奕辰	曾孙	男	2016年2月	汉			
家庭大事记	1988年10月，翻建三上三下楼房； 2006年4月，购马自达汽车1辆； 2006年8月，分到动迁房3套； 2010年9月，唐永强考入昆山电视大学（专科）。							

	姓名	与户主关系	性别	出生年月	民族	已故家属		
						称呼	姓名	去世年月
现有家庭人员	吴炳福	户主	男	1963年2月	汉	父亲	吴根如	1984年4月
	丁雪珍	妻子	女	1966年1月	汉	母亲	吴杏英	2016年8月
	吴 俊	儿子	男	1986年10月	汉	祖父	吴生林	1953年10月
	吴 迪	女儿	女	1990年3月	汉	祖母	吴周氏	1986年5月
						曾祖父	吴金求	1948年3月
家庭大事记	1974年9月，吴炳福被评为"昆山第四届文教系统先进个人"； 1988年8月，翻建三上三下楼房； 2006年8月，分到动迁房3套； 2009年9月，吴迪考入江苏大学； 2015年5月，购福特汽车1辆； 2019年10月，吴迪获得苏州医护技能大赛一等奖。							

	姓名	与户主关系	性别	出生年月	民族	已故家属		
						称呼	姓名	去世年月
现有家庭人员	桂月红	户主	女	1954年3月	汉	丈夫	沈水根	2020年9月
	沈 芳	女儿	女	1979年6月	汉			
	唐金旗	女婿	男	1976年2月	汉			
	沈丽郡	外孙女	女	2003年7月	汉			
	唐丽欣	外孙女	女	2007年3月	汉			
家庭大事记	1986年4月，翻建三上三下楼房； 1995年12月，唐金旗入伍，1997年12月退伍，1998年3月加入中国共产党； 2006年8月，分到动迁房3套； 2007年8月，购大众汽车1辆。							

	姓名	与户主关系	性别	出生年月	民族	已故家属		
						称呼	姓名	去世年月
现有家庭人员	叶小龙	户主	男	1964年3月	汉	母亲	季兰芳	1991年10月
	季水珍	妻子	女	1963年4月	汉			
	叶 芸	女儿	女	1989年11月	汉			
	马 涛	女婿	男	1989年11月	汉			
	叶奕尧	外孙	男	2020年3月	汉			
	叶玉寿	父亲	男	1929年3月	汉			

家庭大事记

1990年3月，翻建三上三下楼房；
1998年7月，叶小龙加入中国共产党；
2006年8月，分到动迁房3套；
2007年9月，叶芸考入南京师范大学泰州学院；
2016年5月，购商品房1套；
2019年8月，购别克汽车1辆。

	姓名	与户主关系	性别	出生年月	民族	已故家属		
						称呼	姓名	去世年月
现有家庭人员	陈桂良	户主	男	1954年8月	汉	父亲	陈洪元	1977年9月
	陆惠琴	妻子	女	1958年3月	汉	母亲	陈桂英	2012年5月
	陈昌平	儿子	男	1987年8月	汉			
	殷 群	儿媳	女	1987年7月	汉			
	陈燕华	女儿	女	1983年7月	汉			
	陈世妍	长孙女	女	2016年6月	汉			
	殷世萱	次孙女	女	2018年4月	汉			

家庭大事记

1988年10月，翻建三上三下楼房；
2005年9月，陈燕华考入北京司法学院；
2006年8月，分到动迁房3套；
2006年9月，陈昌平考入南京信息工程大学；
2011年3月，购福特汽车1辆。

	姓名	与户主关系	性别	出生年月	民族	已故家属		
						称呼	姓名	去世年月
现有家庭人员	吴国明	户主	男	1967年4月	汉	父亲	吴冬生	1984年11月
	王永妹	妻子	女	1968年12月	汉	祖父	吴根如	1984年4月
	吴晨晨	女儿	女	1990年8月	汉	祖母	吴杏英	2016年8月
	吴冬根	母亲	女	1948年10月	汉	曾祖父	吴生林	1953年10月
						曾祖母	吴周氏	1986年5月
						太祖父	吴金求	1948年3月
家庭大事记	1988年4月,翻建三上三下楼房; 2003年9月,王永妹考入苏州职业大学(专科); 2005年3月,购丰田汽车1辆; 2006年8月,分到动迁房3套。							

	姓名	与户主关系	性别	出生年月	民族	已故家属		
						称呼	姓名	去世年月
现有家庭人员	沈宝元	户主	男	1970年11月	汉	父亲	沈五梅	2003年8月
	佐银凤	妻子	女	1969年9月	汉	祖父	沈寿生	1968年4月
	沈 峰	儿子	男	1994年11月	汉			
家庭大事记	1989年10月,翻建三上三下楼房; 2013年9月,沈峰考入江苏理工学院。							

	姓名	与户主关系	性别	出生年月	民族	已故家属		
						称呼	姓名	去世年月
现有家庭人员	路建国	户主	男	1964年9月	汉	父亲	顾伟宝	2009年12月
	许 丽	妻子	女	1972年10月	汉			
家庭大事记	2006年8月,分到动迁房1套; 2017年5月,购大众汽车1辆。							

	姓名	与户主关系	性别	出生年月	民族	已故家属		
						称呼	姓名	去世年月
现有家庭人员	沈宝林	户主	男	1968年2月	汉	父亲	沈五梅	2003年8月
	骆林妹	妻子	女	1970年1月	汉	祖父	沈寿生	1968年4月
	沈 洁	女儿	女	1991年10月	汉			
	郭 强	女婿	男	1988年6月	汉			
	郭书妍	外孙女	女	2019年6月	汉			
	孙秀宝	母亲	女	1944年1月	汉			
家庭大事记	1987年10月，翻建三上三下楼房； 2006年8月，分到动迁房3套； 2007年9月，郭强考入天津体育学院； 2009年10月，购商品房1套； 2010年9月，沈洁考入苏州经贸职业技术学院； 2014年3月，购奥迪汽车1辆。							

	姓名	与户主关系	性别	出生年月	民族	已故家属		
						称呼	姓名	去世年月
现有家庭人员	吴国兴	户主	男	1972年1月	汉	父亲	吴冬生	1984年11月
	张云芬	妻子	女	1971年12月	汉	祖父	吴根如	1984年4月
	吴江慧	女儿	女	1994年9月	汉	祖母	吴杏英	2016年8月
						曾祖父	吴生林	1953年10月
						曾祖母	吴周氏	1986年5月
						太祖父	吴金求	1948年3月
家庭大事记	2006年8月，分到动迁房2套； 2013年9月，吴江慧考入苏州大学； 2017年10月，购菲亚特汽车1辆。							

▶ 共青村第2村民小组

共青村第2村民小组人员统计表

单位：人

序号	户主	人口	其中 男	其中 女	序号	户主	人口	其中 男	其中 女
1	陶志友	7	2	5	13	陈良奋	2	1	1
2	孙银根	2	1	1	14	陈 虎	2	1	1
3	王玉芬	5	1	4	15	陈 龙	4	3	1
4	闵水英	1	0	1	16	章国平	3	1	2
5	顾志英	6	2	4	17	章传华	6	4	2
6	夏培光	6	3	3	18	孙银宝	6	2	4
7	陈良滨	5	3	2	19	孙银喜	6	3	3
8	石三林	8	4	4	20	孙银洪	6	3	3
9	陆朝贵	2	1	1	21	丁云山	8	4	4
10	孙银锁	1	1	0	22	沙惠强	5	2	3
11	陈志高	5	2	3	23	王旭东	4	2	2
12	王龙根	6	3	3	24	陆萍英	1	—	1
合 计					24		107	49	58

	姓名	与户主关系	性别	出生年月	民族	已故家属		
						称呼	姓名	去世年月
现有家庭人员	陶志友	户主	男	1943年7月	汉	父亲	陶桂生	1962年10月
	顾梅珍	妻子	女	1945年10月	汉	母亲	朱贞米	1976年5月
	陶春华	儿子	男	1968年12月	汉			
	张　力	儿媳	女	1972年5月	汉			
	陶嘉新	孙女	女	1995年3月	汉			
	陶春梅	长女	女	1967年3月	汉			
	陶春芳	次女	女	1970年11月	汉			
家庭大事记	陶志友1969年11月加入中国共产党，1978年被评为"昆山市革命委员会农业生产先进工作者"； 1992年8月，购商品房1套； 2003年7月，分到动迁房3套； 2009年9月，陶嘉新考入无锡卫生高等职业技术学校（专科）； 2009年11月，购马自达汽车1辆。							

	姓名	与户主关系	性别	出生年月	民族	已故家属		
						称呼	姓名	去世年月
现有家庭人员	孙银根	户主	男	1948年4月	汉	父亲	孙金富	1983年4月
	陆平瑛	妻子	女	1951年6月	汉	母亲	王巧云	2017年12月
家庭大事记	1983年，翻建三上三下楼房； 2003年7月，分到动迁房1套。							

	姓名	与户主关系	性别	出生年月	民族	已故家属		
						称呼	姓名	去世年月
现有家庭人员	王玉芬	户主	女	1969年1月	汉	丈夫	孙国民	2014年4月
	孙丽倩	女儿	女	1990年12月	汉			
	袁家勇	女婿	男	1992年7月	汉			
	袁千茹	长外孙女	女	2013年11月	汉			
	孙亦茹	次外孙女	女	2017年9月	汉			
家庭大事记	2007年10月，分到动迁房3套； 2008年9月，孙丽倩考入无锡科技职业学院（专科）； 2012年8月，购马自达汽车1辆。							

现有家庭人员	姓名	与户主关系	性别	出生年月	民族	已故家属		
						称呼	姓名	去世年月
	闵水英	户主	女	1956年3月	汉			
家庭大事记								

现有家庭人员	姓名	与户主关系	性别	出生年月	民族	已故家属		
						称呼	姓名	去世年月
	顾志瑛	户主	女	1941年10月	汉	丈夫	陈仁福	2003年8月
	陈桂芳	女儿	女	1964年4月	汉			
	王三宝	女婿	男	1962年6月	汉			
	陈 玲	外孙女	女	1985年10月	汉			
	陈浩泽	曾孙	男	2010年8月	汉			
	周欣蕾	曾孙女	女	2015年3月	汉			
家庭大事记	1988年7月，翻建三上三下楼房； 1997年7月，购商品房1套； 2003年8月，购大众汽车1辆； 2004年9月，陈玲考入南通职业大学（专科）； 2006年3月，分到动迁房3套。							

现有家庭人员	姓名	与户主关系	性别	出生年月	民族	已故家属		
						称呼	姓名	去世年月
	夏培光	户主	男	1960年12月	汉	父亲	夏兴宝	2004年5月
	李兰英	妻子	女	1963年11月	汉	母亲	张素珍	2015年7月
	夏 云	儿子	男	1985年5月	汉			
	张 易	儿媳	女	1985年3月	汉			
	夏敏月	孙女	女	2011年1月	汉			
	夏敏宸	孙子	男	2014年9月	汉			
家庭大事记	1984年，夏培光入伍； 1996年7月，翻建别墅； 2001年9月，张易考入南昌航空大学； 2004年7月，分到动迁房3套； 2013年12月，购五菱汽车1辆。							

	姓名	与户主关系	性别	出生年月	民族	已故家属		
						称呼	姓名	去世年月
现有家庭人员	陈良滨	户主	男	1958年6月	汉	父亲	陈明山	2001年4月
	丁锁珍	妻子	女	1962年4月	汉	母亲	姜学英	1960年10月
	陈丽	女儿	女	1984年9月	汉			
	浦晓枫	女婿	男	1984年5月	汉			
	陈思逸	外孙	男	2011年12月	汉			

家庭大事记	1982年6月，陈良滨加入中国共产党； 1989年，翻建三上四下楼房； 1996年，购商品房1套； 1999年2月，购金龙牌汽车1辆； 2003年5月，分到动迁房3套； 2003年9月，浦晓枫考入南京金肯职业技术学院（专科）。

	姓名	与户主关系	性别	出生年月	民族	已故家属		
						称呼	姓名	去世年月
现有家庭人员	石三林	户主	男	1951年8月	汉	父亲	石高云	1969年1月
	陈玉瑛	妻子	女	1954年7月	汉	母亲	石秀英	1987年6月
	石永峰	长子	男	1976年3月	汉			
	费小琴	长媳	女	1978年6月	汉			
	石雨辰	孙女	女	2000年5月	汉			
	石永根	次子	男	1987年4月	汉			
	侯立华	次媳	女	1985年5月	汉			
	石霖逸	孙子	男	2009年8月	汉			

家庭大事记	1983年10月，翻建三上三下楼房； 2008年，分到动迁房3套； 2014年5月，购汽车1辆； 2018年9月，石雨辰考入南京晓庄学院。

现有家庭人员	姓名	与户主关系	性别	出生年月	民族	已故家属		
						称呼	姓名	去世年月
	陆朝贵	户主	男	1955年3月	汉	父亲	陆三孝	2015年10月
	陆萍英	女儿	女	1979年11月	汉	母亲	陆小妹	2002年1月
家庭大事记	2012年，购商品房1套。							

现有家庭人员	姓名	与户主关系	性别	出生年月	民族	已故家属		
						称呼	姓名	去世年月
	孙银锁	户主	男	1955年5月	汉	父亲	孙金富	1983年4月
						母亲	王巧云	2017年12月
家庭大事记								

现有家庭人员	姓名	与户主关系	性别	出生年月	民族	已故家属		
						称呼	姓名	去世年月
	陈志高	户主	男	1965年1月	汉	父亲	陈仁寿	2005年3月
	唐花妹	妻子	女	1966年10月	汉	母亲	陈巧英	1988年4月
	陈伟	儿子	男	1988年7月	汉			
	吴越	儿媳	女	1989年11月	汉			
	陈梓言	孙女	女	2013年10月	汉			
家庭大事记	1984年，翻建三上三下楼房； 2003年5月，购依维柯汽车1辆； 2005年7月，分到动迁房3套； 2006年，购商品房1套； 吴越2011年9月考入西安外国语大学，2015年任教于昆山高新区南星渎幼儿园，2017年6月加入中国共产党。							

	姓名	与户主关系	性别	出生年月	民族	已故家属		
						称呼	姓名	去世年月
现有家庭人员	王龙根	户主	男	1957年9月	汉	父亲	王九斤	1986年6月
	丁洪娣	妻子	女	1960年7月	汉	母亲	曹兰英	2016年8月
	王 燕	女儿	女	1982年11月	汉			
	仲梦杰	女婿	男	1982年8月	汉			
	仲美笑	外孙女	女	2008年2月	汉			
	王颜清	外孙	男	2011年8月	汉			
家庭大事记	1999年9月，王龙根加入中国共产党； 仲梦杰2001年9月考入苏州大学，2004年加入中国共产党； 2001年9月，王燕考入苏州大学； 2003年7月，分到动迁房2套； 2005年5月，购商品房1套； 2011年，购奥迪汽车1辆。							

	姓名	与户主关系	性别	出生年月	民族	已故家属		
						称呼	姓名	去世年月
现有家庭人员	陈良奋	户主	男	1947年9月	汉	父亲	陈明山	2001年4月
	周爱珍	妻子	女	1951年1月	汉	母亲	姜学英	1960年10月
家庭大事记	1987年12月，翻建四上四下楼房； 2008年3月，分到动迁房2套； 2016年6月，购依维柯汽车1辆。							

	姓名	与户主关系	性别	出生年月	民族	已故家属		
						称呼	姓名	去世年月
现有家庭人员	陈 虎	户主	男	1975年12月	汉			
	陈思骅	女儿	女	2007年2月	汉			
家庭大事记	陈虎1993年12月入伍，1996年12月退伍； 2004年5月，分到动迁房1套； 2010年2月，购通用汽车1辆。							

	姓名	与户主关系	性别	出生年月	民族	已故家属		
						称呼	姓名	去世年月
现有家庭人员	陈 龙	户主	男	1972年8月	汉			
	张 萍	妻子	女	1969年8月	汉			
	陈思远	长子	男	1995年10月	汉			
	陈思宇	次子	男	2006年11月	汉			
家庭大事记	1988年7月，翻建四上四下楼房； 1999年11月，购商品房1套； 2006年，购别克汽车1辆； 2008年3月，分到动迁房2套； 2013年9月，陈思远考入江苏科技大学。							

	姓名	与户主关系	性别	出生年月	民族	已故家属		
						称呼	姓名	去世年月
现有家庭人员	章国平	户主	男	1934年2月	汉			
	陈大红	妻子	女	1937年11月	汉			
	章 妹	女儿	女	1967年6月	汉			
家庭大事记	1993年9月，翻建三上三下楼房； 2003年5月，分到动迁房3套。							

	姓名	与户主关系	性别	出生年月	民族	已故家属		
						称呼	姓名	去世年月
现有家庭人员	章传华	户主	男	1963年5月	汉			
	邵守兰	妻子	女	1962年4月	汉			
	章玮峰	儿子	男	1986年2月	汉			
	唐静芳	儿媳	女	1985年10月	汉			
	章嘉瑞	长孙	男	2010年12月	汉			
	章嘉骏	次孙	男	2014年2月	汉			
家庭大事记	2007年，购商品房1套； 2010年，购大众汽车1辆； 2012年9月，唐静芳考入南京财经大学。							

	姓名	与户主关系	性别	出生年月	民族	已故家属		
						称呼	姓名	去世年月
现有家庭人员	孙银宝	户主	男	1954年4月	汉	父亲	孙金荣	1997年9月
	顾有凤	妻子	女	1954年3月	汉			
	孙国强	儿子	男	1979年5月	汉			
	胡妹芳	儿媳	女	1979年12月	汉			
	孙丽萍	孙女	女	2004年1月	汉			
	徐巧珍	母亲	女	1931年1月	汉			
家庭大事记	1989年3月,翻建三上三下楼房; 1998年9月,孙国强考入吉林大学; 1998年9月,胡妹芳考入湖南长沙职业技术学院(专科); 1998年6月,购商品房1套; 2003年3月,分到动迁房2套; 2001年12月,购别克汽车1辆。							

	姓名	与户主关系	性别	出生年月	民族	已故家属		
						称呼	姓名	去世年月
现有家庭人员	孙银喜	户主	男	1950年9月	汉	父亲	孙金富	1983年4月
	陈长瑛	妻子	女	1949年1月	汉	母亲	王巧云	2017年12月
	孙卫琴	女儿	女	1972年2月	汉			
	卢 义	女婿	男	1970年1月	汉			
	孙艳蓉	外孙女	女	1993年6月	汉			
	孙泽浩	外孙	男	2000年6月	汉			
家庭大事记	1988年10月,翻建三上三下楼房; 1991年,购商品房1套; 2003年7月,分到动迁房3套; 孙艳蓉2012年9月考入扬州大学,2014年9月加入中国共产党; 2018年10月,购奥迪汽车1辆; 2019年9月,孙泽浩考入南京特殊教育师范学院。							

现有家庭人员	姓名	与户主关系	性别	出生年月	民族	已故家属		
						称呼	姓名	去世年月
	孙银洪	户主	男	1953年12月	汉	父亲	孙金富	1983年4月
	高巧兰	妻子	女	1953年4月	汉	母亲	王巧云	2017年12月
	孙国华	儿子	男	1978年3月	汉			
	王苏侠	儿媳	女	1979年12月	汉			
	孙嘉黛	孙女	女	2004年3月	汉			
	孙嘉珩	孙子	男	2017年1月	汉			

家庭大事记	1988年，翻建三上三下楼房； 2000年，购商品房1套； 2000年9月，王苏侠考入专科学校。

现有家庭人员	姓名	与户主关系	性别	出生年月	民族	已故家属		
						称呼	姓名	去世年月
	丁云山	户主	男	1934年2月	汉	父亲	丁志来	1987年12月
	丁巧凤	妻子	女	1936年10月	汉	母亲	丁孙氏	1983年7月
	丁锁根	儿子	男	1956年8月	汉			
	丁雪妹	儿媳	女	1956年10月	汉			
	丁文娟	孙女	女	1981年11月	汉			
	毕宣书	孙女婿	男	1980年3月	汉			
	丁毕成诚	曾孙子	男	2006年12月	汉			
	毕欣茹	曾孙女	女	2015年5月	汉			

家庭大事记	1985年11月，翻建二上二下楼房； 1996年10月，购商品房1套； 2000年9月，毕宣书考入南开大学； 2000年9月，丁文娟考入南京经济学院（现南京财经大学）； 2004年，分到动迁房3套； 2014年8月，购北京现代汽车1辆。

	姓名	与户主关系	性别	出生年月	民族	已故家属		
						称呼	姓名	去世年月
现有家庭人员	沙惠强	户主	男	1957年11月	汉			
	丁锁瑛	妻子	女	1967年3月	汉			
	沙志华	儿子	男	1987年12月	汉			
	殷侨燕	儿媳	女	1986年8月	汉			
	沙筱妍	孙女	女	2017年1月	汉			
家庭大事记	1992年5月，购商品房1套； 2006年9月，沙志华考入哈尔滨工业大学； 2007年5月，分到动迁房1套； 2017年7月，购大众汽车1辆。							

	姓名	与户主关系	性别	出生年月	民族	已故家属		
						称呼	姓名	去世年月
现有家庭人员	王旭东	户主	男	1970年4月	汉			
	孙红珍	妻子	女	1971年4月	汉			
	王　健	儿子	男	1993年9月	汉			
	罗　兰	儿媳	女	1991年12月	汉			
家庭大事记	2003年5月，购商品房1套； 2014年9月，王健考入常州大学； 2018年10月，购大众汽车1辆。							

	姓名	与户主关系	性别	出生年月	民族	已故家属		
						称呼	姓名	去世年月
现有家庭人员	陆萍英	户主	女	1979年11月	汉			
家庭大事记	2012年8月，购商品房1套。							

▶ 共青村第3村民小组

共青村第3村民小组人员统计表

单位：人

序号	户主	人口	其中 男	其中 女	序号	户主	人口	其中 男	其中 女
1	虞福弟	6	2	4	15	张雪宝	5	3	2
2	周建明	3	2	1	16	范冬林	5	3	2
3	周俊良	4	2	2	17	范松娥	2	1	1
4	虞大梅	3	0	3	18	周小娘	4	2	2
5	蔡炳荣	8	4	4	19	周雪林	5	2	3
6	周阿二	6	4	2	20	孙惠琴	4	1	3
7	周阿小	5	3	2	21	吴丽宏	3	2	1
8	黄炳良	5	2	3	22	周文明	6	3	3
9	王四妹	4	1	3	23	陈惠革	4	2	2
10	周夏弟	7	3	4	24	周秀根	6	2	4
11	周建华	7	2	5	25	罗桂弟	7	3	4
12	陈惠良	6	4	2	26	周雪男	7	3	4
13	谭凤英	7	3	4	27	王双官	5	3	2
14	黄炳根	6	3	3	28	—	—	—	—
合计					27		140	65	75

	姓名	与户主关系	性别	出生年月	民族	已故家属		
						称呼	姓名	去世年月
现有家庭人员	虞福弟	户主	男	1956 年 10 月	汉	父亲	虞阿根	2015 年 2 月
	丁白妹	妻子	女	1957 年 12 月	汉	母亲	虞阿妹	2008 年 3 月
	虞志强	儿子	男	1982 年 6 月	汉			
	余晓玲	儿媳	女	1982 年 2 月	汉			
	虞丹燕	长孙女	女	2005 年 12 月	汉			
	虞欣燕	次孙女	女	2013 年 4 月	汉			
家庭大事记	1992 年，翻建三上三下楼房； 虞志强 2001 年应征入伍，2002 年被评为"优秀士兵"，2003 年退伍，2004 年 6 月加入中国共产党； 2004 年，分到动迁房 3 套； 2005 年，购商品房 1 套； 2014 年，购大众汽车 1 辆。							

	姓名	与户主关系	性别	出生年月	民族	已故家属		
						称呼	姓名	去世年月
现有家庭人员	周建明	户主	男	1968 年 5 月	汉	父亲	周阿毛	2008 年 1 月
	季凤娥	妻子	女	1965 年 3 月	汉			
	周国强	儿子	男	1992 年 3 月	汉			
家庭大事记	1989 年，建造三上三下楼房； 2006 年，分到动迁房 3 套； 2008 年，购商品房 1 套； 2013 年，购大众汽车 1 辆； 2013 年 9 月，周国强考入中央广播电视大学（现国家开放大学）（专科）。							

	姓名	与户主关系	性别	出生年月	民族	已故家属		
						称呼	姓名	去世年月
现有家庭人员	周俊良	户主	男	1968年9月	汉	父亲	周巧生	1995年11月
	张凤芳	妻子	女	1972年2月	汉			
	周勇	儿子	男	1992年5月	汉			
	周巧宝	母亲	女	1935年11月	汉			
家庭大事记	1985年9月，翻建三上三下楼房； 2004年，分到动迁房3套； 周勇2010年9月考入常州铁道高等职业技术学校（专科），2015年9月应征入伍，2016年3月被评为"优秀士兵"，2017年6月加入中国共产党，2017年9月退伍。							

	姓名	与户主关系	性别	出生年月	民族	已故家属		
						称呼	姓名	去世年月
现有家庭人员	虞大梅	户主	女	1946年12月	汉	丈夫	于学贵	2003年2月
	于梅花	长女	女	1968年10月	汉			
	于梅芳	次女	女	1970年11月	汉			
家庭大事记	1987年，于梅花考入昆山广播电视大学（专科）； 2005年，分到动迁房1套。							

	姓名	与户主关系	性别	出生年月	民族	已故家属		
						称呼	姓名	去世年月
现有家庭人员	蔡炳荣	户主	男	1947年7月	汉			
	殷友珍	妻子	女	1952年12月	汉			
	蔡国明	长子	男	1972年2月	汉			
	孙　青	长媳	女	1972年4月	汉			
	蔡晨峰	孙子	男	1994年12月	汉			
	蔡国荣	次子	男	1973年6月	汉			
	任湘琦	次媳	女	1978年1月	汉			
	蔡晨佳	孙女	女	2008年6月	汉			
家庭大事记	1987年，翻建三上三下楼房； 2002年，购汽车1辆； 2005年，分到动迁房5套。							

	姓名	与户主关系	性别	出生年月	民族	已故家属		
						称呼	姓名	去世年月
现有家庭人员	周阿二	户主	男	1954年4月	汉	父亲	周泉根	1976年11月
	姚友妹	妻子	女	1954年11月	汉	母亲	周秀英	2001年12月
	周月清	女儿	女	1978年3月	汉			
	朱雪刚	女婿	男	1976年4月	汉			
	朱晨嘉	长外孙	男	2000年2月	汉			
	周子洋	次外孙	男	2008年3月	汉			
家庭大事记	1990年，建造三上三下楼房； 2004年，分到动迁房2套； 2019年9月，朱晨嘉考入常州大学。							

	姓名	与户主关系	性别	出生年月	民族	已故家属		
						称呼	姓名	去世年月
现有家庭人员	周阿小	户主	男	1966年4月	汉	父亲	周泉根	1976年11月
	沈林英	妻子	女	1966年4月	汉	母亲	周秀英	2001年12月
	周月萍	女儿	女	1988年11月	汉			
	张炯	女婿	男	1989年9月	汉			
	周廷轩	外孙	男	2013年6月	汉			
家庭大事记	2003年7月,分到动迁房3套; 2003年9月,周月萍考入苏州农业职业技术学院(专科); 2005年,购汽车1辆。							

	姓名	与户主关系	性别	出生年月	民族	已故家属		
						称呼	姓名	去世年月
现有家庭人员	黄炳良	户主	男	1967年5月	汉	父亲	黄阿兴	2019年4月
	周惠琴	妻子	女	1970年4月	汉			
	黄婷	女儿	女	1991年5月	汉			
	顾秋吉	女婿	男	1990年11月	汉			
	顾亦涵	外孙女	女	2015年11月	汉			
家庭大事记	1991年,翻建三上三下楼房; 2006年,分到动迁房3套; 2019年,购汽车1辆。							

	姓名	与户主关系	性别	出生年月	民族	已故家属		
						称呼	姓名	去世年月
现有家庭人员	王四妹	户主	女	1954年10月	汉	丈夫	于学荣	2007年2月
	于亚琴	女儿	女	1980年10月	汉			
	陆志文	女婿	男	1973年6月	汉			
	陆于彤	外孙女	女	2005年5月	汉			
家庭大事记	2001年,翻建三上三下楼房; 2003年7月,分到动迁房2套。							

	姓名	与户主关系	性别	出生年月	民族	已故家属		
						称呼	姓名	去世年月
现有家庭人员	周夏弟	户主	男	1966年7月	汉	父亲	周巧根	1993年5月
	姚祥英	妻子	女	1968年8月	汉			
	周 婷	女儿	女	1989年7月	汉			
	周 剑	女婿	男	1989年6月	汉			
	周羽晗	外孙女	女	2013年9月	汉			
	周羽睿	外孙	男	2015年12月	汉			
	周巧英	母亲	女	1941年10月	汉			
家庭大事记	1988年,翻建三上三下楼房; 2005年,分到动迁房3套; 2009年9月,周婷考入上海海洋大学; 2016年,购汽车1辆。							

	姓名	与户主关系	性别	出生年月	民族	已故家属		
						称呼	姓名	去世年月
现有家庭人员	周建华	户主	男	1965年9月	汉	父亲	周阿毛	2008年1月
	唐素珍	妻子	女	1964年10月	汉			
	周 艳	女儿	女	1988年1月	汉			
	丁 剑	女婿	男	1987年9月	汉			
	周芷冰	长外孙女	女	2011年6月	汉			
	丁芷歆	次外孙女	女	2013年11月	汉			
	李小桂	母亲	女	1942年3月	汉			
家庭大事记	1980年5月,李小桂加入中国共产党; 1987年,翻建三上三下楼房; 1993年9月,周建华加入中国共产党; 1997年,购商品房1套; 2005年9月,周艳考入苏州托普信息职业技术学院(专科); 2005年,分到动迁房2套; 2010年,购宝马汽车1辆。							

	姓名	与户主关系	性别	出生年月	民族	已故家属		
						称呼	姓名	去世年月
现有家庭人员	陈惠良	户主	男	1963年11月	汉			
	周四妹	妻子	女	1962年11月	汉			
	陈 洁	女儿	女	1986年11月	汉			
	姚卫华	女婿	男	1986年3月	汉			
	陈彦希	长外孙	男	2012年10月	汉			
	姚彦齐	次外孙	男	2014年10月	汉			
家庭大事记	1990年10月，翻建三上三下楼房； 1992年，购商品房1套； 1997年6月，陈惠良加入中国共产党； 姚卫华2004年9月考入南京工程学院，2017年6月加入中国共产党； 2004年9月，陈洁考入南京医科大学； 2005年，分到动迁房3套； 2010年10月，购汽车1辆。							

	姓名	与户主关系	性别	出生年月	民族	已故家属		
						称呼	姓名	去世年月
现有家庭人员	谭凤英	户主	女	1962年8月	汉	父亲	谭金泉	2017年4月
	姚银林	丈夫	男	1961年4月	汉			
	谭萍萍	女儿	女	1985年11月	汉			
	林 涛	女婿	男	1982年6月	汉			
	林奕彬	外孙女	女	2010年11月	汉			
	谭亦钧	外孙	男	2019年2月	汉			
	吴桃妹	母亲	女	1938年1月	汉			
家庭大事记	姚银林1979年入伍，1984年6月加入中国共产党，1985年1月退伍； 谭凤英1987年2月加入中国共产党，1995年3月被评为"全国优秀乡村医生先进个人"； 1988年4月，翻建三上三下楼房； 1992年3月，购商品房1套； 2001年9月，林涛考入苏州大学； 2003年9月，谭萍萍考入三江学院； 2005年，分到动迁房3套； 2015年5月，购福特汽车1辆。							

	姓名	与户主关系	性别	出生年月	民族	已故家属		
						称呼	姓名	去世年月
现有家庭人员	黄炳根	户主	男	1964年11月	汉	父亲	黄阿兴	2019年4月
	龚菊英	妻子	女	1965年8月	汉			
	黄海波	儿子	男	1987年12月	汉			
	唐丽芳	儿媳	女	1986年10月	汉			
	黄一凡	孙子	男	2014年10月	汉			
	沈毛囡	母亲	女	1939年2月	汉			
家庭大事记	黄炳根1983年入伍，1986年退伍； 2000年，翻建三上三下楼房； 2005年，分到动迁房3套； 2009年，购汽车1辆。							

	姓名	与户主关系	性别	出生年月	民族	已故家属		
						称呼	姓名	去世年月
现有家庭人员	张雪宝	户主	男	1947年7月	汉	岳母	周小娥	2014年9月
	周妹新	妻子	女	1947年12月	汉			
	周玉良	儿子	男	1969年9月	汉			
	支建英	儿媳	女	1970年11月	汉			
	周钲超	孙子	男	1996年6月	汉			
家庭大事记	1988年10月，翻建三上三下楼房； 2002年，购小汽车2辆； 2005年，分到动迁房4套； 2018年9月，周钲超考入英国伯明翰大学。							

现有家庭人员	姓名	与户主关系	性别	出生年月	民族	已故家属		
						称呼	姓名	去世年月
	范冬林	户主	男	1950年2月	汉			
	胡海平	妻子	女	1963年8月	汉			
	范松涛	儿子	男	1985年7月	汉			
	范岩轩	孙女	女	2010年10月	汉			
	范屹宸	孙子	男	2014年5月	汉			
家庭大事记								

现有家庭人员	姓名	与户主关系	性别	出生年月	民族	已故家属		
						称呼	姓名	去世年月
	范松娥	户主	女	1977年1月	汉			
	周道勇	丈夫	男	1979年12月	汉			
家庭大事记								

现有家庭人员	姓名	与户主关系	性别	出生年月	民族	已故家属		
						称呼	姓名	去世年月
	周小娘	户主	女	1950年10月	汉	丈夫	黄振芳	2019年7月
	黄月明	儿子	男	1968年12月	汉			
	姚建芬	儿媳	女	1969年8月	汉			
	黄晓峰	孙子	男	1991年10月	汉			
家庭大事记	1986年,翻建三上三下楼房; 2007年9月,黄晓峰考入江苏联合职业技术学院。							

	姓名	与户主关系	性别	出生年月	民族	已故家属		
						称呼	姓名	去世年月
现有家庭人员	周雪林	户主	男	1965年5月	汉	父亲	周阿二	2005年11月
	支佳凤	妻子	女	1965年3月	汉			
	周琪	儿子	男	1988年10月	汉			
	姚丽娟	儿媳	女	1988年9月	汉			
	周汐瑶	孙女	女	2015年8月	汉			

家庭大事记	1993年，建造三上三下楼房； 2007年，分到动迁房3套； 2007年9月，姚丽娟考入常熟理工学院（专科）； 2008年，购商品房1套； 2010年，购北京现代汽车1辆； 2011年9月，周琪考入大连理工大学。

	姓名	与户主关系	性别	出生年月	民族	已故家属		
						称呼	姓名	去世年月
现有家庭人员	孙惠琴	户主	女	1970年3月	汉	丈夫	虞小弟	2017年6月
	虞梦娇	女儿	女	1993年6月	汉			
	蒋文龙	女婿	男	1991年10月	汉			
	蒋歆妤	外孙女	女	2014年4月	汉			

家庭大事记	1990年，翻建三上三下楼房； 2001年9月，虞梦娇考入昆山电视大学（专科）； 2006年，分到动迁房3套。

	姓名	与户主关系	性别	出生年月	民族	已故家属		
						称呼	姓名	去世年月
现有家庭人员	吴丽宏	户主	女	1958年8月	汉			
	范根林	丈夫	男	1953年3月	汉			
	范荣华	儿子	男	1983年1月	汉			
家庭大事记	范根林1971年入伍,1975年3月退伍; 1997年10月,购商品房1套; 2000年9月,范荣华考入苏州工业园区职业技术学院(专科); 2005年,分到动迁房2套; 2016年5月,购雪佛兰汽车1辆。							

	姓名	与户主关系	性别	出生年月	民族	已故家属		
						称呼	姓名	去世年月
现有家庭人员	周文明	户主	男	1968年8月	汉			
	张冬芳	妻子	女	1970年1月	汉			
	周 芸	女儿	女	1991年11月	汉			
	周 毅	儿子	男	1997年1月	汉			
	周小毛	父亲	男	1946年4月	汉			
	周秀莲	母亲	女	1946年5月	汉			
家庭大事记	1998年,翻建三上三下楼房; 2003年7月,分到动迁房3套; 2015年9月,周芸考入中央广播电视大学(现为国家开放大学); 2015年9月,周毅考入宿迁学院。							

	姓名	与户主关系	性别	出生年月	民族	已故家属		
						称呼	姓名	去世年月
现有家庭人员	陈惠革	户主	男	1967年7月	汉			
	陈嘉君	女儿	女	1990年10月	汉			
	陈阿二	父亲	男	1937年9月	汉			
	黄寿瑛	母亲	女	1943年3月	汉			
家庭大事记	1994年5月,翻建三上三下楼房; 2000年1月,购商品房1套; 2003年10月,分到动迁房3套; 2007年,购大众汽车1辆。							

	姓名	与户主关系	性别	出生年月	民族	已故家属		
						称呼	姓名	去世年月
现有家庭人员	周秀根	户主	男	1964年10月	汉			
	谭凤妹	妻子	女	1965年8月	汉			
	周丽	女儿	女	1988年1月	汉			
	孙周妤	外孙女	女	2016年1月	汉			
	周金妹	母亲	女	1936年4月	汉			
	周勤男	父亲	男	1933年5月	汉			
家庭大事记	1975年10月,周勤男加入中国共产党; 1986年,翻建三上三下楼房; 2004年,分到动迁房3套; 2006年9月,周丽考入南京晓庄学院; 2013年,购汽车1辆。							

	姓名	与户主关系	性别	出生年月	民族	已故家属		
						称呼	姓名	去世年月
现有家庭人员	罗桂弟	户主	男	1962年6月	汉	父亲	罗节根	2013年1月
	张福妹	妻子	女	1963年5月	汉			
	罗凤珠	女儿	女	1985年5月	汉			
	吴志虎	女婿	男	1984年9月	汉			
	罗歆芸	外孙女	女	2012年9月	汉			
	罗天佑	外孙	男	2016年4月	汉			
	范和娣	母亲	女	1939年3月	汉			

家庭大事记	1986年，翻建三上三下楼房； 2000年，购商品房1套； 2005年，分到动迁房2套； 2006年9月，罗凤珠考入常州工学院； 2015年，购汽车1辆。

	姓名	与户主关系	性别	出生年月	民族	已故家属		
						称呼	姓名	去世年月
现有家庭人员	周雪男	户主	男	1957年2月	汉	父亲	周阿二	2005年11月
	管梅花	妻子	女	1958年1月	汉			
	周菊仙	女儿	女	1982年10月	汉			
	曹利平	女婿	男	1980年3月	汉			
	周 熙	外孙	男	2006年12月	汉			
	曹 萌	外孙女	女	2014年10月	汉			
	朱静宝	母亲	女	1938年10月	汉			

家庭大事记	1988年6月，翻建三上三下楼房； 1999年9月，曹利平考入徐州工程学院； 2001年9月，周菊仙考入河海大学； 2005年，分到动迁房3套； 2007年，购三菱汽车1辆。

	姓名	与户主关系	性别	出生年月	民族	已故家属		
						称呼	姓名	去世年月
现有家庭人员	王双官	户主	男	1963年10月	汉	父亲	吴阿大	2011年8月
	张春英	妻子	女	1963年1月	汉	母亲	王云芳	2019年5月
	王　杰	儿子	男	1988年8月	汉			
	胡　云	儿媳	女	1990年7月	汉			
	王琰熙	孙子	男	2013年2月	汉			
家庭大事记	1994年5月，翻建三上三下楼房； 2004年，分到动迁房3套。							

▶ 共青村第 4 村民小组

共青村第 4 村民小组人员统计表

单位：人

序号	户主	人口	其中		序号	户主	人口	其中	
			男	女				男	女
1	朱宗明	4	1	3	16	文惠林	3	1	2
2	谭根元	6	3	3	17	谭大良	6	4	2
3	谭月林	7	3	4	18	黄雪弟	5	2	3
4	虞大弟	4	2	2	19	朱玉弟	5	3	2
5	虞阿三	5	3	2	20	朱雅男	6	3	3
6	黄福弟	7	3	4	21	朱小兵	5	3	2
7	谭白男	4	4	0	22	朱小龙	3	1	2
8	谭小良	6	3	3	23	田拥军	5	2	3
9	朱宗泉	4	2	2	24	朱龙刚	5	2	3
10	谭祖华	5	3	2	25	田金弟	4	3	1
11	谭志刚	3	2	1	26	田拥林	4	2	2
12	黄建元	6	2	4	27	田拥青	3	2	1
13	谭良根	4	3	1	28	朱小林	4	2	2
14	谭林根	7	4	3	29	田银弟	3	2	1
15	谈志成	2	1	1	30	—	—	—	—
合　计					29		135	71	64

	姓名	与户主关系	性别	出生年月	民族	已故家属		
						称呼	姓名	去世年月
现有家庭人员	朱宗明	户主	男	1965年10月	汉	父亲	朱惠良	2014年8月
	季银花	妻子	女	1967年7月	汉			
	朱丽娟	女儿	女	1988年10月	汉			
	蔡阿五	母亲	女	1944年2月	汉			
家庭大事记	1986年8月,翻建四上四下楼房; 2005年5月,分到动迁房2套; 朱丽娟2009年9月考入扬州大学,2010年5月加入中国共产党,2011年被评为"优秀学生代表"; 2011年1月,购荣威汽车1辆。							

	姓名	与户主关系	性别	出生年月	民族	已故家属		
						称呼	姓名	去世年月
现有家庭人员	谭根元	户主	男	1967年2月	汉			
	岳林妹	妻子	女	1966年8月	汉			
	谭凤娟	女儿	女	1990年2月	汉			
	谭龙斌	儿子	男	1994年8月	汉			
	施雪金	母亲	女	1942年12月	汉			
	谭阿金	父亲	男	1944年8月	汉			
家庭大事记	1989年11月,翻建三上三下楼房; 2003年7月,分到动迁房2套; 谭凤娟2008年9月考入苏州科技大学,2011年9月获国家励志奖学金; 2014年,购奇瑞汽车1辆。							

	姓名	与户主关系	性别	出生年月	民族	已故家属		
						称呼	姓名	去世年月
现有家庭人员	谭月林	户主	男	1945年6月	汉			
	高阿娥	妻子	女	1950年7月	汉			
	谭继东	长子	男	1971年1月	汉			
	陈月芬	长媳	女	1969年4月	汉			
	谭建明	次子	男	1972年10月	汉			
	周三妹	次媳	女	1971年7月	汉			
	谭鑫莹	孙女	女	1994年5月	汉			
家庭大事记	2006年6月，分到动迁房3套； 2013年6月，购别克汽车1辆； 2018年9月，谭鑫莹考入中国矿业大学。							

	姓名	与户主关系	性别	出生年月	民族	已故家属		
						称呼	姓名	去世年月
现有家庭人员	虞大弟	户主	男	1945年9月	汉	妻子	徐 妹	2016年2月
	虞阿明	儿子	男	1966年10月	汉			
	付玉琴	儿媳	女	1966年11月	汉			
	虞晓燕	孙女	女	1990年10月	汉			
家庭大事记	1982年11月，翻建三上三下楼房； 2003年7月，分到动迁房1套。							

	姓名	与户主关系	性别	出生年月	民族	已故家属		
						称呼	姓名	去世年月
现有家庭人员	虞阿三	户主	男	1951年7月	汉			
	张 妹	女儿	女	1973年12月	汉			
	张建红	女婿	男	1968年10月	汉			
	张成栋	外孙	男	2007年11月	汉			
	虞张雯	外孙女	女	1998年6月	汉			
家庭大事记	1988年5月，翻建三上三下楼房； 2006年5月，分到动迁房3套； 2017年9月，虞张雯考入浙江大学。							

	姓名	与户主关系	性别	出生年月	民族	已故家属		
						称呼	姓名	去世年月
现有家庭人员	黄福弟	户主	男	1968年1月	汉	父亲	黄寿高	2000年2月
	徐宝珍	妻子	女	1969年2月	汉			
	黄 强	儿子	男	1991年3月	汉			
	孙启朋	儿媳	女	1989年12月	汉			
	黄怡茜	孙女	女	2013年8月	汉			
	黄楷喧	孙子	男	2015年12月	汉			
	周兰瑛	母亲	女	1947年8月	汉			
家庭大事记	1990年11月，翻建三上三下楼房； 2003年7月，分到动迁房3套； 2006年9月，孙启朋考入河南省商丘职业技术学院（专科）； 2013年4月，购丰田汽车1辆； 2017年12月，黄强被昆山市公安局评为"先进个人"； 2018年12月，徐宝珍被月星家具评为"先进个人"。							

	姓名	与户主关系	性别	出生年月	民族	已故家属		
						称呼	姓名	去世年月
现有家庭人员	谭白男	户主	男	1963年8月	汉	妻子	浦建妹	2015年2月
	谭佳明	儿子	男	1989年1月	汉			
	谭煜晨	长孙	男	2014年4月	汉			
	丁煜星	次孙	男	2019年12月	汉			
家庭大事记	1992年11月，翻建三上三下楼房； 2006年5月，分到动迁房2套； 2013年10月，购大众汽车1辆； 2019年5月，购商品房1套。							

	姓名	与户主关系	性别	出生年月	民族	已故家属		
						称呼	姓名	去世年月
现有家庭人员	谭小良	户主	男	1964年12月	汉	父亲	谭元开	2019年2月
	唐金芬	妻子	女	1969年6月	汉	母亲	朱引宝	2016年5月
	谭文燕	女儿	女	1991年1月	汉			
	范志伟	女婿	男	1989年4月	汉			
	范嘉译	外孙	男	2014年12月	汉			
	谭心译	外孙女	女	2018年6月	汉			
家庭大事记	1990年10月，翻建四上四下楼房； 1999年8月，购商品房1套； 2005年6月，分到动迁房3套； 2008年9月，范志伟考入昆山登云科技职业学院（专科）； 2012年7月，购马自达汽车1辆； 2015年9月，谭文燕考入江南影视艺术职业学院（专科）。							

	姓名	与户主关系	性别	出生年月	民族	已故家属		
						称呼	姓名	去世年月
现有家庭人员	朱宗泉	户主	男	1964年3月	汉	父亲	朱惠良	2014年8月
	杨桂花	妻子	女	1964年2月	汉			
	朱燕华	儿子	男	1986年6月	汉			
	徐小燕	儿媳	女	1986年2月	汉			
家庭大事记	1985年,翻建四上四下楼房; 2003年7月,分到动迁房2套。							

	姓名	与户主关系	性别	出生年月	民族	已故家属		
						称呼	姓名	去世年月
现有家庭人员	谭祖华	户主	男	1974年5月	汉			
	闵 芳	妻子	女	1974年2月	汉			
	谭佳正	儿子	男	1998年7月	汉			
	沈秀芳	母亲	女	1954年7月	汉			
	谭月根	父亲	男	1947年8月	汉			
家庭大事记	2004年5月,分到动迁房2套; 2016年7月,谭佳正考入苏州市农业科学院。							

	姓名	与户主关系	性别	出生年月	民族	已故家属		
						称呼	姓名	去世年月
现有家庭人员	谭志刚	户主	男	1977年12月	汉			
	庄彩荣	妻子	女	1977年9月	汉			
	谭佳辉	儿子	男	2005年2月	汉			
家庭大事记	2006年5月,分到动迁房2套; 2018年,谭志刚被苏州市公安局评为"先进个人"。							

	姓名	与户主关系	性别	出生年月	民族	已故家属		
						称呼	姓名	去世年月
现有家庭人员	黄建元	户主	男	1977年11月	汉	父亲	黄小弟	2019年8月
	邹林红	妻子	女	1972年7月	汉			
	黄雨静	女儿	女	1994年9月	汉			
	严怿宸	外孙	男	2003年3月	汉			
	姚惠瑛	母亲	女	1952年10月	汉			
	黄建芬	妹妹	女	1973年1月	汉			
家庭大事记	1985年,翻建三上三下楼房; 2005年5月,分到动迁房3套; 2011年,购汽车1辆; 2015年5月,购商品房1套。							

	姓名	与户主关系	性别	出生年月	民族	已故家属		
						称呼	姓名	去世年月
现有家庭人员	谭良根	户主	男	1965年10月	汉			
	季惠娥	妻子	女	1964年5月	汉			
	谭佳青	儿子	男	1989年10月	汉			
	谭晟晏	孙子	男	2015年2月	汉			
家庭大事记	1988年5月,翻建三上三下楼房; 2006年5月,分到动迁房3套; 2019年9月,谭佳青考入连云港师范高等专科学校(专科)。							

	姓名	与户主关系	性别	出生年月	民族	已故家属		
						称呼	姓名	去世年月
现有家庭人员	谭林根	户主	男	1961 年 4 月	汉			
	王玉瑛	妻子	女	1961 年 8 月	汉			
	谭佳伟	儿子	男	1985 年 10 月	汉			
	孙文文	儿媳	女	1986 年 2 月	汉			
	谭　昕	孙子	男	2018 年 1 月	汉			
	谭元俊	父亲	男	1938 年 11 月	汉			
	张同瑛	母亲	女	1943 年 3 月	汉			
家庭大事记	1991 年 5 月，翻建三上三下楼房； 2001 年 9 月，孙文文考入无锡商业职业技术学院（专科）； 2006 年 5 月，分到动迁房 3 套； 2013 年 7 月，购大众汽车 1 辆。							

	姓名	与户主关系	性别	出生年月	民族	已故家属		
						称呼	姓名	去世年月
现有家庭人员	谈志成	户主	男	1939 年 3 月	汉	父亲	谈云亭	1953 年 4 月
	姚梅大	妻子	女	1942 年 6 月	汉	母亲	姚三宝	1989 年 4 月
家庭大事记	谈志成被评为"1983 年昆山教育系统先进工作者"； 1987 年，翻建二上三下楼房； 1997 年 4 月，购商品房 1 套； 2003 年 7 月，分到动迁房 5 套； 2003 年 5 月，购别克汽车 1 辆。							

现有家庭人员	姓名	与户主关系	性别	出生年月	民族	已故家属		
						称呼	姓名	去世年月
	文惠林	户主	男	1958年11月	汉	父亲	文爱生	1963年3月
	沈巧珍	妻子	女	1963年11月	汉	母亲	谭阿巧	2005年11月
	文雯	女儿	女	1985年5月	汉			

家庭大事记	1991年4月，翻建三上四下楼房； 文雯2004年9月考入东南大学成贤学院，2005年加入中国共产党； 2006年6月，分到动迁房2套； 2008年，文惠林被江苏华东造纸机械有限公司评为"先进个人"。

现有家庭人员	姓名	与户主关系	性别	出生年月	民族	已故家属		
						称呼	姓名	去世年月
	谭大良	户主	男	1962年9月	汉	父亲	谭元开	2019年2月
	胡素英	妻子	女	1965年2月	汉	母亲	朱引宝	2016年5月
	谭文华	儿子	男	1986年12月	汉			
	陈晓芹	儿媳	女	1990年5月	汉			
	谭陈雨	长孙	男	2011年9月	汉			
	陈昊轩	次孙	男	2016年7月	汉			

家庭大事记	1993年，翻建四上四下楼房； 2002年9月，谭文华考入常州纺织服装职业技术学院（专科）； 2006年6月，分到动迁房3套； 2013年7月，购斯柯达汽车1辆。

	姓名	与户主关系	性别	出生年月	民族	已故家属		
						称呼	姓名	去世年月
现有家庭人员	黄雪弟	户主	男	1965年12月	汉	父亲	黄耀良	2002年3月
	季惠芬	妻子	女	1965年12月	汉	母亲	文花妹	1994年11月
	黄丽萍	女儿	女	1988年12月	汉			
	沈雪刚	女婿	男	1985年1月	汉			
	沈馨妍	外孙女	女	2018年7月	汉			
家庭大事记	1986年11月，翻建三上三下楼房； 2003年6月，分到动迁房3套； 2003年9月，沈雪刚考入南京工业大学； 黄丽萍2007年9月考入南京中医药大学，2011年1月加入中国共产党，2015年12月被昆山市第三人民医院评为"先进个人"； 2012年7月，购福特汽车1辆。							

	姓名	与户主关系	性别	出生年月	民族	已故家属		
						称呼	姓名	去世年月
现有家庭人员	朱玉弟	户主	男	1968年12月	汉			
	徐杨	妻子	女	1970年5月	汉			
	朱佳敏	儿子	男	1992年3月	汉			
	朱惠伯	父亲	男	1942年9月	汉			
	周大妹	母亲	女	1941年10月	汉			
家庭大事记	1983年9月，翻建三上三下楼房； 2003年7月，分到动迁房2套，同月购商品房1套； 2005年7月，购大众汽车1辆。							

现有家庭人员	姓名	与户主关系	性别	出生年月	民族	已故家属		
						称呼	姓名	去世年月
	朱雅男	户主	男	1961年6月	汉	父亲	朱全男	2019年4月
	李国英	妻子	女	1963年1月	汉			
	朱德清	儿子	男	1985年7月	汉			
	朱奕诚	孙子	男	2012年11月	汉			
	王奕彤	孙女	女	2014年5月	汉			
	赵祥妹	母亲	女	1931年8月	汉			
家庭大事记	1989年10月，翻建三上三下楼房； 2005年5月，分到动迁房2套。							

现有家庭人员	姓名	与户主关系	性别	出生年月	民族	已故家属		
						称呼	姓名	去世年月
	朱小兵	户主	男	1975年9月	汉			
	征小红	妻子	女	1978年11月	汉			
	朱宇飞	儿子	男	2004年1月	汉			
	朱银林	父亲	男	1949年12月	汉			
	张菊芳	母亲	女	1950年10月	汉			
家庭大事记	2015年3月，购起亚汽车1辆。							

现有家庭人员	姓名	与户主关系	性别	出生年月	民族	已故家属		
						称呼	姓名	去世年月
	朱小龙	户主	男	1977年2月	汉			
	张爱梅	妻子	女	1982年11月	汉			
	朱艺	女儿	女	2003年12月	汉			
家庭大事记	1985年11月，翻建三上三下楼房； 2003年7月，分到动迁房3套； 2007—2008年，朱小龙被昆山市公安局评为见义勇为"先进个人"； 2015年4月，购福特汽车1辆。							

	姓名	与户主关系	性别	出生年月	民族	已故家属		
						称呼	姓名	去世年月
现有家庭人员	田拥军	户主	男	1969年1月	汉			
	田新颖	女儿	女	1994年12月	汉			
	田恩淇	外孙女	女	2019年2月	汉			
	田阿刚	父亲	男	1946年4月	汉			
	沈桂珍	母亲	女	1949年9月	汉			
家庭大事记	1986年,翻建三上三下楼房; 2003年7月,分到动迁房2套。							

	姓名	与户主关系	性别	出生年月	民族	已故家属		
						称呼	姓名	去世年月
现有家庭人员	朱龙刚	户主	男	1977年1月	汉			
	姚晓梅	妻子	女	1976年7月	苗			
	朱梦颖	女儿	女	2004年6月	汉			
	朱银弟	父亲	男	1950年3月	汉			
	郁小妹	母亲	女	1954年8月	汉			
家庭大事记	1986年8月,翻建三上三下楼房; 2003年7月,分到动迁房2套; 2015年10月,购商品房1套; 2017年,购本田汽车1辆。							

	姓名	与户主关系	性别	出生年月	民族	已故家属		
						称呼	姓名	去世年月
现有家庭人员	田金弟	户主	男	1967年11月	汉	父亲	田三男	2000年7月
	田亚勇	儿子	男	1990年10月	汉			
	田皓辰	孙子	男	2012年10月	汉			
	钱秋瑛	母亲	女	1945年8月	汉			
家庭大事记	1987年12月,翻建三上三下楼房； 2003年7月,分到动迁房2套； 2014年3月,购小汽车1辆。							

	姓名	与户主关系	性别	出生年月	民族	已故家属		
						称呼	姓名	去世年月
现有家庭人员	田拥林	户主	男	1970年12月	汉			
	王翠珍	妻子	女	1972年7月	回			
	田 静	女儿	女	1994年7月	回			
	吴晓敏	女婿	男	1992年10月	汉			
家庭大事记	1993年,翻建三上三下楼房； 2003年7月,分到动迁房2套； 2009年9月,田静考入昆山第一中等专业学校（专科）； 2009年10月,购起亚汽车1辆。							

	姓名	与户主关系	性别	出生年月	民族	已故家属		
						称呼	姓名	去世年月
现有家庭人员	田拥青	户主	男	1975年6月	汉			
	罗来兰	妻子	女	1975年6月	汉			
	田 明	儿子	男	2000年6月	汉			
家庭大事记	2003年7月,分到动迁房1套。							

	姓名	与户主关系	性别	出生年月	民族	已故家属		
						称呼	姓名	去世年月
现有家庭人员	朱小林	户主	男	1967年2月	汉	父亲	朱全男	2019年4月
	张菊芬	妻子	女	1968年11月	汉			
	朱益明	儿子	男	1992年11月	汉			
	沈 禹	儿媳	女	1995年1月	汉			
家庭大事记	1985年5月，翻建三上三下楼房； 2004年10月，分到动迁房2套； 2014年，购商品房1套； 2016年，购丰田汽车1辆。							

	姓名	与户主关系	性别	出生年月	民族	已故家属		
						称呼	姓名	去世年月
现有家庭人员	田银弟	户主	男	1970年2月	汉	父亲	田三男	2000年7月
	王杏花	妻子	女	1972年3月	汉	岳父	王阿五	1979年2月
	田 杰	儿子	男	1995年2月	汉			
家庭大事记	1986年，翻建三上三下楼房； 2005年5月，分到动迁房3套； 田杰2013年9月考入扬州大学，2015年5月加入中国共产党。							

▶ 共青村第 5 村民小组

共青村第 5 村民小组人员统计表

单位：人

序号	户主	人口	其中		序号	户主	人口	其中	
			男	女				男	女
1	姚兴泉	4	2	2	12	姚良珍	5	2	3
2	姚小毛	5	3	2	13	姚友弟	5	3	2
3	姚福荣	2	1	1	14	姚友明	6	2	4
4	姚苏弟	3	2	1	15	姚雪林	3	2	1
5	姚爱宝	5	2	3	16	姚大良	5	2	3
6	姚建明	3	1	2	17	姚林根	5	3	2
7	姚雪良	4	3	1	18	姚小弟	5	3	2
8	姚文荣	4	3	1	19	姚大弟	4	3	1
9	姚良根	4	2	2	20	姚福泉	6	3	3
10	姚小良	5	3	2	21	姚小星	6	2	4
11	姚坤根	5	1	4	22	—	—	25	25
合计					21	94	48	46	

	姓名	与户主关系	性别	出生年月	民族	已故家属		
						称呼	姓名	去世年月
现有家庭人员	姚兴泉	户主	男	1954 年 1 月	汉			
	姚根妹	妻子	女	1954 年 1 月	汉			
	姚美芳	女儿	女	1975 年 6 月	汉			
	王文铭	岳父	男	1929 年 4 月	汉			
家庭大事记	1989 年，姚美芳考入苏州大学附属第一医院； 1998 年，购商品房 1 套； 2005 年，分到动迁房 2 套。							

	姓名	与户主关系	性别	出生年月	民族	已故家属		
						称呼	姓名	去世年月
现有家庭人员	姚小毛	户主	男	1948年1月	汉	父亲	姚大桂	1975年3月
	邵凤英	妻子	女	1954年7月	汉	母亲	曹桃妹	2010年3月
	姚国华	儿子	男	1976年11月	汉			
	范江华	儿媳	女	1980年3月	汉			
	姚景文	孙子	男	2003年7月	汉			
家庭大事记	1985年，翻建三上三下楼房； 姚国华1995年9月考入南京金融高等学校，1999年10月加入中国共产党； 2001年2月，购商品房1套； 2003年4月，购丰田汽车1辆； 2005年5月，分到动迁房3套。							

	姓名	与户主关系	性别	出生年月	民族	已故家属		
						称呼	姓名	去世年月
现有家庭人员	姚福荣	户主	男	1963年8月	汉	父亲	姚海泉	2007年10月
	姚 婷	女儿	女	1991年10月	汉	母亲	冯小妹	2012年2月
家庭大事记	姚福荣1983年11月入伍，1985年12月退伍； 2005年5月，分到动迁房2套； 2009年3月，购通用汽车1辆。							

	姓名	与户主关系	性别	出生年月	民族	已故家属		
						称呼	姓名	去世年月
现有家庭人员	姚苏弟	户主	男	1954年8月	汉	父亲	姚小桂	1975年6月
	姚白妹	妻子	女	1954年9月	汉			
	姚志刚	儿子	男	1973年3月	汉			
家庭大事记	1982年10月，翻建三上三下楼房； 2005年5月，分到动迁房2套。							

	姓名	与户主关系	性别	出生年月	民族	已故家属		
						称呼	姓名	去世年月
现有家庭人员	姚爱宝	户主	女	1937年11月	汉	丈夫	姚三男	1997年9月
	张四妹	儿媳	女	1968年2月	汉			
	姚佳平	孙子	男	1988年12月	汉			
	姚思宇	曾孙	男	2014年10月	汉			
	邬思齐	曾孙女	女	2018年6月	汉			
家庭大事记	1984年，老屋翻建平房； 2005年5月，分到动迁房1套。							

	姓名	与户主关系	性别	出生年月	民族	已故家属		
						称呼	姓名	去世年月
现有家庭人员	姚建明	户主	男	1965年10月	汉	父亲	姚小珠	1990年9月
	谢建琴	妻子	女	1963年3月	汉	母亲	沈阿三	2012年5月
	姚丽君	女儿	女	1988年5月	汉			
家庭大事记	1985年10月，翻建二上三下楼房； 2005年5月，分到动迁房2套； 2005年9月，姚丽君考入苏州大学； 2010年3月，购丰田汽车1辆。							

	姓名	与户主关系	性别	出生年月	民族	已故家属		
						称呼	姓名	去世年月
现有家庭人员	姚雪良	户主	男	1967年4月	汉	父亲	姚阿二	2003年12月
	张金英	妻子	女	1966年10月	汉	母亲	姚桃妹	1976年6月
	姚卿	儿子	男	1989年8月	汉			
	姚文浩	孙子	男	2013年3月	汉			
家庭大事记	1986年5月，翻建三上三下楼房； 2005年5月，分到动迁房3套； 2013年4月，购大众汽车1辆。							

现有家庭人员	姓名	与户主关系	性别	出生年月	民族	已故家属		
						称呼	姓名	去世年月
	姚文荣	户主	男	1957年4月	汉	父亲	姚海泉	2007年10月
	姚志强	儿子	男	1981年12月	汉	母亲	冯小妹	2012年2月
	孟银玲	儿媳	女	1986年5月	汉			
	姚毅峰	孙子	男	2007年1月	汉			
家庭大事记	1985年3月,翻建三上三下楼房; 2005年5月,分到动迁房2套; 2016年3月,购现代汽车1辆。							

现有家庭人员	姓名	与户主关系	性别	出生年月	民族	已故家属		
						称呼	姓名	去世年月
	姚良根	户主	男	1962年12月	汉	父亲	姚炳泉	1998年10月
	徐定花	妻子	女	1966年6月	汉	母亲	季小妹	1970年5月
	姚燕俊	儿子	男	1989年3月	汉			
	姚晨月	孙女	女	2017年7月	汉			
家庭大事记	1983年9月,翻建三上三下楼房; 2005年5月,分到动迁房2套; 2019年3月,购汽车1辆。							

现有家庭人员	姓名	与户主关系	性别	出生年月	民族	已故家属		
						称呼	姓名	去世年月
	姚小良	户主	男	1955年11月	汉	父亲	姚雪根	1985年11月
	周水珍	妻子	女	1957年9月	汉	母亲	姚野妹	1966年12月
	姚丽萍	女儿	女	1981年5月	汉			
	陆建国	女婿	男	1978年12月	汉			
	姚劲风	外孙	男	2002年3月	汉			
家庭大事记	1986年10月,翻建三上三下楼房; 2005年5月,分到动迁房2套; 2012年7月,购通用汽车1辆。							

现有家庭人员	姓名	与户主关系	性别	出生年月	民族	已故家属		
						称呼	姓名	去世年月
	姚坤根	户主	男	1956年9月	汉	父亲	姚小桃	1981年9月
	沈妹忠	妻子	女	1956年8月	汉	母亲	姚杏英	1983年10月
	姚丽娟	女儿	女	1981年12月	汉			
	姚子馨	长外孙女	女	2006年11月	汉			
	徐子言	次外孙女	女	2006年11月	汉			

家庭大事记	1982年9月，翻建二上三下楼房； 2005年5月，分到动迁房2套。

现有家庭人员	姓名	与户主关系	性别	出生年月	民族	已故家属		
						称呼	姓名	去世年月
	姚良珍	户主	女	1959年10月	汉	丈夫	姚友根	2007年9月
	姚振华	儿子	男	1982年4月	汉	公公	姚泉林	2008年10月
	赵海超	儿媳	女	1986年11月	汉			
	姚亿鑫	孙子	男	2009年2月	汉			
	孙桃宝	婆婆	女	1937年12月	汉			

家庭大事记	1986年3月，翻建四上四下楼房； 2005年5月，分到动迁房2套； 2012年6月，购汽车1辆。

	姓名	与户主关系	性别	出生年月	民族	已故家属		
						称呼	姓名	去世年月
现有家庭人员	姚友弟	户主	男	1957年11月	汉	父亲	姚三男	1997年9月
	朱金英	妻子	女	1954年10月	汉			
	姚 明	儿子	男	1980年10月	汉			
	杨晓红	儿媳	女	1981年7月	汉			
	姚雨廷	孙子	男	2003年5月	汉			
家庭大事记	1984年10月,翻建三上三下楼房; 1993年3月,姚友弟加入中国共产党; 2005年5月,分到动迁房2套; 2015年4月,购本田汽车1辆。							

	姓名	与户主关系	性别	出生年月	民族	已故家属		
						称呼	姓名	去世年月
现有家庭人员	姚友明	户主	男	1958年3月	汉	父亲	姚桂根	2012年8月
	浦凤珍	妻子	女	1962年6月	汉			
	姚静华	儿子	男	1984年6月	汉			
	王 静	儿媳	女	1988年7月	汉			
	姚怡辰	孙女	女	2010年2月	汉			
	孙小妹	母亲	女	1932年10月	汉			
家庭大事记	1981年8月,翻建二上三下楼房; 1998年,购商品房1套; 2005年5月,分到动迁房2套。							

	姓名	与户主关系	性别	出生年月	民族	已故家属		
						称呼	姓名	去世年月
现有家庭人员	姚雪林	户主	男	1964年2月	汉	父亲	姚节生	2003年1月
	姚正贤	儿子	男	1986年10月	汉	母亲	姚银宝	2010年9月
	姚 媛	女儿	女	2002年7月	汉			
家庭大事记	1997年3月，购起亚汽车1辆； 2000年1月，购商品房1套； 2005年5月，分到动迁房2套。							

	姓名	与户主关系	性别	出生年月	民族	已故家属		
						称呼	姓名	去世年月
现有家庭人员	姚大良	户主	男	1952年12月	汉	父亲	姚雪根	1985年11月
	沈凤珍	妻子	女	1954年8月	汉	母亲	姚野妹	1966年12月
	姚春芳	女儿	女	1978年3月	汉			
	彭林生	女婿	男	1974年12月	汉			
	姚晨丽	外孙女	女	1999年11月	汉			
家庭大事记	1986年5月，翻建三上三下楼房； 2005年5月，分到动迁房3套； 2011年8月，购大众汽车1辆。							

	姓名	与户主关系	性别	出生年月	民族	已故家属		
						称呼	姓名	去世年月
现有家庭人员	姚林根	户主	男	1957年6月	汉	父亲	姚节生	2003年1月
	杨梅英	妻子	女	1958年5月	汉	母亲	姚银宝	2010年9月
	姚丽花	女儿	女	1982年11月	汉			
	胡智飞	女婿	男	1982年10月	汉			
	姚瑞泽	外孙	男	2006年12月	汉			
家庭大事记	1986年6月，翻建三上三下楼房； 2005年5月，分到动迁房2套； 2010年7月，购福特汽车1辆。							

	姓名	与户主关系	性别	出生年月	民族	已故家属		
						称呼	姓名	去世年月
现有家庭人员	姚小弟	户主	男	1954年4月	汉	父亲	姚大桂	1975年3月
	张四妹	妻子	女	1955年10月	汉	母亲	曹桃妹	2010年3月
	姚金珍	女儿	女	1978年10月	汉			
	于传俊	女婿	男	1975年7月	汉			
	姚舒寰	外孙	男	2004年9月	汉			

家庭大事记	1986年9月，翻建三上三下楼房； 2005年5月，分到动迁房3套。

	姓名	与户主关系	性别	出生年月	民族	已故家属		
						称呼	姓名	去世年月
现有家庭人员	姚大弟	户主	男	1955年6月	汉	父亲	姚大桃	1972年7月
	凌惠芬	妻子	女	1955年1月	汉	母亲	叶阿金	2004年10月
	姚志林	儿子	男	1979年11月	汉			
	凌超	侄子	男	1995年3月	汉			

家庭大事记	1986年10月，翻建三上三下楼房； 1998年3月，购商品房1套； 1998年9月，姚志林考入复旦大学； 2001年1月，购奥迪汽车1辆； 2005年5月，分到动迁房2套。

现有家庭人员	姓名	与户主关系	性别	出生年月	民族	已故家属		
						称呼	姓名	去世年月
	姚福泉	户主	男	1971年1月	汉	父亲	姚炳根	2005年10月
	姚美玉	妻子	女	1971年9月	汉			
	姚佳俊	儿子	男	1993年6月	汉			
	姚欣彤	孙女	女	2017年9月	汉			
	姚星宇	孙子	男	2019年11月	汉			
	陈阿梅	母亲	女	1945年5月	汉			
家庭大事记	1985年4月,翻建三上三下楼房; 2005年5月,分到动迁房3套; 2006年4月,购奥迪汽车1辆; 2016年5月,购商品房1套。							

现有家庭人员	姓名	与户主关系	性别	出生年月	民族	已故家属		
						称呼	姓名	去世年月
	姚小星	户主	男	1963年8月	汉	父亲	姚大桃	1972年7月
	居福妹	妻子	女	1964年11月	汉	母亲	叶阿金	2004年10月
	姚敬林	儿子	男	1987年7月	汉			
	张 玲	儿媳	女	1989年10月	汉			
	姚欣妧	长孙女	女	2011年10月	汉			
	姚欣钰	次孙女	女	2014年4月	汉			
家庭大事记	姚小星1981年10月入伍,是月加入中国共产党,1985年11月退伍; 1985年4月,翻建三上三下楼房; 1998年3月,购丰田汽车1辆; 1999年2月,购商品房1套; 2005年5月,分到动迁房3套; 2010年7月,姚敬林加入中国共产党。							

▶ 共青村第6村民小组

共青村第6村民小组人员统计表

单位：人

序号	户主	人口	其中		序号	户主	人口	其中	
			男	女				男	女
1	朱培元	6	3	3	13	王小弟	4	2	2
2	朱林元	4	1	3	14	王培坤	4	2	2
3	王凤明	5	2	3	15	王连瑛	4	1	3
4	王建荣	6	3	3	16	沈白妹	4	1	3
5	王林男	5	3	2	17	居雪弟	5	3	2
6	王金根	4	2	2	18	居凤根	3	2	1
7	王巧良	7	3	4	19	王根英	2	0	2
8	朱炳荣	4	3	1	20	王雅男	2	1	1
9	王建元	5	1	4	21	钱坤元	5	2	3
10	王福明	4	1	3	22	王林根	9	3	6
11	居凤弟	5	3	2	23	居阿毛	2	1	1
12	居福元	5	2	3	24	王水泉	4	2	2
合　计					24	108	47	61	

现有家庭人员	姓名	与户主关系	性别	出生年月	民族	已故家属		
						称呼	姓名	去世年月
	朱培元	户主	男	1946年8月	汉			
	王林花	妻子	女	1949年12月	汉			
	朱国华	儿子	男	1970年12月	汉			
	季金凤	儿媳	女	1972年12月	汉			
	王志伟	孙子	男	1993年7月	汉			
	朱秀瑛	女儿	女	1975年10月	汉			

家庭大事记	1988年4月，翻建三上三下楼房； 2005年5月，分到动迁房2套； 2011年9月，王志伟考入盐城师范学院； 2012年4月，购尼桑汽车1辆。

现有家庭人员	姓名	与户主关系	性别	出生年月	民族	已故家属		
						称呼	姓名	去世年月
	朱林元	户主	男	1950年4月	汉			
	沈金妹	妻子	女	1954年11月	汉			
	朱玉珍	长女	女	1976年3月	汉			
	朱玉英	次女	女	1978年3月	汉			

家庭大事记	1985年10月，翻建三上三下楼房； 2005年5月，分到动迁房2套。

	姓名	与户主关系	性别	出生年月	民族	已故家属		
						称呼	姓名	去世年月
现有家庭人员	王凤明	户主	男	1964年12月	汉	父亲	王大梅	2018年9月
	王梅玉	妻子	女	1966年6月	汉			
	王 越	女儿	女	1988年12月	汉			
	吴灏睿	外孙	男	2012年12月	汉			
	王佑汐	外孙女	女	2015年7月	汉			
家庭大事记	1987年3月，翻建三上三下楼房； 2005年5月，分到动迁房2套； 2016年9月，王越考入西南大学。							

	姓名	与户主关系	性别	出生年月	民族	已故家属		
						称呼	姓名	去世年月
现有家庭人员	王建荣	户主	男	1963年8月	汉	父亲	王阿五	1978年1月
	张小静	妻子	女	1965年1月	汉			
	王 娟	女儿	女	1988年11月	汉			
	邵俊飞	长外孙	男	2013年1月	汉			
	王梓轩	次外孙	男	2015年11月	汉			
	姚妹妹	母亲	女	1943年1月	汉			
家庭大事记	1997年4月，翻建三上三下楼房； 2005年5月，分到动迁房3套； 2012年10月，购大众汽车1辆。							

	姓名	与户主关系	性别	出生年月	民族	已故家属		
						称呼	姓名	去世年月
现有家庭人员	王林男	户主	男	1948年3月	汉			
	杨秀花	妻子	女	1947年8月	汉			
	王雪良	儿子	男	1973年3月	汉			
	周月芬	儿媳	女	1973年2月	汉			
	王 晨	孙子	男	1996年6月	汉			
家庭大事记	1983年11月，翻建三上三下楼房； 2005年5月，分到动迁房2套； 王晨2014年9月入伍，2015年1月被评为"优秀士兵"，2016年9月退伍，2016年被昆山市评为见义勇为"先进个人"； 2019年11月，购荣威汽车1辆。							

	姓名	与户主关系	性别	出生年月	民族	已故家属		
						称呼	姓名	去世年月
现有家庭人员	王金根	户主	男	1964年4月	汉	父亲	王阿宗	2011年10月
	肖杏花	妻子	女	1965年3月	汉			
	王 清	儿子	男	1987年10月	汉			
	江秀英	儿媳	女	1989年3月	汉			
家庭大事记	1986年8月，翻建三上三下楼房； 2005年5月，分到动迁房2套； 王清2007年12月入伍，2009年11月加入中国共产党，是年12月退伍； 2011年8月，购雪佛兰汽车1辆。							

	姓名	与户主关系	性别	出生年月	民族	已故家属		
						称呼	姓名	去世年月
现有家庭人员	王巧良	户主	男	1966年12月	汉	父亲	王宗林	1997年7月
	伍宗仙	妻子	女	1979年9月	汉			
	王 竞	儿子	男	1990年9月	汉			
	张 晨	儿媳	女	1990年7月	汉			
	王蝶武	女儿	女	2010年6月	汉			
	王晰妤	孙女	女	2013年1月	汉			
	王张衍	孙子	男	2015年4月	汉			
家庭大事记	1989年10月，翻建三上三下楼房； 2005年5月，分到动迁房2套； 2014年3月，购本田汽车1辆。							

	姓名	与户主关系	性别	出生年月	民族	已故家属		
						称呼	姓名	去世年月
现有家庭人员	朱炳荣	户主	男	1967年3月	汉	母亲	沈珍英	2014年5月
	黄素兰	妻子	女	1973年3月	汉			
	朱俊寅	儿子	男	1998年7月	汉			
	朱静元	父亲	男	1942年8月	汉			
家庭大事记	2003年5月，翻建3间平房； 2006年5月，分到动迁房2套； 2015年9月，购汽车1辆。							

	姓名	与户主关系	性别	出生年月	民族	已故家属		
						称呼	姓名	去世年月
现有家庭人员	王建元	户主	男	1962年7月	汉			
	许凤珍	妻子	女	1961年6月	汉			
	王　玲	女儿	女	1986年4月	汉			
	王一乔	外孙女	女	2010年8月	汉			
	王梅宝	母亲	女	1936年11月	汉			
家庭大事记	1990年3月，翻建三上三下楼房； 2005年5月，分到动迁房3套； 2008年4月，购汽车1辆。							

	姓名	与户主关系	性别	出生年月	民族	已故家属		
						称呼	姓名	去世年月
现有家庭人员	王福明	户主	男	1971年5月	汉	父亲	王阿宗	2011年10月
	唐晓红	妻子	女	1970年9月	汉			
	王莹莹	女儿	女	1994年9月	汉			
	王腊妹	母亲	女	1942年3月	汉			
家庭大事记	1990年3月，翻建三上四下楼房； 2005年5月，分到动迁房2套； 2014年4月，购奇瑞汽车1辆。							

	姓名	与户主关系	性别	出生年月	民族	已故家属		
						称呼	姓名	去世年月
现有家庭人员	居凤弟	户主	男	1962年10月	汉			
	陆素英	妻子	女	1963年8月	汉			
	居敏芳	女儿	女	1985年10月	汉			
	董科	女婿	男	1987年1月	汉			
	顾云祥	外孙	男	2012年12月	汉			
家庭大事记	1989年6月，翻建三上三下楼房； 2005年5月，分到动迁房3套； 2005年9月，居敏芳考入江苏第二师范学院； 董科2006年12月入伍，2008年12月退伍； 2010年9月，购丰田汽车1辆。							

	姓名	与户主关系	性别	出生年月	民族	已故家属		
						称呼	姓名	去世年月
现有家庭人员	居福元	户主	男	1961年12月	汉			
	陈妹珍	妻子	女	1963年1月	汉			
	居芳燕	女儿	女	1986年4月	汉			
	田佳乐	女婿	男	1987年5月	汉			
	居书娴	外孙女	女	2010年4月	汉			
家庭大事记	1990年10月，翻建三上三下楼房； 2005年5月，分到动迁房3套； 2009年5月，购汽车1辆； 2019年7月，居芳燕加入中国共产党。							

	姓名	与户主关系	性别	出生年月	民族	已故家属		
						称呼	姓名	去世年月
现有家庭人员	王小弟	户主	男	1957年12月	汉	父亲	王泉男	2016年7月
	陈林花	妻子	女	1957年7月	汉			
	何凤喜	儿媳	女	1982年4月	汉			
	王羿凯	孙子	男	2005年2月	汉			
家庭大事记	1985年3月,翻建三上三下楼房; 2005年5月,分到动迁房3套; 2010年9月,购汽车1辆。							

	姓名	与户主关系	性别	出生年月	民族	已故家属		
						称呼	姓名	去世年月
现有家庭人员	王培坤	户主	男	1953年1月	汉			
	冯水金	妻子	女	1955年4月	汉			
	王寅	儿子	男	1978年9月	汉			
	王奕婷	孙女	女	2003年11月	汉			
家庭大事记	王培坤1970年12月入伍,1973年4月加入中国共产党,1975年3月退伍; 1990年10月,翻建三上三下楼房; 王寅1999年11月入伍,2001年11月退伍,2015年9月加入中国共产党; 2005年5月,分到动迁房3套; 2009年5月,购汽车1辆。							

	姓名	与户主关系	性别	出生年月	民族	已故家属		
						称呼	姓名	去世年月
现有家庭人员	王连瑛	户主	女	1946年11月	汉			
	王小良	儿子	男	1972年3月	汉			
	吕花林	儿媳	女	1978年10月	汉			
	王巧珍	女儿	女	1969年6月	汉			
家庭大事记	1989年10月，翻建三上三下楼房； 2005年5月，分到动迁房1套； 2010年10月，购丰田汽车1辆。							

	姓名	与户主关系	性别	出生年月	民族	已故家属		
						称呼	姓名	去世年月
现有家庭人员	沈白妹	户主	女	1954年2月	汉			
	王培根	丈夫	男	1951年2月	汉			
	王亚萍	长女	女	1976年10月	汉			
	王利萍	次女	女	1979年7月	汉			
家庭大事记	王培根1978年9月加入中国共产党，1991年获"苏州市科学技术"进步奖，1996年获"江苏省昆山市水利系统1995年先进工作者"称号； 1981年9月，翻建三上三下楼房； 1998年8月，购商品房1套； 2005年9月，购大众汽车1辆。							

	姓名	与户主关系	性别	出生年月	民族	已故家属		
						称呼	姓名	去世年月
现有家庭人员	居雪弟	户主	男	1941年1月	汉			
	王雅妹	妻子	女	1943年7月	汉			
	居凤生	儿子	男	1964年12月	汉			
	李根妹	儿媳	女	1965年3月	汉			
	居丽斌	孙子	男	1987年12月	汉			
家庭大事记	1962年11月，居雪弟加入中国共产党； 1988年8月，翻建三上三下楼房； 2005年5月，分到动迁房3套； 2015年7月，购汽车1辆。							

	姓名	与户主关系	性别	出生年月	民族	已故家属		
						称呼	姓名	去世年月
现有家庭人员	居凤根	户主	男	1971年12月	汉			
	夏建珍	妻子	女	1971年1月	汉			
	居云涛	儿子	男	1995年3月	汉			
家庭大事记	1989年10月，翻建三上三下楼房； 2003年5月，分到动迁房3套。							

	姓名	与户主关系	性别	出生年月	民族	已故家属		
						称呼	姓名	去世年月
现有家庭人员	王根英	户主	女	1929年8月	汉			
	唐玉英	儿媳	女	1963年8月	汉			
家庭大事记	1990年10月，翻建三上三下楼房； 2003年5月，分到动迁房1套。							

	姓名	与户主关系	性别	出生年月	民族	已故家属		
						称呼	姓名	去世年月
现有家庭人员	王雅男	户主	男	1940年10月	汉			
	沈妹珍	妻子	女	1942年5月	汉			
家庭大事记	1985年10月,翻建三上三下楼房; 2005年5月,分到动迁房3套。							

	姓名	与户主关系	性别	出生年月	民族	已故家属		
						称呼	姓名	去世年月
现有家庭人员	钱坤元	户主	男	1962年11月	汉			
	居金凤	妻子	女	1962年7月	汉			
	钱 俊	儿子	男	1982年5月	汉			
	张希希	儿媳	女	1985年11月	汉			
	钱贝妮	孙女	女	2006年4月	汉			
家庭大事记	1989年11月,翻建三上三下楼房; 2005年5月,分到动迁房3套。							

	姓名	与户主关系	性别	出生年月	民族	已故家属		
						称呼	姓名	去世年月
现有家庭人员	王林根	户主	男	1948年4月	汉			
	邵爱娣	妻子	女	1946年9月	汉			
	王建珍	长女	女	1969年6月	汉			
	王建华	长女婿	男	1968年6月	汉			
	王舒静	长外孙女	女	1991年6月	汉			
	王琴珍	次女	女	1971年7月	汉			
	陆建强	次女婿	男	1970年4月	汉			
	王琴芬	三女	女	1975年12月	汉			
	王舒雯	次外孙女	女	1993年8月	汉			
家庭大事记	1986年5月,翻建三上四下楼房。							

现有家庭人员	姓名	与户主关系	性别	出生年月	民族	已故家属		
						称呼	姓名	去世年月
	居阿毛	户主	男	1954年8月	汉	母亲	居巧林	2006年11月
	朱彩英	妻子	女	1954年7月	汉	父亲	居三男	2016年5月
家庭大事记	1984年,翻建三上三下楼房; 1993年5月,居阿毛加入中国共产党; 2005年5月,分到动迁房2套。							

现有家庭人员	姓名	与户主关系	性别	出生年月	民族	已故家属		
						称呼	姓名	去世年月
	王水泉	户主	男	1957年9月	汉	父亲	王大梅	2018年9月
	陈凤金	妻子	女	1956年8月	汉			
	王 萍	女儿	女	1981年11月	汉			
	黄振琮	外孙	男	2004年12月	汉			
家庭大事记	1986年11月,翻建三上三下楼房; 1990年9月,王水泉加入中国共产党; 1991年11月,购商品房1套; 2005年5月,分到动迁房1套; 2017年12月,购奥迪汽车1辆。							

▶ 共青村第7村民小组

共青村第7村民小组人员统计表

单位：人

序号	户主	人口	其中		序号	户主	人口	其中	
			男	女				男	女
1	姚毛坤	6	3	3	16	姚丽明	3	1	2
2	姚三男	6	3	3	17	姚宗书	5	3	2
3	庄雪明	3	2	1	18	王洪根	6	2	4
4	张永明	5	2	3	19	姚阿惠	8	4	4
5	王勤妹	4	2	2	20	唐宗良	6	2	4
6	张益弟	8	5	3	21	姚早妹	4	2	2
7	姚建强	5	2	3	22	姚宗林	6	3	3
8	姚生吾	6	3	3	23	姚祥弟	4	1	3
9	庄友明	4	2	2	24	姚敖宗	5	2	3
10	何金娣	3	2	1	25	姚秋根	6	2	4
11	姚雪弟	6	3	3	26	姚杏花	1	0	1
12	姚惠根	4	2	2	27	姚良生	2	1	1
13	姚引宝	5	2	3	28	姚惠兴	5	2	3
14	居根男	3	2	1	29	姚阿三	6	2	4
15	冯凤妹	3	2	1	30	姚月明	3	2	1
合 计					30		141	66	75

共青村志·村民家庭记载

	姓名	与户主关系	性别	出生年月	民族	已故家属		
						称呼	姓名	去世年月
现有家庭人员	姚毛坤	户主	男	1950年7月	汉	父亲	姚金生	1997年1月
	姚妹瑛	妻子	女	1950年9月	汉	母亲	姚阿早	2017年10月
	姚伟强	儿子	男	1973年10月	汉			
	管红琴	儿媳	女	1974年11月	汉			
	姚 健	孙子	男	1998年2月	汉			
	赵琴芳	非亲属	女	1974年8月	汉			
家庭大事记	1988年，翻建三上三下楼房； 2005年5月，分到动迁房3套； 2014年5月，购斯柯达汽车1辆； 2019年9月，姚健考入南京林业大学。							

	姓名	与户主关系	性别	出生年月	民族	已故家属		
						称呼	姓名	去世年月
现有家庭人员	姚三男	户主	男	1947年3月	汉			
	朱建花	妻子	女	1954年6月	汉			
	郑 英	长女	女	1977年4月	汉			
	钱巧宗	女婿	男	1977年4月	汉			
	郑 芳	次女	女	1979年2月	汉			
	姚珺辉	外孙	男	2005年2月	汉			
家庭大事记	2000年，翻建三上三下楼房； 2005年4月，分到动迁房3套； 2012年，购别克汽车1辆。							

	姓名	与户主关系	性别	出生年月	民族	已故家属		
						称呼	姓名	去世年月
现有家庭人员	庄雪明	户主	男	1967年11月	汉	父亲	陆水生	2013年4月
	佐 英	妻子	女	1968年9月	汉	母亲	庄腊妹	2017年11月
	庄 伟	儿子	男	1990年12月	汉			
家庭大事记	1975年8月，翻建平房； 2005年4月，分到动迁房2套。							

	姓名	与户主关系	性别	出生年月	民族	已故家属		
						称呼	姓名	去世年月
现有家庭人员	张永明	户主	男	1969年5月	汉			
	章妹芬	妻子	女	1972年9月	汉			
	张神琦	女儿	女	1994年5月	汉			
	徐海荣	父亲	男	1948年9月	汉			
	张敖英	母亲	女	1948年11月	汉			
家庭大事记	1989年3月，翻建三上三下楼房； 2005年5月，分到动迁房2套； 2011年9月，张神琦考入南京师范大学泰州学院； 2012年，购奔驰、丰田汽车各1辆。							

	姓名	与户主关系	性别	出生年月	民族	已故家属		
						称呼	姓名	去世年月
现有家庭人员	王勤妹	户主	女	1968年11月	汉	公公	姚宗根	1995年10月
	姚柏明	丈夫	男	1968年9月	汉			
	姚一峰	儿子	男	1991年7月	汉			
	季小妹	母亲	女	1948年2月	汉			
家庭大事记	1985年4月，翻建三上三下楼房； 姚柏明1986年11月入伍，1989年11月退伍； 2005年4月，分到动迁房2套。							

	姓名	与户主关系	性别	出生年月	民族	已故家属		
						称呼	姓名	去世年月
现有家庭人员	张益弟	户主	男	1949年11月	汉	父亲	张秋林	1968年11月
	王林妹	妻子	女	1952年11月	汉	母亲	李千金	1986年10月
	张惠华	长子	男	1970年8月	汉			
	王国芳	长媳	男	1973年2月	汉			
	张俊毅	长孙	女	1994年4月	汉			
	张金华	次子	男	1972年11月	汉			
	史立燕	次媳	女	1972年5月	汉			
	张俊杰	次孙	男	1997年9月	汉			
家庭大事记	1987年4月，翻建四上四下楼房加扶梯间； 2005年4月，分到动迁房2套； 2012年9月，张俊毅考入苏州大学； 2015年9月，张俊杰考入南京财经大学红山学院； 2019年8月，购丰田汽车1辆。							

	姓名	与户主关系	性别	出生年月	民族	已故家属		
						称呼	姓名	去世年月
现有家庭人员	姚建强	户主	男	1979年2月	汉			
	陆育芳	妻子	女	1979年2月	汉			
	姚若依	女儿	女	2002年7月	汉			
	姚阿刚	父亲	男	1956年5月	汉			
	姚林妹	母亲	女	1955年12月	汉			
家庭大事记	1989年，翻建三上三下楼房加扶梯间； 2005年4月，分到动迁房2套； 2008年8月，购本田汽车1辆。							

	姓名	与户主关系	性别	出生年月	民族	已故家属		
						称呼	姓名	去世年月
现有家庭人员	姚生吾	户主	男	1949年11月	汉	父亲	姚大梅	1985年11月
	孙秀花	妻子	女	1951年1月	汉	母亲	姚招男	2015年12月
	姚月娥	长女	女	1971年1月	汉			
	姚月琴	次女	女	1973年1月	汉			
	孔维治	次女婿	男	1968年7月	汉			
	姚棋元	外孙	男	1999年1月	汉			

家庭大事记	1983年12月，姚生吾加入中国共产党； 1984年9月，翻建三上三下楼房加扶梯间； 1987年，孔维治考入江苏省淮阴供销学校（专科）； 1995年8月，购商品房1套； 2005年5月，分到动迁房2套； 2006年9月，姚月琴考入东北师范大学； 2016年5月，购东风标致汽车1辆。

	姓名	与户主关系	性别	出生年月	民族	已故家属		
						称呼	姓名	去世年月
现有家庭人员	庄友明	户主	男	1970年2月	汉	父亲	陆水生	2013年4月
	顾桂珍	妻子	女	1968年1月	汉	母亲	庄腊妹	2017年11月
	庄 晟	儿子	男	1996年1月	汉			
	庄蒙燕	女儿	女	2005年9月	汉			

家庭大事记	2000年1月，翻建三上三下楼房； 2004年4月，分到动迁房3套； 2010年9月，庄晟考入昆山广播电视大学（专科）； 2015年8月，购长安汽车1辆。

	姓名	与户主关系	性别	出生年月	民族	已故家属		
						称呼	姓名	去世年月
现有家庭人员	何金娣	户主	女	1962年5月	汉	丈夫	姚惠元	2018年8月
	姚建刚	儿子	男	1985年9月	汉			
	姚礼杰	孙子	男	2009年2月	汉			
家庭大事记	1997年,翻建三上三下楼房; 2005年4月,分到动迁房2套。							

	姓名	与户主关系	性别	出生年月	民族	已故家属		
						称呼	姓名	去世年月
现有家庭人员	姚雪弟	户主	男	1960年9月	汉	父亲	姚根宝	1991年6月
	姚凤花	妻子	女	1961年12月	汉	母亲	姚凤金	1996年1月
	姚亮	儿子	男	1984年9月	汉			
	唐丽华	儿媳	女	1984年2月	汉			
	姚煜菲	孙女	女	2011年10月	汉			
	姚奕辰	孙子	男	2014年3月	汉			
家庭大事记	1990年,翻建三上三下楼房; 姚亮2000年9月考入武汉理工大学,2017年10月加入中国共产党; 2000年9月,唐丽华考入武汉理工大学; 2001年7月,购大众汽车1辆; 2005年4月,分到动迁房1套。							

	姓名	与户主关系	性别	出生年月	民族	已故家属		
						称呼	姓名	去世年月
现有家庭人员	姚惠根	户主	男	1964年11月	汉	母亲	姚金珠	1999年10月
	姚坤英	妻子	女	1965年5月	汉			
	姚萍	女儿	女	1987年10月	汉			
	徐翊皓	外孙	男	2016年2月	汉			
家庭大事记	1978年6月,翻建平房; 2005年4月,分到动迁房2套; 2008年9月,姚萍考入南京财经大学。							

	姓名	与户主关系	性别	出生年月	民族	已故家属		
						称呼	姓名	去世年月
现有家庭人员	姚引宝	户主	女	1947年5月	汉	丈夫	姚雪坤	2007年6月
	姚桂珍	女儿	女	1965年9月	汉			
	顾 杰	孙女婿	男	1986年9月	汉			
	叶惠文	孙媳	女	1992年3月	汉			
	姚轩哲	孙子	男	1992年3月	汉			
家庭大事记	1987年3月，翻建三上三下楼房； 2005年4月，分到动迁房2套； 2005年9月，顾杰考入江苏电子信息职业学院（专科）； 2010年5月，购北京现代汽车1辆； 2010年9月，姚轩哲考入扬州工业职业技术学院（专科）。							

	姓名	与户主关系	性别	出生年月	民族	已故家属		
						称呼	姓名	去世年月
现有家庭人员	居根男	户主	男	1963年8月	汉			
	姚丽娟	女儿	女	1986年9月	汉			
	顾梓浩	外孙	男	2013年8月	汉			
家庭大事记	2003年9月，姚丽娟考入昆山广播电视大学（专科）； 2005年4月，分到动迁房1套； 2019年7月，购奔驰汽车1辆。							

	姓名	与户主关系	性别	出生年月	民族	已故家属		
						称呼	姓名	去世年月
现有家庭人员	冯凤妹	户主	女	1945年7月	汉			
	姚小林	丈夫	男	1943年4月	汉			
	姚玉良	儿子	男	1970年7月	汉			
家庭大事记	1972年3月，翻建平房三间； 姚玉良1987年9月考入南京财经大学，1995年12月被昆山市粮食局评为"先进个人"，1997年7月加入中国共产党； 2000年4月，购奔驰汽车1辆； 2005年5月，分到动迁房2套。							

	姓名	与户主关系	性别	出生年月	民族	已故家属		
						称呼	姓名	去世年月
现有家庭人员	姚丽明	户主	男	1969年3月	汉	父亲	姚敖良	2015年4月
	张卫芳	妻子	女	1971年7月	汉	母亲	姚雪瑛	2004年6月
	姚梦娟	女儿	女	1993年10月	汉			
家庭大事记	1990年，翻建二上二下楼房； 2005年4月，分到动迁房2套； 2012年7月，购丰田汽车1辆； 姚梦娟2012年6月加入中国共产党，2014年9月考入苏州大学。							

	姓名	与户主关系	性别	出生年月	民族	已故家属		
						称呼	姓名	去世年月
现有家庭人员	姚宗书	户主	男	1964年10月	汉	父亲	姚桂弟	2015年8月
	费扣新	妻子	女	1966年9月	汉	母亲	周招娣	1983年12月
	姚 洵	女儿	女	1991年5月	汉			
	成和明	女婿	男	1990年10月	汉			
	成颜卿	外孙	男	2018年5月	汉			
家庭大事记	2002年，翻建三上三下楼房； 2005年4月，分到动迁房2套； 2009年9月，成和明考入淮阴工学院； 2015年9月，姚洵考入苏州大学； 2016年，购斯柯达汽车1辆。							

	姓名	与户主关系	性别	出生年月	民族	已故家属		
						称呼	姓名	去世年月
现有家庭人员	王洪根	户主	男	1958年2月	汉	父亲	王志宝	2004年10月
	朱小凤	妻子	女	1963年4月	汉	母亲	王根娣	2013年6月
	王　玲	女儿	女	1986年12月	汉			
	杨光辉	女婿	男	1984年11月	汉			
	杨夕悦	长外孙女	女	2010年3月	汉			
	王夕语	次外孙女	女	2013年12月	汉			
家庭大事记	1965年2月，翻建平房； 2001年9月，杨光辉考入江西财经大学； 2003年9月，王玲考入河北北方学院（专科）； 2005年4月，分到动迁房1套； 2015年11月，购凯迪拉克汽车1辆。							

	姓名	与户主关系	性别	出生年月	民族	已故家属		
						称呼	姓名	去世年月
现有家庭人员	姚阿惠	户主	男	1957年11月	汉	母亲	姚金珠	1999年10月
	徐惠娟	妻子	女	1958年4月	汉			
	姚建华	儿子	男	1981年6月	汉			
	戴　玲	儿媳	女	1981年2月	汉			
	姚建珍	女儿	女	1987年4月	汉			
	姚籽圻	孙子	男	2005年7月	汉			
	余　瑶	外孙女	女	2013年4月	汉			
	姚早生	父亲	男	1928年4月	汉			
家庭大事记	1999年11月，翻建三上三下楼房； 2005年4月，分到动迁房2套； 2013年，购起亚汽车1辆。							

共青村志·村民家庭记载

	姓名	与户主关系	性别	出生年月	民族	已故家属		
						称呼	姓名	去世年月
现有家庭人员	唐宗良	户主	男	1960年6月	汉	父亲	唐阿兴	2009年12月
	周长花	妻子	女	1961年3月	汉			
	唐智中	儿子	男	1983年5月	汉			
	柏 平	儿媳	女	1987年1月	汉			
	唐煜雯	孙女	女	2007年10月	汉			
	姚野宝	母亲	女	1935年12月	汉			
家庭大事记	1996年,翻建三上三下楼房; 1997年,购商品房1套; 2005年4月,分到动迁房2套; 2010年10月,购马自达汽车1辆。							

	姓名	与户主关系	性别	出生年月	民族	已故家属		
						称呼	姓名	去世年月
现有家庭人员	姚早妹	户主	女	1948年12月	汉	丈夫	姚宗男	1995年7月
	姚凤珍	女儿	女	1970年1月	汉			
	浦建国	女婿	男	1968年4月	汉			
	姚家唯	外孙	男	1991年2月	汉			
家庭大事记	1983年,翻建三上三下楼房; 2005年4月,分到动迁房2套; 2015年,购宝马、东风风行汽车各1辆。							

	姓名	与户主关系	性别	出生年月	民族	已故家属		
						称呼	姓名	去世年月
现有家庭人员	姚宗林	户主	男	1952年8月	汉	父亲	姚金泉	1985年12月
	陈妹妹	妻子	女	1954年10月	汉	母亲	潘小妹	2016年1月
	姚凤仙	女儿	女	1978年11月	汉			
	郑其龙	女婿	男	1974年12月	汉			
	姚震昆	外孙	男	2000年11月	汉			
	郑　好	外孙女	女	2015年7月	汉			
家庭大事记	姚宗林1972年12月入伍，1977年3月退伍； 1993年，翻建三上三下楼房； 2005年4月，分到动迁房2套； 2012年4月，购大众汽车1辆。							

	姓名	与户主关系	性别	出生年月	民族	已故家属		
						称呼	姓名	去世年月
现有家庭人员	姚祥弟	户主	男	1957年10月	汉	父亲	姚银泉	2001年12月
	姚友珍	妻子	女	1958年7月	汉	母亲	姚巧瑛	2010年12月
	姚丽芳	女儿	女	1981年10月	汉			
	姚义洋	外孙女	女	2009年1月	汉			
家庭大事记	姚祥弟1976年12月入伍，1977年3月加入中国共产党，1980年12月退伍； 1990年10月，翻建三上三下楼房； 2005年4月，分到动迁房2套。							

	姓名	与户主关系	性别	出生年月	民族	已故家属		
						称呼	姓名	去世年月
现有家庭人员	姚敖宗	户主	男	1947年6月	汉	父亲	姚福生	1994年12月
	姚妹宗	妻子	女	1949年7月	汉	母亲	陈爱囡	2008年6月
	谷红梅	儿媳	女	1973年3月	汉	儿子	姚国强	2013年12月
	姚志聪	孙子	男	1996年8月	汉			
	姚美娥	女儿	女	1969年6月	汉			
家庭大事记	1983年5月，翻建三上三下楼房； 2005年4月，分到动迁房3套； 2012年4月，购大众汽车1辆； 2018年9月，姚志聪考入北京外国语大学（专科）。							

	姓名	与户主关系	性别	出生年月	民族	已故家属		
						称呼	姓名	去世年月
现有家庭人员	姚秋根	户主	男	1956年9月	汉	父亲	姚金男	2019年10月
	李金妹	妻子	女	1953年8月	汉	母亲	蒋招娣	2019年5月
	姚学文	儿子	男	1980年1月	汉			
	陈芳华	儿媳	女	1980年2月	汉			
	姚佩婷	长孙女	女	2003年1月	汉			
	陈新好	次孙女	女	2010年1月	汉			
家庭大事记	1984年，翻建三上三下楼房； 2005年4月，分到动迁房2套； 2007年，购本田汽车1辆。							

	姓名	与户主关系	性别	出生年月	民族	已故家属		
						称呼	姓名	去世年月
现有家庭人员	姚杏花	户主	女	1962年4月	汉			
家庭大事记								

现有家庭人员	姓名	与户主关系	性别	出生年月	民族	已故家属		
						称呼	姓名	去世年月
	姚良生	户主	男	1963年7月	汉	父亲	唐阿兴	2009年12月
	周美琴	妻子	女	1963年3月	汉			

家庭大事记	1991年3月，翻建三上三下楼房； 2005年4月，分到动迁房3套； 2007年5月，购商品房1套； 2012年2月，购奥迪汽车1辆。

现有家庭人员	姓名	与户主关系	性别	出生年月	民族	已故家属		
						称呼	姓名	去世年月
	姚惠兴	户主	男	1957年9月	汉	父亲	姚福生	1994年12月
	周雪珍	妻子	女	1961年6月	汉	母亲	陈爱囡	2008年6月
	姚丽琴	女儿	女	1982年10月	汉			
	姚嘉阳	外孙	男	2003年9月	汉			
	郁嘉怡	外孙女	女	2011年6月	汉			

家庭大事记	1986年，翻建三上三下楼房； 2005年4月，分到动迁房2套； 2014年，购别克汽车1辆。

	姓名	与户主关系	性别	出生年月	民族	已故家属		
						称呼	姓名	去世年月
现有家庭人员	姚阿三	户主	男	1955年5月	汉	父亲	姚根宝	1991年6月
	周凤娥	妻子	女	1958年10月	汉	母亲	姚凤金	1996年1月
	姚 芳	女儿	女	1981年5月	汉			
	韩常伟	女婿	男	1982年3月	汉			
	姚晗君	长外孙女	女	2006年2月	汉			
	韩宇涵	次外孙女	女	2011年9月	汉			
家庭大事记	1987年4月，翻建三上三下楼房； 韩常伟1999年12月入伍，2003年12月退伍（荣获三等功1次），2012年7月加入中国共产党； 2000年9月，姚芳考入苏州大学； 2005年4月，分到动迁房2套； 2007年3月，购奥迪汽车1辆。							

	姓名	与户主关系	性别	出生年月	民族	已故家属		
						称呼	姓名	去世年月
现有家庭人员	姚月明	户主	男	1970年2月	汉			
	刘映彤	妻子	女	1982年12月	汉			
	姚思语	儿子	男	2007年8月	汉			
家庭大事记	1985年10月，翻建三上三下楼房； 2005年4月，分到动迁房2套； 2015年2月，购速腾汽车1辆。							

▶ 共青村第 8 村民小组

共青村第 8 村民小组人员统计表

单位：人

序号	户主	人口	其中		序号	户主	人口	其中	
			男	女				男	女
1	叶楚女	5	3	2	12	丁仁明	6	2	4
2	季惠良	7	4	3	13	姚梅林	7	2	5
3	章小云	3	0	3	14	孙惠珍	5	2	3
4	季根良	4	2	2	15	陆惠芬	4	2	2
5	吴炳良	6	3	3	16	陆惠良	5	3	2
6	季泉根	4	2	2	17	徐阿毛	6	3	3
7	丁建良	7	2	5	18	季文明	4	2	2
8	季年根	6	3	3	19	季彩林	4	1	3
9	王兴良	4	1	3	20	许艳萍	3	1	2
10	丁坤良	6	2	4	21	姜金娣	4	1	3
11	季苗瑛	4	1	3	22	—	—	—	—
合 计					21	104	42	62	

	姓名	与户主关系	性别	出生年月	民族	已故家属		
						称呼	姓名	去世年月
现有家庭人员	叶楚女	户主	女	1954 年 9 月	汉	前夫	丁仁林	1982 年 11 月
	陈燕平	儿子	男	1984 年 9 月	汉	丈夫	陈惠民	2002 年 7 月
	俞 洁	儿媳	女	1985 年 12 月	汉			
	陈俞睿	长孙子	男	2011 年 11 月	汉			
	俞烨磊	次孙子	男	2014 年 11 月	汉			
家庭大事记	1986 年 8 月，叶楚女加入中国共产党； 1987 年 8 月，翻建三上三下楼房； 2003 年 5 月，分到动迁房 2 套； 2008 年 8 月，购汽车 1 辆。							

	姓名	与户主关系	性别	出生年月	民族	已故家属		
						称呼	姓名	去世年月
现有家庭人员	季惠良	户主	男	1958年6月	汉	父亲	季根宝	1955年9月
	李文妹	妻子	女	1958年11月	汉			
	季 刚	儿子	男	1981年9月	汉			
	张 燕	儿媳	女	1981年4月	汉			
	季张祺	长孙	男	2006年10月	汉			
	张季宇	次孙	男	2012年11月	汉			
	季桂英	母亲	女	1930年4月	汉			
家庭大事记	1990年5月，翻建四上三下楼房； 2003年5月，分到动迁房3套； 2012年8月，购汽车1辆； 2015年8月，购商品房1套。							

	姓名	与户主关系	性别	出生年月	民族	已故家属		
						称呼	姓名	去世年月
现有家庭人员	章小云	户主	女	1974年2月	汉	公公	季祥歧	2018年11月
	季灵炜	女儿	女	1999年8月	汉	丈夫	季冬良	2017年8月
	季凤金	婆婆	女	1943年11月	汉			
家庭大事记	1986年2月，翻建三上三下楼房； 2003年5月，分到动迁房3套； 2003年11月，购汽车1辆； 2017年9月，季灵炜考入南京中医药大学。							

	姓名	与户主关系	性别	出生年月	民族	已故家属		
						称呼	姓名	去世年月
现有家庭人员	季根良	户主	男	1964年4月	汉	父亲	季巧泉	1990年12月
	季雪龙	儿子	男	1988年4月	汉	母亲	季梅英	2005年3月
	杨 漪	儿媳	女	1988年9月	汉			
	周雅倩	女儿	女	1994年4月	汉			
家庭大事记	1991年5月,翻建四上三下楼房; 2005年4月,分到动迁房3套。							

	姓名	与户主关系	性别	出生年月	民族	已故家属		
						称呼	姓名	去世年月
现有家庭人员	吴炳良	户主	男	1958年7月	汉	父亲	吴阿仁	1984年8月
	周水英	妻子	女	1960年4月	汉	母亲	富小妹	1988年11月
	吴晓燕	女儿	女	1981年12月	汉			
	沈 毅	女婿	男	1981年8月	汉			
	吴睿轩	外孙	男	2007年1月	汉			
	沈煊淇	外孙女	女	2010年9月	汉			
家庭大事记	吴炳良1976年12月入伍,1981年1月退伍,1994年10月加入中国共产党,2002年获得苏州市人事局颁发的三等功; 1989年10月,翻建三上三下楼房; 2001年9月,吴晓燕考入南京人口管理干部学院; 2003年5月,分到动迁房3套; 2004年,购汽车1辆; 2014年5月,购商品房1套。							

共青村志·村民家庭记载

	姓名	与户主关系	性别	出生年月	民族	已故家属		
						称呼	姓名	去世年月
现有家庭人员	季泉根	户主	男	1962年7月	汉	父亲	季根宝	1955年9月
	徐小妹	妻子	女	1965年10月	汉			
	季冬	儿子	男	1987年12月	汉			
	季妍熙	孙女	女	2012年8月	汉			
家庭大事记	1992年8月，翻建三上三下楼房； 2003年5月，分到动迁房3套； 2006年8月，购汽车1辆。							

	姓名	与户主关系	性别	出生年月	民族	已故家属		
						称呼	姓名	去世年月
现有家庭人员	丁建良	户主	男	1960年5月	汉	父亲	丁梅生	2016年6月
	殷宝珍	妻子	女	1962年4月	汉			
	丁玉芳	女儿	女	1984年6月	汉			
	吴育津	女婿	男	1984年9月	汉			
	吴彤	长外孙女	女	2011年10月	汉			
	丁然	次外孙女	女	2016年4月	汉			
	陆巧妹	母亲	女	1940年5月	汉			
家庭大事记	1991年8月，翻建三上三下楼房； 2003年5月，分到动迁房3套； 丁玉芳2006年6月加入中国共产党，2007年9月考入南京农业大学； 吴育津2006年6月加入中国共产党，2007年9月考入南京农业大学； 2010年，购商品房1套； 2011年12月，购汽车1辆； 2018年，丁建良家庭被评为"昆山市'敬老爱幼'最美家庭"。							

	姓名	与户主关系	性别	出生年月	民族	已故家属		
						称呼	姓名	去世年月
现有家庭人员	季年根	户主	男	1946年1月	汉	父亲	季巧泉	1990年12月
	钱云花	妻子	女	1949年4月	汉	母亲	季梅英	2005年3月
	季雪良	儿子	男	1972年1月	汉			
	高红艳	儿媳	女	1977年5月	汉			
	季 韬	孙子	男	2000年5月	汉			
	季雪凤	女儿	女	1969年11月	汉			
家庭大事记	1984年10月，翻建三上三下楼房； 2003年5月，分到动迁房3套； 2006年1月，季雪良被评为"全国纺织系统劳动模范"； 2014年8月，购商品房1套。							

	姓名	与户主关系	性别	出生年月	民族	已故家属		
						称呼	姓名	去世年月
现有家庭人员	王兴良	户主	男	1966年2月	汉	岳父	季火泉	2009年7月
	吴亚丽	妻子	女	1968年10月	汉	岳母	严梅宝	2008年2月
	季菊花	长女	女	1988年10月	汉	前妻	季琴英	1992年8月
	王 斐	次女	女	1998年3月	汉			
家庭大事记	1993年3月，翻建三上三下楼房； 2003年5月，分到动迁房3套。							

现有家庭人员	姓名	与户主关系	性别	出生年月	民族	已故家属		
						称呼	姓名	去世年月
	丁坤良	户主	男	1964年3月	汉	父亲	丁梅生	2017年6月
	李品花	妻子	女	1966年8月	汉			
	丁佳仁	儿子	男	1989年1月	汉			
	王文星	儿媳	女	1988年3月	汉			
	丁昕怡	长孙女	女	2013年5月	汉			
	王心蕾	次孙女	女	2015年10月	汉			

家庭大事记	1995年，翻建三上三下楼房； 2003年5月，分到动迁房3套； 2015年，购汽车1辆。

现有家庭人员	姓名	与户主关系	性别	出生年月	民族	已故家属		
						称呼	姓名	去世年月
	季苗瑛	户主	女	1945年4月	汉	丈夫	姜云海	2019年2月
	季建明	儿子	男	1966年2月	汉			
	姜建芳	女儿	女	1976年11月	汉			
	季梦君	孙女	女	1991年3月	汉			

家庭大事记	1995年3月，翻建三上三下楼房； 2003年5月，分到动迁房3套。

	姓名	与户主关系	性别	出生年月	民族	已故家属		
						称呼	姓名	去世年月
现有家庭人员	丁仁明	户主	男	1951年8月	汉	父亲	丁玉桂	1985年10月
	周凤花	妻子	女	1950年3月	汉	母亲	丁方英	2014年1月
	丁国明	儿子	男	1976年9月	汉			
	周 洁	儿媳	女	1976年5月	汉			
	丁雯静	长孙女	女	2001年10月	汉			
	丁星予	次孙女	女	2015年7月	汉			

家庭大事记	1987年3月，翻建三上三下楼房； 2003年8月，分到动迁房2套； 2013年，购汽车1辆。

	姓名	与户主关系	性别	出生年月	民族	已故家属		
						称呼	姓名	去世年月
现有家庭人员	姚梅林	户主	女	1938年12月	汉	丈夫	徐阿苟	1977年5月
	徐友兴	儿子	男	1957年8月	汉			
	周云妹	儿媳	女	1957年7月	汉			
	徐 建	孙子	男	1981年1月	汉			
	周 君	孙媳	女	1982年9月	汉			
	徐思羽	长曾孙女	女	2007年6月	汉			
	徐卿羽	次曾孙女	女	2012年9月	汉			

家庭大事记	1983年12月，徐友兴加入中国共产党； 1991年9月，购商品房1套； 1999年，购汽车1辆； 2000年9月，徐建考入南京林业大学； 2001年9月，周君考入苏州大学； 2003年，购别墅1幢； 2005年5月，分到动迁房2套。

	姓名	与户主关系	性别	出生年月	民族	已故家属		
						称呼	姓名	去世年月
现有家庭人员	孙惠珍	户主	女	1963年6月	汉	丈夫	徐友良	1998年1月
	徐 敏	儿子	男	1986年1月	汉			
	刘 菲	儿媳	女	1985年10月	汉			
	徐子萱	孙女	女	2012年2月	汉			
	徐子皓	孙子	男	2016年9月	汉			

家庭大事记

1991年，购商品房1套；
2002年9月，徐敏考入常州工业职业技术学院（专科）；
2003年5月，分到动迁房2套；
2009年9月，购汽车1辆；
2018年7月，刘菲加入中国共产党。

	姓名	与户主关系	性别	出生年月	民族	已故家属		
						称呼	姓名	去世年月
现有家庭人员	陆惠芬	户主	女	1954年10月	汉	丈夫	姚小弟	2013年7月
	陆美娟	女儿	女	1976年9月	汉	母亲	陆阿宝	2017年9月
	沈志良	女婿	男	1973年5月	汉			
	陆俊辉	外孙	男	2000年8月	汉			

家庭大事记

1986年3月，翻建三上三下楼房；
1997年，购商品房1套；
2003年5月，分到动迁房2套；
2008年3月，购汽车1辆；
2012年3月，沈志良加入中国共产党；
2018年9月，陆俊辉考入苏州科技大学。

	姓名	与户主关系	性别	出生年月	民族	已故家属		
						称呼	姓名	去世年月
现有家庭人员	陆惠良	户主	男	1967年8月	汉	父亲	陆阿水	2019年12月
	高五妹	妻子	女	1968年3月	汉			
	陆文青	女儿	女	1992年8月	汉			
	王晓东	女婿	男	1991年9月	汉			
	王一乐	孙子	男	2020年6月	汉			
家庭大事记	1983年，翻建三上三下楼房； 2003年5月，分到动迁房3套； 2010年9月，陆文青考入常州大学； 2010年9月，王晓东考入常州大学； 2015年8月，购小汽车1辆。							

	姓名	与户主关系	性别	出生年月	民族	已故家属		
						称呼	姓名	去世年月
现有家庭人员	徐阿毛	户主	男	1936年11月	汉			
	季春英	妻子	女	1944年4月	汉			
	徐忠方	儿子	男	1970年3月	汉			
	顾巧英	儿媳	女	1970年9月	汉			
	徐俊	孙子	男	1992年10月	汉			
	俞银芝	孙媳	女	1996年7月	汉			
家庭大事记	1998年，翻建三上三下楼房，是年购商品房1套； 2003年5月，分到动迁房2套； 2005年5月，徐忠方加入中国共产党； 2010年10月，购汽车1辆； 2015年9月，徐俊考入苏州大学； 2016年9月，俞银芝考入南京大学。							

	姓名	与户主关系	性别	出生年月	民族	已故家属		
						称呼	姓名	去世年月
现有家庭人员	季文明	户主	男	1968年5月	汉	父亲	季惠男	2000年12月
	张水英	妻子	女	1968年7月	汉			
	季超强	儿子	男	1991年2月	汉			
	吴林根	母亲	女	1946年1月	汉			
家庭大事记	1985年11月，翻建三上三下楼房； 2003年5月，分到动迁房3套； 2013年8月，购汽车1辆； 2018年8月，购商品房1套。							

	姓名	与户主关系	性别	出生年月	民族	已故家属		
						称呼	姓名	去世年月
现有家庭人员	季彩林	户主	女	1941年11月	汉	丈夫	季阿华	2014年3月
	季建林	儿子	男	1967年9月	汉			
	曹 燕	儿媳	女	1968年7月	汉			
	季 哲	孙女	女	1993年11月	汉			
家庭大事记	1989年9月，翻建三上三下楼房； 2001年8月，购汽车1辆； 季哲2001年9月考入苏州医药科技学校（专科）； 2003年5月，分到动迁房4套。							

	姓名	与户主关系	性别	出生年月	民族	已故家属		
						称呼	姓名	去世年月
现有家庭人员	许艳萍	户主	女	1968年12月	汉			
	张其才	丈夫	男	1963年11月	汉			
	张 丽	女儿	女	1988年4月	汉			
家庭大事记	2006年5月，分到动迁房1套。							

	姓名	与户主关系	性别	出生年月	民族	已故家属		
						称呼	姓名	去世年月
现有家庭人员	姜金娣	户主	女	1939年1月	汉	丈夫	陆阿水	2019年12月
	陆惠明	儿子	男	1964年1月	汉			
	陆文君	孙女	女	1986年12月	汉			
	徐婧伊	曾孙女	女	2019年7月	汉			
家庭大事记	1983年，翻建三上三下楼房； 2003年5月，分到动迁房1套； 2009年9月，陆文君考入南京审计大学； 2018年3月，购汽车1辆。							

▶ 共青村第9村民小组

共青村第9村民小组人员统计表

单位：人

序号	户主	人口	其中		序号	户主	人口	其中	
			男	女				男	女
1	王金龙	5	4	1	14	陈小东	1	0	1
2	芦根林	2	1	1	15	王德明	2	1	1
3	杨福娣	7	4	3	16	李阿妹	3	0	3
4	姜凤明	6	3	3	17	陈四男	2	1	1
5	王祥宝	3	1	2	18	陈志强	3	2	1
6	殷龙生	6	2	4	19	王金宝	6	2	4
7	景希辰	3	3	0	20	孙来章	5	3	2
8	王根华	3	2	1	21	吴美娟	5	2	3
9	徐金良	4	1	3	22	陆永福	3	2	1
10	王冬良	3	2	1	23	范永峰	4	1	3
11	姜金妹	2	0	2	24	孙建明	3	2	1
12	殷菊妹	5	1	4	25	孙巧英	5	2	3
13	景振健	3	1	2	26	—	—	—	—
合计					25		94	43	51

	姓名	与户主关系	性别	出生年月	民族	已故家属		
						称呼	姓名	去世年月
现有家庭人员	王金龙	户主	男	1970年11月	汉			
	蒋建珍	妻子	女	1969年12月	汉			
	王振林	儿子	男	1993年9月	汉			
	王煦安	孙子	男	2018年3月	汉			
	王德洪	父亲	男	1929年6月	汉			
家庭大事记	2003年4月，分到动迁房2套； 王振林2008年9月考入淮阴师范学院，2013年到昆山高新区汉浦中学任教； 2012年5月，购商品房1套。							

现有家庭人员	姓名	与户主关系	性别	出生年月	民族	已故家属		
						称呼	姓名	去世年月
	芦根林	户主	男	1952年12月	汉	父亲	芦南山	1976年6月
	徐雪芬	妻子	女	1951年12月	汉	母亲	芦二宝	1993年10月

家庭大事记	1985年5月，翻建四上四下楼房； 1991年11月，芦根林加入中国共产党； 2003年，分到动迁房2套； 2004年，购奔驰汽车1辆。

现有家庭人员	姓名	与户主关系	性别	出生年月	民族	已故家属		
						称呼	姓名	去世年月
	杨福娣	户主	女	1948年3月	汉	丈夫	黄鹤林	1987年11月
	黄建明	儿子	男	1969年2月	汉			
	张亚琴	儿媳	女	1973年8月	汉			
	黄 晨	长孙	男	1992年11月	汉			
	龙瑾佩	长孙媳	女	1993年4月	汉			
	黄 杰	次孙	男	1997年5月	汉			
	黄钰泽	曾孙	男	2017年11月	汉			

家庭大事记	1984年，翻建二上三下楼房； 2002年，购东方之子汽车1辆； 2003年5月，分到动迁房3套； 2007年9月，黄晨考入昆山广播电视大学（专科）； 2008年8月，购商品房1套； 2008年9月，龙瑾佩考入昆山广播电视大学（专科）； 2015年9月，黄杰考入苏州健雄职业技术学院（专科）。

	姓名	与户主关系	性别	出生年月	民族	已故家属		
						称呼	姓名	去世年月
现有家庭人员	姜凤明	户主	男	1953年5月	汉	父亲	姜云龙	1991年11月
	颜金凤	妻子	女	1953年1月	汉	母亲	姜王氏	1967年4月
	姜小虎	儿子	男	1975年1月	汉			
	游七娌	儿媳	女	1976年6月	汉			
	姜虎琴	女儿	女	1977年7月	汉			
	姜永康	孙子	男	2007年5月	汉			
家庭大事记	1991年5月，翻建三上三下楼房； 1999年10月，购东南汽车1辆； 2003年7月，分到动迁房2套。							

	姓名	与户主关系	性别	出生年月	民族	已故家属		
						称呼	姓名	去世年月
现有家庭人员	王祥宝	户主	男	1959年4月	汉	母亲	曹桂兰	1993年2月
	臧美芹	妻子	女	1964年8月	汉			
	王　娟	女儿	女	1985年8月	汉			
家庭大事记	1996年5月，翻建三上三下楼房； 2003年7月，分到动迁房4套； 王娟2006年9月考入南京工业大学，2010年6月加入中国共产党； 2010年5月，购商品房1套； 2013年6月，购大众汽车1辆。							

	姓名	与户主关系	性别	出生年月	民族	已故家属		
						称呼	姓名	去世年月
现有家庭人员	殷龙生	户主	男	1964年9月	汉	父亲	殷阿根	1989年2月
	朱扣凤	妻子	女	1963年10月	汉			
	殷　俊	儿子	男	1982年2月	汉			
	帅俊翠	儿媳	女	1983年12月	汉			
	殷诗玥	孙女	女	2016年9月	汉			
	屈桂英	母亲	女	1937年4月	汉			
家庭大事记	1993年7月，殷龙生、朱扣凤荣获昆山阳澄水泥厂"先进工作奖"； 2003年7月，分到动迁房2套； 2006年6月，购马自达汽车1辆。							

	姓名	与户主关系	性别	出生年月	民族	已故家属		
						称呼	姓名	去世年月
现有家庭人员	景希辰	户主	男	1990年3月	汉			
	景科政	儿子	男	2014年9月	汉			
	景振中	父亲	男	1967年1月	汉			
家庭大事记	2003年，分到动迁房2套； 2017年，购吉普汽车1辆。							

	姓名	与户主关系	性别	出生年月	民族	已故家属		
						称呼	姓名	去世年月
现有家庭人员	王根华	户主	男	1969年11月	汉			
	金桃凤	妻子	女	1974年7月	汉			
	王　昕	儿子	男	1995年11月	汉			
家庭大事记	1985年3月，翻建四上四下楼房； 王根华1989年4月入伍，1994年12月退伍； 2004年12月，分到动迁房1套； 王昕2014年9月考入扬州大学，2015年5月加入中国共产党。							

	姓名	与户主关系	性别	出生年月	民族	已故家属		
						称呼	姓名	去世年月
现有家庭人员	徐金良	户主	男	1968年3月	汉	父亲	王德才	2018年1月
	王桂香	妻子	女	1969年2月	汉			
	徐雯	女儿	女	1991年5月	汉			
	徐兰珍	母亲	女	1949年8月	汉			
家庭大事记	1992年3月，翻建三上三下楼房； 2003年7月，分到动迁房3套； 2009年9月，徐雯考入常州工学院； 2010年7月，购东风雪铁龙汽车1辆； 2016年4月，购商品房1套。							

	姓名	与户主关系	性别	出生年月	民族	已故家属		
						称呼	姓名	去世年月
现有家庭人员	王冬良	户主	男	1972年12月	汉	父亲	王德才	2018年1月
	陈海燕	妻子	女	1971年4月	汉			
	徐健	儿子	男	1995年10月	汉			
家庭大事记	1986年5月，翻建三上三楼房； 2002年5月，购商品房1套； 2003年，分到动迁房2套； 2013年5月，购丰田汽车1辆； 2013年9月，徐健考入江苏科技大学。							

	姓名	与户主关系	性别	出生年月	民族	已故家属		
						称呼	姓名	去世年月
现有家庭人员	姜金妹	户主	女	1966年8月	汉			
	钟晓露	女儿	女	1988年11月	汉			
家庭大事记	2000年2月，购商品房1套； 2003年10月，分到动迁房1套； 钟晓露2007年9月考入南京大学金陵学院，2008年8月加入中国共产党； 2015年11月，购奥迪汽车1辆。							

	姓名	与户主关系	性别	出生年月	民族	已故家属		
						称呼	姓名	去世年月
现有家庭人员	殷菊妹	户主	女	1968年6月	汉			
	费青	儿子	男	1989年9月	汉			
	蔡珍珍	儿媳	女	1990年2月	汉			
	费诺溪	长孙女	女	2012年9月	汉			
	蔡诺函	次孙女	女	2019年3月	汉			
家庭大事记	2007年9月，费青考入常州工业职业技术学院（专科）； 2012年，购丰田汽车1辆； 2016年，购商品房1套。							

	姓名	与户主关系	性别	出生年月	民族	已故家属		
						称呼	姓名	去世年月
现有家庭人员	景振健	户主	男	1965年10月	汉	父亲	景遐光	2009年4月
	沈秧妹	妻子	女	1965年6月	汉			
	景晓芸	女儿	女	1992年3月	汉			
家庭大事记	1985年，翻建二上二下楼房； 2003年5月，分到动迁房2套； 2011年10月，购丰田汽车1辆； 2015年11月，购商品房1套。							

	姓名	与户主关系	性别	出生年月	民族	已故家属		
						称呼	姓名	去世年月
现有家庭人员	陈小东	户主	女	1944年12月	汉	丈夫	景学光	2009年4月
家庭大事记	2003年5月，分到动迁房1套。							

现有家庭人员	姓名	与户主关系	性别	出生年月	民族	已故家属		
						称呼	姓名	去世年月
	王德明	户主	男	1944年1月	汉	父亲	王文中	1951年5月
	朱桂芳	妻子	女	1941年10月	汉	母亲	曾三姑	1994年12月
家庭大事记	1985年5月,翻建四上四下楼房; 2005年10月,分到动迁房3套。							

现有家庭人员	姓名	与户主关系	性别	出生年月	民族	已故家属		
						称呼	姓名	去世年月
	李阿妹	户主	女	1933年5月	汉	丈夫	李阿金	2019年11月
	李扣女	长女	女	1965年10月	汉			
	李扣珍	次女	女	1970年2月	汉			
家庭大事记	2003年,分到动迁房2套。							

现有家庭人员	姓名	与户主关系	性别	出生年月	民族	已故家属		
						称呼	姓名	去世年月
	陈四男	户主	男	1948年9月	汉	父亲	陈国良	1951年7月
	伍金珍	妻子	女	1951年1月	汉	母亲	吕三姑	2000年5月
家庭大事记	1986年9月,翻建三上三下楼房; 2003年,分到动迁房4套。							

现有家庭人员	姓名	与户主关系	性别	出生年月	民族	已故家属		
						称呼	姓名	去世年月
	陈志强	户主	男	1970年12月	汉			
	丁国珍	妻子	女	1972年1月	汉			
	陈钇均	儿子	男	1994年2月	汉			
家庭大事记	2003年,分到动迁房1套; 2013年3月,购尼桑汽车1辆; 2015年5月,购商品房1套。							

	姓名	与户主关系	性别	出生年月	民族	已故家属		
						称呼	姓名	去世年月
现有家庭人员	王金宝	户主	男	1964年1月	汉			
	钟菊香	妻子	女	1964年10月	汉			
	王 玲	女儿	女	1987年3月	汉			
	王卫强	女婿	男	1988年4月	汉			
	王芃文	长外孙女	女	2016年8月	汉			
	王芃予	次外孙女	女	2018年9月	汉			

家庭大事记	1994年4月，翻建三上三下楼房； 2001年5月，购奔驰汽车1辆； 2001年9月，王玲考入苏州大学； 2001年9月，王卫强考入扬州大学； 2003年7月，分到动迁房3套。

	姓名	与户主关系	性别	出生年月	民族	已故家属		
						称呼	姓名	去世年月
现有家庭人员	孙来章	户主	男	1945年10月	汉	父亲	孙扣民	1979年10月
	夏咸凤	妻子	女	1947年10月	汉	母亲	姜碗小	1997年11月
	孙国方	儿子	男	1975年10月	汉			
	陆 英	儿媳	女	1976年6月	汉			
	孙逸群	孙子	男	2003年7月	汉			

家庭大事记	1987年9月，翻建三上三下楼房； 2004年，分到动迁房3套； 2017年5月，购大众汽车1辆。

现有家庭人员	姓名	与户主关系	性别	出生年月	民族	已故家属		
						称呼	姓名	去世年月
	吴美娟	户主	女	1982年12月	汉	父亲	吴国庆	2001年5月
	马金龙	丈夫	男	1978年7月	汉	祖父	吴立金	2015年7月
	吴伊琳	女儿	女	2004年2月	汉	祖母	陈振芳	2016年7月
	吴胤骅	儿子	男	2010年10月	汉			
	宗根娣	母亲	女	1961年10月	汉			
家庭大事记	1999年7月,翻建四上四下楼房; 2003年10月,分到动迁房3套; 2015年7月,购大众汽车1辆; 2019年9月,购商品房1套。							

现有家庭人员	姓名	与户主关系	性别	出生年月	民族	已故家属		
						称呼	姓名	去世年月
	陆永福	户主	男	1968年9月	汉			
	吴秀瑛	妻子	女	1969年8月	汉			
	陆一叶	儿子	男	1994年12月	汉			
家庭大事记	2003年9月,分到动迁房1套; 2013年9月,陆一叶考入宿迁学院。							

现有家庭人员	姓名	与户主关系	性别	出生年月	民族	已故家属		
						称呼	姓名	去世年月
	范永峰	户主	男	1965年3月	汉	父亲	范学田	1992年7月
	周林霞	妻子	女	1964年3月	汉			
	范丽萍	女儿	女	1989年3月	汉			
	陶碗根	母亲	女	1928年8月	汉			
家庭大事记	1982年10月,翻建楼房; 2003年9月,范丽萍考入硅湖职业技术学院(专科); 2003年10月,分到动迁房2套; 2018年1月,购尼桑汽车1辆。							

	姓名	与户主关系	性别	出生年月	民族	已故家属		
						称呼	姓名	去世年月
现有家庭人员	孙建明	户主	男	1971年11月	汉			
	徐芬英	妻子	女	1970年8月	汉			
	孙林峰	儿子	男	1994年2月	汉			

家庭大事记	2003年7月，分到动迁房1套； 2012年9月，孙林峰考入南京科技职业学院（专科）； 2017年3月，购本田汽车1辆。

	姓名	与户主关系	性别	出生年月	民族	已故家属		
						称呼	姓名	去世年月
现有家庭人员	孙巧瑛	户主	女	1942年11月	汉	丈夫	姜凤祥	2013年10月
	姜金根	儿子	男	1968年3月	汉			
	高玉琴	儿媳	女	1971年10月	汉			
	姜永刚	孙子	男	1991年3月	汉			
	姜永倩	孙女	女	1998年3月	汉			

家庭大事记	1983年3月，翻建三上三下楼房； 1999年6月，购丰田汽车1辆； 2003年，分到动迁房2套； 2015年9月，姜永刚考入皇家墨尔本理工大学； 2016年9月，姜永倩考入扬州大学。

▶ 共青村第10村民小组

共青村第10村民小组人员统计表

单位：人

序号	户主	人口	其中		序号	户主	人口	其中	
			男	女				男	女
1	邵凤良	7	4	3	10	邵巧男	5	2	3
2	邵引生	5	2	3	11	朱根元	3	1	2
3	陆国良	6	4	2	12	方龙妹	7	4	3
4	朱玉芳	3	2	1	13	陈林秀	3	2	1
5	邵黑男	4	1	3	14	朱惠元	3	2	1
6	邵品华	5	3	2	15	朱金英	1	0	1
7	居根良	6	3	3	16	居根弟	4	2	2
8	居雪娟	6	4	2	17	邵　敏	1	1	0
9	朱一平	6	4	2	18	邵惠良	5	2	3
合　计					18		80	43	37

	姓名	与户主关系	性别	出生年月	民族	已故家属		
						称呼	姓名	去世年月
现有家庭人员	邵凤良	户主	男	1957年6月	汉	父亲	邵阿塔	2014年1月
	马金花	妻子	女	1956年12月	汉			
	邵振华	儿子	男	1981年12月	汉			
	缪冬梅	儿媳	女	1984年3月	汉			
	邵俊豪	长孙	男	2006年10月	汉			
	邵俊凯	次孙	男	2014年8月	汉			
	邵桂英	母亲	女	1935年9月	汉			
家庭大事记	1988年10月，翻建三上三下楼房； 1991年5月，邵凤良加入中国共产党； 2005年5月，分到动迁房2套。							

	姓名	与户主关系	性别	出生年月	民族	已故家属		
						称呼	姓名	去世年月
现有家庭人员	邵引生	户主	男	1965 年 3 月	汉			
	陆银珍	妻子	女	1965 年 12 月	汉			
	邵小燕	女儿	女	1988 年 3 月	汉			
	赵予诺	外孙女	女	2012 年 7 月	汉			
	邵予皓	外孙	男	2015 年 9 月	汉			
家庭大事记	1990 年 12 月，翻建三上三下楼房； 2005 年 5 月，分到动迁房 2 套； 2013 年，购斯柯达汽车 1 辆。							

	姓名	与户主关系	性别	出生年月	民族	已故家属		
						称呼	姓名	去世年月
现有家庭人员	陆国良	户主	男	1967 年 11 月	汉			
	丁建花	妻子	女	1968 年 9 月	汉			
	陆萍萍	女儿	女	1990 年 12 月	汉			
	张海豹	女婿	男	1988 年 9 月	汉			
	张铭轩	长外孙	男	2014 年 9 月	汉			
	陆铭煜	次外孙	男	2016 年 2 月	汉			
家庭大事记	1982 年 7 月，翻建三上三下楼房； 2005 年 5 月，分到动迁房 2 套； 2018 年 3 月，购雪佛兰汽车 1 辆。							

	姓名	与户主关系	性别	出生年月	民族	已故家属		
						称呼	姓名	去世年月
现有家庭人员	朱玉芳	户主	女	1974年8月	汉			
	姚小民	丈夫	男	1970年9月	汉			
	朱振翼	儿子	男	1995年10月	汉			
家庭大事记	1985年10月，翻建三上三下楼房； 2005年5月，分到动迁房1套； 朱振翼2015年9月入伍，2017年9月退伍； 2019年10月，购汽车1辆。							

	姓名	与户主关系	性别	出生年月	民族	已故家属		
						称呼	姓名	去世年月
现有家庭人员	邵黑男	户主	男	1954年8月	汉			
	杨宗妹	妻子	女	1954年7月	汉			
	邵群	女儿	女	1978年7月	汉			
	邵蕊	外孙女	女	2006年3月	汉			
家庭大事记	1988年12月，翻建三上三下楼房； 2005年5月，分到动迁房2套。							

	姓名	与户主关系	性别	出生年月	民族	已故家属		
						称呼	姓名	去世年月
现有家庭人员	邵品华	户主	男	1964年7月	汉			
	郁菊英	妻子	女	1965年11月	汉			
	邵静	女儿	女	1987年10月	汉			
	夏凯	女婿	男	1988年2月	汉			
	夏睦晨	外孙	男	2017年3月	汉			
家庭大事记	1990年10月，翻建三上三下楼房； 2005年5月，分到动迁房2套； 2006年9月，邵静考入扬州外国语学校（专科）； 2014年8月，购汽车1辆。							

	姓名	与户主关系	性别	出生年月	民族	已故家属		
						称呼	姓名	去世年月
现有家庭人员	居根良	户主	男	1959年9月	汉			
	李惠芬	妻子	女	1963年9月	汉			
	居雪华	儿子	男	1985年12月	汉			
	孙琼琼	儿媳	女	1987年5月	汉			
	居芯妍	孙女	女	2010年4月	汉			
	居佑丞	孙子	男	2019年8月	汉			
家庭大事记	1988年12月，翻建三上四下楼房； 2005年5月，分到动迁房2套； 2016年10月，购尼桑汽车1辆。							

	姓名	与户主关系	性别	出生年月	民族	已故家属		
						称呼	姓名	去世年月
现有家庭人员	居雪娟	户主	女	1979年1月	汉			
	姚志刚	丈夫	男	1977年7月	汉			
	姚 瑞	儿子	男	2011年8月	汉			
	居 依	女儿	男	2002年8月	汉			
	居根元	父亲	男	1954年10月	汉			
	姚良妹	母亲	女	1954年9月	汉			
家庭大事记	1982年2月，翻建三上四下楼房； 1991年，购汽车1辆； 2005年5月，分到动迁房1套。							

	姓名	与户主关系	性别	出生年月	民族	已故家属		
						称呼	姓名	去世年月
现有家庭人员	朱一平	户主	男	1979年1月	汉			
	邵金芬	妻子	女	1979年11月	汉			
	朱言韬	长子	男	2003年2月	汉			
	邵语诚	次子	男	2011年12月	汉			
	邵弟元	岳父	男	1954年11月	汉			
	王小猫	岳母	女	1954年11月	汉			
家庭大事记	1988年9月，翻建三上三下楼房； 朱一平1998年12月入伍，2000年9月被评为"优秀士兵"，2000年10月加入中国共产党，是年12月退伍； 2005年5月，分到动迁房3套； 2012年10月，购东风雪铁龙汽车1辆。							

	姓名	与户主关系	性别	出生年月	民族	已故家属		
						称呼	姓名	去世年月
现有家庭人员	邵巧男	户主	男	1949年12月	汉			
	王塔妹	妻子	女	1949年4月	汉			
	邵雪花	女儿	女	1970年1月	汉			
	王建良	女婿	男	1967年5月	汉			
	邵燕萍	外孙女	女	1990年12月	汉			
家庭大事记	1985年10月，翻建三上四下楼房； 1995年7月，购汽车1辆； 2005年5月，分到动迁房3套； 2009年9月，邵燕萍考入东南大学； 2011年2月，邵巧男被评为"江苏省先进建造师"； 2015年8月，购商品房1套。							

	姓名	与户主关系	性别	出生年月	民族	已故家属		
						称呼	姓名	去世年月
现有家庭人员	朱根元	户主	男	1951年11月	汉			
	顾益英	妻子	女	1958年8月	汉			
	朱晓莺	女儿	女	1987年2月	汉			
家庭大事记	朱根元1969年3月入伍，1969年11月加入中国共产党，1975年4月退伍； 2005年，分到动迁房1套； 2008年9月，朱晓莺考入上海大学。							

	姓名	与户主关系	性别	出生年月	民族	已故家属		
						称呼	姓名	去世年月
现有家庭人员	方龙妹	户主	女	1965年1月	汉			
	邵品良	丈夫	男	1962年4月	汉			
	邵志龙	儿子	男	1985年11月	汉			
	王介平	儿媳	女	1990年8月	汉			
	邵宇泽	孙子	男	2013年6月	汉			
	王聿晞	孙女	女	2018年7月	汉			
	邵友泉	父亲	男	1935年10月	汉			
家庭大事记								

	姓名	与户主关系	性别	出生年月	民族	已故家属		
						称呼	姓名	去世年月
现有家庭人员	陈林秀	户主	女	1975年2月	汉			
	陆国明	丈夫	男	1972年10月	汉			
	陆斌	儿子	男	1999年9月	汉			
家庭大事记	2005年，分到动迁房1套。							

现有家庭人员	姓名	与户主关系	性别	出生年月	民族	已故家属		
						称呼	姓名	去世年月
	朱惠元	户主	男	1956年10月	汉			
	曾四妹	妻子	女	1958年4月	汉			
	朱 杰	儿子	男	1991年1月	汉			

家庭大事记	2005年,分到动迁房2套。

现有家庭人员	姓名	与户主关系	性别	出生年月	民族	已故家属		
						称呼	姓名	去世年月
	朱金英	户主	女	1946年6月	汉	丈夫	邵阿二	2015年2月

家庭大事记	1981年5月,翻建二上三下楼房; 2005年5月,分到动迁房3套; 2017年,购汽车1辆。

现有家庭人员	姓名	与户主关系	性别	出生年月	民族	已故家属		
						称呼	姓名	去世年月
	居根弟	户主	男	1951年5月	汉			
	张巧妹	妻子	女	1950年4月	汉			
	居永良	儿子	男	1974年11月	汉			
	居永珍	女儿	女	1976年6月	汉			

家庭大事记	1999年,居永良获得"江苏省书法创作奖"; 2008年9月,居永良考入南京大学。

现有家庭人员	姓名	与户主关系	性别	出生年月	民族	已故家属		
						称呼	姓名	去世年月
	邵 敏	户主	男	1985年8月	汉	父亲	邵引根	2016年3月
						母亲	杨小妹	2016年3月

家庭大事记	2006年，分到动迁房3套。

现有家庭人员	姓名	与户主关系	性别	出生年月	民族	已故家属		
						称呼	姓名	去世年月
	邵惠良	户主	男	1959年7月	汉			
	全阿花	妻子	女	1962年4月	汉			
	邵 军	儿子	男	1984年6月	汉			
	许云霞	儿媳	女	1985年11月	汉			
	邵许檬	孙女	女	2012年4月	汉			

家庭大事记	1987年，翻建三上三下楼房； 2005年，分到动迁房3套。

▶ 共青村第11村民小组

共青村第11村民小组人员统计表

单位：人

序号	户主	人口	其中		序号	户主	人口	其中	
			男	女				男	女
1	蔡凤英	4	2	2	17	营红云	1	0	1
2	朱桂英	8	3	5	18	张雪弟	5	2	3
3	蔡野男	9	4	5	19	邱雪贵	5	2	3
4	赵维华	3	2	1	20	熊立宏	3	2	1
5	赵志英	6	4	2	21	朱正弟	6	3	3
6	邱雪根	6	4	2	22	顾明元	5	2	3
7	薛凤涛	3	2	1	23	王雨珍	4	1	3
8	蔡东明	5	2	3	24	熊立华	5	2	3
9	程素芹	4	2	2	25	张雪东	8	4	4
10	顾蓬伟	5	1	4	26	熊伟强	5	3	2
11	王林豪	5	2	3	27	张雪男	5	2	3
12	顾引娣	3	0	3	28	熊根喜	4	3	1
13	熊志强	5	3	2	29	顾蓬旺	5	3	2
14	刘爱琴	6	3	3	30	蔡惠男	5	2	3
15	张雪林	6	2	4	31	邱雪亮	5	3	2
16	张雪良	5	3	2	32	—	—	—	—
合　计						31	154	73	81

	姓名	与户主关系	性别	出生年月	民族	已故家属		
						称呼	姓名	去世年月
现有家庭人员	蔡凤英	户主	女	1948年2月	汉			
	王　峰	丈夫	男	1945年12月	汉			
	蔡卫忠	儿子	男	1969年9月	汉			
	蔡卫芳	女儿	女	1967年12月	汉			
家庭大事记	1984年5月，翻建三上三下楼房。							

	姓名	与户主关系	性别	出生年月	民族	已故家属		
						称呼	姓名	去世年月
现有家庭人员	朱桂英	户主	女	1947年6月	汉	丈夫	刘步法	2015年8月
	刘井兴	儿子	男	1966年2月	汉			
	刘 妹	长女	女	1968年3月	汉			
	顾伟文	女婿	男	1966年8月	汉			
	刘 花	次女	女	1970年10月	汉			
	刘 欣	孙女	女	1995年10月	汉			
	刘俊辉	孙子	男	2007年8月	汉			
	张蓓羽	外孙女	女	2008年7月	汉			
家庭大事记	1992年5月,翻建三上四下楼房; 2003年7月,分到动迁房2套。							

	姓名	与户主关系	性别	出生年月	民族	已故家属		
						称呼	姓名	去世年月
现有家庭人员	蔡野男	户主	男	1947年3月	汉	父亲	蔡小弟	1999年11月
	承林凤	妻子	女	1949年2月	汉	母亲	蔡凤仙	2004年12月
	蔡永军	儿子	男	1968年10月	汉			
	蔡永妹	女儿	女	1970年12月	汉			
	施学琴	儿媳	女	1968年6月	汉			
	蔡颜芳	孙女	女	1991年7月	汉			
	陆志华	孙女婿	男	1989年12月	汉			
	陆欣怡	曾孙女	女	2015年2月	汉			
	蔡鑫贺	曾孙	男	2019年2月	汉			
家庭大事记	1986年3月,翻建三上三下楼房; 1996年11月,蔡野男获得"白塔村十佳规模经营户"荣誉; 2003年7月,分到动迁房3套。							

	姓名	与户主关系	性别	出生年月	民族	已故家属		
						称呼	姓名	去世年月
现有家庭人员	赵维华	户主	男	1967年12月	汉	父亲	赵子勤	2013年7月
	郑琴芳	妻子	女	1969年11月	汉	母亲	庞炳珍	2011年12月
	赵铭嘉	儿子	男	1993年11月	汉			

家庭大事记	1987年3月,翻建三上三下楼房; 2003年7月,分到动迁房2套; 2018年5月,购海马汽车1辆; 2018年9月,赵铭嘉考入福建师范大学。

	姓名	与户主关系	性别	出生年月	民族	已故家属		
						称呼	姓名	去世年月
现有家庭人员	赵志英	户主	女	1946年12月	汉	前夫	顾志来	1994年6月
	汤阿林	丈夫	男	1952年9月	汉			
	顾蓬生	儿子	男	1968年5月	汉			
	顾蓬英	女儿	女	1979年5月	汉			
	王 勇	女婿	男	1972年10月	汉			
	王洁轩	外孙	男	2013年6月	汉			

家庭大事记	1990年5月,翻建三上三下楼房; 2003年7月,分到动迁房2套。

	姓名	与户主关系	性别	出生年月	民族	已故家属		
						称呼	姓名	去世年月
现有家庭人员	邱雪根	户主	男	1963年6月	汉	父亲	邱田洪	2008年4月
	石金娥	妻子	女	1965年11月	汉			
	邱　凌	儿子	男	1986年8月	汉			
	许苏芳	儿媳	女	1986年11月	汉			
	邱智轩	长孙	男	2009年3月	汉			
	许智恒	次孙	男	2011年11月	汉			
家庭大事记	1986年3月，翻建三上三下楼房； 2003年7月，分到动迁房2套； 2007年5月，购商品房1套； 2012年6月，购大众汽车1辆； 2016年7月，邱凌加入中国共产党。							

	姓名	与户主关系	性别	出生年月	民族	已故家属		
						称呼	姓名	去世年月
现有家庭人员	薛凤涛	户主	男	1926年2月	汉	妻子	陆阿二	2013年1月
	薛海根	儿子	男	1955年4月	汉			
	袁玉芬	儿媳	女	1961年5月	汉			
家庭大事记	1960年5月，薛凤涛加入中国共产党； 2003年7月，分到动迁房1套。							

	姓名	与户主关系	性别	出生年月	民族	已故家属		
						称呼	姓名	去世年月
现有家庭人员	蔡东明	户主	男	1958年11月	汉	父亲	蔡菊林	2004年3月
	刘小琴	妻子	女	1962年11月	汉			
	蔡云霞	女儿	女	1984年10月	汉			
	蔡宇轩	外孙	男	2008年12月	汉			
	蔡美林	母亲	女	1936年10月	汉			
家庭大事记	1989年5月,翻建三上三下楼房; 2003年7月,分到动迁房2套。							

	姓名	与户主关系	性别	出生年月	民族	已故家属		
						称呼	姓名	去世年月
现有家庭人员	程素芹	户主	女	1975年3月	汉			
	王建生	丈夫	男	1968年9月	汉			
	顾文婷	女儿	女	1995年11月	汉			
	周 立	女婿	男	1992年10月	汉			
家庭大事记	2003年7月,分到动迁房1套; 2014年9月,顾文婷考入苏州大学。							

	姓名	与户主关系	性别	出生年月	民族	已故家属		
						称呼	姓名	去世年月
现有家庭人员	顾朋伟	户主	男	1971年3月	汉	父亲	顾志明	2004年12月
	李 娟	妻子	女	1972年1月	汉			
	顾李萍	长女	女	1993年10月	汉			
	顾馨雨	次女	女	2008年10月	汉			
	张金娣	母亲	女	1950年5月	汉			
家庭大事记	1987年5月,翻建三上三下楼房; 2003年7月,分到动迁房2套; 2008年9月,顾李萍考入江苏城市职业学院(专科)。							

	姓名	与户主关系	性别	出生年月	民族	已故家属		
						称呼	姓名	去世年月
现有家庭人员	王林豪	户主	男	1943年2月	汉			
	李二秀	妻子	女	1953年2月	汉			
	王宝鸣	儿子	男	1974年12月	汉			
	苟粉珍	儿媳	女	1974年9月	汉			
	王琴	孙女	女	1997年11月	汉			
家庭大事记	1987年4月，翻建三上三下楼房； 2003年7月，分到动迁房2套； 2016年9月，王琴考入昆山登云科技职业学院（专科）。							

	姓名	与户主关系	性别	出生年月	民族	已故家属		
						称呼	姓名	去世年月
现有家庭人员	顾引娣	户主	女	1945年11月	汉			
	蔡东珍	长女	女	1965年10月	汉			
	蔡卫清	次女	女	1968年9月	汉			
家庭大事记	2003年7月，分到动迁房1套。							

	姓名	与户主关系	性别	出生年月	民族	已故家属		
						称呼	姓名	去世年月
现有家庭人员	熊志强	户主	男	1968年10月	汉	父亲	熊宝山	2018年4月
	杨桂芬	妻子	女	1970年10月	汉	祖父	熊长林	2002年12月
	熊雪琪	女儿	女	1991年11月	汉	叔父	熊才根	2004年1月
	龚云飞	女婿	男	1993年1月	汉			
	龚晨睿	外孙	男	2017年3月	汉			
家庭大事记	熊志强1986年10月入伍，1989年获得三等功，1990年1月加入中国共产党，是月退伍； 1987年5月，翻建三上三下楼房； 2003年7月，分到动迁房2套； 2010年9月，熊雪琪考入郑州文理专修学院（专科）。							

	姓名	与户主关系	性别	出生年月	民族	已故家属		
						称呼	姓名	去世年月
现有家庭人员	刘爱琴	户主	女	1964年9月	汉	丈夫	王林根	2015年11月
	王 纯	儿子	男	1986年11月	汉			
	谢 燕	儿媳	女	1987年12月	汉			
	王子涵	孙子	男	2010年3月	汉			
	谢梦涵	孙女	女	2013年4月	汉			
	王永法	父亲	男	1935年2月	汉			
家庭大事记	1989年3月，翻建三上三下楼房； 2003年7月，分到动迁房2套； 2017年11月，购丰田汽车1辆。							

	姓名	与户主关系	性别	出生年月	民族	已故家属		
						称呼	姓名	去世年月
现有家庭人员	张雪林	户主	男	1966年1月	汉	父亲	张为民	2001年12月
	余秀芳	妻子	女	1964年11月	汉	祖父	张继善	1980年11月
	张 良	儿子	男	1990年11月	汉	祖母	刘二妹	1963年6月
	邹 琴	儿媳	女	1990年6月	汉			
	张梓涵	孙女	女	2016年8月	汉			
	陈元妹	母亲	女	1940年5月	汉			
家庭大事记	1995年7月，翻建三上三下楼房； 2003年7月，分到动迁房2套； 2007年9月，张良考入连云港职业技术学院（专科）； 2016年，购北京现代汽车1辆。							

现有家庭人员	姓名	与户主关系	性别	出生年月	民族	已故家属		
						称呼	姓名	去世年月
	张雪良	户主	男	1965年1月	汉	祖父	张继善	1980年11月
	浦建华	妻子	女	1967年5月	汉	祖母	刘二妹	1963年6月
	张 洁	女儿	女	1989年11月	汉	父亲	张维民	2015年6月
	王海龙	女婿	男	1989年8月	汉	母亲	包梅宝	1998年7月
	张景宜	外孙	男	2014年11月	汉			
家庭大事记	1987年4月，翻建二上三下楼房； 2003年7月，分到动迁房2套； 2010年9月，张洁考入南京晓庄学院； 2018年，购大众汽车1辆。							

现有家庭人员	姓名	与户主关系	性别	出生年月	民族	已故家属		
						称呼	姓名	去世年月
	营红云	户主	女	1967年8月	汉			
家庭大事记	2003年7月，分到动迁房1套。							

现有家庭人员	姓名	与户主关系	性别	出生年月	民族	已故家属		
						称呼	姓名	去世年月
	张雪弟	户主	男	1954年9月	汉	祖父	张继善	1980年11月
	姜友女	妻子	女	1957年1月	汉	祖母	刘二妹	1963年6月
	张 枫	儿子	男	1982年8月	汉	父亲	张维民	2015年6月
	王 娟	儿媳	女	1986年10月	汉	母亲	包梅宝	1998年7月
	张文雨	孙女	女	2010年6月	汉			
家庭大事记	1987年8月，翻建三上三下楼房； 张雪弟1997年1月加入中国共产党，1997年11月被评为"苏州市农业普查先进个人"； 2001年9月，张枫考入苏州职业大学（专科）； 2003年7月，分到动迁房2套； 王娟2004年9月考入苏州职业大学（专科），2006年11月加入中国共产党； 2008年，购大众汽车1辆。							

	姓名	与户主关系	性别	出生年月	民族	已故家属		
						称呼	姓名	去世年月
现有家庭人员	邱雪贵	户主	男	1969年10月	汉	父亲	邱田洪	2008年4月
	吴会琼	妻子	女	1968年6月	汉			
	邱松	儿子	男	1993年1月	汉			
	张帆	儿媳	女	1993年9月	汉			
	徐阿二	母亲	女	1935年12月	汉			
家庭大事记	1986年3月,翻建二上三下楼房; 2003年7月,分到动迁房1套。							

	姓名	与户主关系	性别	出生年月	民族	已故家属		
						称呼	姓名	去世年月
现有家庭人员	熊立宏	户主	男	1974年6月	汉	父亲	熊来喜	2008年8月
	孙建	妻子	女	1977年7月	汉			
	熊文逊	儿子	男	2001年3月	汉			
家庭大事记								

	姓名	与户主关系	性别	出生年月	民族	已故家属		
						称呼	姓名	去世年月
现有家庭人员	朱正弟	户主	男	1971年11月	汉			
	任惠玉	妻子	女	1973年5月	汉			
	朱倩慧	女儿	女	1994年10月	汉			
	王天伦	女婿	男	1992年11月	汉			
	董立洪	父亲	男	1937年10月	汉			
	朱秀英	母亲	女	1946年2月	汉			
家庭大事记	1986年4月,翻建三上三下楼房; 2003年7月,分到动迁房2套; 2012年9月,朱倩慧考入淮阴师范学院; 2017年3月,购大众汽车1辆。							

	姓名	与户主关系	性别	出生年月	民族	已故家属		
						称呼	姓名	去世年月
现有家庭人员	顾明元	户主	男	1963年4月	汉	父亲	顾志富	2008年10月
	任雪芳	妻子	女	1966年10月	汉	母亲	顾郁英	2016年5月
	顾艳娉	女儿	女	1989年5月	汉	祖父	顾发旺	1985年4月
	侍 侨	女婿	男	1990年12月	汉	祖母	戴春芳	2002年2月
	顾奕珺	外孙女	女	2016年11月	汉			
家庭大事记	1986年11月，翻建三上三下楼房； 1993年，顾明元被玉山镇政府评为"先进个人"； 1999年9月，任雪芳考入苏州科技学院（专科）； 2003年7月，分到动迁房2套； 2006年10月，购东风标致汽车1辆； 2007年9月，顾艳娉考入江苏第二师范学院； 2019年12月，购商品房1套。							

	姓名	与户主关系	性别	出生年月	民族	已故家属		
						称呼	姓名	去世年月
现有家庭人员	王雨珍	户主	女	1944年9月	汉	丈夫	熊宝山	2018年4月
	熊民强	儿子	男	1973年5月	汉			
	罗 艳	儿媳	女	1974年11月	汉			
	熊佳怡	孙女	女	2004年10月	汉			
家庭大事记	2003年7月，分到动迁房1套。							

现有家庭人员	姓名	与户主关系	性别	出生年月	民族	已故家属		
						称呼	姓名	去世年月
	熊立华	户主	男	1972年1月	汉	父亲	熊来喜	2008年8月
	朱巧英	妻子	女	1972年6月	汉			
	熊佳斌	儿子	男	1995年2月	汉			
	张 一	儿媳	女	1997年1月	汉			
	乔小虎	母亲	女	1951年1月	汉			
家庭大事记	1986年5月,翻建三上三下楼房; 2003年7月,分到动迁房2套; 2018年10月,购宝马汽车1辆。							

现有家庭人员	姓名	与户主关系	性别	出生年月	民族	已故家属		
						称呼	姓名	去世年月
	张雪东	户主	男	1947年12月	汉	祖父	张继善	1980年11月
	蔡梅英	妻子	女	1951年3月	汉	祖母	刘二妹	1963年6月
	张 忠	长子	男	1972年12月	汉	父亲	张维民	2015年6月
	顾启红	长媳	女	1975年1月	汉	母亲	包梅宝	1998年7月
	张文杰	孙子	男	1995年12月	汉			
	张 明	次子	男	1975年1月	汉			
	施羽霞	次媳	女	1974年3月	汉			
	张蒇琰	孙女	女	2003年11月	汉			
家庭大事记	1978年3月,张雪东加入中国共产党; 1987年6月,翻建三上三下楼房; 2003年7月,分到动迁房3套; 2013年9月,张文杰考入扬州大学广陵学院; 2018年1月,购大众汽车1辆; 张忠2018年7月加入中国共产党,2019年12月被评为"昆山好人"。							

	姓名	与户主关系	性别	出生年月	民族	已故家属		
						称呼	姓名	去世年月
现有家庭人员	熊伟强	户主	男	1970年9月	汉	父亲	熊宝山	2018年4月
	王翠娥	妻子	女	1971年12月	汉			
	熊勇	儿子	男	1993年7月	汉			
	肖丽华	儿媳	女	1994年10月	汉			
	熊彦希	孙子	男	2019年9月	汉			
家庭大事记	1987年5月，翻建三上三下楼房； 1995年9月，熊伟强考入郑州理工专修学院（专科）； 熊勇2012年12月入伍，2013年9月考入西南财经大学，2013年获得"优秀士兵"称号，2014年9月加入中国共产党，2014年12月退伍； 2003年7月，分到动迁房2套； 2011年3月，购北京现代汽车1辆； 2016年10月，购商品房1套。							

	姓名	与户主关系	性别	出生年月	民族	已故家属		
						称呼	姓名	去世年月
现有家庭人员	张雪男	户主	男	1950年1月	汉	祖父	张继善	1980年11月
	熊桂英	妻子	女	1951年6月	汉	祖母	刘二妹	1963年6月
	张健	儿子	男	1975年2月	汉	父亲	张维民	2015年6月
	张云芬	儿媳	女	1975年10月	汉	母亲	包梅宝	1998年7月
	张文芸	孙女	女	1989年7月	汉			
家庭大事记	1988年4月，翻建二上三下楼房； 2003年7月，分到动迁房2套； 2015年9月，张文芸考入苏州大学。							

	姓名	与户主关系	性别	出生年月	民族	已故家属		
						称呼	姓名	去世年月
现有家庭人员	熊根喜	户主	男	1957年11月	汉			
	史秀平	妻子	女	1961年6月	汉			
	熊立军	儿子	男	1985年2月	汉			
	熊振宇	孙子	男	2012年4月	汉			
家庭大事记	2003年7月，分到动迁房2套； 熊立军2003年12月入伍，2008年8月加入中国共产党，2008年12月退伍； 2014年1月，购斯柯达汽车1辆。							

	姓名	与户主关系	性别	出生年月	民族	已故家属		
						称呼	姓名	去世年月
现有家庭人员	顾蓬旺	户主	男	1971年1月	汉	父亲	顾志来	1994年6月
	张桥珍	妻子	女	1971年3月	汉			
	顾文慧	女儿	女	1992年7月	汉			
	张小强	女婿	男	1992年4月	汉			
	张宇晨	外孙	男	2020年5月	汉			
家庭大事记	2003年7月，分到动迁房1套。							

	姓名	与户主关系	性别	出生年月	民族	已故家属		
						称呼	姓名	去世年月
现有家庭人员	蔡惠男	户主	男	1959年12月	汉	父亲	蔡小弟	1999年11月
	蔡勇	儿子	男	1984年1月	汉	母亲	蔡凤仙	2004年12月
	李秀蓉	儿媳	女	1984年3月	汉	妻子	张菊芬	2019年3月
	蔡卿晨	长孙女	女	2006年6月	汉			
	蔡聿州	次孙女	女	2016年11月	汉			
家庭大事记	1987年4月，翻建三上三下楼房； 2003年7月，分到动迁房2套。							

	姓名	与户主关系	性别	出生年月	民族	已故家属		
						称呼	姓名	去世年月
现有家庭人员	邱雪亮	户主	男	1965年8月	汉	父亲	邱田洪	2008年4月
	辛　奇	妻子	女	1974年12月	汉			
	邱　洁	长子	男	1988年9月	汉			
	邱　洋	次子	男	2002年12月	汉			
	邱珊珊	孙女	女	2011年7月	汉			
家庭大事记	1992年10月,翻建三上三下楼房; 1996年9月,购商品房1套; 1996年10月,购大众汽车1辆; 2003年7月,分到动迁房2套; 邱洁2006年12月入伍,2008年9月加入中国共产党,2008年11月退伍; 2009年7月,邱雪亮加入中国共产党。							

▶ 共青村第12村民小组

共青村第12村民小组人员统计表

单位：人

序号	户主	人口	其中		序号	户主	人口	其中	
			男	女				男	女
1	张祖新	1	1	0	16	刘训刚	2	1	1
2	张云南	5	3	2	17	周品刚	6	2	4
3	周志刚	4	2	2	18	李祖鞭	5	3	2
4	庄根妹	5	3	2	19	刘训华	1	1	0
5	承文荣	6	3	3	20	刘古池	4	2	2
6	董正堂	2	1	1	21	董正华	5	3	2
7	董正林	6	2	4	22	陈志根	6	3	3
8	承 伟	6	2	4	23	王乃喜	6	2	4
9	蒋斌章	5	2	3	24	候建国	3	1	2
10	承云龙	6	2	4	25	刘训强	2	1	1
11	周小林	7	2	5	26	承佰平	3	1	2
12	仇秀英	3	2	1	27	刘古明	6	3	3
13	承阿龙	4	2	2	28	薛巧英	2	0	2
14	承根龙	5	3	2	29	陈志兴	5	4	1
15	李小妹	7	4	3	30	董安强	3	2	1
合　计					30		131	63	68

现有家庭人员	姓名	与户主关系	性别	出生年月	民族	已故家属		
						称呼	姓名	去世年月
	张祖新	户主	男	1967年6月	汉			
家庭大事记	1996年，翻建二上三下楼房； 2003年7月，分到动迁房2套。							

	姓名	与户主关系	性别	出生年月	民族	已故家属		
						称呼	姓名	去世年月
现有家庭人员	张云南	户主	男	1950年4月	汉			
	承玲芝	妻子	女	1954年3月	汉			
	承永芳	女儿	女	1975年1月	汉			
	高峰庆	女婿	男	1972年2月	汉			
	张峥	外孙	男	1995年10月	汉			
家庭大事记	1987年3月，翻建三上三下楼房； 高峰庆1992年入伍，1993年7月加入中国共产党，1995年退伍，1995年获得三等功； 2003年7月，分到动迁房2套； 2016年12月，购马自达汽车1辆； 2018年9月，张峥考入南京邮电大学。							

	姓名	与户主关系	性别	出生年月	民族	已故家属		
						称呼	姓名	去世年月
现有家庭人员	周志刚	户主	男	1967年4月	汉	父亲	周兴华	1998年8月
	於时娟	妻子	女	1975年7月	汉			
	周禹淏	儿子	男	2006年2月	汉			
	承仁妹	母亲	女	1932年2月	汉			
家庭大事记	1989年12月，翻建三上三下楼房； 1996年10月，购商品房1套； 1998年，购大众汽车1辆； 2003年7月，分到动迁房2套。							

现有家庭人员	姓名	与户主关系	性别	出生年月	民族	已故家属		
						称呼	姓名	去世年月
	庄根妹	户主	女	1964年4月	汉	丈夫	周品虎	2009年6月
	周淑霞	女儿	女	1986年7月	汉			
	陈 龙	女婿	男	1986年5月	汉			
	陈思佑	长外孙	男	2013年3月	汉			
	周佑泽	次外孙	男	2016年3月	汉			

家庭大事记	1990年5月，翻建三上三下楼房； 2001年10月，购商品房1套； 2003年7月，分到动迁房3套； 2005年3月，购汽车1辆； 2005年7月，周淑霞考入中山职业技术学院（专科）。

现有家庭人员	姓名	与户主关系	性别	出生年月	民族	已故家属		
						称呼	姓名	去世年月
	承文荣	户主	男	1947年12月	汉	父亲	承贵宝	2009年6月
	朱根娣	妻子	女	1949年5月	汉			
	承 忠	儿子	男	1969年3月	汉			
	钱新华	儿媳	女	1971年1月	汉			
	承 风	女儿	女	1972年11月	汉			
	承轶伦	孙子	男	1996年2月	汉			

家庭大事记	承忠1988年9月考入苏州职业大学（专科），1991年6月加入中国共产党； 1983年5月，翻建三上三下楼房； 1992年12月，购商品房1套； 2000年10月，购奥迪汽车1辆； 2003年7月，分到动迁房2套。

现有家庭人员	姓名	与户主关系	性别	出生年月	民族	已故家属		
						称呼	姓名	去世年月
	董正堂	户主	男	1963年6月	汉	父亲	董立信	2017年7月
	桑金凤	妻子	女	1963年10月	汉			

家庭大事记	1991年10月，翻建二上三下楼房； 2003年7月，分到动迁房2套； 2008年5月，购商品房1套； 2008年，购现代汽车1辆。

现有家庭人员	姓名	与户主关系	性别	出生年月	民族	已故家属		
						称呼	姓名	去世年月
	董正林	户主	男	1968年11月	汉	父亲	董立信	2017年7月
	姜园园	妻子	女	1984年8月	蒙古			
	董润轩	女儿	女	2011年1月	蒙古			
	董安杰	儿子	男	1993年5月	汉			
	董思懿	孙女	女	2018年9月	汉			
	王秀英	母亲	女	1944年12月	汉			

家庭大事记	1991年10月，翻建二上三下楼房； 2003年7月，分到动迁房2套； 姜园园2004年9月考入武汉电力职业技术学院（专科），2007年7月加入中国共产党； 董安杰2011年12月入伍，2013年10月加入中国共产党，2013年12月退伍； 2006年7月，购商品房1套。

	姓名	与户主关系	性别	出生年月	民族	已故家属		
						称呼	姓名	去世年月
现有家庭人员	承 伟	户主	男	1967年3月	汉	父亲	承贡玉	2019年2月
	施金娣	妻子	女	1966年11月	汉			
	承亦菲	女儿	女	1990年9月	汉			
	卢承皓	外孙	男	2015年1月	汉			
	刘古娣	母亲	女	1946年9月	汉			
	承 琦	妹妹	女	1972年9月	汉			
家庭大事记	1989年11月,翻建三上四下楼房; 2002年,购福田轻卡汽车1辆; 2003年7月,分到动迁房2套。							

	姓名	与户主关系	性别	出生年月	民族	已故家属		
						称呼	姓名	去世年月
现有家庭人员	蒋斌章	户主	男	1940年10月	汉			
	庞炳华	妻子	女	1946年1月	汉			
	蒋健良	儿子	男	1968年3月	汉			
	蒋桂兰	儿媳	女	1969年4月	汉			
	蒋筱莹	孙女	女	2002年3月	汉			
家庭大事记	2003年7月,分到动迁房2套; 2010年8月,购现代汽车1辆。							

	姓名	与户主关系	性别	出生年月	民族	已故家属		
						称呼	姓名	去世年月
现有家庭人员	承云龙	户主	男	1969年1月	汉	父亲	承阿福	1994年7月
	梁菊花	妻子	女	1969年12月	汉			
	承慧兰	女儿	女	1992年10月	汉			
	顾晓涛	女婿	男	1993年7月	汉			
	顾承希	外孙女	女	2017年5月	汉			
	张兰花	母亲	女	1936年1月	汉			
家庭大事记	1994年5月，翻建三上三下楼房； 2003年7月，分到动迁房2套； 2005年，承云龙加入中国共产党； 2009年5月，购丰田汽车1辆； 2011年9月，承慧兰考入南京师范大学泰州学院。							

	姓名	与户主关系	性别	出生年月	民族	已故家属		
						称呼	姓名	去世年月
现有家庭人员	周小林	户主	男	1965年6月	汉			
	秦　华	妻子	女	1965年10月	汉			
	周　莹	女儿	女	1987年10月	汉			
	周钰翕	长外孙女	女	2017年2月	汉			
	刘钰璟	次外孙女	女	2018年10月	汉			
	周克成	父亲	男	1929年11月	汉			
	刘古英	母亲	女	1937年9月	汉			
家庭大事记	1998年4月，翻建三上三下楼房； 2003年7月，分到动迁房2套； 2006年，周莹考入江苏经贸职业技术学院（专科）。							

	姓名	与户主关系	性别	出生年月	民族	已故家属		
						称呼	姓名	去世年月
现有家庭人员	仇秀英	户主	女	1928年9月	汉			
	董正青	长子	男	1970年8月	汉			
	董正明	次子	男	1974年5月	汉			
家庭大事记	1997年12月,翻建二上二下楼房; 2003年7月,分到动迁房2套。							

	姓名	与户主关系	性别	出生年月	民族	已故家属		
						称呼	姓名	去世年月
现有家庭人员	承阿龙	户主	男	1955年9月	汉	父亲	承阿福	1994年7月
	梅君绮	妻子	女	1958年5月	汉			
	承晓娇	女儿	女	1987年3月	汉			
	宋昀桥	外孙	男	2011年4月	汉			
家庭大事记	1990年10月,翻建三上三下楼房; 2003年7月,分到动迁房2套; 2007年9月,承晓娇考入扬州大学; 2009年,购丰田汽车1辆。							

	姓名	与户主关系	性别	出生年月	民族	已故家属		
						称呼	姓名	去世年月
现有家庭人员	承根龙	户主	男	1966年2月	汉	父亲	承阿福	1994年7月
	胡 妹	妻子	女	1968年6月	汉			
	承晓倩	女儿	女	1989年10月	汉			
	贺天雄	女婿	男	1989年2月	汉			
	贺承睿	外孙	男	2014年7月	汉			
家庭大事记	1994年7月,翻建三上三下楼房; 2003年7月,分到动迁房2套; 2005年9月,承晓倩考入江苏联合职业技术学院(专科); 2013年10月,购雪佛兰汽车1辆; 2014年11月,购商品房1套。							

	姓名	与户主关系	性别	出生年月	民族	已故家属		
						称呼	姓名	去世年月
现有家庭人员	李小妹	户主	女	1945年10月	汉	丈夫	承锦源	1997年12月
	承玲芳	女儿	女	1965年10月	汉			
	邵春良	女婿	男	1963年2月	汉			
	承佳伟	外孙	男	1986年12月	汉			
	徐　雅	外孙媳	女	1986年6月	汉			
	承星阔	长曾孙	男	2013年3月	汉			
	徐星河	次曾孙	男	2017年7月	汉			
家庭大事记	1992年，翻建三上三下楼房； 2003年7月，分到动迁房3套； 2005年9月，承佳伟考入淮海工学院（今江苏海洋大学）； 2011年，购东风雪铁龙汽车1辆。							

	姓名	与户主关系	性别	出生年月	民族	已故家属		
						称呼	姓名	去世年月
现有家庭人员	刘训刚	户主	男	1971年2月	汉	父亲	刘古林	2006年8月
	刘　珊	女儿	女	1994年12月	汉	母亲	张福珍	2012年2月
家庭大事记	2003年7月，分到动迁房1套。							

	姓名	与户主关系	性别	出生年月	民族	已故家属		
						称呼	姓名	去世年月
现有家庭人员	周品刚	户主	男	1949年1月	汉	父亲	周兴华	1998年8月
	高周娣	妻子	女	1950年10月	汉			
	周东晟	儿子	男	1973年3月	汉			
	宋建芳	儿媳	女	1973年7月	汉			
	承仁妹	母亲	女	1932年2月	汉			
	周宋赟	孙女	女	1996年2月	汉			
家庭大事记	1960年，承仁妹获得昆山县"三八红旗手"称号； 1985年3月，周品刚加入中国共产党； 1987年10月，翻建三上三下楼房； 1997年2月，购商品房1套； 2003年7月，分到动迁房2套； 2008年7月，购哈弗汽车1辆； 2017年9月，周宋赟考入苏州大学应用技术学院。							

	姓名	与户主关系	性别	出生年月	民族	已故家属		
						称呼	姓名	去世年月
现有家庭人员	李祖鞭	户主	男	1951年7月	汉	父亲	李成轼	2009年3月
	候美芳	妻子	女	1957年3月	汉	母亲	王雨田	2011年4月
	李德森	儿子	男	1978年11月	汉			
	祁丽平	儿媳	女	1982年8月	汉			
	李四勤	孙子	男	2003年10月	汉			
家庭大事记	1987年3月，翻建三上三下楼房； 2003年7月，分到动迁房2套； 2015年，购福特汽车1辆。							

现有家庭人员	姓名	与户主关系	性别	出生年月	民族	已故家属		
						称呼	姓名	去世年月
	刘训华	户主	男	1967年12月	汉	父亲	刘古林	2006年8月
						母亲	张福珍	2012年2月

家庭大事记	1998年7月，翻建三上三下楼房； 2003年7月，分到动迁房2套。

现有家庭人员	姓名	与户主关系	性别	出生年月	民族	已故家属		
						称呼	姓名	去世年月
	刘古池	户主	男	1942年12月	汉	妻子	张根娣	2007年2月
	刘训庭	儿子	男	1971年10月	汉			
	吴小燕	儿媳	女	1974年4月	汉			
	刘　欣	孙女	女	1998年10月	汉			

家庭大事记	1996年3月，翻建二上二下楼房； 刘训庭1991年入伍，1995年被评为"优秀士兵"，1996年荣立三等功，1996年12月退伍； 2003年7月，分到动迁房2套； 2008年9月，购大众汽车1辆； 2014年9月，刘欣考入南通体臣卫生学校（专科）。

现有家庭人员	姓名	与户主关系	性别	出生年月	民族	已故家属		
						称呼	姓名	去世年月
	董正华	户主	男	1949年2月	汉	父亲	董立文	1976年8月
	杨引娣	妻子	女	1949年9月	汉	母亲	杨秀英	2017年3月
	董安军	儿子	男	1972年7月	汉			
	钟妹芳	儿媳	女	1972年1月	汉			
	董道伟	孙子	男	1995年10月	汉			

家庭大事记	1975年3月，董正华加入中国共产党； 1986年8月，翻建六上六下楼房； 2003年7月，分到动迁房2套； 2016年3月，购奔驰汽车1辆； 2016年9月，董道伟考入北京外国语大学。

	姓名	与户主关系	性别	出生年月	民族	已故家属		
						称呼	姓名	去世年月
现有家庭人员	陈志根	户主	男	1959年1月	汉	母亲	王彩英	2002年10月
	姚如平	妻子	女	1960年10月	汉			
	陈国明	儿子	男	1984年7月	汉			
	李南南	儿媳	女	1986年10月	汉			
	陈培琪	孙女	女	2009年8月	汉			
	陈培皓	孙子	男	2014年5月	汉			
家庭大事记	1991年6月，翻建三上三下楼房； 1999年，陈志根加入中国共产党； 2000年9月，李南南考入徐州电子技术学校（专科）； 2000年9月，陈国明考入淮阴电子工业学校（专科）； 2003年7月，分到动迁房2套； 2013年11月，购福特汽车1辆。							

	姓名	与户主关系	性别	出生年月	民族	已故家属		
						称呼	姓名	去世年月
现有家庭人员	王乃喜	户主	男	1946年2月	汉	父亲	王大洪	2008年9月
	候玲芳	妻子	女	1952年1月	汉	母亲	王根娣	2003年9月
	王增纪	儿子	男	1979年2月	汉			
	卜献娟	儿媳	女	1981年3月	汉			
	王雨琴	女儿	女	1977年3月	汉			
	王欣怡	孙女	女	2003年8月	汉			
家庭大事记	1988年10月，翻建三上三下楼房； 2003年7月，分到动迁房3套； 2012年9月，购大众汽车1辆； 2016年5月，购商品房1套。							

现有家庭人员	姓名	与户主关系	性别	出生年月	民族	已故家属		
						称呼	姓名	去世年月
	候建国	户主	男	1965年6月	汉			
	董沙珍	妻子	女	1968年9月	汉			
	候梦洋	女儿	女	1992年4月	汉			

家庭大事记	1998年4月，翻建三上三下楼房； 2003年7月，分到动迁房1套； 2012年9月，侯梦洋考入苏州农业职业技术学院（专科）。

现有家庭人员	姓名	与户主关系	性别	出生年月	民族	已故家属		
						称呼	姓名	去世年月
	刘训强	户主	男	1967年4月	汉	母亲	张根娣	2007年2月
	刘岑	女儿	女	1990年9月	汉			

家庭大事记	1996年4月，翻建二上二下楼房； 2003年7月，分到动迁房2套； 2015年2月，购别克汽车1辆； 2016年9月，刘岑考入华中科技大学。

现有家庭人员	姓名	与户主关系	性别	出生年月	民族	已故家属		
						称呼	姓名	去世年月
	承佰平	户主	男	1960年7月	汉	父亲	承锦湘	1997年9月
	承佳栗	女儿	女	1983年8月	汉	母亲	张云妹	2006年1月
	刘沁宜	外孙女	女	2011年8月	汉			

家庭大事记	2000年8月，翻建三上三下楼房； 2001年9月，承佳栗考入中北大学； 2003年7月，分到动迁房1套； 2006年10月，购丰田汽车1辆。

	姓名	与户主关系	性别	出生年月	民族	已故家属		
						称呼	姓名	去世年月
现有家庭人员	刘古明	户主	男	1963年2月	汉			
	承玲珍	妻子	女	1964年4月	汉			
	刘 斌	儿子	男	1986年7月	汉			
	朱敏洁	儿媳	女	1989年10月	汉			
	刘禹哲	孙子	男	2011年1月	汉			
	朱禹潼	孙女	女	2015年8月	汉			
家庭大事记	1995年8月，翻建三上三下楼房； 2003年7月，分到动迁房3套； 2010年8月，购宝马汽车1辆。							

	姓名	与户主关系	性别	出生年月	民族	已故家属		
						称呼	姓名	去世年月
现有家庭人员	薛巧英	户主	女	1965年4月	汉	丈夫	张祖坤	2016年8月
	张惠佳	女儿	女	1988年10月	汉			
家庭大事记	2008年9月，张惠佳考入江海职业技术学院（专科）。							

	姓名	与户主关系	性别	出生年月	民族	已故家属		
						称呼	姓名	去世年月
现有家庭人员	陈志兴	户主	男	1954年11月	汉	母亲	王才英	2002年11月
	陈国强	儿子	男	1972年11月	汉	妻子	周桃英	2000年12月
	金伟芳	儿媳	女	1970年12月	汉			
	陈培恩	孙子	男	1995年8月	汉			
	陈福喜	父亲	男	1930年10月	汉			
家庭大事记	陈志兴1986年2月加入中国共产党，1992年考入南京农业大学； 1985年3月，翻建三上三下楼房； 2002年，购商品房1套； 2003年7月，分到动迁房2套； 2003年，购大众汽车1辆； 2013年9月，陈培恩考入扬州大学。							

	姓名	与户主关系	性别	出生年月	民族	已故家属		
						称呼	姓名	去世年月
现有家庭人员	董安强	户主	男	1970年9月	汉			
	朱月芬	妻子	女	1972年10月	汉			
	董道源	儿子	男	1999年11月	汉			
家庭大事记								

▶ 共青村第 13 村民小组

共青村第 13 村民小组人员统计表

单位：人

序号	户主	人口	其中		序号	户主	人口	其中	
			男	女				男	女
1	赵文联	5	3	2	18	张志宏	3	2	1
2	龚建明	5	2	3	19	任雪元	5	3	2
3	花小弟	2	1	1	20	王长林	6	2	4
4	张金民	3	2	1	21	谢建兴	7	3	4
5	王阿根	6	2	4	22	蒋惠娟	6	3	3
6	花十斤	3	2	1	23	张金良	6	2	4
7	花小三	5	2	3	24	王长明	5	2	3
8	蔡东平	5	3	2	25	张金林	5	2	3
9	谢建英	5	2	3	26	蒋海民	3	2	1
10	张 伟	6	4	2	27	杨惠芬	6	2	4
11	蒋惠品	4	1	3	28	张金龙	8	4	4
12	蔡东林	5	3	2	29	张小林	3	1	2
13	花月昆	3	1	2	30	蒋永平	1	1	0
14	张 欢	5	3	2	31	蒋小弟	5	3	2
15	谢建忠	6	1	5	32	蒋海云	4	2	2
16	蒋水生	5	3	2	33	王长青	6	2	4
17	张小弟	3	1	2	34	龚志华	4	2	2
合　计					34	159	74	85	

	姓名	与户主关系	性别	出生年月	民族	已故家属		
						称呼	姓名	去世年月
现有家庭人员	赵文联	户主	男	1976年10月	汉			
	蒋惠琴	妻子	女	1968年10月	汉			
	赵娄锦	儿子	男	1992年11月	汉			
	计 云	儿媳	女	1992年7月	汉			
	赵小川	孙子	男	2019年7月	汉			
家庭大事记	1998年7月，赵文联加入中国共产党； 2000年9月，赵娄锦考入宁波大学； 计云2001年9月考入天津财经大学，2014年10月加入中国共产党； 2003年7月，分到动迁房1套； 2008年1月，购汽车2辆； 2016年5月，购商品房1套。							

	姓名	与户主关系	性别	出生年月	民族	已故家属		
						称呼	姓名	去世年月
现有家庭人员	龚建明	户主	男	1979年9月	汉			
	邹 妹	妻子	女	1982年8月	汉			
	唐文雯	女儿	女	2005年2月	汉			
	唐金荣	父亲	男	1954年11月	汉			
	龚妹妹	母亲	女	1954年2月	汉			
家庭大事记	1993年5月，翻建三上三下楼房； 2003年7月，分到动迁房1套； 2016年，购汽车1辆。							

	姓名	与户主关系	性别	出生年月	民族	已故家属		
						称呼	姓名	去世年月
现有家庭人员	花小弟	户主	男	1959年9月	汉	父亲	花云祖	2003年5月
	张国梅	妻子	女	1968年12月	汉	母亲	刘古珍	1992年3月
家庭大事记	2003年7月，分到动迁房1套。							

	姓名	与户主关系	性别	出生年月	民族	已故家属		
						称呼	姓名	去世年月
现有家庭人员	张金民	户主	男	1972年7月	汉	父亲	张才宝	2007年9月
	方红英	妻子	女	1974年5月	汉	母亲	吕文秀	2018年5月
	张学成	儿子	男	1996年1月	汉			
家庭大事记	1993年5月，翻建三上三下楼房； 2003年7月，分到动迁房2套； 2012年9月，张学成考入苏州大学（专科）； 2013年，购汽车1辆。							

	姓名	与户主关系	性别	出生年月	民族	已故家属		
						称呼	姓名	去世年月
现有家庭人员	王阿根	户主	男	1953年7月	汉	父亲	王桂生	2004年2月
	姜友芳	妻子	女	1960年9月	汉	母亲	马桂花	2009年4月
	王兰英	女儿	女	1983年8月	汉			
	何伟义	女婿	男	1982年9月	汉			
	王奕涵	长外孙女	女	2010年5月	汉			
	何奕萱	次外孙女	女	2016年1月	汉			
家庭大事记	1990年5月，翻建三上三下楼房； 2001年9月，何伟义考入南京工业大学； 2002年9月，王兰英考入苏州科技大学； 2003年7月，分到动迁房2套； 2014年5月，购福特汽车1辆。							

	姓名	与户主关系	性别	出生年月	民族	已故家属		
						称呼	姓名	去世年月
现有家庭人员	花十斤	户主	男	1957年3月	汉	父亲	花云祖	2003年5月
	涂汉英	妻子	女	1963年5月	汉	母亲	刘古珍	1992年3月
	花建国	弟弟	男	1971年1月	汉			
家庭大事记	2003年7月，分到动迁房1套。							

	姓名	与户主关系	性别	出生年月	民族	已故家属		
						称呼	姓名	去世年月
现有家庭人员	花小三	户主	男	1963年9月	汉	父亲	花云祖	2003年5月
	刘秀梅	妻子	女	1967年10月	汉	母亲	刘古珍	1992年3月
	花龙女	女儿	女	1988年8月	汉			
	龚明华	女婿	男	1989年1月	汉			
	龚欣怡	外孙女	女	2011年9月	汉			
家庭大事记	花龙女2001年9月考入苏州英语学校（专科），2018年10月加入中国共产党； 2003年7月，分到动迁房1套； 2018年5月，购汽车1辆。							

	姓名	与户主关系	性别	出生年月	民族	已故家属		
						称呼	姓名	去世年月
现有家庭人员	蔡东平	户主	男	1966年10月	汉	父亲	蔡小和	2000年6月
	范河芹	妻子	女	1969年7月	汉	母亲	蒋二妹	1978年7月
	蔡欢	女儿	女	1989年10月	汉			
	李宁	女婿	男	1989年9月	汉			
	李梓晨	孙子	男	2013年9月	汉			
家庭大事记	2003年7月，分到动迁房1套。							

	姓名	与户主关系	性别	出生年月	民族	已故家属		
						称呼	姓名	去世年月
现有家庭人员	谢建英	户主	女	1963年3月	汉	父亲	谢才元	2003年8月
	蒋水根	丈夫	男	1958年8月	汉	母亲	冯招娣	2012年10月
	谢文斌	儿子	男	1984年7月	汉			
	岳金莲	儿媳	女	1985年3月	汉			
	谢诗怡	孙女	女	2008年8月	汉			
家庭大事记	1989年5月，翻建三上三下楼房； 2003年7月，分到动迁房2套； 谢文斌2003年12月入伍，2005年12月退伍； 2014年5月，购福特汽车1辆。							

	姓名	与户主关系	性别	出生年月	民族	已故家属		
						称呼	姓名	去世年月
现有家庭人员	张　伟	户主	男	1987年5月	汉			
	全　琴	妻子	女	1990年5月	汉			
	张浩然	儿子	男	2016年3月	汉			
	张祝良	祖父	男	1933年6月	汉			
	张利民	父亲	男	1958年10月	汉			
	顾美娟	母亲	女	1960年5月	汉			
家庭大事记	1966年6月，张祝良加入中国共产党； 1989年5月，翻建三上三下楼房； 2003年7月，分到动迁房2套； 2010年9月，张伟考入江苏大学京江学院； 2011年9月，全琴考入硅湖职业技术学院（专科）； 2017年，购汽车1辆。							

	姓名	与户主关系	性别	出生年月	民族	已故家属		
						称呼	姓名	去世年月
现有家庭人员	蒋惠品	户主	男	1971年3月	汉	父亲	蒋全元	2015年4月
	王素珍	妻子	女	1966年4月	汉			
	吕文英	母亲	女	1949年6月	汉			
	蒋迎春	孙女	女	1996年3月	汉			
家庭大事记	1990年5月,翻建三上三下楼房; 2003年7月,分到动迁房2套。							

	姓名	与户主关系	性别	出生年月	民族	已故家属		
						称呼	姓名	去世年月
现有家庭人员	蔡东林	户主	男	1963年11月	汉	父亲	蔡小和	2000年6月
	赵佩芳	妻子	女	1964年12月	汉	母亲	蒋二妹	1978年7月
	蔡仁刚	儿子	男	1987年7月	汉			
	严振英	儿媳	女	1987年7月	汉			
	蔡允泽	孙子	男	2010年5月	汉			
家庭大事记	1995年5月,翻建四上四下楼房; 2003年7月,分到动迁房2套; 2004年,购汽车1辆。							

	姓名	与户主关系	性别	出生年月	民族	已故家属		
						称呼	姓名	去世年月
现有家庭人员	花月昆	户主	男	1969年3月	汉	父亲	花云祖	2003年5月
	周红美	妻子	女	1970年2月	汉	母亲	刘古珍	1992年3月
	花苗苗	女儿	女	1997年5月	汉			
家庭大事记	2003年7月,分到动迁房1套。							

	姓名	与户主关系	性别	出生年月	民族	已故家属		
						称呼	姓名	去世年月
现有家庭人员	张 欢	户主	男	1990年6月	汉	祖母	张梅珍	2013年1月
	张恩琪	女儿	女	2016年5月	汉			
	张志刚	父亲	男	1966年12月	汉			
	浦桃珍	母亲	女	1967年12月	汉			
	张祝云	祖父	男	1939年2月	汉			
家庭大事记	1986年5月，翻建三上三下楼房； 2003年7月，分到动迁房2套； 张欢2009年12月入伍，2010年12月加入中国共产党，2011年11月退伍； 2017年，购汽车1辆。							

	姓名	与户主关系	性别	出生年月	民族	已故家属		
						称呼	姓名	去世年月
现有家庭人员	谢建忠	户主	男	1965年6月	汉	父亲	谢和元	2016年7月
	范秀华	妻子	女	1970年6月	汉			
	谢文娟	长女	女	1989年8月	汉			
	谢宜蓉	次女	女	1999年10月	汉			
	谢宜蕊	三女	女	1999年10月	汉			
	吴若琪	外孙女	女	2017年8月	汉			
家庭大事记	1983年5月，翻建二上二下楼房； 2003年7月，分到动迁房1套； 2008年3月，购汽车1辆； 2016年9月，谢宜蓉和谢宜蕊考入连云港中医药高等职业技术学校（专科）。							

	姓名	与户主关系	性别	出生年月	民族	已故家属		
						称呼	姓名	去世年月
现有家庭人员	蒋水生	户主	男	1949年7月	汉	父亲	蒋和尚	2000年12月
	蒋梅忠	女儿	女	1979年6月	汉			
	吴洪勇	女婿	男	1974年4月	汉			
	蒋勋峰	外孙	男	2001年4月	汉			
	蒋桂宝	母亲	女	1927年8月	汉			
家庭大事记	1990年5月，翻建二上三下楼房； 吴洪勇1992年11月入伍，1995年7月加入中国共产党，1996年12月退伍； 2003年7月，分到动迁房2套； 2006年7月，购北京现代汽车1辆。							

	姓名	与户主关系	性别	出生年月	民族	已故家属		
						称呼	姓名	去世年月
现有家庭人员	张小弟	户主	男	1954年8月	汉	母亲	张小妹	2002年1月
	顾梅英	妻子	女	1956年10月	汉	父亲	张和生	1970年7月
	张 燕	女儿	女	1981年4月	汉			
家庭大事记	1996年4月，翻建四上五下楼房； 2003年7月，分到动迁房2套。							

	姓名	与户主关系	性别	出生年月	民族	已故家属		
						称呼	姓名	去世年月
现有家庭人员	张志宏	户主	男	1964年10月	汉	母亲	张梅珍	2015年8月
	张 英	妻子	女	1972年3月	汉			
	张一帆	儿子	男	1993年5月	汉			
家庭大事记	1990年4月，翻建一上一下楼房； 张志宏1984年11月入伍，1988年10月加入中国共产党，1989年4月退伍； 2003年6月，购汽车1辆； 2003年7月，分到动迁房1套； 2007年5月，购商品房1套； 张一凡2013年11月入伍，2015年12月退伍。							

	姓名	与户主关系	性别	出生年月	民族	已故家属		
						称呼	姓名	去世年月
现有家庭人员	任雪元	户主	男	1944年2月	汉	母亲	陶阿三	2008年1月
	蒋小妹	妻子	女	1949年6月	汉			
	任惠芝	长女	女	1971年2月	汉			
	封万红	女婿	男	1969年6月	汉			
	任封荣	外孙	男	1994年6月	汉			
家庭大事记	1994年3月，翻建三上四下楼房； 2003年7月，分到动迁房2套； 2008年10月，购大众汽车1辆； 2014年9月，任封荣考入苏州大学（专科）； 2016年5月，购商品房1套。							

	姓名	与户主关系	性别	出生年月	民族	已故家属		
						称呼	姓名	去世年月
现有家庭人员	王长林	户主	男	1965年8月	汉	父亲	王桂元	1998年4月
	张文妹	妻子	女	1968年10月	汉			
	王 君	女儿	女	1991年2月	汉			
	孙 伟	女婿	男	1990年5月	汉			
	孙洛晞	外孙女	女	2018年8月	汉			
	洪秀英	母亲	女	1943年11月	汉			
家庭大事记	2003年7月，分到动迁房2套； 王君2009年9月考入扬州大学，2011年8月加入中国共产党； 2009年9月，孙伟考入南通大学； 2012年5月，购商品房1套； 2013年5月，购汽车1辆。							

	姓名	与户主关系	性别	出生年月	民族	已故家属		
						称呼	姓名	去世年月
现有家庭人员	谢建兴	户主	男	1960年6月	汉	父亲	谢和元	2016年7月
	梁菊英	妻子	女	1962年6月	汉			
	谢文婷	女儿	女	1984年1月	汉			
	凌智平	女婿	男	1985年6月	汉			
	谢玘恒	外孙	男	2010年12月	汉			
	凌千然	外孙女	女	2018年1月	汉			
	张惠芬	母亲	女	1938年12月	汉			
家庭大事记	谢建兴1979年1月入伍，1981年1月退伍； 1983年5月，翻建二上二下楼房； 1997年1月，购汽车1辆； 2003年7月，分到动迁房2套； 2003年9月，谢文婷考入南京大学； 2005年9月，凌智平考入南京科技职业学院（专科）。							

	姓名	与户主关系	性别	出生年月	民族	已故家属		
						称呼	姓名	去世年月
现有家庭人员	蒋惠娟	户主	女	1965年1月	汉	母亲	季小香	2015年11月
	马惠明	夫	男	1960年6月	汉			
	蒋 杰	儿子	男	1986年7月	汉			
	李利芹	儿媳	女	1989年1月	汉			
	蒋佳佳	孙女	女	2013年3月	汉			
	蒋金泉	父亲	男	1936年3月	汉			
家庭大事记	马惠明1978年11月入伍，1980年12月退伍； 1982年4月，翻建三上四下楼房； 2003年7月，分到动迁房3套； 蒋杰2004年9月考入江南大学，2009年加入中国共产党； 2010年3月，购汽车1辆； 2018年5月，购商品房1套。							

现有家庭人员	姓名	与户主关系	性别	出生年月	民族	已故家属		
						称呼	姓名	去世年月
	张金良	户主	男	1964年7月	汉	父亲	张才宝	2007年9月
	张菊芬	妻子	女	1967年10月	汉	母亲	吕文秀	2018年5月
	张月婷	女儿	女	1988年5月	汉			
	王良俊	女婿	男	1990年12月	汉			
	张贝妮	长外孙女	女	2015年9月	汉			
	张王馨	次外孙女	女	2018年12月	汉			
家庭大事记	1995年8月，翻建四上四下楼房； 2003年7月，分到动迁房3套。							

现有家庭人员	姓名	与户主关系	性别	出生年月	民族	已故家属		
						称呼	姓名	去世年月
	王长明	户主	男	1963年11月	汉	父亲	王桂生	2004年2月
	秦銮	妻子	女	1963年4月	汉	母亲	马桂花	2009年4月
	王燕婷	女儿	女	1988年7月	汉			
	夏金	女婿	男	1988年5月	汉			
	夏奕晨	外孙女	女	2014年5月	汉			
家庭大事记	1997年，翻建三上三下楼房； 2003年7月，分到动迁房2套； 王燕婷2006年9月考入南通大学，2010年10月加入中国共产党； 夏金2006年9月考入南通大学，2009年8月加入中国共产党； 2013年，购汽车1辆； 2016年5月，购商品房1套。							

	姓名	与户主关系	性别	出生年月	民族	已故家属		
						称呼	姓名	去世年月
现有家庭人员	张金林	户主	男	1965年9月	汉			
	王 会	妻子	女	1968年4月	汉			
	张 俊	儿子	男	1991年11月	汉			
	姚 阳	儿媳	女	1994年8月	汉			
	张菡菲	孙女	女	2018年4月	汉			
家庭大事记	1995年7月,翻建四上四下楼房; 2015年,购商品房1套; 2018年9月,张俊考入吉林大学。							

	姓名	与户主关系	性别	出生年月	民族	已故家属		
						称呼	姓名	去世年月
现有家庭人员	蒋海民	户主	男	1977年12月	汉			
	张小华	妻子	女	1978年11月	汉			
	蒋俊杰	儿子	男	2002年11月	汉			
家庭大事记	1990年10月,翻建三上三下楼房; 蒋海民1997年12月入伍,1999年12月退伍; 2003年7月,分到动迁房2套; 2013年1月,购大众汽车1辆; 2016年1月,购商品房1套。							

	姓名	与户主关系	性别	出生年月	民族	已故家属		
						称呼	姓名	去世年月
现有家庭人员	杨惠芬	户主	女	1965年9月	汉	父亲	蒋和尚	2000年12月
	蒋水林	丈夫	男	1965年1月	汉			
	蒋苑中	女儿	女	1988年3月	汉			
	刘 毅	女婿	男	1984年1月	汉			
	蒋昕燕	长外孙女	女	2013年5月	汉			
	蒋昕晨	次外孙女	女	2016年1月	汉			
家庭大事记	2000年7月,蒋水林加入中国共产党; 2009年12月,购商品房1套、北京现代汽车1辆。							

	姓名	与户主关系	性别	出生年月	民族	已故家属		
						称呼	姓名	去世年月
现有家庭人员	张金龙	户主	男	1963年3月	汉			
	黄霞萍	妻子	女	1963年4月	汉			
	张 敏	女儿	女	1986年6月	汉			
	徐 雷	女婿	男	1988年1月	汉			
	张嘉诚	外孙	男	2010年10月	汉			
	徐嘉欣	外孙女	女	2016年12月	汉			
	刘根娣	母亲	女	1939年7月	汉			
	张根宝	父亲	男	1933年5月	汉			
家庭大事记	1991年7月,翻建三上三下楼房; 2003年7月,分到动迁房2套; 2007年7月,黄霞萍加入中国共产党; 2012年1月,购东风雪铁龙汽车1辆; 2018年9月,张敏考入吉林大学。							

	姓名	与户主关系	性别	出生年月	民族	已故家属		
						称呼	姓名	去世年月
现有家庭人员	张小林	户主	男	1958年8月	汉	母亲	张小妹	2002年1月
	张覃	女儿	女	1991年6月	汉			
	覃美鲜	非亲属	女	1963年2月	壮			
家庭大事记	2003年7月,分到动迁房1套。							

	姓名	与户主关系	性别	出生年月	民族	已故家属		
						称呼	姓名	去世年月
现有家庭人员	蒋永平	户主	男	1965年12月	汉	父亲	蒋金观	2013年2月
						母亲	蒋杏宝	2013年3月
家庭大事记	2003年7月,分到动迁房1套。							

	姓名	与户主关系	性别	出生年月	民族	已故家属		
						称呼	姓名	去世年月
现有家庭人员	蒋小弟	户主	男	1952年12月	汉			
	张密芳	妻子	女	1957年6月	汉			
	蒋卫于	儿子	男	1979年5月	汉			
	李登红	儿媳	女	1979年5月	汉			
	蒋辰涛	孙子	男	2002年9月	汉			
家庭大事记	2003年7月,分到动迁房2套; 2018年5月,购汽车1辆。							

	姓名	与户主关系	性别	出生年月	民族	已故家属		
						称呼	姓名	去世年月
现有家庭人员	蒋海云	户主	男	1987年6月	汉			
	韩桂女	母亲	女	1953年6月	汉			
	蒋祖仁	父亲	男	1950年1月	汉			
	王秀英	祖母	女	1925年8月	汉			
家庭大事记	1990年10月，翻建三上三下楼房； 2003年7月，分到动迁房1套； 蒋海云2006年9月考入南京信息工程大学，2008年5月加入中国共产党； 2012年9月，购大众汽车1辆。							

	姓名	与户主关系	性别	出生年月	民族	已故家属		
						称呼	姓名	去世年月
现有家庭人员	王长青	户主	男	1969年2月	汉	父亲	王桂华	2005年10月
	陆桂芬	妻子	女	1971年9月	汉			
	王泽浩	儿子	男	2007年8月	汉			
	王　洁	女儿	女	1992年6月	汉			
	王家英	母亲	女	1948年9月	汉			
	王　芳	妹妹	女	1971年10月	汉			
家庭大事记	1998年7月，翻建三上三下楼房； 2003年7月，分到动迁房3套； 2009年，购汽车1辆； 2012年9月，王洁考入南京艺术学院。							

	姓名	与户主关系	性别	出生年月	民族	已故家属		
						称呼	姓名	去世年月
现有家庭人员	龚志华	户主	男	1978年6月	汉			
	葛君磊	妻子	女	1978年9月	汉			
	龚潇旭	儿子	男	2003年8月	汉			
	刘清芬	岳母	女	1954年2月	汉			
家庭大事记	1993年5月，翻建三上三下楼房； 2003年7月，分到动迁房2套； 2015年，购汽车1辆。							

▶ 共青村第14村民小组

共青村第14村民小组人员统计表

单位：人

序号	户主	人口	其中		序号	户主	人口	其中	
			男	女				男	女
1	沈文根	6	3	3	9	伍雨干	7	3	4
2	沈文玲	1	0	1	10	伍春龙	5	3	2
3	胡彪	6	2	4	11	胡东	2	1	1
4	胡国平	5	2	3	12	朱恒明	7	2	5
5	顾友忠	6	4	2	13	顾小红	6	2	4
6	伍吉财	4	2	2	14	沈文之	6	3	3
7	周振根	9	4	5	15	顾洪根	5	3	2
8	朱利明	3	2	1	16	伍洪小	1	0	1
合计					16		79	36	43

	姓名	与户主关系	性别	出生年月	民族	已故家属		
						称呼	姓名	去世年月
现有家庭人员	沈文根	户主	男	1964年11月	汉	母亲	周年小	2001年10月
	周爱华	妻子	女	1962年7月	汉			
	沈仲贤	儿子	男	1988年6月	汉			
	葛琼玉	儿媳	女	1988年1月	汉			
	沈星宇	孙子	男	2017年3月	汉			
	葛芯澄	孙女	女	2017年3月	汉			
家庭大事记	1998年10月，翻建三上三下楼房； 2003年7月，分到动迁房2套； 2006年9月，葛琼玉考入南京工程学院。							

现有家庭人员	姓名	与户主关系	性别	出生年月	民族	已故家属		
						称呼	姓名	去世年月
	沈文玲	户主	女	1970年1月	汉			

家庭大事记	2003年,分到动迁房1套。

现有家庭人员	姓名	与户主关系	性别	出生年月	民族	已故家属		
						称呼	姓名	去世年月
	胡 彪	户主	男	1957年7月	汉	父亲	胡德勤	2015年6月
	周龙扣	妻子	女	1964年9月	汉			
	胡松华	儿子	男	1985年11月	汉			
	吕小娟	儿媳	女	1987年8月	汉			
	胡圣琰	孙女	女	2008年10月	汉			
	徐小妹	母亲	女	1936年1月	汉			

家庭大事记	1990年5月,翻建二上二下楼房; 2003年7月,分到动迁房2套; 2015年1月,购斯柯达汽车1辆。

现有家庭人员	姓名	与户主关系	性别	出生年月	民族	已故家属		
						称呼	姓名	去世年月
	胡国平	户主	男	1966年6月	汉	祖父	胡永年	1978年12月
	景爱彬	妻子	女	1965年8月	汉			
	胡静雯	女儿	女	1990年3月	汉			
	胡德友	父亲	男	1941年10月	汉			
	曹粉囡	母亲	女	1942年5月	汉			

家庭大事记	1984年10月,翻建三上三下楼房; 胡国平1996年7月加入中国共产党,2018年9月被评为"大众出租公司优秀党员"; 2005年5月,购北京现代汽车1辆; 2013年9月,胡静雯考入苏州职业大学(专科); 2013年5月,分到动迁房2套。

现有家庭人员	姓名	与户主关系	性别	出生年月	民族	已故家属		
						称呼	姓名	去世年月
	顾友忠	户主	男	1944年5月	汉	父亲	顾庆安	1987年4月
	胡扣女	妻子	女	1946年7月	汉	母亲	王巧贞	1987年9月
	顾双喜	儿子	男	1968年9月	汉			
	伍桂珍	儿媳	女	1967年9月	汉			
	顾爱青	孙子	男	1992年8月	汉			
	顾易韬	曾孙	男	2019年6月	汉			

家庭大事记	1982年，翻建一上二下楼房； 2003年7月，分到动迁房4套； 顾爱青2011年9月考入江苏警官学院，2013年12月加入中国共产党。

现有家庭人员	姓名	与户主关系	性别	出生年月	民族	已故家属		
						称呼	姓名	去世年月
	伍吉财	户主	男	1954年9月	汉	父亲	伍后贵	2004年5月
	丁珍娣	妻子	女	1956年12月	汉	母亲	伍大宝	1967年8月
	伍国良	儿子	男	1979年10月	汉			
	殷 群	儿媳	女	1981年6月	汉			

家庭大事记	1987年，翻建三上四下楼房； 1998年9月，购商品房1套； 2003年7月，分到动迁房2套； 2005年，购大众汽车1辆； 2009年9月，购别墅1套。

	姓名	与户主关系	性别	出生年月	民族	已故家属		
						称呼	姓名	去世年月
现有家庭人员	周振根	户主	男	1947年9月	汉			
	张扣兰	妻子	女	1947年8月	汉			
	周兰芳	长女	女	1970年5月	汉			
	周红霞	次女	女	1974年10月	汉			
	周美华	三女	女	1979年4月	汉			
	王林忠	女婿	男	1966年2月	汉			
	周文卿	孙子	男	1990年12月	汉			
	胡 玲	孙媳	女	1991年9月	汉			
	周梓恒	曾孙	男	2017年1月	汉			
家庭大事记	王林忠1985年10月入伍，1989年3月退伍； 1987年，翻建三上三下楼房； 2002年7月，购大众汽车1辆； 2013年，分到动迁房2套。							

	姓名	与户主关系	性别	出生年月	民族	已故家属		
						称呼	姓名	去世年月
现有家庭人员	朱利明	户主	男	1965年10月	汉	父亲	朱正宽	2000年1月
	夏碎英	妻子	女	1975年1月	汉	母亲	周巧男	1999年6月
	朱佳俊	儿子	男	1995年12月	汉			
家庭大事记	2003年7月，分到动迁1套。							

现有家庭人员	姓名	与户主关系	性别	出生年月	民族	已故家属		
						称呼	姓名	去世年月
	伍雨干	户主	男	1948年12月	汉			
	翟云凤	妻子	女	1952年4月	汉			
	伍春香	女儿	女	1973年4月	汉			
	伍春林	儿子	男	1979年2月	汉			
	戴明侠	儿媳	女	1979年12月	汉			
	伍瑞卿	孙女	女	2002年2月	汉			
	伍瑞贤	孙子	男	2012年7月	汉			
家庭大事记	2003年7月,分到动迁房2套。							

现有家庭人员	姓名	与户主关系	性别	出生年月	民族	已故家属		
						称呼	姓名	去世年月
	伍春龙	户主	男	1974年5月	汉			
	江海军	妻子	女	1974年2月	汉			
	伍子衡	儿子	男	1998年1月	汉			
	伍银干	父亲	男	1950年2月	汉			
	周玉兰	母亲	女	1948年1月	汉			
家庭大事记	1997年5月,翻建二上三下楼房; 2003年7月,分到动迁房2套; 2010年10月,购宝马汽车1辆; 2016年9月,伍子衡考入南京工程学院。							

现有家庭人员	姓名	与户主关系	性别	出生年月	民族	已故家属		
						称呼	姓名	去世年月
	胡 东	户主	男	1965年11月	汉	父亲	胡德勤	2015年6月
	胡梦婷	女儿	女	2001年1月	汉	妻子	邱露珍	2019年4月

家庭大事记	1990年5月，翻建二上二下楼房； 2003年7月，分到动迁房1套； 2010年12月，购奇瑞汽车1辆。

现有家庭人员	姓名	与户主关系	性别	出生年月	民族	已故家属		
						称呼	姓名	去世年月
	朱恒明	户主	男	1946年3月	汉			
	施小锁	妻子	女	1950年11月	汉			
	朱官清	儿子	男	1970年9月	汉			
	朱小云	长女	女	1971年12月	汉			
	朱静妹	次女	女	1974年1月	汉			
	朱小萍	三女	女	1977年7月	汉			
	钱佳敏	外孙女	女	1998年9月	汉			

家庭大事记	1984年10月，翻建三上三下楼房； 2003年7月，分到动迁房2套； 2016年8月，购丰田汽车1辆。

	姓名	与户主关系	性别	出生年月	民族	已故家属		
						称呼	姓名	去世年月
现有家庭人员	顾小红	户主	男	1953年12月	汉	父亲	顾庆安	1987年4月
	张巧英	妻子	女	1953年10月	汉	母亲	王巧贞	1987年9月
	顾加生	儿子	男	1979年2月	汉			
	雷静风	儿媳	女	1978年8月	畲			
	顾思睿	长孙女	女	2004年1月	畲			
	顾思妍	次孙女	女	2013年4月	畲			
家庭大事记	1990年10月，翻建三上四下楼房； 2003年7月，分到动迁房2套； 2015年7月，购奥迪汽车1辆。							

	姓名	与户主关系	性别	出生年月	民族	已故家属		
						称呼	姓名	去世年月
现有家庭人员	沈文之	户主	男	1956年6月	汉			
	刁兰花	妻子	女	1950年7月	汉			
	沈秋来	儿子	男	1975年9月	汉			
	郝菊粉	儿媳	女	1977年11月	汉			
	沈钲云	孙子	男	2010年7月	汉			
	沈洁	孙女	女	2002年8月	汉			
家庭大事记	2003年7月，分到动迁房1套。							

现有家庭人员	姓名	与户主关系	性别	出生年月	民族	已故家属		
						称呼	姓名	去世年月
	顾洪根	户主	男	1946年3月	汉	父亲	顾庆安	1987年4月
	孙章女	妻子	女	1947年12月	汉	母亲	王巧贞	1987年9月
	顾加康	儿子	男	1971年1月	汉			
	王海珍	儿媳	女	1975年3月	汉			
	顾　翔	孙子	男	1996年6月	汉			

家庭大事记	1987年10月，翻建三上三下楼房； 2003年7月，分到动迁房2套； 2005年10月，购商品房1套； 2014年9月，顾翔考入淮阴师范学院； 2018年11月，购斯柯达汽车1辆。

现有家庭人员	姓名	与户主关系	性别	出生年月	民族	已故家属		
						称呼	姓名	去世年月
	伍洪小	户主	女	1930年1月	汉	丈夫	伍后明	1999年9月

家庭大事记	2003年7月，分到动迁房1套。

▶ 共青村第 15 村民小组

共青村第 15 村民小组人员统计表

单位：人

序号	户主	人口	其中		序号	户主	人口	其中	
			男	女				男	女
1	朱粉妹	3	0	3	15	施金红	4	1	3
2	潘永生	3	1	2	16	王成红	3	2	1
3	朱苏根	5	2	3	17	王长林	7	2	5
4	张 琴	5	3	2	18	艾国华	9	6	3
5	潘永宝	5	3	2	19	蔡后成	3	2	1
6	张卫华	5	2	3	20	朱云妹	5	2	3
7	张卫青	3	2	1	21	施金锁	5	1	4
8	施金华	5	2	3	22	顾荣珍	4	2	2
9	吴川珍	6	4	2	23	冯建平	4	2	2
10	董兰娣	4	2	2	24	周春宝	7	2	5
11	刘宝林	6	3	3	25	余海龙	3	1	2
12	孙才女	9	3	6	26	艾荣富	6	2	4
13	周雨福	7	5	2	27	王巧林	10	5	5
14	王成龙	4	2	2	28	—	—	—	—
合 计					27		140	64	76

现有家庭人员	姓名	与户主关系	性别	出生年月	民族	已故家属		
						称呼	姓名	去世年月
	朱粉妹	户主	女	1948年11月	汉	丈夫	胡成扣	2009年9月
	胡金龙	女儿	女	1976年12月	汉			
	胡金兰	女儿	女	1971年2月	汉			
家庭大事记	2003年7月，分到动迁房1套； 2014年6月，购商品房1套。							

现有家庭人员	姓名	与户主关系	性别	出生年月	民族	已故家属		
						称呼	姓名	去世年月
	潘永生	户主	男	1968年7月	汉	父亲	潘永宽	2013年6月
	姚惠芳	妻子	女	1968年12月	汉	母亲	江雨兰	2019年3月
	潘诣欣	女儿	女	1993年2月	汉			
家庭大事记	1991年5月，翻建三上三下楼房； 2003年7月，分到动迁房2套； 潘诣欣2011年9月考入温州大学，2016年获得"苏州市中小学生规范汉字书写比赛优秀指导老师"称号； 2016年8月，购本田汽车1辆。							

现有家庭人员	姓名	与户主关系	性别	出生年月	民族	已故家属		
						称呼	姓名	去世年月
	朱苏根	户主	男	1947年11月	汉	父亲	朱长宝	2010年3月
	唐凤玉	妻子	女	1948年1月	汉	母亲	姚阿土	1957年10月
	朱红生	儿子	男	1976年1月	汉			
	武绍兰	儿媳	女	1975年1月	汉			
	朱丽雯	孙女	女	2000年3月	汉			
家庭大事记	1984年9月，翻建三上三下楼房； 2003年7月，分到动迁房3套。							

	姓名	与户主关系	性别	出生年月	民族	已故家属		
						称呼	姓名	去世年月
现有家庭人员	张 琴	户主	女	1981年12月	汉	祖父	张洪发	1981年4月
	周金祥	丈夫	男	1978年3月	汉	祖母	尤贞女	1978年5月
	周祉圻	儿子	男	2003年6月	汉			
	张雪宝	父亲	男	1954年5月	汉			
	梁白妹	母亲	女	1957年12月	汉			
家庭大事记	1989年5月，翻建二上三下楼房； 2003年7月，分到动迁房2套； 2006年10月，购商品房1套； 2019年11月，购威马电动汽车1辆。							

	姓名	与户主关系	性别	出生年月	民族	已故家属		
						称呼	姓名	去世年月
现有家庭人员	潘永宝	户主	男	1964年4月	汉	父亲	潘学泉	1983年6月
	杨小妹	妻子	女	1966年4月	汉	母亲	刘爱珍	2004年6月
	潘丽娅	女儿	女	1988年11月	汉			
	浦陈超	女婿	男	1988年10月	汉			
	潘宇麒	外孙	男	2019年1月	汉			
家庭大事记	1993年10月，翻建三上三下楼房； 1998年7月，购长安汽车1辆； 2003年7月，分到动迁房2套； 2004年9月，浦陈超和潘丽娅考入江苏联合职业技术学院（专科）； 2013年4月，购商品房1套。							

现有家庭人员	姓名	与户主关系	性别	出生年月	民族	已故家属		
						称呼	姓名	去世年月
	张卫华	户主	男	1972年11月	汉	祖父	张洪发	1981年4月
	刘彩云	妻子	女	1974年9月	汉	祖母	尤贞女	1978年5月
	张梦娇	女儿	女	1997年5月	汉			
	张雪虎	父亲	男	1951年2月	汉			
	刘秀珍	母亲	女	1951年11月	汉			

家庭大事记	1988年6月,翻建三上三下楼房; 2003年7月,分到动迁房2套; 2013年7月,购大众汽车1辆; 张梦娇2015年9月考入上海杉达学院,2016年7月获得浙江省大学生高等数学竞赛三等奖,2017年10月获得综合奖学金三等奖,2018年9月获得综合奖学金三等奖及"优秀学生"称号,2019年6月被评为"优秀毕业生",是月加入中国共产党。

现有家庭人员	姓名	与户主关系	性别	出生年月	民族	已故家属		
						称呼	姓名	去世年月
	张卫青	户主	男	1977年1月	汉	祖父	张洪发	1981年4月
	张云霞	妻子	女	1980年1月	汉	祖母	尤贞女	1978年5月
	张恒洋	儿子	男	2002年1月	汉			

家庭大事记	1988年10月,翻建三上三下楼房; 2003年7月,分到动迁房2套; 2017年9月,张恒洋考入江苏省交通技师学院(专科)。

	姓名	与户主关系	性别	出生年月	民族	已故家属		
						称呼	姓名	去世年月
现有家庭人员	施金华	户主	男	1958年10月	汉	父亲	施友林	2003年2月
	王莉妹	妻子	女	1962年6月	汉			
	施萍芳	女儿	女	1983年11月	汉			
	沈高锋	女婿	男	1983年10月	汉			
	沈乐怡	外孙女	女	2010年7月	汉			
家庭大事记	1992年5月,翻建三上三下楼房; 2003年7月,分到动迁房2套; 2003年9月,沈高锋考入苏州大学; 施萍芳2004年9月考入苏州大学,2007年10月加入中国共产党; 2011年9月,购雪佛兰汽车1辆; 2017年2月,购商品房1套。							

	姓名	与户主关系	性别	出生年月	民族	已故家属		
						称呼	姓名	去世年月
现有家庭人员	吴川珍	户主	女	1937年1月	汉	丈夫	潘学武	2013年3月
	潘永根	儿子	男	1961年9月	汉			
	俞龙英	儿媳	女	1964年11月	汉			
	潘军	孙子	男	1986年10月	汉			
	潘孙毅	长曾孙	男	2009年1月	汉			
	潘嘉浩	次曾孙	男	2015年3月	汉			
家庭大事记	1989年3月,翻建三上三下楼房; 2003年7月,分到动迁房3套; 2013年3月,购大众汽车1辆。							

	姓名	与户主关系	性别	出生年月	民族	已故家属		
						称呼	姓名	去世年月
现有家庭人员	董兰娣	户主	女	1965年10月	汉	父亲	董立信	2016年7月
	吴成亮	丈夫	男	1970年1月	汉	丈夫	潘连生	1998年1月
	潘佳琪	女儿	女	1989年5月	汉			
	吴恩琪	儿子	男	2002年9月	汉			
家庭大事记	1988年5月，翻建三上三下楼房； 2003年7月，分到动迁房2套； 2008年6月，被评为"五好家庭"； 2010年9月，潘佳琪考入江苏第二师范学院； 2017年9月，吴恩琪考入苏州市吴中技师学院（专科）； 2018年4月，购宝马汽车1辆。							

	姓名	与户主关系	性别	出生年月	民族	已故家属		
						称呼	姓名	去世年月
现有家庭人员	刘宝林	户主	男	1964年10月	汉	父亲	刘君财	1976年10月
	施梅珍	妻子	女	1965年11月	汉	母亲	王巧香	2014年5月
	刘晓燕	女儿	女	1987年10月	汉			
	陈广钱	女婿	男	1984年5月	汉			
	陈子恒	外孙	男	2013年8月	汉			
	刘馨惠	外孙女	女	2008年8月	汉			
家庭大事记	1985年10月，翻建三上三下楼房； 2003年7月，分到动迁房2套； 2018年6月，购路虎汽车1辆。							

	姓名	与户主关系	性别	出生年月	民族	已故家属		
						称呼	姓名	去世年月
现有家庭人员	孙才女	户主	女	1952年5月	汉	公公	蔡后本	1996年8月
	蔡金根	丈夫	男	1951年10月	汉			
	蔡桂庆	儿子	男	1977年11月	汉			
	宋美琴	儿媳	女	1977年1月	汉			
	蔡天浩	孙子	男	1999年10月	汉			
	蔡露萱	孙女	女	2016年10月	汉			
	蔡桂珍	女儿	女	1975年10月	汉			
	王天懿	外孙女	女	2000年12月	汉			
	曹才英	婆婆	女	1931年4月	汉			
家庭大事记	1980年12月，蔡金根加入中国共产党； 1983年6月，翻建三上三下楼房； 1998年5月，购商品房1套； 2003年7月，分到动迁3套房； 2008年10月，购北京现代汽车1辆； 2010年2月，购商品房1套。							

	姓名	与户主关系	性别	出生年月	民族	已故家属		
						称呼	姓名	去世年月
现有家庭人员	周雨福	户主	男	1958年9月	汉	父亲	周明书	2002年12月
	邓梅兰	妻子	女	1960年7月	汉	母亲	孙文英	1997年7月
	邓勤伟	儿子	男	1987年5月	汉	岳父	邓大元	1972年7月
	邓勤芳	女儿	女	1981年9月	汉	岳母	朱九子	2009年2月
	许少杰	外孙	男	2006年3月	汉			
	范皓喆	长孙	男	2014年1月	汉			
	邓皓天	次孙	男	2016年11月	汉			
家庭大事记	1985年6月，翻建三上三下楼房； 2003年7月，分到动迁房2套； 邓勤伟2003年9月考入昆山广播电视大学（专科），2005年12月入伍，2006年7月被评为"优秀士兵"，2007年11月退伍； 2012年3月，购本田汽车1辆； 2013年5月，购商品房1套。							

	姓名	与户主关系	性别	出生年月	民族	已故家属		
						称呼	姓名	去世年月
现有家庭人员	王成龙	户主	男	1973年9月	汉	祖父	王永发	1973年5月
	刘苏华	妻子	女	1972年6月	汉	祖母	陈小妹	1978年9月
	王馨睿	女儿	女	1996年4月	汉	母亲	赵兰芳	2000年1月
	王长根	父亲	男	1945年9月	汉			
家庭大事记	1988年5月，翻建三上三下楼房； 2003年7月，分到动迁房2套； 2014年9月，王馨睿考入昆山登云科技职业学院（专科）； 2017年5月，购大众汽车1辆。							

	姓名	与户主关系	性别	出生年月	民族	已故家属		
						称呼	姓名	去世年月
现有家庭人员	施金红	户主	男	1970年5月	汉	父亲	施友林	2003年2月
	沈美华	妻子	女	1973年4月	汉			
	施萍华	女儿	女	1994年3月	汉			
	曹才宝	母亲	女	1935年9月	汉			
家庭大事记	1989年5月，翻建三上三下楼房； 2003年7月，分到动迁房2套； 2016年3月，购大众汽车1辆。							

	姓名	与户主关系	性别	出生年月	民族	已故家属		
						称呼	姓名	去世年月
现有家庭人员	王成红	户主	男	1970年12月	汉	祖父	王永发	1973年5月
	顾雪芳	妻子	女	1971年11月	汉	祖母	陈小妹	1978年9月
	王明	儿子	男	1993年3月	汉	母亲	赵兰芳	2000年1月
家庭大事记	1992年4月，翻建三上三下楼房； 2003年7月，分到动迁房2套； 2018年5月，购北京现代汽车1辆、商品房1套。							

共青村志·村民家庭记载

	姓名	与户主关系	性别	出生年月	民族	已故家属		
						称呼	姓名	去世年月
现有家庭人员	王长林	户主	男	1948年7月	汉	父亲	王永财	1996年11月
	戴扣珍	妻子	女	1954年8月	汉	母亲	王吴氏	1962年4月
	王林刚	儿子	男	1974年11月	汉			
	朱月红	儿媳	女	1974年5月	汉			
	王林芳	女儿	女	1977年2月	汉			
	王 雯	长孙女	女	1999年11月	汉			
	王 静	次孙女	女	1999年11月	汉			
家庭大事记	1983年4月,翻建三上三下楼房; 2003年7月,分到动迁房2套; 2005年3月,购商品房1套; 2016年5月,购马自达汽车1辆。							

	姓名	与户主关系	性别	出生年月	民族	已故家属		
						称呼	姓名	去世年月
现有家庭人员	艾国华	户主	男	1975年3月	汉	祖父	艾宝胜	1958年2月
	杨 芳	妻子	女	1980年9月	汉	祖母	伍小网	1966年10月
	艾国英	妹妹	女	1977年11月	汉			
	艾 鑫	长子	男	1998年3月	汉			
	艾琦辉	次子	男	2013年8月	汉			
	艾琦皓	三子	男	2013年8月	汉			
	艾政涵	孙子	男	2017年9月	汉			
	艾海根	父亲	男	1951年7月	汉			
	王正女	母亲	女	1954年10月	汉			
家庭大事记	1985年5月,翻建三上三下楼房; 2003年3月,购别克汽车1辆; 2003年7月,分到动迁房2套; 2008年3月,购商品房1套; 2010年9月,艾国华考入华中科技大学(专科); 2017年9月,艾鑫考入四川农业大学(专科)。							

	姓名	与户主关系	性别	出生年月	民族	已故家属		
						称呼	姓名	去世年月
现有家庭人员	蔡后成	户主	男	1936年8月	汉	父亲	蔡忠灿	1955年3月
	唐巧英	妻子	女	1937年3月	汉	母亲	蔡曹氏	1955年5月
	蔡福根	儿子	男	1963年7月	汉			
家庭大事记	1988年3月,购长安汽车1辆; 1989年3月,翻建五上五下楼房; 2003年7月,分到动迁房1套; 2008年3月,购商品房1套。							

	姓名	与户主关系	性别	出生年月	民族	已故家属		
						称呼	姓名	去世年月
现有家庭人员	朱云妹	户主	女	1955年8月	汉	丈夫	周根宝	1999年5月
	朱国洪	儿子	男	1980年1月	汉	父亲	朱长山	1966年10月
	沈丽萍	儿媳	女	1981年4月	汉	母亲	伍根女	1997年6月
	朱佳怡	孙女	女	2005年1月	汉			
	朱嘉恒	孙子	男	2018年6月	汉			
家庭大事记	1988年5月,翻建三上三下楼房; 2003年7月,分到动迁房2套; 2011年7月,购起亚汽车1辆。							

共青村志·村民家庭记载

	姓名	与户主关系	性别	出生年月	民族	已故家属		
						称呼	姓名	去世年月
现有家庭人员	施金锁	户主	男	1955年11月	汉	父亲	施友林	2003年2月
	孙云凤	妻子	女	1957年9月	汉			
	施平湘	女儿	女	1981年7月	汉			
	杨施悦	长外孙女	女	2005年4月	汉			
	施杨茜	次外孙女	女	2016年1月	汉			
家庭大事记	1985年3月，翻建三上三下楼房； 1995年1月，施金锁加入中国共产党； 2003年7月，分到动迁房2套； 2010年5月，购商品房1套； 2014年6月，购奔驰汽车1辆。							

	姓名	与户主关系	性别	出生年月	民族	已故家属		
						称呼	姓名	去世年月
现有家庭人员	顾荣珍	户主	女	1969年3月	汉	公公	冯正坤	2009年7月
	冯小平	丈夫	男	1969年8月	汉			
	冯亮	儿子	男	1992年9月	汉			
	黄旖	儿媳	女	1994年2月	汉			
家庭大事记	1986年3月，翻建四上四下楼房； 2003年7月，分到动迁房1套； 2005年3月，购商品房1套； 2008年5月，购大众汽车1辆； 2009年9月，黄旖考入江苏城市职业学院（专科）； 2011年9月，冯亮考入无锡职业技术学院（专科）。							

	姓名	与户主关系	性别	出生年月	民族	已故家属		
						称呼	姓名	去世年月
现有家庭人员	冯建平	户主	男	1971年10月	汉	父亲	冯正坤	2009年7月
	姚新艳	妻子	女	1974年3月	苗			
	冯　阳	儿子	男	2008年2月	苗			
	潘秀珍	母亲	女	1944年12月	汉			
家庭大事记	1986年3月，翻建四上四下楼房； 2003年7月，分到动迁房2套。							

	姓名	与户主关系	性别	出生年月	民族	已故家属		
						称呼	姓名	去世年月
现有家庭人员	周春宝	户主	男	1962年3月	汉	岳父	王纪成	1993年5月
	王玲珍	妻子	女	1963年8月	汉			
	王周俊	儿子	男	1985年11月	汉			
	邵芳洁	儿媳	女	1984年10月	汉			
	王　琴	女儿	女	1992年1月	汉			
	王炜莛	孙女	女	2010年7月	汉			
	朱凤英	岳母	女	1940年12月	汉			
家庭大事记	1988年6月，翻建三上三下楼房； 2001年9月，王周俊考入常州工业职业技术学院（专科）； 2003年7月，分到动迁房2套； 2003年9月，邵芳洁考入盐城工学院； 2012年9月，王琴考入南京审计大学； 2013年5月，购商品房1套； 2014年3月，购丰田汽车1辆。							

	姓名	与户主关系	性别	出生年月	民族	已故家属		
						称呼	姓名	去世年月
现有家庭人员	余海龙	户主	男	1965年1月	汉	父亲	余凤林	1999年3月
	蔡金芳	妻子	女	1966年11月	汉	母亲	周小妹	1992年4月
	余丽莹	女儿	女	1988年12月	汉			
家庭大事记	1982年3月,翻建三上三下楼房; 2003年7月,分到动迁房2套; 2005年6月,购大众汽车1辆; 2007年9月,余丽莹考入黑龙江外国语学院; 2009年5月,购商品房1套。							

	姓名	与户主关系	性别	出生年月	民族	已故家属		
						称呼	姓名	去世年月
现有家庭人员	艾荣富	户主	男	1946年1月	汉	父亲	艾宝胜	1958年2月
	伍才珍	妻子	女	1949年2月	汉	母亲	伍小网	1966年10月
	艾国强	儿子	男	1969年3月	汉			
	王 云	儿媳	女	1969年11月	汉			
	艾国香	女儿	女	1972年3月	汉			
	艾云婷	孙女	女	1995年4月	汉			
家庭大事记	1985年3月,翻建三上三下楼房; 2003年4月,购宝马汽车1辆; 2003年5月,购商品房1套; 2003年7月,分到动迁房2套; 2013年9月,艾云婷考入扬州大学。							

	姓名	与户主关系	性别	出生年月	民族	已故家属		
						称呼	姓名	去世年月
现有家庭人员	王巧林	户主	男	1950年3月	汉	父亲	王永发	1973年5月
	陆阿根	妻子	女	1955年1月	汉	母亲	陈小妹	1978年9月
	王 芳	女儿	女	1974年2月	汉			
	周福元	女婿	男	1971年6月	汉			
	王 鹏	外孙	男	1995年4月	汉			
	顾 悦	外孙媳	女	1997年6月	汉			
	王成妹	女儿	女	1976年3月	汉			
	陈建强	女婿	男	1974年5月	汉			
	陈 虹	外孙女	女	1997年5月	汉			
	吴 超	外孙女婿	男	1996年4月	汉			
家庭大事记	1987年5月，翻建三上三下楼房； 1994年8月，购长安汽车1辆； 王芳1997年10月当选为昆山市第十三届人大代表，1998年7月获得现代经济管理证书，2002年3月加入中国共产党； 2001年1月，购商品房1套； 2003年7月，分到动迁房4套； 2007年3月，购商品房1套； 2012年9月，顾悦考入南京卫生高等职业技术学校（专科）； 2013年9月，王鹏考入苏州工业园区职业技术学院（专科）； 2017年9月，吴超考入江南大学； 2019年9月，陈虹考入东北师范大学。							

▶ 共青村第16村民小组

共青村第16村民小组人员统计表

单位：人

序号	户主	人口	其中		序号	户主	人口	其中	
			男	女				男	女
1	沈苟男	5	3	2	16	陆小忠	5	2	3
2	朱建华	3	2	1	17	刘秀龙	6	4	2
3	曹雪根	7	5	2	18	刘秀云	3	2	1
4	闵招妹	1	0	1	19	刘永金	5	3	2
5	张文龙	3	1	2	20	闵金毛	4	2	2
6	林引喜	4	2	2	21	曹来根	4	3	1
7	曹苏根	6	3	3	22	曹雪福	5	4	1
8	庄根男	5	3	2	23	朱大群	5	2	3
9	庄根弟	5	2	3	24	周柏林	4	2	2
10	陈全生	5	3	2	25	曹雪宝	3	1	2
11	姚根宝	5	3	2	26	张 斌	5	3	2
12	姚雨宝	5	2	3	27	闵 毅	6	2	4
13	刘永根	4	1	3	28	张林妹	5	2	3
14	张东千	5	3	2	29	陈根福	4	1	3
15	王炳强	4	2	2	30	刘秀根	1	1	0
合　计					30		132	69	63

	姓名	与户主关系	性别	出生年月	民族	已故家属		
						称呼	姓名	去世年月
现有家庭人员	沈苟男	户主	男	1964年7月	汉	岳父	林永法	2003年9月
	林引珍	妻子	女	1951年9月	汉	岳母	王桂英	2005年10月
	林 峰	儿子	男	1972年6月	汉			
	沈丽娟	儿媳	女	1972年1月	汉			
	林子杨	孙子	男	1994年6月	汉			
家庭大事记	1984年9月，翻建四上四下楼房； 2003年7月，分到动迁房3套； 2007年8月，购商品房1套； 2010年6月，购北京现代汽车1辆； 2013年9月，林子杨考入江苏科技大学。							

	姓名	与户主关系	性别	出生年月	民族	已故家属		
						称呼	姓名	去世年月
现有家庭人员	朱建华	户主	男	1975年1月	汉			
	王小玲	妻子	女	1978年11月	汉			
	王朱毅	儿子	男	1999年7月	汉			
家庭大事记	朱建华1994年12月入伍，1998年11月退伍； 2003年7月，分到动迁房1套。							

现有家庭人员	姓名	与户主关系	性别	出生年月	民族	已故家属		
						称呼	姓名	去世年月
	曹雪根	户主	男	1952年11月	汉	母亲	张船女	2006年10月
	张成锁	妻子	女	1952年10月	汉			
	曹永刚	长子	男	1975年5月	汉			
	谢传英	长儿媳	女	1975年9月	汉			
	曹亮	孙子	男	1999年5月	汉			
	曹永强	次子	男	1978年1月	汉			
	曹友于	父亲	男	1926年4月	汉			

家庭大事记	1985年9月，翻建三上四下楼房； 2003年7月，分到动迁房3套。

现有家庭人员	姓名	与户主关系	性别	出生年月	民族	已故家属		
						称呼	姓名	去世年月
	闵招妹	户主	女	1934年4月	汉	丈夫	闵福宝	2012年9月

家庭大事记	1985年10月，翻建三上三下楼房； 2003年7月，分到动迁房2套。

现有家庭人员	姓名	与户主关系	性别	出生年月	民族	已故家属		
						称呼	姓名	去世年月
	张文龙	户主	男	1970年6月	汉	父亲	张东良	2019年11月
	张晴	妻子	女	1975年12月	汉			
	张一	女儿	女	1997年12月	汉			

家庭大事记	1996年11月，翻建二上二下楼房； 2003年7月，分到动迁房2套。

	姓名	与户主关系	性别	出生年月	民族	已故家属		
						称呼	姓名	去世年月
现有家庭人员	林引喜	户主	男	1955年7月	汉	父亲	林永法	2002年9月
	魏小妹	妻子	女	1958年9月	汉	母亲	王桂英	2015年10月
	林雅芳	女儿	女	1981年12月	汉			
	林雅平	儿子	男	1987年5月	汉			
家庭大事记	1996年7月，翻建三上三下楼房； 林雅芳2000年9月考入中国政法大学，2002年9月加入中国共产党； 2003年7月，分到动迁房2套； 2005年7月，购上海大众汽车1辆； 2006年9月，林雅平考入南京工业大学。							

	姓名	与户主关系	性别	出生年月	民族	已故家属		
						称呼	姓名	去世年月
现有家庭人员	曹苏根	户主	男	1958年5月	汉	父亲	曹庆于	1990年10月
	张黑妹	妻子	女	1963年5月	汉	母亲	顾红女	1979年5月
	曹慧娟	女儿	女	1984年5月	汉			
	朱春林	女婿	男	1983年1月	汉			
	曹昱星	外孙女	女	2009年1月	汉			
	曹梓轩	外孙	男	2013年8月	汉			
家庭大事记	曹苏根1977年12月入伍，1980年11月退伍，1981年1月加入中国共产党； 1986年4月，翻建三上三下楼房； 1997年，购商品房2套； 2003年7月，分到动迁房2套； 2005年9月，曹慧娟考入南京财经大学（专科）； 2006年5月，购东风汽车1辆。							

	姓名	与户主关系	性别	出生年月	民族	已故家属		
						称呼	姓名	去世年月
现有家庭人员	庄根男	户主	男	1960年7月	汉	父亲	庄金兰	1984年12月
	吴腊妹	妻子	女	1962年12月	汉	母亲	庄小宝	1992年5月
	庄 婷	女儿	女	1985年1月	汉			
	邵志华	女婿	男	1982年4月	汉			
	庄皓州	外孙	男	2008年6月	汉			
家庭大事记	1987年11月，翻建二上三下楼房； 2003年5月，购大众汽车1辆； 2003年7月，分到动迁房2套； 2006年7月，购商品房1套。							

	姓名	与户主关系	性别	出生年月	民族	已故家属		
						称呼	姓名	去世年月
现有家庭人员	庄根弟	户主	男	1966年12月	汉	父亲	庄金兰	1984年12月
	俞梅花	妻子	女	1966年3月	汉	母亲	庄小宝	1992年5月
	庄 磊	儿子	男	1989年5月	汉			
	吴庆芬	儿媳	女	1989年10月	汉			
	庄郁琦	孙女	女	2016年2月	汉			
家庭大事记	1990年6月，翻建二上三下楼房； 2003年7月，分到动迁房2套； 2009年9月，吴庆芬考入徐州工程学院。							

	姓名	与户主关系	性别	出生年月	民族	已故家属		
						称呼	姓名	去世年月
现有家庭人员	陈全生	户主	男	1953年10月	汉	父亲	陈阿根	1967年5月
	庄凤妹	妻子	女	1956年7月	汉			
	陈 英	女儿	女	1979年11月	汉			
	沈黎民	女婿	男	1979年10月	汉			
	沈臣钦	外孙	男	2003年5月	汉			
家庭大事记	1985年5月,翻建三上三下楼房; 2003年7月,分到动迁房2套; 2006年8月,购马自达汽车1辆。							

	姓名	与户主关系	性别	出生年月	民族	已故家属		
						称呼	姓名	去世年月
现有家庭人员	姚根宝	户主	男	1967年4月	汉	父亲	姚光银	1992年11月
	张腊妹	妻子	女	1968年1月	汉	母亲	魏扣珍	2018年6月
	姚 佳	女儿	女	1989年11月	汉			
	蒋陌宸	长外孙	男	2017年8月	汉			
	姚陌暄	次外孙	男	2019年11月	汉			
家庭大事记	1986年10月,翻建二上三下楼房; 2003年7月,分到动迁房1套; 2005年9月,姚佳考入常州工业职业技术学院(专科)。							

	姓名	与户主关系	性别	出生年月	民族	已故家属		
						称呼	姓名	去世年月
现有家庭人员	姚雨宝	户主	男	1964年9月	汉	父亲	姚光银	1992年11月
	周兰凤	妻子	女	1963年10月	汉	母亲	魏扣珍	2018年6月
	姚小燕	女儿	女	1987年10月	汉			
	姚志超	外孙	男	2008年10月	汉			
	周静芸	外孙女	女	2013年8月	汉			
家庭大事记	1983年8月，翻建二上三下楼房； 2003年7月，分到动迁房2套； 2016年5月，购本田汽车1辆。							

	姓名	与户主关系	性别	出生年月	民族	已故家属		
						称呼	姓名	去世年月
现有家庭人员	刘永根	户主	男	1970年3月	汉			
	李彩英	妻子	女	1971年11月	汉			
	刘亚琴	女儿	女	1994年2月	汉			
	陆红妹	母亲	女	1950年6月	汉			
家庭大事记	1986年10月，翻建四上四下楼房； 2003年7月，分到动迁房2套； 2009年9月，刘亚琴考入江苏省昆山第一中等专业学校（专科）。							

	姓名	与户主关系	性别	出生年月	民族	已故家属		
						称呼	姓名	去世年月
现有家庭人员	张东千	户主	男	1955年9月	汉	父亲	张济生	1962年5月
	戈建芳	妻子	女	1958年12月	汉	母亲	姚美英	2007年3月
	张勇	儿子	男	1981年12月	汉			
	朱莉	儿媳	女	1982年2月	汉			
	张奕轩	孙子	男	2008年10月	汉			
家庭大事记	1987年5月，翻建三上三下楼房； 2003年7月，分到动迁房2套； 2015年8月，购大众汽车1辆。							

	姓名	与户主关系	性别	出生年月	民族	已故家属		
						称呼	姓名	去世年月
现有家庭人员	王炳强	户主	男	1970年3月	汉	父亲	王阿四	2019年5月
	蒋惠珍	妻子	女	1969年9月	汉			
	王佳伟	儿子	男	1993年10月	汉			
	王杏英	母亲	女	1948年8月	汉			
家庭大事记	1986年5月，翻建三上三下楼房； 2003年7月，分到动迁房2套； 2009年9月，王佳伟考入江苏省昆山第一中等专业学校（专科）； 2016年12月，购北京现代汽车1辆。							

	姓名	与户主关系	性别	出生年月	民族	已故家属		
						称呼	姓名	去世年月
现有家庭人员	陆小忠	户主	男	1968年9月	汉	祖父	陆大满	1973年4月
	营红芳	妻子	女	1969年1月	汉	祖母	唐小五子	1994年6月
	陆嘉怡	女儿	女	1991年8月	汉			
	陆留宝	父亲	男	1939年9月	汉			
	苏桂芳	母亲	女	1943年8月	汉			
家庭大事记	1987年8月，翻建三上三下楼房； 2003年7月，分到动迁房2套。							

	姓名	与户主关系	性别	出生年月	民族	已故家属		
						称呼	姓名	去世年月
现有家庭人员	刘秀龙	户主	男	1964年7月	汉			
	冯惠琴	妻子	女	1965年10月	汉			
	刘　辰	儿子	男	1988年6月	汉			
	刘俊宇	孙子	男	2011年7月	汉			
	刘正祥	父亲	男	1937年3月	汉			
	范和风	母亲	女	1938年6月	汉			
家庭大事记	刘正祥1955年3月入伍，1958年12月退伍，1959年10月加入中国共产党； 1980年8月，翻建三上三下楼房； 2003年7月，分到动迁房3套； 2013年11月，购别克汽车1辆。							

	姓名	与户主关系	性别	出生年月	民族	已故家属		
						称呼	姓名	去世年月
现有家庭人员	刘秀云	户主	男	1969年3月	汉			
	邹妹林	妻子	女	1969年6月	汉			
	刘剑豪	儿子	男	1993年4月	汉			
家庭大事记	1989年11月，翻建二上三下楼房； 2003年7月，分到动迁房1套； 2005年4月，购长安汽车1辆。							

	姓名	与户主关系	性别	出生年月	民族	已故家属		
						称呼	姓名	去世年月
现有家庭人员	刘永金	户主	男	1968年5月	汉			
	禹凤花	妻子	女	1967年12月	汉			
	刘志奇	儿子	男	1991年8月	汉			
	朱 燕	儿媳	女	1991年9月	汉			
	刘玉明	父亲	男	1946年10月	汉			
家庭大事记	1986年8月，翻建四上四下楼房； 2003年7月，分到动迁房2套； 2010年9月，朱燕考入南京财经大学。							

	姓名	与户主关系	性别	出生年月	民族	已故家属		
						称呼	姓名	去世年月
现有家庭人员	闵金毛	户主	男	1946年1月	汉	父亲	闵泉根	1973年5月
	田白妹	妻子	女	1950年2月	汉	母亲	闵梅珍	1994年8月
	闵 芳	女儿	女	1971年2月	汉			
	闵和帆	外孙	男	1994年10月	汉			
家庭大事记	1987年10月，翻建三上三下楼房； 2003年7月，分到动迁房3套。							

	姓名	与户主关系	性别	出生年月	民族	已故家属		
						称呼	姓名	去世年月
现有家庭人员	曹来根	户主	男	1967年2月	汉	父亲	曹庆于	1990年10月
	孙杏英	妻子	女	1969年3月	汉	母亲	顾红女	1979年5月
	曹慧济	儿子	男	1990年11月	汉			
	曹川尧	孙子	男	2018年8月	汉			
家庭大事记	2000年8月，翻建三上三下楼房； 2003年7月，分到动迁房2套； 2018年5月，购本田汽车1辆。							

	姓名	与户主关系	性别	出生年月	民族	已故家属		
						称呼	姓名	去世年月
现有家庭人员	曹雪福	户主	男	1954年7月	汉	母亲	张船女	2006年10月
	周根花	妻子	女	1957年3月	汉			
	曹永泉	儿子	男	1980年12月	汉			
	曹逸祥	长孙	男	2018年8月	汉			
	周骏祥	次孙	男	2012年2月	汉			
家庭大事记	1975年，曹雪福加入中国共产党； 1987年12月，翻建三上三下楼房； 2003年7月，分到动迁房2套； 2003年10月，购汽车1辆。							

	姓名	与户主关系	性别	出生年月	民族	已故家属		
						称呼	姓名	去世年月
现有家庭人员	朱大群	户主	男	1949年2月	汉	父亲	朱牛锅	1999年5月
	张腊妹	妻子	女	1949年6月	汉	母亲	陆成兄	2010年9月
	朱建强	儿子	男	1972年6月	汉			
	王小芳	儿媳	女	1974年6月	汉			
	朱艳泓	孙女	女	1995年5月	汉			
家庭大事记	1985年4月，翻建四上五下楼房； 2003年7月，分到动迁房2套； 2010年5月，购北京现代汽车1辆； 2013年9月，朱艳泓考入南京师范大学。							

	姓名	与户主关系	性别	出生年月	民族	已故家属		
						称呼	姓名	去世年月
现有家庭人员	周柏林	户主	男	1968年6月	汉	父亲	张小妹	1987年11月
	张卫英	妻子	女	1969年9月	汉			
	张 健	儿子	男	1991年2月	汉			
	张道英	母亲	女	1934年11月	汉			
家庭大事记	1993年10月，翻建三上三下楼房； 2003年7月，分到动迁房3套； 2015年5月，购汽车1辆。							

	姓名	与户主关系	性别	出生年月	民族	已故家属		
						称呼	姓名	去世年月
现有家庭人员	曹雪宝	户主	男	1962年12月	汉	母亲	张船女	2006年10月
	周晓兰	妻子	女	1963年3月	汉			
	曹 静	女儿	女	1986年7月	汉			
家庭大事记	曹雪宝1980年11月入伍，1985年11月退伍； 1994年5月，购商品房1套； 2003年7月，分到动迁房1套； 2009年7月，购汽车1辆。							

	姓名	与户主关系	性别	出生年月	民族	已故家属		
						称呼	姓名	去世年月
现有家庭人员	张 斌	户主	男	1998年9月	汉	祖母	张菊火	2017年2月
	周兰妹	母亲	女	1965年1月	汉			
	吴伏弟	父亲	男	1960年3月	汉			
	张 琪	姐姐	女	1990年8月	汉			
	张巧林	祖父	男	1933年9月	汉			
家庭大事记	1990年8月，翻建三上三下楼房； 2003年7月，分到动迁房2套； 2006年9月，张琪考入南京铁道职业技术学院（专科）； 2012年5月，购宝马汽车1辆； 2018年9月，张斌考入苏州大学。							

	姓名	与户主关系	性别	出生年月	民族	已故家属		
						称呼	姓名	去世年月
现有家庭人员	闵　毅	户主	男	1956 年 7 月	汉	父亲	闵泉根	1973 年 5 月
	周金花	妻子	女	1957 年 3 月	汉	母亲	闵梅珍	1994 年 8 月
	闵雯娟	女儿	女	1982 年 11 月	汉			
	季　海	女婿	男	1982 年 9 月	汉			
	闵知优	长外孙女	女	2008 年 1 月	汉			
	季铭悦	次外孙女	女	2013 年 2 月	汉			
家庭大事记	1986 年 5 月，翻建三上三下楼房； 1997 年 3 月，购商品房 1 套； 2001 年 9 月，季海考入江苏开放大学； 闵雯娟 2001 年 9 月考入江苏开放大学，2005 年加入中国共产党； 2003 年 7 月，分到动迁房 2 套； 2007 年 7 月，购汽车 1 辆。							

	姓名	与户主关系	性别	出生年月	民族	已故家属		
						称呼	姓名	去世年月
现有家庭人员	张林妹	户主	女	1949 年 10 月	汉	丈夫	刘文明	1999 年 6 月
	刘雪琴	女儿	女	1970 年 12 月	汉			
	刘永青	儿子	男	1973 年 12 月	汉			
	刘鑫彭	孙子	男	2008 年 11 月	汉			
	刘叶培	孙女	女	2000 年 4 月	汉			
家庭大事记	1989 年 8 月，翻建三上四下楼房； 2003 年 7 月，分到动迁房 1 套； 2018 年 9 月，刘叶培考入南京师范大学泰州学院。							

	姓名	与户主关系	性别	出生年月	民族	已故家属		
						称呼	姓名	去世年月
现有家庭人员	陈根福	户主	男	1969年7月	汉	岳父	张双喜	1993年10月
	张桂珍	妻子	女	1969年2月	汉			
	张　洁	女儿	女	1992年6月	汉			
	闵海英	岳母	女	1941年11月	汉			
家庭大事记	1988年10月，翻建三上三下楼房； 2003年7月，分到动迁房2套； 2004年5月，购汽车1辆。							

	姓名	与户主关系	性别	出生年月	民族	已故家属		
						称呼	姓名	去世年月
现有家庭人员	刘秀根	户主	男	1966年11月	汉	父亲	刘铁小	2019年8月
						母亲	刘凤英	2017年5月
家庭大事记	1989年9月，翻建二上四下楼房； 2003年7月，分到动迁房2套。							

▶ 共青村第17村民小组

共青村第17村民小组人员统计表

单位：人

序号	户主	人口	其中		序号	户主	人口	其中	
			男	女				男	女
1	张文革	3	2	1	20	张青	5	2	3
2	陆网宝	3	2	1	21	薛根女	1	0	1
3	张明	4	3	1	22	张建珍	5	2	3
4	阮绍林	4	2	2	23	谭小弟	3	1	2
5	张建忠	1	1	0	24	谭梅芳	2	0	2
6	张玲宝	1	0	1	25	王东妹	3	1	2
7	邵三男	2	2	0	26	周金男	4	3	1
8	周阿水	4	3	1	27	张菊林	5	3	2
9	周扣女	5	2	3	28	黄民	6	4	2
10	周阿山	3	2	1	29	朱米平	4	2	2
11	周雨青	4	2	2	30	张巧男	7	2	5
12	张文龙	4	2	2	31	张水林	4	1	3
13	谭正于	1	1	0	32	谭巧林	4	2	2
14	舒银琼	4	2	2	33	杨建平	5	2	3
15	朱米朋	2	1	1	34	周雨林	2	1	1
16	陆文章	6	4	2	35	张菊珍	4	2	2
17	杨建强	5	2	3	36	张良	3	2	1
18	谭明林	4	3	1	37	杨炳荣	1	1	0
19	谭国庆	3	1	2	—	—	—	—	—
合计					37	131	68	63	

	姓名	与户主关系	性别	出生年月	民族	已故家属		
						称呼	姓名	去世年月
现有家庭人员	张文革	户主	男	1966年12月	汉	母亲	张巧英	2014年3月
	王玉梅	妻子	女	1965年8月	汉			
	张 震	儿子	男	1994年10月	汉			
家庭大事记	1988年5月，翻建二上三下楼房； 2003年7月，分到动迁房1套； 2011年7月，购商品房1套； 2011年9月，张震考入江苏省昆山第一中等专业学校（专科）； 2013年10月购汽车1辆。							

	姓名	与户主关系	性别	出生年月	民族	已故家属		
						称呼	姓名	去世年月
现有家庭人员	陆网宝	户主	男	1948年5月	汉	父亲	陆大才	1969年10月
	朱凤英	妻子	女	1951年11月	汉	母亲	邵阿毛	2001年6月
	陆 明	儿子	男	1972年7月	汉			
家庭大事记	1983年10月，翻建三上四下楼房； 1993年3月，购商品房1套。							

	姓名	与户主关系	性别	出生年月	民族	已故家属		
						称呼	姓名	去世年月
现有家庭人员	张 明	户主	男	1966年4月	汉	父亲	张寿六	2015年6月
	周龙英	妻子	女	1964年7月	汉			
	张小冈	儿子	男	1991年7月	汉			
	张熙慕	孙子	男	2015年2月	汉			
家庭大事记	1998年3月，翻建三上三下楼房； 2003年7月，分到动迁房2套。							

现有家庭人员	姓名	与户主关系	性别	出生年月	民族	已故家属		
						称呼	姓名	去世年月
	阮绍林	户主	男	1944年6月	汉	岳父	张道生	1954年3月
	张三妹	妻子	女	1951年9月	汉	岳母	张阿为	2003年6月
	张玉芳	女儿	女	1971年6月	汉			
	张易立	外孙	男	2008年6月	汉			
家庭大事记	1988年10月,翻建三上三下楼房; 2003年7月,分到动迁房2套。							

现有家庭人员	姓名	与户主关系	性别	出生年月	民族	已故家属		
						称呼	姓名	去世年月
	张建忠	户主	男	1971年12月	汉	父亲	张炳元	2019年11月
家庭大事记	1989年11月,翻建三上三下楼房; 2003年7月,分到动迁房2套。							

现有家庭人员	姓名	与户主关系	性别	出生年月	民族	已故家属		
						称呼	姓名	去世年月
	张玲宝	户主	女	1932年8月	汉	丈夫	黄辉	2009年4月
家庭大事记	2003年7月,分到动迁房1套。							

现有家庭人员	姓名	与户主关系	性别	出生年月	民族	已故家属		
						称呼	姓名	去世年月
	邵三男	户主	男	1967年4月	汉			
	邵超	儿子	男	1993年1月	汉			
家庭大事记	2002年,购汽车1辆。							

	姓名	与户主关系	性别	出生年月	民族	已故家属		
						称呼	姓名	去世年月
现有家庭人员	周阿水	户主	男	1965年10月	汉	父亲	周明书	2002年12月
	陈丽华	妻子	女	1964年11月	汉	母亲	周文英	1996年7月
	周剑欣	儿子	男	1988年6月	汉			
	周浩宇	孙子	男	2017年1月	汉			
家庭大事记	1996年10月,翻建三上三下楼房; 2003年7月,分到动迁房2套; 2015年5月,购汽车1辆。							

	姓名	与户主关系	性别	出生年月	民族	已故家属		
						称呼	姓名	去世年月
现有家庭人员	周扣女	户主	女	1953年1月	汉	丈夫	宋小弟	2013年2月
	宋东生	长子	男	1976年1月	汉			
	宋东兴	次子	男	1977年10月	汉			
	裴美玲	次媳	女	1977年11月	汉			
	宋雨函	孙女	女	2002年1月	汉			
家庭大事记	1989年3月,翻建四上四下楼房; 2003年7月,分到动迁房4套。							

	姓名	与户主关系	性别	出生年月	民族	已故家属		
						称呼	姓名	去世年月
现有家庭人员	周阿山	户主	男	1955年7月	汉	父亲	周明书	2002年12月
	何奎容	妻子	女	1958年10月	汉	母亲	周文英	1996年7月
	周剑锋	儿子	男	1984年5月	汉			
家庭大事记	周阿山1975年12月入伍,1978年退伍; 1989年3月,翻建二上二下楼房; 周剑锋2002年9月考入专科学校,2002年12月入伍,2004年11月退伍; 2003年7月,分到动迁房1套。							

	姓名	与户主关系	性别	出生年月	民族	已故家属		
						称呼	姓名	去世年月
现有家庭人员	周雨青	户主	男	1965年7月	汉	父亲	周和尚	1972年3月
	陆桂英	妻子	女	1968年4月	汉	母亲	周长宝	1973年7月
	周峰	儿子	男	1989年7月	汉			
	周昕澄	孙女	女	2015年1月	汉			
家庭大事记	1987年1月,翻建三上三下楼房; 2003年7月,分到动迁房3套; 2013年4月,购汽车1辆。							

	姓名	与户主关系	性别	出生年月	民族	已故家属		
						称呼	姓名	去世年月
现有家庭人员	张文龙	户主	男	1970年10月	汉	母亲	张巧英	2014年3月
	王扣兄	妻子	女	1970年7月	汉			
	张嘉培	女儿	女	1993年12月	汉			
	张伯和	父亲	男	1942年2月	汉			
家庭大事记	1993年,翻建三上三下楼房; 1995年5月,购商品房1套; 2003年7月,分到动迁房1套; 2015年9月,张嘉培考入苏州卫生职业技术学院(专科); 2016年5月,购北京现代汽车1辆。							

	姓名	与户主关系	性别	出生年月	民族	已故家属		
						称呼	姓名	去世年月
现有家庭人员	谭正于	户主	男	1939年2月	汉	妻子	朱珍妹	2012年5月
家庭大事记	1985年3月,翻建平房; 2003年7月,分到动迁房1套。							

	姓名	与户主关系	性别	出生年月	民族	已故家属		
						称呼	姓名	去世年月
现有家庭人员	舒银琼	户主	女	1958年11月	汉			
	周 鹏	儿子	男	1982年6月	汉			
	周绍熙	孙子	男	2014年10月	汉			
	周绍妤	孙女	女	2017年9月	汉			
家庭大事记	2003年9月,周鹏考入东南大学; 2012年5月,购汽车1辆。							

	姓名	与户主关系	性别	出生年月	民族	已故家属		
						称呼	姓名	去世年月
现有家庭人员	朱米朋	户主	男	1959年8月	汉	父亲	朱立青	2011年7月
	王扣宝	母亲	女	1928年9月	汉			
家庭大事记	1993年5月,翻建平房3间; 2003年7月,分到动迁房1套。							

	姓名	与户主关系	性别	出生年月	民族	已故家属		
						称呼	姓名	去世年月
现有家庭人员	陆文章	户主	男	1963年9月	汉	父亲	陆共友	1996年1月
	周勤梅	妻子	女	1969年1月	汉	母亲	陆陆氏	2005年8月
	陆云飞	儿子	男	1988年9月	汉	祖父	周明书	2002年12月
	陆锦宸	孙子	男	2016年1月	汉	祖母	孙文英	1997年7月
	周阿金	岳父	男	1945年6月	汉			
	王小凤	岳母	女	1947年7月	汉			
家庭大事记	2003年7月,分到动迁房3套; 陆云飞2006年12月入伍,2007年9月加入中国共产党,2008年11月退伍; 2010年12月,翻建三上三下楼房; 2011年5月,购商品房1套; 2014年,购汽车1辆。							

	姓名	与户主关系	性别	出生年月	民族	已故家属		
						称呼	姓名	去世年月
现有家庭人员	杨建强	户主	男	1956年10月	汉	父亲	杨明清	1986年8月
	罗琼双	妻子	女	1956年6月	汉	母亲	陆二成	2010年1月
	杨　勇	儿子	男	1982年5月	汉			
	罗春兰	儿媳	女	1984年3月	汉			
	杨惠婷	孙女	女	2008年7月	汉			
家庭大事记	1999年2月，翻建三上三下楼房； 2003年7月，分到动迁房2套； 2014年5月，购汽车1辆。							

	姓名	与户主关系	性别	出生年月	民族	已故家属		
						称呼	姓名	去世年月
现有家庭人员	谭明林	户主	男	1970年4月	汉	母亲	张　云	2001年3月
	叶建英	妻子	女	1970年9月	汉			
	谭皓元	儿子	男	1996年9月	汉			
	谭正隆	父亲	男	1941年10月	汉			
家庭大事记	1983年7月，翻建四上四下楼房； 2003年7月，分到动迁房1套； 2012年10月，购汽车1辆； 2015年5月，购别墅1套； 2016年9月，谭皓元考入英国利物浦大学。							

	姓名	与户主关系	性别	出生年月	民族	已故家属		
						称呼	姓名	去世年月
现有家庭人员	谭国庆	户主	男	1975年10月	汉	母亲	张　云	2001年3月
	李德秀	妻子	女	1977年4月	汉			
	谭佳琪	女儿	女	1999年5月	汉			
家庭大事记	2003年7月，分到动迁房1套； 2009年，购汽车1辆。							

现有家庭人员	姓名	与户主关系	性别	出生年月	民族	已故家属		
						称呼	姓名	去世年月
	张 青	户主	男	1967年3月	汉			
	陈梅林	妻子	女	1968年3月	汉			
	张蓓丽	女儿	女	1993年1月	汉			
	张海福	父亲	男	1941年3月	汉			
	施大锁	母亲	女	1949年2月	汉			

家庭大事记	2006年10月,购汽车1辆; 张蓓丽2011年9月考入三亚学院,2013年5月加入中国共产党; 2013年8月,购商品房1套。

现有家庭人员	姓名	与户主关系	性别	出生年月	民族	已故家属		
						称呼	姓名	去世年月
	薛根女	户主	女	1946年5月	汉	丈夫	陆根宝	1991年4月

家庭大事记	2003年7月,分到动迁房1套。

现有家庭人员	姓名	与户主关系	性别	出生年月	民族	已故家属		
						称呼	姓名	去世年月
	张建珍	户主	女	1975年3月	汉	祖父	张文祖	1963年7月
	张永刚	丈夫	男	1976年7月	汉	祖母	张郁玲	1988年5月
	张 瑜	女儿	女	2000年1月	汉			
	张小弟	父亲	男	1949年8月	汉			
	陆红英	母亲	女	1952年8月	汉			

家庭大事记	1985年3月,翻建二上三下楼房; 2003年7月,分到动迁房2套; 2014年9月,购汽车1辆; 2018年9月,张瑜考入南京信息工程大学。

	姓名	与户主关系	性别	出生年月	民族	已故家属		
						称呼	姓名	去世年月
现有家庭人员	谭小弟	户主	男	1969年6月	汉	父亲	谭桂章	2003年4月
	李树英	妻子	女	1967年7月	汉	母亲	谭翠子	2013年9月
	谭海菲	女儿	女	1992年9月	汉			
家庭大事记	2003年7月,分到动迁房2套; 2018年,购汽车1辆。							

	姓名	与户主关系	性别	出生年月	民族	已故家属		
						称呼	姓名	去世年月
现有家庭人员	谭梅芳	户主	女	1971年5月	汉	母亲	张 云	2001年3月
	林冰清	女儿	女	1998年1月	汉			
家庭大事记	2003年7月,分到动迁房1套; 2015年5月,购商品房1套; 林冰清2017年9月考入南京大学,2018年5月加入中国共产党。							

	姓名	与户主关系	性别	出生年月	民族	已故家属		
						称呼	姓名	去世年月
现有家庭人员	王东妹	户主	女	1951年12月	汉	丈夫	周二男	2009年11月
	周卫忠	儿子	男	1974年10月	汉			
	周姮伊	孙女	女	2013年11月	汉			
家庭大事记	1986年5月,翻建三上三下楼房; 2003年7月,分到动迁房3套; 2004年5月,购汽车1辆。							

	姓名	与户主关系	性别	出生年月	民族	已故家属		
						称呼	姓名	去世年月
现有家庭人员	周金男	户主	男	1954年2月	汉	父亲	周和尚	1972年3月
	蒋永珍	妻子	女	1954年9月	汉	母亲	周长宝	1973年7月
	周卫国	儿子	男	1977年2月	汉			
	周梓杰	孙子	男	2000年4月	汉			
家庭大事记	1978年3月，周金男加入中国共产党； 1984年3月，翻建三上三下楼房； 1993年5月，购商品房1套； 1996年2月，购汽车1辆； 2003年7月，分到动迁房1套。							

	姓名	与户主关系	性别	出生年月	民族	已故家属		
						称呼	姓名	去世年月
现有家庭人员	张菊林	户主	男	1972年2月	汉	祖父	张道生	1954年3月
	张玉凤	女儿	女	1995年9月	汉	祖母	张阿惠	2003年6月
	饶奕哲	外孙	男	2019年9月	汉			
	张金根	父亲	男	1945年9月	汉			
	倪纪芳	母亲	女	1950年1月	汉			
家庭大事记	1990年5月，翻建三上三下楼房； 2003年7月，分到动迁房2套。							

	姓名	与户主关系	性别	出生年月	民族	已故家属		
						称呼	姓名	去世年月
现有家庭人员	黄 民	户主	男	1967 年 11 月	汉	祖父	黄进喜	2001 年 1 月
	朱小妹	妻子	女	1967 年 10 月	汉	祖母	黄惠如	2005 年 12 月
	黄 咚	儿子	男	1990 年 11 月	汉			
	黄佳毅	孙子	男	2015 年 3 月	汉			
	黄友才	父亲	男	1945 年 2 月	汉			
	朱纪妹	母亲	女	1945 年 8 月	汉			

家庭大事记	1985 年 5 月，翻建三上三下楼房； 1998 年 3 月，购商品房 1 套； 2003 年 7 月，分到动迁房 2 套； 黄咚 2006 年 9 月考入江苏省昆山第一中等专业学校（专科），2010 年 12 月入伍，2012 年 12 月退伍； 2013 年 12 月，购汽车 1 辆。

	姓名	与户主关系	性别	出生年月	民族	已故家属		
						称呼	姓名	去世年月
现有家庭人员	朱米平	户主	男	1957 年 7 月	汉	父亲	朱立青	2011 年 7 月
	陆桂珍	妻子	女	1962 年 6 月	汉			
	朱春华	女儿	女	1984 年 3 月	汉			
	黄继成	外孙	男	2008 年 9 月	汉			

家庭大事记	1995 年 10 月，翻建三上三下楼房； 2003 年 7 月，分到动迁房 2 套。

	姓名	与户主关系	性别	出生年月	民族	已故家属		
						称呼	姓名	去世年月
现有家庭人员	张巧男	户主	男	1955年4月	汉	父亲	张梅福	2003年8月
	陆玲珍	妻子	女	1956年11月	汉			
	张　新	儿子	男	1980年5月	汉			
	刘　云	儿媳	女	1980年3月	汉			
	张萌童	孙女	女	2007年7月	汉			
	张巧珍	母亲	女	1933年9月	汉			
	张惠英	妹妹	女	1962年7月	汉			
家庭大事记	张巧男1969年10月入伍，1977年1月加入中国共产党，1977年3月退伍； 1983—1984年，翻建二上二下楼房； 1999年9月，张新考入洛阳电器自动化学校（专科）； 2003年7月，分到动迁房1套； 2007年1月，购汽车1辆。							

	姓名	与户主关系	性别	出生年月	民族	已故家属		
						称呼	姓名	去世年月
现有家庭人员	张水林	户主	男	1954年4月	汉	父亲	张寿六	2015年6月
	胡爱妹	妻子	女	1956年8月	汉			
	张　花	女儿	女	1979年11月	汉			
	张忠妹	母亲	女	1936年4月	汉			
家庭大事记	1993年6月，翻建三上三下楼房； 2003年7月，分到动迁房2套； 2016年，购汽车1辆。							

	姓名	与户主关系	性别	出生年月	民族	已故家属		
						称呼	姓名	去世年月
现有家庭人员	谭巧林	户主	男	1964年1月	汉	父亲	谭桂章	2003年4月
	赵兰华	妻子	女	1968年12月	汉	母亲	谭翠子	2013年9月
	谭海霞	女儿	女	1988年1月	汉			
	谭瑞希	外孙	男	2019年4月	汉			
家庭大事记	2003年7月，分到动迁房1套； 2006年9月，谭海霞考入扬州大学广陵学院； 2018年5月，购汽车1辆。							

	姓名	与户主关系	性别	出生年月	民族	已故家属		
						称呼	姓名	去世年月
现有家庭人员	杨建平	户主	男	1963年4月	汉	父亲	杨明清	1986年8月
	谭巧芳	妻子	女	1967年10月	汉	母亲	陆二成	2010年1月
	杨 琳	女儿	女	1988年7月	汉			
	杨欣语	外孙女	女	2013年4月	汉			
	谭正于	岳父	男	1939年2月	汉			
家庭大事记	1998年5月，翻建二上二下楼房； 2003年7月，分到动迁房2套； 2012年3月，购汽车1辆。							

	姓名	与户主关系	性别	出生年月	民族	已故家属		
						称呼	姓名	去世年月
现有家庭人员	周雨林	户主	男	1957年11月	汉	父亲	周和尚	1972年3月
	王巧洪	妻子	女	1962年4月	汉	母亲	周长宝	1973年7月
家庭大事记	2003年7月，分到动迁房3套； 2009年，购汽车1辆。							

	姓名	与户主关系	性别	出生年月	民族	已故家属		
						称呼	姓名	去世年月
现有家庭人员	张菊珍	户主	女	1975年10月	汉			
	殷志强	儿子	男	2008年5月	汉			
	殷 莹	女儿	女	1996年11月	汉			
	殷朝六	非亲属	男	1974年6月	汉			
家庭大事记	2003年7月,分到动迁房1套; 2014年9月,殷莹考入南京师范大学。							

	姓名	与户主关系	性别	出生年月	民族	已故家属		
						称呼	姓名	去世年月
现有家庭人员	张 良	户主	男	1968年7月	汉			
	时向玲	妻子	女	1970年10月	汉			
	张国荣	儿子	男	1993年9月	汉			
家庭大事记	2003年7月,分到动迁房1套; 2018年9月,张国荣考入福建师范大学。							

	姓名	与户主关系	性别	出生年月	民族	已故家属		
						称呼	姓名	去世年月
现有家庭人员	杨炳荣	户主	男	1954年1月	汉	母亲	杨大妈	1990年8月
家庭大事记	共青村五保户。							

▶ 共青村第18村民小组

共青村第18村民小组人员统计表

单位：人

序号	户主	人口	其中		序号	户主	人口	其中	
			男	女				男	女
1	张书高	4	3	1	13	朱秀根	5	3	2
2	朱秀林	3	1	2	14	张雪妹	4	2	2
3	陈 旭	4	1	3	15	俞桂芳	6	2	4
4	丁桂英	7	3	4	16	桑金弟	5	2	3
5	朱敏平	6	2	4	17	施泽程	2	2	0
6	曹根囡	6	2	4	18	施小根	6	2	4
7	朱秀明	4	2	2	19	施米根	2	1	1
8	沈 明	4	2	2	20	朱秀兰	6	3	3
9	沈 强	3	1	2	21	周育迖	4	3	1
10	施泽勤	7	3	4	22	周金发	5	2	3
11	张树清	5	3	2	23	施苏根	6	4	2
12	陈阿根	6	3	3	—	—	—	—	—
合 计					23		110	52	58

	姓名	与户主关系	性别	出生年月	民族	已故家属		
						称呼	姓名	去世年月
现有家庭人员	张书高	户主	男	1944年4月	汉			
	邹庆丰	女婿	男	1972年8月	汉			
	张双妹	女儿	女	1976年12月	汉			
	邹家杰	外孙	男	1998年10月	汉			
家庭大事记								

	姓名	与户主关系	性别	出生年月	民族	已故家属		
						称呼	姓名	去世年月
现有家庭人员	朱秀林	户主	男	1949年3月	汉			
	张春兰	妻子	女	1965年5月	汉			
	张云霞	女儿	女	1987年6月	汉			
家庭大事记								

	姓名	与户主关系	性别	出生年月	民族	已故家属		
						称呼	姓名	去世年月
现有家庭人员	陈 旭	户主	男	1962年12月	汉			
	施梅芳	妻子	女	1965年11月	汉			
	陈伊玲	女儿	女	1987年11月	汉			
	金妤陈	外孙女	女	2018年2月	汉			
家庭大事记	1996年5月，翻建三上三下楼房； 2003年7月，分到动迁房2套； 2006年9月，陈伊玲考入苏州大学； 2010年，购汽车1辆。							

	姓名	与户主关系	性别	出生年月	民族	已故家属		
						称呼	姓名	去世年月
现有家庭人员	丁桂英	户主	女	1949年4月	汉	丈夫	俞志根	2015年3月
	俞云龙	长子	男	1973年11月	汉			
	俞云华	次子	男	1978年12月	汉			
	唐丽娅	儿媳	女	1979年5月	汉			
	俞梦婷	长孙女	女	1995年7月	汉			
	俞佳妮	次孙女	女	2003年4月	汉			
	俞纪玚	孙子	男	2004年3月	汉			
家庭大事记	1983年6月，翻建二上二下楼房； 1988年5月，购商品房1套； 2003年7月，分到动迁房3套； 2002年10月，购汽车3辆； 2013年9月，俞梦婷考入江苏师范大学。							

	姓名	与户主关系	性别	出生年月	民族	已故家属		
						称呼	姓名	去世年月
现有家庭人员	朱敏平	户主	男	1982年4月	汉	祖父	朱锦松	1985年1月
	钱亚琴	妻子	女	1981年3月	汉	祖母	殷兰英	1991年7月
	朱雨萱	长女	女	2009年5月	汉			
	钱雨彤	次女	女	2012年10月	汉			
	朱秀洪	父亲	男	1957年1月	汉			
	伍兰珍	母亲	女	1957年3月	汉			
家庭大事记	1994年6月，翻建小别墅1栋； 1999年9月，钱亚琴考入苏州市职业大学（专科）； 2003年7月，分到动迁房2套； 2009年10月，购汽车1辆。							

	姓名	与户主关系	性别	出生年月	民族	已故家属		
						称呼	姓名	去世年月
现有家庭人员	曹根囡	户主	女	1945年2月	汉	丈夫	施义祥	2019年9月
	施金发	儿子	男	1968年1月	汉			
	苗小英	儿媳	女	1967年11月	汉			
	施晓峰	孙子	男	1990年8月	汉			
	胡 芳	孙媳	女	1990年12月	汉			
	施依诺	曾孙女	女	2015年1月	汉			
家庭大事记	1988年,翻建三上三下楼房; 2003年7月,分到动迁房2套; 2006年9月,胡芳考入盐城卫生职业技术学校(专科); 2006年9月,施晓峰考入昆山广播电视大学(专科); 2017年3月,购汽车1辆。							

	姓名	与户主关系	性别	出生年月	民族	已故家属		
						称呼	姓名	去世年月
现有家庭人员	朱秀明	户主	男	1967年1月	汉	父亲	朱锦松	1985年1月
	王玉鸣	妻子	女	1972年2月	汉	母亲	殷兰英	1991年7月
	朱晨曦	女儿	女	1996年9月	汉			
	程 龙	女婿	男	1991年4月	汉			
家庭大事记	2003年7月,分到动迁房1套; 2011年9月,朱晨曦考入江苏城市职业学院(专科)。							

	姓名	与户主关系	性别	出生年月	民族	已故家属		
						称呼	姓名	去世年月
现有家庭人员	沈 明	户主	男	1972年12月	汉	父亲	沈洪元	1985年12月
	鹿 静	妻子	女	1975年3月	汉	母亲	徐梅英	1996年12月
	沈蕙兰	女儿	女	2006年10月	汉			
	沈鹿城	儿子	男	2014年3月	汉			
家庭大事记	1992年11月,翻建三上三下楼房; 2003年7月,分到动迁房1套。							

	姓名	与户主关系	性别	出生年月	民族	已故家属		
						称呼	姓名	去世年月
现有家庭人员	沈 强	户主	男	1975年10月	汉	父亲	沈洪元	1985年12月
	朱彩珍	妻子	女	1977年7月	汉	母亲	徐梅英	1996年12月
	沈禧琳	女儿	女	2002年8月	汉			
家庭大事记	1992年11月,翻建三上三下楼房; 2003年7月,分到动迁房1套。							

现有家庭人员	姓名	与户主关系	性别	出生年月	民族	已故家属		
						称呼	姓名	去世年月
	施泽勤	户主	男	1967年10月	汉	父亲	施义和	1988年4月
	张扣兰	妻子	女	1966年1月	汉			
	施 雯	女儿	女	1990年2月	汉			
	戚 明	女婿	男	1981年10月	汉			
	戚施雨	外孙女	女	2011年11月	汉			
	施宇宸	外孙	男	2014年12月	汉			
	潘双喜	母亲	女	1944年3月	汉			

家庭大事记	1989年1月，翻建三上三下楼房； 2000年9月，戚明考入南京师范大学； 2003年7月，分到动迁房2套； 2008年9月，施雯考入苏州大学； 2014年9月，购汽车1辆。

现有家庭人员	姓名	与户主关系	性别	出生年月	民族	已故家属		
						称呼	姓名	去世年月
	张树清	户主	男	1939年9月	汉			
	纪巧芳	妻子	女	1936年2月	汉			
	张伯生	长子	男	1962年7月	汉			
	张小明	女儿	女	1966年12月	汉			
	张小俞	次子	男	1970年6月	汉			

家庭大事记	张小俞1990年11月入伍，1992年12月退伍； 1990年，购汽车1辆。

	姓名	与户主关系	性别	出生年月	民族	已故家属		
						称呼	姓名	去世年月
现有家庭人员	陈阿根	户主	男	1954年8月	汉	岳父	许锦财	1959年12月
	许扣女	妻子	女	1957年3月	汉	岳母	徐四妹	1985年3月
	许陈凌	女儿	女	1979年9月	汉			
	周有近	女婿	男	1971年10月	汉			
	周澄宇	外孙	男	1997年10月	汉			
	许 可	外孙女	女	2000年7月	汉			
家庭大事记	陈阿根1973年入伍，1977年4月退伍； 1998年5月，翻建三上三下楼房； 2003年7月，分到动迁房2套； 2015年4月，购东风标致汽车1辆； 2015年9月，周澄宇考入徐州医科大学。							

	姓名	与户主关系	性别	出生年月	民族	已故家属		
						称呼	姓名	去世年月
现有家庭人员	朱秀根	户主	男	1946年11月	汉	父亲	朱锦松	1985年1月
	朱梅强	儿子	男	1975年8月	汉	母亲	殷兰英	1991年7月
	杨献丽	儿媳	女	1979年12月	汉	妻子	熊宝妹	2016年10月
	朱华芳	女儿	女	1973年3月	汉			
	朱禧龙	孙子	男	2000年8月	汉			
家庭大事记	1992年8月，翻建三上三下楼房； 2003年7月，分到动迁房2套； 2012年12月，购北京现代汽车1辆。							

	姓名	与户主关系	性别	出生年月	民族	已故家属		
						称呼	姓名	去世年月
现有家庭人员	张雪妹	户主	女	1974年12月	汉			
	张兴平	丈夫	男	1972年6月	汉			
	张 凡	儿子	男	1990年5月	汉			
	张媛媛	女儿	女	1992年4月	汉			
家庭大事记	2000年3月,翻建二上二下楼房; 2003年3月,张兴平加入中国共产党; 2003年7月,分到动迁房2套; 张凡2008年9月考入江苏广播电视大学,2012年11月入伍,2013年5月加入中国共产党,2013年10月被评为"优秀士兵",2014年12月退伍; 2012年9月,张媛媛考入江苏师范大学。							

	姓名	与户主关系	性别	出生年月	民族	已故家属		
						称呼	姓名	去世年月
现有家庭人员	俞桂芳	户主	女	1943年2月	汉	丈夫	俞粉宝	2012年2月
	俞龙生	儿子	男	1970年11月	汉			
	俞龙琴	三女	女	1977年6月	汉			
	胡国建	儿媳	女	1971年5月	汉			
	俞 莉	孙女	女	1995年1月	汉			
	阚 麒	孙女婿	男	1991年8月	汉			
家庭大事记	1988年7月,翻建三上三下楼房; 2000年10月,购商品房1套; 2003年7月,分到动迁房2套; 2016年6月,购北京现代汽车1辆。							

	姓名	与户主关系	性别	出生年月	民族	已故家属		
						称呼	姓名	去世年月
现有家庭人员	桑金弟	户主	男	1965年11月	汉	父亲	桑小龙	1986年7月
	戈文妹	妻子	女	1966年9月	汉			
	桑秋逸	女儿	女	1990年10月	汉			
	王小鹏	女婿	男	1985年11月	汉			
	胡大妹	母亲	女	1938年8月	汉			
家庭大事记	1989年3月，翻建三上三下楼房； 2003年7月，分到动迁房2套； 王小鹏2008年9月考入南京工业大学，2010年9月加入中国共产党； 2009年9月，桑秋逸考入南京师范大学泰州学院； 2014年9月，购汽车1辆。							

	姓名	与户主关系	性别	出生年月	民族	已故家属		
						称呼	姓名	去世年月
现有家庭人员	施泽程	户主	男	1962年2月	汉			
	施泽广	弟弟	男	1968年3月	汉			
家庭大事记	2003年7月，分到动迁房1套； 2012年4月，购汽车1辆。							

	姓名	与户主关系	性别	出生年月	民族	已故家属		
						称呼	姓名	去世年月
现有家庭人员	施小根	户主	男	1970年4月	汉	父亲	施义本	2018年4月
	吴秀云	妻子	女	1971年1月	汉			
	施文豪	儿子	男	1993年7月	汉			
	施子娴	儿媳	女	1996年4月	汉			
	施语笙	孙女	女	2018年5月	汉			
	孙龙扣	母亲	女	1940年12月	汉			

家庭大事记	1982年5月，翻建二上二下楼房； 1995年3月，购汽车1辆； 2003年7月，分到动迁房1套； 2005年7月，购商品房1套； 2011年9月，施文豪考入陕西师范大学； 2014年9月，施子娴考入苏州工艺美术职业技术学院（专科）。

	姓名	与户主关系	性别	出生年月	民族	已故家属		
						称呼	姓名	去世年月
现有家庭人员	施米根	户主	男	1958年3月	汉	父亲	施义根	1990年10月
	周大翠	妻子	女	1958年5月	汉	母亲	张巧锁	1980年9月

家庭大事记	1987年10月，翻建三上三下楼房； 2000年5月，购商品房1套； 2003年7月，分到动迁房2套。

	姓名	与户主关系	性别	出生年月	民族	已故家属		
						称呼	姓名	去世年月
现有家庭人员	朱秀兰	户主	男	1964年1月	汉	父亲	朱锦松	1985年1月
	施金芳	妻子	女	1965年12月	汉	母亲	殷兰英	1991年7月
	朱秋晨	女儿	女	1987年10月	汉			
	景律荣	女婿	男	1986年12月	汉			
	景炜懿	外孙女	女	2010年5月	汉			
	景柏然	外孙	男	2016年3月	汉			
家庭大事记	朱秀兰1982年10月入伍，1986年10月退伍； 1995年，翻建二上二下楼房； 2003年7月，分到动迁房1套； 2003年9月，朱秋晨考入昆山广播电视大学（专科）； 2016年9月，购福特汽车1辆。							

	姓名	与户主关系	性别	出生年月	民族	已故家属		
						称呼	姓名	去世年月
现有家庭人员	周育遂	户主	男	1957年7月	汉	妻子	沈文女	2018年12月
	周成林	儿子	男	1982年12月	汉			
	佘建梅	儿媳	女	1981年12月	汉			
	周钇帆	孙子	男	2008年7月	汉			
家庭大事记	周成林2002年12月入伍，2004年12月退伍； 2013年12月，购汽车1辆。							

现有家庭人员	姓名	与户主关系	性别	出生年月	民族	已故家属		
						称呼	姓名	去世年月
	周金发	户主	男	1968年5月	汉			
	蔡学芳	妻子	女	1969年2月	汉			
	周 薇	女儿	女	1991年12月	汉			
	周家泉	父亲	男	1936年3月	汉			
	朱洪英	母亲	女	1935年4月	汉			

家庭大事记	1988年4月,翻建三上三下楼房; 2010年9月,周薇考入苏州高博软件职业技术学院(专科)。

现有家庭人员	姓名	与户主关系	性别	出生年月	民族	已故家属		
						称呼	姓名	去世年月
	施苏根	户主	男	1962年11月	汉			
	陈志妹	妻子	女	1963年1月	汉			
	施文强	儿子	男	1986年9月	汉			
	郭丽萍	儿媳	女	1986年12月	汉			
	施程杰	长孙	男	2008年1月	汉			
	施震彦	次孙	男	2011年7月	汉			

家庭大事记	1999年,购商品房1套; 2003年7月,分到动迁房2套。